Droit constitutionnel

collection aide-mémoire

Droit administratif
A. Maurin

Droit des affaires
B. Hess-Fallon, A.-M. Simon

Droit civil
B. Hess-Fallon, A.-M. Simon, M. Vanbremeersch

Droit constitutionnel
E. Oliva, S. Giummarra

Droit de la famille
B. Hess-Fallon, A.-M. Simon

Droit fiscal
Ch. Aimé, M. Rochedy

Droit pénal. Procédure pénale
J. Borricand, A.-M. Simon

Droit du travail
B. Hess-Fallon, S. Maillard-Pinon, A.-M. Simon

Droit de l'Union européenne
R. Ghévontian

Économie
L. Braquet, D. Chavot-Dolce, C. Dollo, N. Gineste

Finances publiques
E. Oliva

Institutions juridictionnelles
A. Maurin, M. Brusorio Aillaud, A. Héraud

Management et économie des entreprises
G. Bressy, C. Konkuyt

Sciences sociales
C. Dollo, J. Gervasoni, J.-R. Lambert, S. Parayre

aide mémoire

Droit constitutionnel

Éric Oliva
Professeur agrégé de droit public

Sandrine Giummarra
Docteur en droit, habilitée à diriger des recherches, chargée d'enseignement en droit constitutionnel

9e édition
2017

SIREY

› Remerciements

En qualité d'anciens élèves du doyen Favoreu, qu'il nous soit permis de lui rendre un respectueux et chaleureux hommage ainsi qu'à nos collègues de l'ILF-GERJC et à tous ses collaborateurs associés étrangers et français. Sans eux cet ouvrage n'aurait sans doute pas pu voir le jour. Les auteurs remercient chaleureusement Messieurs Laurent Léothier et Mathias Nunes pour leur concours à la collecte des références bibliographiques.

Aix-en-Provence, le 10 juillet 2017

Éditions DALLOZ

31-35 rue Froidevaux, 75685 Paris Cedex 14

ISBN 978-2-247-16984-9

Sommaire

Liste des sigles et abréviations IX

Introduction générale 1

Partie 1

Les cadres généraux du droit constitutionnel 5

Chapitre 1

La Constitution 6

chapitre 2

L'État 17

Chapitre 3

L'État de droit 28

Chapitre 4

L'organisation constitutionnelle du pouvoir 36

Chapitre 5

La désignation des gouvernants : les élections politiques 46

Chapitre 6

La séparation horizontale des pouvoirs 75

Partie 2

La Constitution de la Ve République 111

Chapitre 1

La naissance de la Ve République 112

Chapitre 2
La Constitution : le bloc de constitutionnalité 116

Chapitre 3
Le droit constitutionnel institutionnel : la République et la division verticale du pouvoir 129

Chapitre 4
Les institutions La division horizontale du pouvoir : l'exécutif 139

Chapitre 5
Les institutions La division horizontale du pouvoir : le Parlement 178

Chapitre 6
Les normes : normes constitutionnelles et internationales 223

Chapitre 7
Les normes : normes législatives et réglementaires 249

Partie 3
Les droits et libertés garantis par la Constitution 281

Chapitre 1
La notion de droits et libertés fondamentaux 283

Chapitre 2
La protection juridictionnelle des droits et libertés 288

Chapitre 3
Principaux droits et libertés fondamentaux : « les droits de… » 303

Chapitre 4
Le principe d'égalité ... 365

Chapitre 5
Principaux droits et libertés fondamentaux : « les droits à… » ... 374

Bibliographie générale ... 397

Index alphabétique ... 403

Liste des sigles et abréviations

AIJC	Annuaire international de justice constitutionnelle
AJDA	*Actualité juridique de droit administratif*
al.	alinéa
art.	article
ass.	assemblée
ass. plén.	Assemblée plénière de la Cour de cassation
CA	Cour d'appel
CAA	Cour administrative d'appel
CADA	Commission d'accès aux documents administratifs
Cah. Cons. const.	*Cahiers du Conseil constitutionnel*
Cass.	Cour de cassation
CE	Conseil d'État
CEDH	Cour européenne des droits de l'Homme
C. élect.	Code électoral
CESEDA	Code de l'entrée et du séjour des étrangers et du droit d'asile
CFDT	Confédération française démocratique du travail
CGCT	Code général des collectivités territoriales
CGT	Confédération générale du travail
Ch. mixte	Chambre mixte de la Cour de cassation
Civ.	Chambre civile de la Cour de cassation
CJA	Code de justice administrative
CJCE/CJUE	Cour de justice des communautés européennes/de l'Union européenne
CMU	Couverture maladie universelle
CNCCFP	Commission nationale des comptes de campagne et des financements politiques
CNIL	Commission nationale de l'informatique et des libertés
COM	Collectivité d'Outre-mer
Cons. const.	Conseil constitutionnel
DC	Décision concernant la déclaration de conformité à la Constitution (art. 54 et 61 de la Constitution)
DDHC	Déclaration des droits de l'homme et du citoyen
CRDS	Contribution au remboursement de la dette sociale
CSA	Conseil supérieur de l'audiovisuel

CSG	Cotisation sociale généralisée
CSI	Code de sécurité intérieure
D.	*Recueil Dalloz*
déc.	décision
DOM	Départements d'Outre-mer
EDCE	Études et documents du Conseil d'État
Halde	Haute autorité de lutte contre les discriminations et pour l'égalité
INRA	Institut national de recherche agronomique
INSERM	Institut national de la santé et de la recherche médicale
JCP	*Juris-classeur périodique*
JO	Journal officiel (de la République française)
L	Décision rendue sur examen des textes de forme législative
L.	loi
Lebon	*Recueil des décisions du Conseil d'État*
LO	Loi organique
LOPPSI	Loi d'orientation et de programmation de la sécurité intérieure ou loi d'orientation pour la performance de la sécurité intérieure
LPA	*Les petites affiches*
ONU	Organisation des Nations unies
PACS	Pacte civil de solidarité
QPC	Décision en question prioritaire de constitutionnalité (art. 61-1 de la Constitution)
RAN	Règlement de l'Assemblée nationale
RD publ.	*Revue de droit public et de la science politique en France et à l'étranger*
Rec. Cons. const.	*Recueil des décisions du Conseil constitutionnel*
Rev. adm.	*Revue administrative*
RFDC	*Revue française de droit constitutionnel*
RFDA	*Revue française de droit administratif*
RFSP	*Revue française de science politique*
RID comp.	*Revue internationale de droit comparé*
RJC	*Recueil de jurisprudence constitutionnelle*
RRJ	*Revue de recherche juridique – Droit prospectif*
RSA	Revenu de solidarité active
sect.	section
Soc.	Chambre sociale de la Cour de cassation
TA	Tribunal administratif
TOM	Territoires d'Outre-mer

Introduction générale

I. Définition du droit constitutionnel

Le droit constitutionnel est l'ensemble des règles juridiques qui détermine les relations entre les pouvoirs publics, les droits et libertés fondamentaux, ainsi que la création et le régime des normes juridiques qui en sont issues.

Si, selon Del Vecchio : « Le droit est la colonne vertébrale du corps social » (*Philosophie du droit,* 1953, réimp. Dalloz, 2004, p. 279) le droit constitutionnel constitue la « moelle épinière » du Droit.
Pendant longtemps, le droit constitutionnel a été considéré comme « la partie du droit public interne qui a trait à l'organisation politique de l'État » ou comme « l'ensemble des institutions grâce auxquelles le pouvoir s'établit, s'exerce ou se transmet dans l'État ». Aujourd'hui, cette définition ne correspond plus exactement à la réalité du droit constitutionnel qui présente un triple objet.

II. Les trois objets du droit constitutionnel

Le droit constitutionnel institutionnel
Le droit constitutionnel régit les relations entre les pouvoirs publics. Essentiellement, le droit constitutionnel règle les rapports entre les pouvoirs constitués c'est-à-dire, entre le pouvoir législatif et le pouvoir exécutif. Le pouvoir judiciaire occupe pour l'instant une place singulière issue de la crainte des révolutionnaires de 1789 à l'égard des parlements de l'Ancien Régime. Le droit constitutionnel s'intéresse ainsi à la dévolution du pouvoir, à son exercice ainsi qu'à sa transmission. Mais, le droit constitutionnel ne se limite pas de nos jours aux seules institutions politiques, son objet s'étend également aux institutions administratives (par exemple les collectivités territoriales) ou aux institutions juridictionnelles.
Le droit constitutionnel des libertés
Le droit constitutionnel s'intéresse aux relations entre les individus et la puissance publique en conférant à ceux-ci un certain nombre de droits et libertés fondamentaux. Il s'agit du droit constitutionnel substantiel. Ces droits et libertés peuvent être individuels (droit au respect de la vie privée) ou collectifs (liberté d'association). Le droit constitutionnel a ainsi pour second objet d'énoncer un certain nombre de droits dont les individus peuvent se prévaloir devant les gouvernants et voire (la question est plus délicate) devant les autres individus. En ce sens, le droit constitutionnel est véritablement une technique de liberté.

Le droit constitutionnel normatif

La création et le régime juridique des normes juridiques constituent le troisième objet du droit constitutionnel. La Constitution est en effet une « norme de production des normes », ce qui signifie que les compétences normatives (et non les pouvoirs) vont puiser leur source dans la Constitution, laquelle va consacrer leur existence et leurs principales règles d'édiction.

Si le droit constitutionnel s'est ainsi élargi à trois objets différents, ceux-ci ne sont pas indépendants les uns des autres mais plutôt interdépendants. Par exemple, l'élaboration d'une loi (création d'une norme juridique) peut soulever un conflit politique (droit constitutionnel institutionnel) et porter sur une question de liberté (droit substantiel). Toute la difficulté du droit constitutionnel provient de ce que l'on glisse très rapidement sur une même question de l'un des objets à un autre.

III. Nature du droit constitutionnel

Le droit constitutionnel est une ramification du droit public interne, lequel comprend également le droit administratif et les finances publiques notamment. Mais cela ne signifie pas que les autres parties du droit public interne soient totalement indépendantes du droit constitutionnel.
Le droit constitutionnel entretient également des relations avec le droit international public ainsi que le droit communautaire puis européen. Les engagements internationaux sont intégrés dans l'ordre juridique national grâce au droit constitutionnel. Toutefois, un État ne peut invoquer ses règles constitutionnelles afin de se soustraire à l'application d'un engagement international (art. 27 de la Convention de Vienne du 23 mai 1969).
Le droit constitutionnel exerce également une influence sur le droit privé et en particulier sur le droit civil, le droit pénal et le droit du travail.
Le droit constitutionnel est ainsi traditionnellement et principalement une branche essentielle du droit public, mais il exerce une influence considérable sur les autres branches du droit. Cette pénétration du droit constitutionnel dans toutes les autres disciplines juridiques s'appelle la constitutionnalisation des branches du droit.

IV. Évolution récente du droit constitutionnel

La place du droit constitutionnel sans cesse grandissante, trouve son origine dans l'évolution qu'il a connue depuis la Seconde Guerre mondiale. La montée du nazisme et les atrocités révélées après la Seconde Guerre mondiale ont montré que les parlements n'ont pas été capables de juguler les atteintes aux droits les plus élémentaires des individus. Dès lors, l'idée d'encadrer la toute-puissance parlementaire dans un cadre juridique protecteur des libertés apparaît et se concrétise à travers l'instauration d'un contrôle de constitutionnalité des lois qui à l'instar du système des États-Unis d'Amérique et surtout de celui retenu par la Constitution autrichienne du 1er octobre 1920 prend naissance dans de nombreuses constitutions européennes de l'après-guerre.

Le droit constitutionnel est bouleversé par cette évolution puisque **l'existence d'un juge de la Constitution « juridicise » considérablement un droit** (plus encore depuis l'introduction en France de la « question prioritaire de constitutionnalité ») **qui auparavant était davantage régi par des accords conventionnels entre les différents pouvoirs publics**. Le droit constitutionnel contemporain est caractérisé par sa pleine normativité. Depuis quelques années se développe l'idée d'un droit constitutionnel global qui revêt plusieurs sens. Il peut d'abord signifier la constitutionnalisation du droit international et réciproquement l'internationalisation du droit constitutionnel (*international constitutionalism*). Il peut également désigner un ensemble de principes constitutionnels communs aux États démocratiques (*comparative constitutionalism*). Enfin, il peut recouvrir l'idée d'une constitution globale, universelle qui s'imposerait aux États membres de la communauté internationale en réaction à la globalisation des sociétés et des échanges économiques (*global constitutionalism*). Si les deux premiers sens révèlent un constat réalisé par des travaux scientifiques. Le troisième sens relève plutôt de l'idéal d'une démocratie globale qui soulève de très délicates questions de légitimité et d'autorité (S. Cassese).

DIVISION DE L'OUVRAGE

Première partie	**Les cadres généraux du droit constitutionnel**
Deuxième partie	**La Constitution du 4 octobre 1958**
Troisième partie	**Les droits et libertés garantis par la Constitution**

POUR EN SAVOIR PLUS

Définition du droit constitutionnel

- Favoreu (L.) et *al.*, *Droit constitutionnel*, Dalloz, coll. « Précis », 19e éd., 2017, § 25-32 et § 481-493.
- Mestre (J.-L.), « Les emplois initiaux de l'expression « droit constitutionnel » », *RFDC* n° 55, 2003, p. 451.
- Vedel (G.), *Manuel élémentaire de Droit constitutionnel*, Sirey, 1949, p. 5 (Réimp. Dalloz, 2002).

Objet du droit constitutionnel

- Favoreu (L.), « Le droit constitutionnel, droit de la Constitution et constitution du droit », *RFDC* n° 1, 1990, p. 74.

Nature du droit constitutionnel

- Association française des constitutionnalistes, *La constitutionnalisation des branches du droit*, Economica-PUAM, 1996.

Évolution du droit constitutionnel

- Beaud (O.), Article « Constitution et Droit constitutionnel », *in Dictionnaire de la culture juridique*, Lamy-PUF, coll. « Quadrige », 2003, p. 257.
- Capelletti (M.), Nécessité et légitimité de la justice constitutionnelle, in *Cours constitutionnelles et droits fondamentaux*, Economica-PUAM, coll. « Droit public positif », 1982.
- Cassese (S.), *Au-delà de l'État*, Bruylant, Bruxelles, 2012.
- Rousseau (D.) et Bonnet (J.), *L'essentiel de la QPC – Mécanisme et mode d'emploi, commentaires des principales décisions*, Gualino, coll. « Les carrés », 2011.
- Drago (G.), *Contentieux constitutionnel français*, PUF, coll. « Thémis », 3e éd., 2011.
- Mathieu (B.), Rousseau (D.), *Les Décisions de la QPC*, Montchrestien, 2013.
- Favoreu (L.); Mastor (W.), *Les cours constitutionnelles*, Dalloz, coll. « connaissances du droit », 2e éd., 2016.

PARTIE 1

Les cadres généraux du droit constitutionnel

Par cadres généraux du droit constitutionnel, il convient d'entendre **les éléments communs à tous les régimes constitutionnels** qui forment un ensemble de concepts et de notions théoriques.

CHAPITRE 1

La Constitution

I. La notion de Constitution

Étymologie latine : *constitutio* (institution), disposition, organisation (*rei publicae*, Cicéron : la République, Livre 1 45 : organisation de l'État), dérivé de *constituere* établir, instituer, fonder.

La Constitution est l'acte juridique élaboré par une autorité spéciale, qui, au plus haut degré de la hiérarchie des actes juridiques règle la dévolution[1], l'exercice et la transmission du pouvoir, la structure de l'État, la création et le régime des principaux actes juridiques, les droits des individus.

A. Constitution formelle et Constitution matérielle

La définition de la Constitution mêle en réalité des notions formelle et matérielle.

Constitution formelle
Cette notion est relative à la **forme qui se rapporte** au mode d'adoption de la Constitution par une autorité spéciale. Ses modifications exigent le respect d'une procédure particulière plus contraignante et distincte, notamment de la procédure législative ordinaire.

1. **Dévolution** : (c'est-à-dire l'attribution du pouvoir à une personne ou un groupe de personnes appelées à l'exercer) […] Transmission du pouvoir (en particulier dans les démocraties occidentales par la voie de l'élection qui suppose une compétition entre plusieurs candidats en vue de l'accession au pouvoir).

Constitution matérielle
Cette notion est relative à la **matière** c'est-à-dire à son contenu. Elle concerne donc les matières présentant, par nature, un caractère constitutionnel. Tel sera le cas des règles relatives à l'organisation du pouvoir, à la forme de l'État, à la création des règles de droit, aux droits et libertés fondamentaux. En ce sens, tout État dans lequel le pouvoir s'exerce conformément à certaines règles dispose d'une Constitution.

Si ces deux notions ne coïncident pas, elles ne sont cependant pas hermétiques. C'est ainsi que la Constitution formelle est, par exemple en France, complétée par des lois organiques qui traitent indiscutablement de questions matériellement constitutionnelles. Pourtant, les lois organiques n'ont pas la valeur de la Constitution. En revanche, certains États (la Grande-Bretagne) n'ont pas de Constitution formelle mais seulement une Constitution matérielle.

De plus, peuvent figurer dans la Constitution formelle des dispositions qui ne sont pas constitutionnelles au point de vue matériel. Par exemple sous la IIIe République, la loi du 10 août 1926 dota la Caisse autonome d'amortissement d'un statut constitutionnel alors que cette caisse avait un objet purement financier : le remboursement de la dette publique.

Le droit positif en principe est plus attaché à la définition formelle de la Constitution. C'est pourquoi une Constitution est un document écrit qui nécessite pour son adoption et sa révision une procédure plus solennelle que celle applicable aux autres actes juridiques.

B. Constitution souple et Constitution rigide

La définition formelle de la Constitution renvoie à la distinction entre la Constitution souple et la Constitution rigide.

Constitution souple
La Constitution souple est celle qui peut être **adoptée et modifiée suivant les mêmes règles et les mêmes formes que la loi ordinaire**. Il n'y a pas de différence (sauf hypothétique autorité psychologique supérieure des règles constitutionnelles) entre les lois constitutionnelles et ordinaires de sorte que le législateur ordinaire peut modifier à sa guise la Constitution. Très souvent d'ailleurs, la Constitution sera alors définie matériellement car la seule différence entre les règles de nature constitutionnelle et les autres est une différence de contenu. Le critère formel est alors inopérant.
Constitution rigide
La Constitution rigide est celle qui est **adoptée et modifiée dans des conditions et des formes plus strictes que celles régissant l'adoption ou la modification des lois ordinaires**. Une Constitution rigide ne peut en principe être modifiée par la loi ordinaire (à moins que la violation de la Constitution par le législateur ordinaire ne fasse l'objet d'aucune sanction notamment par un juge constitutionnel). Il serait alors possible de distinguer au sein des Constitutions rigides celles qui prévoient un contrôle de constitutionnalité des lois de celles qui ne le prévoient pas.

Dès lors qu'une différence existe entre la Constitution et les lois ordinaires, la Constitution peut être définie formellement. L'avantage d'une telle différenciation est la sécurité juridique qui en résulte puisque l'on admet qu'est de valeur constitutionnelle tout ce qui revêt la forme constitutionnelle qui se distingue de la forme législative.

C. Constitution écrite et Constitution coutumière

Constitution écrite
La Constitution écrite est celle qui se présente sous la forme d'un ou de plusieurs textes écrits de droit interne d'une autorité supérieure aux autres actes juridiques internes. Ils sont considérés de ce fait comme présentant le caractère constitutionnel. En général la Constitution écrite est qualifiée de Constitution ou de Loi fondamentale. Mais d'autres textes et notamment des déclarations de droits comme la Déclaration des droits de l'Homme et du citoyen des 24 et 26 août 1789 ou le préambule de la Constitution du 27 octobre 1946 peuvent être considérés comme constitutionnels.
Constitution coutumière
La Constitution coutumière au sens premier du mot est une Constitution non écrite. Cependant, certaines coutumes constitutionnelles peuvent apparaître malgré l'existence d'un texte. Par exemple le référendum prévu par l'article 11 de la Constitution a été utilisé par le Général de Gaulle afin de réviser la Constitution alors qu'il n'est pas prévu pour cela.

Toute la difficulté vient de ce fait que « la coutume ne possède pas la force supérieure qui caractérise le droit constitutionnel » (R. Carré de Malberg, *Contribution à la théorie générale de l'État*, T. II p. 582). En reconnaissant qu'à côté d'une Constitution écrite et généralement rigide existe une coutume constitutionnelle, on nie l'existence et la spécialité du pouvoir constituant et on remet la modification de la Constitution à la merci de n'importe quel pouvoir constitué.

Il ne faut pas confondre coutume constitutionnelle et coutume en matière constitutionnelle. La première devrait s'imposer avec une force équivalente à la Constitution écrite tandis que la seconde n'est pas reconnue comme une règle juridique obligatoire, elle n'a donc pas la même force que le texte écrit. D'ailleurs, le juge constitutionnel pourra toujours invalider une coutume en matière constitutionnelle, tandis qu'il ne pourra pas se soustraire à une règle constitutionnelle écrite. Pour que la coutume ait une force juridique identique à la Constitution écrite, il faudrait que cette dernière renvoie expressément à la coutume. Les conventions de la Constitution (Dicey), c'est-à-dire l'accord autour de l'interprétation d'un texte constitutionnel, seraient plus aptes à expliquer les pratiques pouvant naître de l'usage d'un texte constitutionnel.

La Grande-Bretagne offre l'exemple d'une Constitution coutumière, mais composée de textes écrits, souple, et très souvent matérielle.

II. L'élaboration et la modification de la Constitution

La référence à la Constitution écrite ou coutumière renvoie à la question de l'élaboration de la Constitution et surtout de sa modification (révision). Qui pourra adopter ou modifier la Constitution ? Comment pourra se réaliser l'adoption ou la modification de la Constitution ?

CONSTITUTIONS SOUPLE / RIGIDE ET POUVOIR CONSTITUANT

Constitutions	Formes de la révision
souples	Identité entre l'autorité chargée d'adopter les lois ordinaires et celle chargée d'adopter la Constitution ou ses modifications.
rigides	Différence affectant l'autorité chargée d'adopter et de modifier la Constitution, et/ou les formes suivant lesquelles une autorité constituée peut modifier la Constitution par rapport à celle régissant les lois ordinaires.

A. La notion de pouvoir constituant

On appelle pouvoir constituant le pouvoir d'élaborer (pouvoir constituant originaire) ou de modifier (pouvoir constituant dérivé) la Constitution.

POUVOIR CONSTITUANT ET POUVOIRS CONSTITUÉS

Pouvoir constituant
C'est celui qui **organise les compétences des pouvoirs constitués** par l'intermédiaire de la Constitution. Ainsi, en adoptant ou en modifiant la Constitution, le pouvoir constituant va doter les pouvoirs constitués de leurs compétences qu'ils exerceront en vertu de la Constitution. C'est donc le pouvoir constituant qui attribue aux pouvoirs constitués leurs compétences, d'où l'idée que ces compétences ne peuvent être déléguées par les pouvoirs constitués sauf si le constituant l'a expressément prévu et autorisé (G. Vedel. *Manuel élémentaire de droit constitutionnel*. Sirey, 1949, p. 117-118).
Pouvoirs constitués
Ils **découlent de la Constitution établie par le constituant :** ce sont le pouvoir législatif, le pouvoir exécutif et le pouvoir juridictionnel qui tirent en général leurs principales compétences de la Constitution.

REMARQUE

Il ne faut pas confondre les pouvoirs constitués et les corps constitués ou autorités instituées qui regroupent en ce qui concerne le protocole (c'est-à-dire les règles en matière d'étiquette, de préséances dans les cérémonies et les relations officielles), les plus importants organes officiels (Parlement, Gouvernement, Conseil constitutionnel, Conseil d'État…).

B. Le pouvoir constituant originaire et le pouvoir constituant dérivé

Les Constitutions formelles écrites et rigides sont adoptées par un pouvoir spécial : le pouvoir constituant.

Pouvoir constituant originaire
C'est celui qui a adopté le texte initial de la Constitution alors qu'il n'en existait pas. **Le plus souvent, c'est le peuple** qui dispose du pouvoir de se doter de sa propre Constitution, mais il n'en est pas toujours ainsi.
Pouvoir constituant dérivé
C'est l'**autorité** qui est **habilitée** spécialement **à modifier la Constitution déjà existante**. En d'autres termes (et la différence est fondamentale), le pouvoir constituant dérivé est habilité par le pouvoir constituant originaire à modifier le texte que ce dernier a adopté.

De cette différence entre les pouvoirs constituants originaire et dérivé, découle un certain nombre de limites essentiellement procédurales d'ailleurs, qui s'imposent au pouvoir constituant dérivé.

C. Le titulaire du pouvoir constituant

Le pouvoir de se doter d'une Constitution étant un acte de souveraineté par excellence, le pouvoir constituant est accordé suivant les régimes politiques au titulaire de la souveraineté.

a. Le peuple

Le peuple dispose du pouvoir constituant qui s'affirme par son **approbation par référendum**. Il confère ainsi à un simple projet la valeur et la force d'une Constitution. Il ne faut pas confondre la faculté de préparer une Constitution et celle de l'adopter. Si les projets de Constitution peuvent être préparés par diverses autorités (exécutif, comité consultatif constitutionnel, législatif…), il n'en résulte pas que ces mêmes autorités soient dotées du pouvoir constituant dans la mesure où il ne leur appartient pas de prendre la décision finale : l'adoption ou le rejet du projet préparé par leurs soins.

Une variante du référendum constituant est le **plébiscite** qui fut utilisé en France pendant les périodes consulaire et impériales et qui porte davantage sur l'homme que sur le texte (par exemple art. 95 de la Constitution de l'an VIII (1799). Consulat présidé par Napoléon Bonaparte). Le plébiscite est un procédé qui permet à un homme politique au pouvoir de demander à l'ensemble des citoyens de lui manifester leur confiance par un vote.

b. Les représentants du peuple

Les représentants du peuple, c'est-à-dire les élus, disposent parfois du pouvoir constituant originaire, souvent du pouvoir constituant dérivé. Une **assemblée nationale ou constituante** ou encore une **convention** spécialement désignée est chargée d'élaborer un projet de Constitution et de l'adopter. Ce procédé a été retenu aux États-Unis en 1787 et en France en 1791, 1848 et en 1875. Il arrive, ce qui est le cas en France, que le **Parlement**, pouvoir constitué, soit **doté** du pouvoir de modifier la Constitution c'est-à-dire **du pouvoir constituant dérivé**. Cependant, dans la Constitution du 4 octobre 1958, la réunion des assemblées parlementaires en vue de réviser la Constitution ne s'appelle plus Parlement mais **Congrès**. La distinction entre ces deux organes réside dans le fait qu'au sein du Parlement, chaque parlementaire siège au sein de la chambre pour laquelle il a été élu, alors que le Congrès réunit tous les parlementaires, quelle que soit leur chambre d'appartenance, au sein du même hémicycle et dans un but précis.

c. Le chef de l'État

Il est arrivé que le titulaire du pouvoir constituant fût le chef de l'État et en particulier le roi (monarque). Cette hypothèse s'est rencontrée **dans certains régimes monarchiques** dans lesquels la **Constitution,** appelée Charte (Charte : latin *Charta*. papier écrit, du grec *khartès* : feuille de papyrus préparée pour l'écrit), est **octroyée** par le roi à ses sujets. Cela signifie que c'est le roi qui décide de concéder volontairement à ses sujets une Constitution par le libre exercice de son autorité royale (Charte constitutionnelle du 4 juin 1814, Préambule).

d. Le pouvoir constituant partagé

Il s'agit du cas dans lequel la Constitution est établie et adoptée à la fois par le chef de l'État et par une ou plusieurs assemblées. On appelle ce système le **pacte** car la Constitution est établie par accord entre un homme et une ou plusieurs assemblées politiques : c'est celui qui a par exemple été adopté en France pour la Charte du 14 août 1830. Mais le système du pacte se trouve aussi en Grande-Bretagne avec l'adoption en Angleterre de la Grande Charte de 1215 (Magna Carta). Dans les États fédéraux, il existe également un partage du pouvoir entre les institutions fédérales (par exemple le Congrès des États-Unis d'Amérique) et les États fédérés. En général, l'initiative et le contenu de la révision relèvent d'une autorité fédérale (car il s'agit de modifier la Constitution fédérale) tandis que la ratification incombe aux États fédérés (car il s'agit d'une modification du « pacte fédéral »), (J. et J.-E. Gicquel).

LES DIVERS TITULAIRES DU POUVOIR CONSTITUANT

Procédé	Procédé démocratique direct	Procédé démocratique indirect	Procédé semi-autoritaire	Procédé autoritaire
Autorité	Le peuple	Les représentants du peuple ou de la nation	Le chef de l'État et les représentants du peuple ou de la nation	Le chef de l'État
Système	Référendum ou plébiscite	Assemblée constituante, Convention ou Assemblée nationale	Charte ou système du pacte	Charte ou système de l'octroi
Exemples historiques français	• 1793 : Référendum • 1795 : Référendum • 1799 : Plébiscite • 1802 : Plébiscite • 1804 : Plébiscite • 1815 : Plébiscite • 1852 : Plébiscite • 1946 : Référendum • 1958 : Référendum	• 1791 : Constituante • 1848 : Constituante • 1875 : Assemblée nationale	• 1830	• 1814

D. Les limites du pouvoir constituant et la supra-constitutionnalité

La question des limites que rencontre le pouvoir constituant n'intéresse pratiquement, au point de vue juridique, que le pouvoir constituant dérivé. Le pouvoir constituant originaire a pour tâche de doter le pays d'une nouvelle Constitution et pour ce faire, il est doté d'une puissance originaire et non conditionnée.

En revanche, le pouvoir constituant originaire peut encadrer les modifications de la Constitution dans certaines règles de forme et de fond.

LIMITES DU POUVOIR CONSTITUANT DÉRIVÉ

Sur la forme
Dans les Constitutions rigides, le constituant originaire a habilité certaines autorités à réviser la Constitution sous certaines formes particulières. (Par exemple, l'article 89 de la Constitution du 4 octobre 1958 prévoit notamment que le Congrès qui est la réunion de l'Assemblée nationale et du Sénat peut réviser la Constitution à la majorité qualifiée des 3/5e des suffrages exprimés).

Sur le fond

Le constituant originaire peut également limiter le pouvoir de révision du constituant dérivé. Ce sont ces dispositions de fond, véritablement immuables que l'on qualifie de règles supra-constitutionnelles (par exemple, l'art. 89 de la Constitution du 4 octobre 1958 interdit de réviser la forme républicaine du Gouvernement).

→ **Règles supra-constitutionnelles** : Ce sont celles auxquelles le pouvoir constituant dérivé ne peut porter atteinte ni même modifier. Ces règles sont au-dessus de la Constitution.

En France, l'existence de ces limites est controversée. Rien n'interdit en effet au constituant dérivé (en théorie du moins) de modifier l'article 89 pour supprimer la limite qu'il juge utile afin de procéder à la modification souhaitée.
En Allemagne les règles supra-constitutionnelles sont expressément prévues par la Loi fondamentale, alors qu'en Italie c'est la Cour constitutionnelle qui veille à la protection de certaines normes à constitutionnalité renforcée.

III. L'autorité de la Constitution

La rigidité de la Constitution écrite suppose que ce texte dispose dans la hiérarchie des actes juridiques internes de la place la plus élevée.

A. La hiérarchie des normes

La hiérarchie des normes peut se définir schématiquement comme l'établissement d'un ordre juridique supposant le respect par la norme inférieure de la (ou des) norme(s) supérieure(s) et une concrétisation du droit du plus abstrait au plus concret à mesure que l'on descend dans la hiérarchie. Comme l'affirme H. Kelsen : « tout acte juridique est à la fois application d'une norme supérieure et création, réglée par cette norme, d'une norme inférieure » (*Théorie pure du droit*, 1962, p. 315).
(H. Kelsen, 1881-1973, juriste autrichien, est devenu américain en raison des persécutions nazies. Il est l'auteur d'une « *Théorie pure du droit* » – Traduction Ch. Eisenmann. Dalloz, 1962. Réédition par LGDJ en 1999 – ainsi que d'une « *Théorie générale du droit et de l'État* », LGDJ, Bruylant, 1999). Simplifiée, la hiérarchie des normes en France est la suivante :

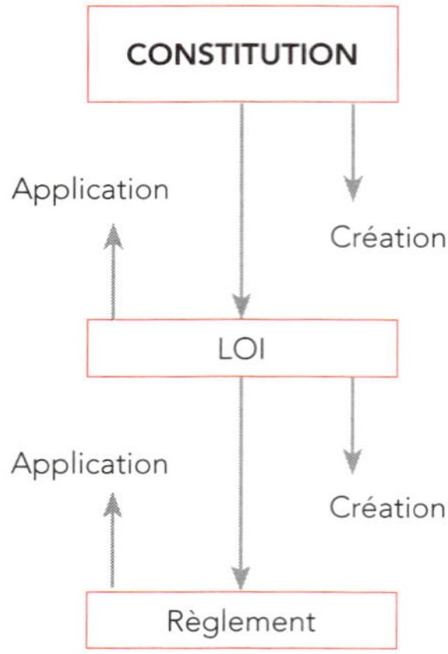

La Constitution, située au sommet de l'édifice juridique, doit être respectée par toutes les normes inférieures et donc par les autorités chargées de les édicter (Parlement et Gouvernement).
Cela s'appelle le principe de constitutionnalité, suivant lequel aucune autorité, dans l'exercice de sa compétence ne peut se dispenser du respect des principes et des règles à valeur constitutionnelle qui s'imposent à tous les organes de l'État (voir Cons. const., déc. nº 82-132 DC du 16 janvier 1982, *Nationalisations*, considérant nº 18).
Cette suprématie de la Constitution est assurée très souvent par un juge constitutionnel qui a notamment la charge de contrôler que les lois soient conformes à la Constitution. À défaut, le juge constitutionnel n'hésitera pas à les censurer. Les règlements, quant à eux, peuvent être annulés par le juge administratif pour violation de la Constitution.
Dès lors, la Constitution ne se limite pas à une simple formule philosophique et/ou politique. Elle fait désormais pleinement partie de l'ordre juridique. Elle est une règle de droit à part entière.

B. Le constitutionnalisme

L'expression constitutionnalisme (de l'anglais *Constitutionalism*), recouvre l'acceptation de la supériorité de la Constitution sur toute autre norme juridique.

Le constitutionnalisme suppose l'existence d'un organe chargé de veiller au respect de cette supériorité hiérarchique de la Constitution. Cet organe est actuellement dans la plupart des pays la Cour constitutionnelle. La notion de constitutionnalisme a connu une évolution notable depuis la seconde moitié du XXᵉ siècle.
Sous la Révolution française, le constitutionnalisme était teinté d'une connotation politique et signifiait qu'une Constitution écrite et rigide

devait être adoptée, afin de limiter l'absolutisme monarchique tandis qu'aujourd'hui, cette expression constitutionnalisme traduit à la fois la supériorité politique de la Constitution (qui se traduit par l'adhésion de l'ensemble de la communauté nationale à la Constitution) mais aussi juridique (qui se traduit par l'invalidation des actes contraires à la Constitution). Il repose, en France, sur la relecture de l'article 16 de la Déclaration de 1789 : « Toute société dans laquelle la garantie des droits n'est pas assurée, ni la séparation des pouvoirs déterminée, n'a point de Constitution ».

POUR EN SAVOIR PLUS

La notion de Constitution

- Avril (P.), « La Constitution, Lazare ou Janus ? », *RD publ.*, n° 4, 1990.
- Bastid (P.), *L'idée de Constitution*, Economica, 1985 (réimp. d'un ouvrage de 1943).
- Favoreu (L.) et *alii*, *op. cit.*, § 65-173.
- Rousseau (D.), Article Constitution, in *Dictionnaire constitutionnel*, PUF, 1993.

La coutume constitutionnelle

- Avril (P.), « Les conventions de la Constitution », *RFDC* 1993, et PUF, coll. « Léviathan », 1997.
- Baranger (D.), Écrire la Constitution non écrite — Une introduction au droit politique britannique, PUF, coll. « Léviathan », 2008.
- Capitant (R.), « La coutume constitutionnelle », *RD publ.*, 1979, p. 959.

Le pouvoir constituant

- « La révision de la Constitution de 1958 », *RFDC*, n° 14, 1993 (Rapport Vedel).
- Beaud (O.), *La puissance de l'État*, PUF, 1994.

La supra-constitutionnalité

- Arné (S.), « Existe-t-il des normes supra-constitutionnelles ? », *RD publ.*, 1993, p. 459-512.
- Favoreu (L.), « Souveraineté et supra-constitutionnalité », *Pouvoirs*, n° 67, 1993, p. 71-77.
- Gaïa (P.), *Le Conseil constitutionnel et l'insertion des engagements internationaux dans l'ordre juridique interne*, Economica-PUAM, 1991.
- Mathieu (B.), « La supra-constitutionnalité existe-t-elle ? Réflexion sur un mythe et quelques réalités », *LPA*, n° 29, 1995, p. 12-17.
- Vedel (G.), « Souveraineté et supra-constitutionnalité », PUF, *Pouvoirs*, n° 67, 1993, p. 79-96.

L'autorité de la Constitution

- De Béchillon (D.), *Hiérarchie des normes et hiérarchie des fonctions normatives de l'État*, Economica-PUAM, 1999.
- Favoreu (L.), Le principe de constitutionnalité, essai de définition, Mélanges Charles Eisenmann, Cujas, 1977, p. 33.
- Favoreu (L.), « Légalité et constitutionnalité », *Les Cahiers du Conseil constitutionnel*, n° 3, 1997, p. 73.
- Gaïa (P.), « Le Conseil constitutionnel peut-il encore résister à l'Europe ? », *RFDC*, n° 100, 2014, p. 921-941.
- Gaïa (P.), « Le Conseil constitutionnel est-il encore le gardien de la souveraineté nationale ? », *Politeia*, n° 25, 2014, p. 209-237.

- Pfersmann (O.), Article Hiérarchie des normes, *in Dictionnaire de la Culture juridique*, Lamy-PUF, coll. « Quadrige », 2003, p. 799.
- Renoux (Th S.), « Le principe de légalité en droit constitutionnel français », *LPA*, n° 31, 11 mars 1992, p. 18.

Le constitutionnalisme

- Mény (Y.), Article constitutionnalisme, in *Dictionnaire de la Constitution*, PUF, p. 212.
- Raynaud (P.), Article Constitutionnalisme, in *Dictionnaire de la Culture juridique*, Lamy-PUF, coll. « Quadrige », 2003, p. 266.
- Zoller (E.), « Splendeurs et misères du constitutionnalisme. Les enseignements de l'expérience américaine », *RD publ.*, 1994, p. 157.

CHAPITRE 2

L'État

I. La notion d'État

L'État est une personne morale de droit public territoriale et souveraine.

Une personne morale
L'État ne se confond plus aujourd'hui avec une personne physique (Cf. la formule prêtée à Louis XIV « *L'État, c'est moi* »). On ne peut pas toucher l'État qui n'est qu'**une entité abstraite** à laquelle on attribue souvent il est vrai les caractères d'une personne physique (Cf. G. Burdeau).
Une personne de droit public
L'État n'est pas régi par les règles juridiques applicables aux personnes privées. L'État est ainsi soumis à **un régime dérogatoire au droit commun** qui se manifeste par **des prérogatives exorbitantes du droit commun. Autres exemples :** les collectivités locales (régions, départements, communes) ; les établissements publics spécialisés dans certaines fonctions (Universités, CNRS, ONF).
Une personne territoriale
L'État dispose d'un territoire c'est-à-dire d'**un espace géographique sur lequel s'exercent ses compétences politiques et juridiques**. Ce territoire se subdivise en territoire terrestre ; maritime (eaux territoriales) et aérien (espace aérien).
Une personne souveraine
L'État est souverain c'est-à-dire qu'il dispose d'un **pouvoir** de droit **originaire** et **suprême** qui est celui **de se doter de sa propre Constitution** (J. Laferrière). On dit également que l'État dispose de la compétence de la compétence (Jellinek, Laband). L'État dispose du **pouvoir de distribuer les compétences** (législatives et réglementaires, nationales et locales). La souveraineté présente deux caractéristiques : – La souveraineté est une puissance **originaire** en ce sens qu'elle ne procède d'aucune autre autorité qui l'aurait établie et dont elle tiendrait son existence. – La souveraineté est une puissance **suprême** car elle ne peut être soumise à aucune autre autorité au point de vue externe. Cette puissance ne peut être subordonnée à aucune puissance étrangère tandis qu'au point de vue interne il n'existe aucune autorité qui lui soit égale.

II. Les formes de l'État

Par formes de l'État on entend l'organisation des relations entre l'État et les collectivités qui le composent.
Ces relations s'échelonnent de l'autonomie la plus faible à l'autonomie la plus large. Juridiquement, ces degrés d'autonomie se traduisent par des compétences normatives différentes des collectivités composantes.

A. L'État unitaire

C'est une forme d'État dans laquelle les divisions territoriales procèdent de la volonté unilatérale de l'État qui s'exprime en principe dans la Constitution ou dans certaines lois de l'État.

L'État unitaire se caractérise par le fait que les collectivités composantes ne disposent pas de la compétence constitutionnelle ni même de la compétence législative. Elles peuvent, suivant les cas, disposer de certaines compétences réglementaires ou administratives limitées dans l'espace mais ces compétences sont toujours exercées sous réserve du respect des décisions étatiques.
L'État unitaire revêt lui-même diverses formes : centralisé ou décentralisé.

a. L'État unitaire centralisé

C'est l'État dans lequel toutes les décisions émanent des administrations centrales, des administrations de l'État. L'État unitaire centralisé connaît lui-même deux formes d'organisation administrative : la concentration et la déconcentration.

L'État unitaire concentré
Celui dans lequel tout pouvoir de décision émane de l'État, de la capitale. Lorsqu'une question se pose dans une collectivité l'État envoie des agents spécialisés afin de la résoudre Les collectivités composantes ne disposent en revanche d'aucun pouvoir ni d'aucune compétence. En général, les autorités locales ne sont même pas élues, elles sont nommées par le pouvoir central (modèle purement théorique).
L'État unitaire déconcentré
Celui dans lequel des pouvoirs de décision sont accordés à des agents de l'État répartis dans les circonscriptions administratives et subordonnés à l'autorité hiérarchique de l'administration centrale. Ce modèle d'organisation existe toujours avec des organes déconcentrés (ex. : préfets, recteurs d'académies).

b. L'État unitaire décentralisé

C'est celui dans lequel certaines compétences sont attribuées par l'État à des collectivités locales autonomes dotées, à côté de l'État, de la personnalité juridique.

La décentralisation revêt deux formes : **technique** et **territoriale (politique)**.

La décentralisation technique
Consiste à doter certains services publics d'une autonomie de gestion en les érigeant en institutions décentralisées. L'État confère ainsi une certaine liberté d'action à un service public déterminé en le dotant de la personnalité juridique c'est-à-dire en le transformant en établissement public.
La décentralisation territoriale (politique)
Suppose que les collectivités territoriales s'administrent librement, généralement par des Conseils élus. Les collectivités territoriales (régions, départements, communes), disposent ainsi d'une certaine liberté quant à la gestion des affaires relatives aux intérêts qui leur sont propres. Elles disposent en principe d'un pouvoir réglementaire. En France, la décentralisation qui passe impérativement par le principe constitutionnel de libre administration des collectivités territoriales (art. 72 Const.), a véritablement vu le jour avec la réforme impulsée par la loi du 2 mars 1982 qui a doté les collectivités locales de nombreuses compétences et libertés. Elle s'est accentuée avec la loi constitutionnelle du 28 mars 2003 qui complète l'article 72 par quatre articles (art. 72-1 à 72-4) modifiant ainsi de manière substantielle le statut constitutionnel de ces collectivités

Nota. En France la décentralisation s'inspire des thèses du doyen Hauriou (Toulouse) selon lequel l'un des critères (si ce n'est le critère unique) de la décentralisation est l'élection des autorités locales, ce qui lui confère un fondement constitutionnel, (Hauriou M. *Étude sur la décentralisation*, 1892 ; *Précis de droit administratif*, 1927).

B. L'État régional

L'État régional (Espagne, Italie) est celui dans lequel les collectivités supérieures (les régions en Italie, les communautés autonomes en Espagne) disposent du pouvoir d'adopter certaines lois dans une série de matières énumérées par la Constitution.

Il s'agit d'une véritable décentralisation politique (que l'on ne retrouve pas par exemple en France), dans la mesure où l'État, qui reste unitaire, a transféré par la Constitution une partie de ses compétences législatives aux régions autonomes. Ce type d'État puise sa source dans le régionalisme politique suivant lequel s'affirment, à côté de l'État proprement dit, des communautés culturelles, sociologiques et économiques.

L'État régional, ou autonomique (adjectif employé généralement pour qualifier la forme de l'État espagnol), se caractérise par un partage de la puissance législative entre l'État et les collectivités autonomes. Ces collectivités qui disposent d'un statut ne sont pas pour autant dotées comme les États fédérés d'une véritable Constitution : les collectivités autonomes ne disposent pas du pouvoir constituant.

À titre d'illustration, si l'article 149-1 de la Constitution espagnole énumère les domaines de compétence législative exclusifs de l'État, l'article 148 de la Constitution définit ceux des communautés autonomes hispaniques connexes à leur sphère locale tels que, notamment, l'organisation des institutions locales, l'urbanisme, l'aménagement du territoire, le tourisme. L'article 117 de la Constitution italienne organisant la répartition des compétences entre l'État et les régions prévoit des compétences d'attribution* exclusivement réservées à l'État, telles que par exemple les relations internationales ou les lois électorales. Les régions disposent, quant à elles, de compétences de droit commun*. Enfin, il existe un champ de compétences partagées entre l'État et les régions. Dans cette hypothèse en principe, la législation nationale détermine les principes fondamentaux et leur mise en œuvre relève des régions.

* Compétence d'attribution et compétence de droit commun : la compétence d'attribution est une compétence attribuée par un texte. En conséquence si le texte ne prévoit pas une compétence, l'organe considéré est incompétent. La compétence de droit commun est une compétence « naturelle ». Elle s'exerce au cas où la compétence considérée n'est prévue par aucun texte au profit de l'organe qui bénéficie de la clause générale de compétences Ex : art. 117 de la Constitution italienne selon lequel « Dans toutes les matières qui ne sont pas expressément réservées à la législation de l'État, le pouvoir législatif échoit aux régions ». Ce partage de compétence est très souvent retenu dans l'État fédéral.

C. L'État fédéral

L'État fédéral se superpose aux États qui le composent. Dans l'État fédéral sont regroupés des États-membres (États fédérés) qui disposent d'une autonomie constitutionnelle, législative, réglementaire (loi d'autonomie). Ils participent au Gouvernement de l'État fédéral (loi de participation).

Le fédéralisme peut apparaître de deux façons par **dissociation** ou par **association**.

L'État fédéral par dissociation
Est issu du morcellement, de l'éclatement d'un État unitaire. (ex. : la Belgique (loi constitutionnelle du 5 mai 1993) et l'ex URSS).
L'État fédéral par association
Est créé par l'agrégation de plusieurs États (ou collectivités) unitaires qui décident de s'associer au sein d'une collectivité fédérale. Cette hypothèse est la plus fréquente et c'est ainsi que sont notamment nés d'une telle association, les États-Unis d'Amérique, le Canada, la Suisse, l'Allemagne.

Si les États fédérés disposent d'une compétence constitutionnelle (Aux États-Unis par exemple les États fédérés disposent de leur propre Constitution), il peut exister une déconcentration ou plus souvent une décentralisation au niveau des États fédérés, qui sont des États unitaires eux-mêmes composés de collectivités territoriales inférieures : par exemple les États-Unis connaissent trois échelons : la fédération (États-Unis),

l'État (Californie, Virginie...) et l'autorité locale (*local authority : counties, municipalities, townships, school districts, special districts*).
L'État fédéral est le titulaire de la souveraineté et les États fédérés ne sont pas véritablement des États souverains. Cependant, les lois du fédéralisme (autonomie, participation, superposition) permettent de distinguer les États fédérés des autres collectivités décentralisées.

LES TROIS LOIS DU FÉDÉRALISME

Signification	Application
La loi d'autonomie	
• Il s'agit essentiellement d'une **autonomie constitutionnelle** dans la mesure où chaque État fédéré dispose du droit de se doter de sa propre Constitution. • Cependant, c'est la Constitution fédérale qui détermine le cadre de cette autonomie en établissant la liste des compétences propres de l'État fédéral et des États fédérés. Parfois même en prévoyant des compétences concurrentes ou partagées (Ex : l'art. 74 de la Loi fondamentale allemande du 23 mai 1949). En général, le fédéralisme pose le **principe de subsidiarité** (qui existe également en droit de l'Union européenne). L'exercice des compétences de l'État fédéral en dehors des cas prévus par la Constitution ne sera possible qu'en cas d'insuffisance de l'action des États fédérés et/ou lorsque l'action menée au niveau fédéral sera plus efficace. Le cas échéant, il reviendra au juge constitutionnel de trancher le conflit de compétence.	• Dans le silence de la Constitution fédérale, le principe est que l'État fédéré jouit de la compétence de droit commun tandis que l'État fédéral dispose d'une compétence d'attribution fixée de manière limitative par une liste inscrite dans la Constitution fédérale. • Ainsi tout ce qui n'est pas expressément attribué par la Constitution à l'État fédéral relève de la compétence des États fédérés dont le respect est garanti par un organe juridictionnel par exemple la Cour suprême des États-Unis ou le Tribunal constitutionnel allemand.
La loi de participation	
• Le principe de participation signifie que les États fédérés **participent** à l'élaboration et à la modification de la Constitution et de la législation fédérale : les États fédérés contribuent à l'adoption de la Constitution originaire qu'ils ratifient (Ex : art. 7 de la Constitution des États-Unis). • L'élaboration de la législation fédérale s'effectue d'une manière propre aux États fédéraux à travers le **bicaméralisme fédéral**, c'est-à-dire par un Parlement composé de deux chambres deux assemblées (Bicaméral : Etym. Lat.	• Les États fédérés jouent très souvent un rôle important d'initiative ou de veto en ce qui concerne la révision de la Constitution fédérale. Ainsi aux États-Unis, les États fédérés disposent de l'initiative de la révision constitutionnelle (qui n'a jamais été utilisée en pratique, toutes les révisions émanant du Congrès) et la révision de la Constitution doit obtenir l'approbation des 3/4 des États fédérés. • Le Parlement des États fédéraux est composé de deux chambres dont l'une représente le Peuple (Chambre des

Bis : deux fois et *camera* : chambre). Le principe de participation se trouve de cette manière assuré tant au niveau constitutionnel qu'au niveau législatif.	représentants aux États-Unis, *Bundestag* en Allemagne) et l'autre représente les États (Sénat aux États-Unis, *Bundesrat* en Allemagne). La première chambre est élue en fonction de l'importance démographique de chaque État tandis que la seconde est composée suivant une base strictement égalitaire entre les États qui disposent du même nombre de sièges quelle que soit leur importance démographique. Par exemple l'État de Californie dispose de deux sénateurs comme l'Alaska mais à la chambre des représentants la Californie (38 millions d'habitants) dispose de 53 sièges tandis que l'Alaska (683 000 habitants) n'en a qu'un. Ainsi au Sénat, chaque État participe de manière égale à l'élaboration des lois fédérales.
La loi de superposition	
Il ne s'agit pas d'une loi classique comme les deux précédentes. La loi de superposition signifie que les États fédérés adoptent la même forme d'organisation du pouvoir que l'État fédéral en quelque sorte par **mimétisme**. Mais surtout au plan juridique, elle signifie qu'en cas de conflit entre la législation fédérale et la législation fédérée, le droit fédéral **l'emporte** sur le droit des États fédérés.	Il y a donc une **supériorité du droit fédéral** qui semble nécessaire au maintien de l'édifice. Cette supériorité se trouve renforcée par le fait que le juge constitutionnel suprême est un juge fédéral qui sera donc sensible au maintien de l'homogénéité de la fédération au moyen de cette supériorité hiérarchique. Au demeurant ce juge est justement chargé par la Constitution de veiller au respect du partage des compétences entre l'État fédéral et les États fédérés. La loi de superposition est malmenée par ce que l'on appelle le **fédéralisme asymétrique** qui consiste à tenir compte des particularités des différents États fédérés en leur accordant des structures ou des prérogatives différentes, débouchant sur une plus ou moins large autonomie (M. Croisat).

Nota. Exemples d'États fédéraux : Argentine (23 provinces et 1 district), Australie (6 États, 1 territoire), Brésil (26 États, 1 district), Canada (10 provinces, 3 territoires), États-Unis (50 États, 1 district), Inde (28 États, 7 territoires), Mexique (31 États, 1 district fédéral), Nigéria (36 États, 1 territoire), Pakistan (4 provinces), Russie (83 entités territoriales, dont 21 républiques), Venezuela (23 États, 1 district fédéral).

D. Le cas de l'Union européenne

Depuis le traité de Maastricht (signé le 7 février 1992), qui a marqué une nouvelle phase dans l'intégration européenne, se pose avec acuité la question de savoir quelle est la nature de l'Union européenne. Aujourd'hui la plupart des auteurs s'accordent à considérer que l'Union européenne est **une institution à mi-chemin entre la confédération d'États**, c'est-à-dire une association en général à objet particulier (Ex : militaire ou économique) de deux ou plusieurs États qui restent souverains au plan international **et l'État fédéral**. L'Union européenne est plus qu'une confédération, car ses compétences sont diverses, elle dispose d'une personnalité juridique internationale propre et surtout bon nombre de décisions de l'Union sont adoptées à la majorité de ses membres et non à l'unanimité. Mais l'Union européenne n'est pas un État fédéral, essentiellement parce que son organisation juridique continue de reposer sur un traité international et non sur une véritable Constitution.

Pour l'instant, l'Union européenne oscille entre deux tendances. Une tendance fédéraliste à l'initiative du Parlement européen qui a adopté en 1994 un rapport relatif à un projet de Constitution européenne fédérale et démocratique et une tendance confédérale qui se manifeste chez certains États membres favorables à une construction européenne purement interétatique.

Cependant, la construction européenne a connu une nouvelle étape avec **le traité de Lisbonne**.

a. La forme de l'Union européenne

Rien n'est clairement établi par le traité, mais il semble que l'Union se rapproche très sensiblement du modèle fédéral. Plusieurs indices permettent de l'affirmer : le principe d'autonomie des États membres, l'existence de clauses de compétences, le principe de subsidiarité, l'apparition d'un bicaméralisme fédéral avec le Parlement européen qui représente le Peuple de l'Union et le Conseil des Ministres représentant les États membres de l'Union.

b. L'incidence de la construction européenne sur l'ordre juridique constitutionnel

La construction européenne, par les transferts de souveraineté qu'elle implique, a toujours eu des répercussions importantes sur le droit constitutionnel, non seulement de la France, mais aussi de tous les États membres de l'Union surtout depuis le traité sur l'Union européenne du

7 février 1992 (traité de Maastricht). Le traité de Lisbonne, signé le 13 décembre 2007, et ratifié le 13 février 2008 a marqué l'abandon du « Traité établissant une constitution pour l'Europe » (rejeté par le Peuple français lors du référendum du 29 juin 2005 – oui : 12 808 270 voix / non : 15 449 508 voix) en faveur d'un texte de compromis moins audacieux. Le traité de Lisbonne est un simple traité modificatif introduisant dans les traités en vigueur les propositions faites en juin 2007 par la Conférence intergouvernementale. Le président de la République française a saisi le Conseil constitutionnel, lequel a indiqué que le traité nécessitait une révision de la Constitution (Cons. const., déc. n° 560 DC du 20 décembre 2007). La révision a eu lieu le 4 février 2008 et a modifié le titre XV de la Constitution. La crise financière de 2008 a renouvelé la question des relations entre le droit constitutionnel et le droit de l'Union européenne. Les États ont signé le traité de stabilité, de coordination et de gouvernance au sein de l'Union économique et monétaire le 2 mars 2012 (traité de Bruxelles) prévoyant notamment que la limitation des déficits publics devait être inscrite dans les États au moyen d'une règle de préférence constitutionnelle. Saisi par le président de la République, le Conseil constitutionnel a considéré qu'il y avait une atteinte aux conditions essentielles d'exercice de la souveraineté nationale car le traité établissait une hiérarchie entre la Cour de justice de l'Union européenne et le Conseil constitutionnel. Par une interprétation constructive, le Conseil a considéré que cette « règle d'or » devait être inscrite dans une loi ordinaire (Loi de programmation pluriannuelle des finances publiques), dans les conditions posées par une loi organique (Loi organique relative à la programmation et à la gouvernance des finances publiques du 17 décembre 2012, Cons. const., déc. n° 2012-653 DC du 9 août 2012).

LES FORMES DE L'ÉTAT : COMPÉTENCES NORMATIVES DES COLLECTIVITÉS COMPOSANTES

État / Compétence	État unitaire centralisé : compétences des collectivités territoriales	État unitaire décentralisé : compétences des collectivités territoriales	État régional ou autonomique : compétences des régions	État fédéral : compétences des États fédérés
Constitutionnelle	NON	NON Le statut et même parfois l'existence des collectivités locales sont fixés par la loi ou la Constitution nationale.	NON (Mais existence de statuts constitutifs qui doivent être approuvés par l'État).	OUI Constitution des États. Participation à la révision de la Constitution fédérale.

►

Législative	NON	NON La loi est l'acte voté par le Parlement national.	OUI (Partagé avec l'État).	OUI Partage des compétences.
Réglementaire	NON Mais certaines autorités déconcentrées peuvent disposer d'une délégation de pouvoir réglementaire organisée soit directement par la loi soit par l'administration centrale.	OUI L'exercice de la compétence réglementaire est partagé entre l'État et les autres collectivités. Les autorités locales peuvent édicter des actes directement exécutoires sous réserve d'un contrôle de légalité.	OUI	OUI Compétence de l'exécutif de l'État fédéré mais aussi de l'exécutif de l'État fédéral.

NB. Il s'agit d'un tableau synthétique théorique. La pratique révèle des exceptions.

III. Les fonctions de l'État : fonctions législative, exécutive, juridictionnelle

Par fonctions de l'État on entend au point de vue du droit constitutionnel les manifestations de la souveraineté de l'État. Il s'agit de rechercher quelles sont les fonctions juridiques exercées par l'État. Aristote (384-322 av. J.-C.) d'abord (*La Politique* Livre IV, 14, 1298 a), puis J. Locke (1632-1704) *Deuxième traité sur le Gouvernement civil* (1695) et Montesquieu (1689-1755), *De l'esprit des lois* (1748), ont montré, chacun avec leur propre originalité, que l'État exerçait trois fonctions :

LES TROIS FONCTIONS JURIDIQUES DE L'ÉTAT

Fonction législative
La fonction d'édicter des mesures s'imposant aux individus et modifiant leur situation juridique en un mot la fonction de faire la loi ;
Fonction exécutive
La fonction d'exécuter les lois et d'administrer le pays en conduisant la politique (sur le plan national et international).

►

Fonction juridictionnelle
La fonction de régler les contentieux qui naissent entre les individus et d'appliquer à ces contentieux la loi.

Légiférer, gouverner et juger sont trois fonctions qui assurément mettent en œuvre des prérogatives de puissance publique et qu'en principe seul l'État peut exercer.
Il importe de bien garder à l'esprit que ces fonctions sont conceptuelles et indépendantes pour l'instant de toute idée d'organe habilité à les exercer. (v. La séparation des pouvoirs, *infra*).
Les fonctions de l'État peuvent également résulter d'une analyse politique et économique de laquelle résulte l'opposition entre l'État minimum ou l'État gendarme et l'État providence. Cette distinction repose sur deux conceptions différentes de l'État suivant l'importance de son activité.

POUR EN SAVOIR PLUS

Définition de l'État

- Carré de Malberg (R.), *Contribution à la théorie générale de l'État*, Sirey, 1920 (Réimp. CNRS, 1962 et Dalloz, 2003).
- Donnedieu de Vabres (J.), *L'État*, PUF, coll. « Que sais-je ? », n° 616, 1984.
- Duguit (L.), *L'État, le droit objectif et la loi positive*, Fontemoing, Paris, 1901 (Réimp. Dalloz, 2003).
- Favoreu (L.) et *alii*, *op. cit.* § 35-62.
- Kelsen (H.), *Théorie générale du droit et de l'État*, LGDJ-Bruylant, 1996 (Trad. d'une œuvre de 1945).
- Kelsen (H.), « Aperçu d'une théorie générale de l'État », *RD publ.*, 1926.

Les formes de l'État

On se référera aux manuels d'institutions administratives qui comportent tous d'importants développements sur l'organisation décentralisée de la France.

Pour les aspects purement constitutionnels :

– L'État unitaire

- Beaud (O.), *La puissance de l'État*, PUF, coll. « Léviathan », 1994.
- Eisenmann (Ch.), Centralisation et décentralisation. Esquisse d'une théorie générale, LGDJ, 1948.
- Favoreu (L.), Les bases constitutionnelles du droit des collectivités locales, in La nouvelle décentralisation, Sirey, 1983.
- Favoreu (L.) et *alii*, *op. cit.* § 668-726.
- Roux (A.), Les bases constitutionnelles du droit des collectivités locales, Economica, coll. « Poche », 1994.

– L'État régional

- Favoreu (L.) et *alii*, *op. cit.* § 665-695.
- Groppi (T.), « Le régionalisme italien aujourd'hui : un État régional à tendance municipale », *RFDC*, n° 43, 2000, p. 481.
- Lucarelli (A.), Verpeaux (M.) (dir.), *Régionalisme italien et régionalisme français*, L'Harmattan, 2013.

- Moderne (F.), Bon (P.), Les autonomies régionales dans la Constitution espagnole, Economica, 1981.

– L'État fédéral

- Beaud (O.), *Théorie de la fédération*, PUF, coll. « Léviathan », 2e éd., 2009.
- Croisat (M.), « Le fédéralisme asymétrique : l'expérience canadienne », *RFDC*, n° 37, 1999, p. 29.
- Delpérée (F.), *Le fédéralisme en Europe*, PUF, coll. « Que sais-je ? », n° 1953, 2000.
- Favoreu (L.) et *alii, op. cit.* § 595-664.
- Rials (S.), *Destin du fédéralisme,* LGDJ, 1986.

Les incidences de la construction européenne sur l'ordre juridique constitutionnel

- Favoreu (L.), Philip (L.) et alii, *Les Grandes décisions du Conseil constitutionnel,* Dalloz, 18e éd., 2016, n° 27, p. 362.
- Ghevontian (R.), *Droit de l'Union européenne*, Sirey, coll. « Aide-mémoire », 5e éd. 2013.
- Jacqué (J.-P.), « Le traité de Lisbonne. Une vue cavalière », *RTDE* 2008, p. 439-483.
- De Poncins (É.), Vers une Constitution européenne : texte commenté du projet de traité constitutionnel établi par une Convention européenne, Éditions 10/18, 2003.
- *La Constitution européenne en débat*, La Documentation française n° 307, coll. « Regards sur l'actualité », 2005.
- Mathieu (B.), « Le traité de Lisbonne et la Constitution. Ou comment régler le passif du « Traité constitutionnel » », *JCP* 2008. I. 116.
- Oliva (E.), « Le pacte de stabilité devant les juridictions constitutionnelles – La décision du Conseil constitutionnel du 9 août 2012 », *RFDA* 2012, n° 6, p. 1043.

CHAPITRE 3

L'État de droit

I. La notion d'État de droit

A. La définition de l'État de droit

L'État de droit peut être défini comme celui dans lequel tous les organes de l'État et d'une manière plus générale encore toutes les personnes publiques ou privées sont soumises au respect de la règle de droit.

L'expression État de droit d'origine allemande : *Rechtsstaat*, (voir l'art. 28 de la Loi fondamentale allemande du 23 mai 1949), s'oppose à l'État dans lequel les autorités publiques, et en particulier le souverain, peut quasiment faire tout ce que bon lui semble (absolutisme monarchique).

L'État de droit suppose la reconnaissance d'un certain nombre de droits et libertés fondamentaux (droit de propriété, liberté individuelle…) et tout dépend du degré hiérarchique de ces droits et libertés dans l'ordonnancement juridique. À la forme ancienne de l'État de droit légal vient aujourd'hui se substituer une forme plus achevée : l'État de droit constitutionnel.

B. L'objet de l'État de droit constitutionnel : la garantie des droits et libertés fondamentaux

L'État de droit est souvent associé à la garantie des droits et libertés, c'est-à-dire à l'idée (moderne) de démocratie car il permet d'éviter que cette dernière ne se transforme en tyrannie de la majorité. Ainsi, l'État de droit constitutionnel suppose non seulement l'énonciation dans la Constitution (ou dans un texte auquel est reconnue une valeur constitutionnelle) de ces droits mais aussi leur garantie. Généralement, cette énonciation prend la forme d'une déclaration de droits tantôt intégrée à la Constitution (Constitution allemande du 23 mai 1949 ou Constitution espagnole de 1978), tantôt séparée de celle-ci (cas de la France : Déclaration des 24 et 26 août 1789, préambule de la Constitution du 27 octobre 1946 et principes fondamentaux reconnus par les lois de la République). Mais l'État de droit constitutionnel ne s'arrête pas à la simple énonciation de ces droits qui peuvent rester de simples développements philosophiques sans aucun prolongement juridique. L'État de droit constitutionnel garantit à tous les niveaux, une protection de ces droits qui est assurée au sommet de l'édifice par le juge constitutionnel. Comme l'exprime le Conseil constitutionnel français : « *la loi n'exprime la volonté générale que dans le respect de la Constitution* » (Cons. const., déc. n° 85-197 DC du 23 août 1985 *Nouvelle-Calédonie Rec.* p. 78, *RJC*, I, 238).

II. La réalisation de l'État de droit : la séparation des pouvoirs

L'État de droit suppose la consécration d'un régime de séparation des pouvoirs. La séparation des pouvoirs désigne la distribution et l'organisation des rapports entre les différents pouvoirs.

La séparation des pouvoirs selon Montesquieu

La séparation des pouvoirs telle que l'a conçue Montesquieu est une doctrine de la liberté. Les trois fonctions législative, exécutive et judiciaire peuvent être attribuées à un seul et même organe ou à des organes différents.
Montesquieu considère que ces trois fonctions doivent être attribuées à des organes différents car la confusion des trois fonctions au sein d'un même organe risque d'entraîner des abus préjudiciables à la liberté. En confiant les fonctions à des organes différents on instaure un contrôle de chacun des pouvoirs sur l'autre, de cette manière « le pouvoir arrête le pouvoir » et la liberté est ainsi davantage protégée.
L'État de droit suppose ainsi nécessairement, la séparation des pouvoirs, considérée comme une garantie de la liberté.

→ **Consécration** : l'article 16 de la Déclaration des droits de l'Homme et du citoyen de 1789 suivant lequel : « Toute société dans laquelle la garantie des droits n'est pas assurée, ni la séparation des pouvoirs déterminée n'a point de Constitution ».

III. La garantie de l'État de droit : la justice constitutionnelle

A. La définition de la justice constitutionnelle

Par justice constitutionnelle on entend à la fois une fonction et un organe.

LA NOTION DE JUSTICE CONSTITUTIONNELLE

La **notion fonctionnelle** de justice constitutionnelle
La justice constitutionnelle est d'abord l'opération par laquelle s'effectue le contrôle de constitutionnalité des lois. Cette opération suppose une Constitution juridiquement située au sommet de la hiérarchie des normes. Cela implique donc une Constitution rigide qui ne puisse être modifiée dans les mêmes formes que celles relatives aux lois. En tant qu'opération de contrôle de constitutionnalité des lois, la justice constitutionnelle va imposer au législateur le respect des droits et libertés énoncés dans la Constitution. En ce sens, c'est une garantie de l'État de droit constitutionnel sans laquelle l'État de droit ne serait que légal puisque le législateur pourrait en toute impunité violer les prescriptions constitutionnelles.
La **notion organique** de justice constitutionnelle
La justice constitutionnelle désigne également l'organe chargé d'exercer le contrôle de constitutionnalité des lois. Ce contrôle peut être réalisé par des autorités politiques (le Sénat conservateur du Premier Empire en France, la Constitution de l'an VIII) ou par des autorités juridictionnelles (les juges ordinaires ou un juge spécifique spécialement chargé d'effectuer ce contrôle de constitutionnalité). C'est bien entendu uniquement dans le second cas que l'on parlera de justice constitutionnelle.

B. Les modèles de justice constitutionnelle

On distingue essentiellement deux modèles absolus de justice constitutionnelle qui peuvent du reste se combiner : le modèle nord-américain (États-Unis) et le modèle européen.

a. Le modèle des États-Unis : « *judicial review* »

Le modèle nord-américain de justice constitutionnelle ne figure pas dans la Constitution. Il résulte d'une construction jurisprudentielle élaborée par la Cour suprême des **États-Unis** dans un célèbre arrêt de 1803 « *Marbury v/ Madison* » à l'occasion duquel la Cour suprême s'est déclarée compétente pour écarter une loi contraire à la Constitution. La Cour suprême est ainsi le juge suprême de constitutionnalité des lois, mais le contrôle de constitutionnalité s'effectue à tous les niveaux de l'ordre juridictionnel c'est-à-dire par les juges ordinaires des juridictions des États fédérés et de l'État fédéral. On parle alors de **contrôle diffus** parce qu'il se diffuse dans l'ensemble de l'organisation juridictionnelle. Le jugement de constitutionnalité est rendu à l'occasion d'une affaire au cours de laquelle s'élève une question de constitutionnalité de la loi. Tout justiciable peut ainsi soulever cette question. La saisine du juge est donc **ouverte**. Aux États-Unis, le contrôle de constitutionnalité s'effectue à l'occasion d'un litige au cours duquel se pose une question de constitutionnalité ; le contrôle s'effectue **par voie d'exception**. Il s'agit d'un **contrôle concret** qui se rapporte à une application précise de l'acte attaqué. Enfin, la décision rendue n'a d'effets qu'à l'égard des parties (effet ***inter partes***) c'est-à-dire que les décisions jouissent d'une **autorité relative de chose jugée**. La loi inconstitutionnelle est simplement écartée du procès en cours, elle n'est pas véritablement annulée (toutefois les juges connaissent la jurisprudence et écartent systématiquement une loi déjà déclarée contraire à la Constitution même si celle-ci demeure en droit intégrée dans l'ordre juridique : principe du « précédent »).

LA NAISSANCE DE LA JUSTICE CONSTITUTIONNELLE AUX ÉTATS-UNIS : L'ARRÊT *MARBURY V/ MADISON* DU 24 FÉVRIER 1803

Les faits
Les faits sont d'ordre politique. Dans l'optique de l'élection présidentielle, les fédéralistes ont tenté de conserver la maîtrise du pouvoir judiciaire en nommant de nouveaux juges fédéralistes dont W. Marbury. La nouvelle administration refusa d'envoyer à Marbury la notification de sa nomination et de son affectation, laquelle n'a pu donc être réalisée avant l'élection. Le litige l'opposant au secrétaire d'État Madison arriva jusqu'à la Cour suprême devant se prononcer sur la demande d'injonction de procéder aux nominations.
Le problème juridique
Si la loi sur l'organisation judiciaire autorise la Cour suprême à adresser des ordonnances d'injonction à toute personne exerçant une fonction officielle et placée sous l'autorité des États-Unis (cas du secrétaire d'État Madison), la Constitution est silencieuse sur ce point. La loi conférant de telles attributions à la Cour suprême est-elle conforme à la Constitution ?
La solution
La Cour suprême déboute M. Marbury et estime que la loi est contraire à la Constitution laquelle a octroyé au Président des États-Unis un pouvoir discrétionnaire qui ne saurait faire l'objet d'un contrôle juridictionnel (un acte de gouvernement). 1° : la Constitution est supérieure à toute autre norme ; 2° : la loi sur l'organisation judiciaire est contraire à la Constitution ; 3° : la loi doit être invalidée pour inconstitutionnalité.

b. Le modèle européen

Le modèle européen de justice constitutionnelle est plus récent que le modèle américain. Il trouve son origine dans la Haute cour constitutionnelle d'Autriche en 1920 dont le créateur n'est autre que H. Kelsen. C'est pourquoi le modèle européen est aussi appelé modèle kelsénien de justice constitutionnelle. À partir de ce « modèle », la justice constitutionnelle européenne s'est développée par vagues successives. La première (1945-1970) correspond à l'après-guerre et marque une certaine défiance à l'égard des législateurs qui n'ont pas pu endiguer le totalitarisme. Un juge constitutionnel est mis en place afin de sauvegarder les libertés (ex : France, Italie, Allemagne). La deuxième (1970-1980) correspond au retour de la démocratie dans plusieurs pays européens (ex : Portugal, Espagne), et la troisième (1980-...) est la conséquence de l'effondrement du bloc de l'Est (ex : Hongrie, Russie, Bulgarie).

On observe que la justice constitutionnelle évolue concomitamment au développement démocratique.

Le modèle européen est celui dans lequel une juridiction est créée pour connaître spécialement et exclusivement du contentieux constitutionnel, située hors de l'appareil juridictionnel ordinaire, elle est indépendante de celui-ci comme des pouvoirs publics (L. Favoreu).

Le modèle européen théorique de justice constitutionnelle présente les caractéristiques suivantes. C'est **un organe spécial** qui est chargé d'assurer le contrôle de constitutionnalité des lois, il s'agit en ce sens d'**un contrôle concentré** (ou restreint) de sorte que les tribunaux ordinaires ne peuvent pas statuer sur la constitutionnalité d'une loi. **La saisine** de ce juge spécial **est fermée** (ou semi-ouverte) c'est-à-dire que la Cour ne pourra être saisie que par des autorités expressément désignées en France : le président de la République, le Premier ministre, le président de l'Assemblée nationale, le président du Sénat, 60 députés *ou* (et non pas *et*) 60 sénateurs en ce qui concerne le contrôle *a priori* : qui donne lieu aux décisions DC ; Le Conseil d'État ou la Cour de cassation s'agissant du contrôle *a posteriori* dont sont issues les décisions QPC). Mais dans certains États, le juge constitutionnel peut être saisi d'une question préalable par les juges ordinaires (France depuis la révision constitutionnelle du 23 juillet 2008, Italie, Allemagne, Espagne, Portugal) ou même par les individus qui allèguent d'une violation des droits et libertés fondamentaux (Allemagne, Espagne). Le contrôle est un contrôle ***a priori*, qui a donc lieu avant** promulgation de la loi, **par voie d'action**. Cependant dans certains États, il existe un **contrôle *a posteriori*, qui s'exerce après** l'entrée en vigueur de la loi, **par voie d'action** (Allemagne, France, Espagne, Italie, Portugal) ou *a posteriori* **par voie d'exception** (Allemagne, Espagne, Italie, Portugal). Enfin, la décision du juge constitutionnel a un effet à l'égard de tous (effet ***erga omnes***) c'est-à-dire qu'elle jouit d'une **autorité absolue de chose jugée** (sous réserve là encore des spécificités liées à l'existence d'un contrôle *a posteriori* de constitutionnalité des lois).

LES DIFFÉRENCES ENTRE LES MODÈLES NORD-AMÉRICAIN (ÉTATS-UNIS) ET EUROPÉEN DE JUSTICE CONSTITUTIONNELLE (TABLEAU RÉCAPITULATIF SIMPLIFIÉ)

Critères de comparaison	Modèle nord-américain	Modèle européen
Organe de contrôle	Tribunaux ordinaires **(contrôle diffus ou élargi)**	Juridiction spéciale **(contrôle concentré ou restreint)**
Saisine	Particuliers **(saisine ouverte)**	Autorités politiques Juridictions Particuliers Autorités publiques Autosaisine **(saisine fermée ou semi-ouverte)**
Forme de contrôle	Par voie d'exception **contrôle concret** **contrôle *a posteriori*** (après l'entrée en vigueur de l'acte attaqué)	Par voie d'action **contrôle abstrait ou concret** **contrôle *a priori*** (avant l'entrée en vigueur de l'acte attaqué) ou ***a posteriori***
Effet du contrôle	Acte inconstitutionnel déclaré inapplicable dans l'affaire en cours **(effet relatif de la chose jugée, *inter partes*)**	Acte inconstitutionnel annulé **(effet absolu de la chose jugée, *erga omnes*)**

Nota. Seul le critère opposant le contrôle diffus au contrôle concentré permet aujourd'hui de distinguer le modèle nord-américain du modèle européen.

C. Le rôle de la justice constitutionnelle

La justice constitutionnelle est une forme de justice (de juridiction) qui est chargée de contrôler le respect de la Constitution par la loi. La justice constitutionnelle repose ainsi sur un principe essentiel de l'État de droit constitutionnel : le principe de constitutionnalité.

Le principe de constitutionnalité : il signifie que seule une loi constitutionnelle peut déroger à une autre loi constitutionnelle. Ainsi, lorsqu'une loi méconnaît la Constitution, cela revient à constater que le législateur a empiété sur la compétence du constituant et qu'il fallait au préalable procéder à une révision de la Constitution. Le juge constitutionnel n'a pas le dernier mot car le constituant peut réviser le texte de la Constitution sur lequel le juge constitutionnel a pu fonder une annulation (G. Vedel, L. Favoreu).

En France la soumission du législateur au principe de constitutionnalité a été affirmée dans la décision n° 82-132 DC du 16 janvier 1982 *Nationalisation* I à l'occasion de laquelle le Conseil constitutionnel a précisé que le législateur dans l'exercice de sa compétence ne saurait être dispensé « du respect des principes et des règles de valeur constitutionnelle qui s'imposent à tous les organes de l'État. »

En schématisant, il est possible de ramener la justice constitutionnelle à **quatre fonctions essentielles** liées à l'État de droit.

LES MISSIONS DE LA JUSTICE CONSTITUTIONNELLE

1. Assurer le respect et la garantie des droits et libertés fondamentaux.
2. Assurer la répartition des compétences entre l'État et les collectivités composantes (États fédérés, Régions, Collectivités locales).
3. Assurer la régulation des relations entre les pouvoirs constitués (Parlement, gouvernement, président de la République).
4. Assurer la protection des droits de la minorité politique contre les risques d'oppression de la majorité.

Ces quatre fonctions essentielles varient suivant les pays considérés, mais il est indéniable qu'aujourd'hui, la justice constitutionnelle s'est développée à travers le monde indépendamment du système juridique retenu (*common law* ou romano-germanique).

POUR EN SAVOIR PLUS

La notion d'État de droit

- Chevallier (J.), « L'État de droit », *RD publ.*, 1988, p. 313.
- Favoreu (L.) *et alii*, *op. cit.*, § 30-32 et § 116-118.
- Jouanjan (O.), Article État de droit, in *Dictionnaire de la culture juridique*, Lamy-PUF, coll. « Quadrige », 2003, p. 649.

La réalisation de l'État de droit : la séparation des pouvoirs

- Burdeau (G.), « Remarques sur la classification des fonctions étatiques », *RD publ.*, 1945.
- Eisenmann (Ch.), L'esprit des lois et la séparation des pouvoirs, Mélanges Carré de Malberg, Sirey, 1933.
- Favoreu (L.) *et alii*, *op. cit.*, § 524-551.
- Lahmer (M.), Article Séparation et balance des pouvoirs, in *Dictionnaire de la culture juridique*, Lamy-PUF, coll. « Quadrige », 2003, p. 1406.
- Montesquieu, *De l'esprit des lois*, 1748 (par ex. Gallimard, coll. « La Pléiade »).
- Vedel (G.), *Montesquieu et l'Esprit des lois*, in Pages de doctrine, LGDJ, 1980.

La garantie de l'État de Droit : la justice constitutionnelle

- Badinter (R.), Breyer (S.) à l'initiative de…, *Les entretiens de Provence (Le juge dans la société contemporaine)*, Fayard-Publications de la Sorbonne, 2003.
- Bernaud (V.), Fatin-Rouge Stefanini (M.), « La réforme du contrôle de constitutionnalité des lois une nouvelle fois en question ? Réflexions autour des articles 61-1 et 62 de la Constitution proposés par le Comité Balladur », *RFDC* 2008, hors-série, p. 169.
- Cassia (P.), « Le renvoi préjudiciel en appréciation de constitutionnalité, une "question" d'actualité », *RFDA*, 2008, p. 877.
- Drago (G.), *Contentieux constitutionnel français*, PUF, coll. « Thémis », 4ᵉ éd., 2016.
- Drago (G.), Article Justice constitutionnelle, in *Dictionnaire de la culture juridique*, Lamy-PUF, coll. « Quadrige », 2003, p. 904.
- Favoreu (L.); Pena Gaïa (A.), *La justice constitutionnelle, Documents d'études n° 1.16*, La Documentation française, 1998.
- Favoreu (L.); Mastor (W.), *Les cours constitutionnelles*, Dalloz, coll. « Connaissance du droit », 2ᵉ éd., 2016.

- Favoreu (L.), Modèle américain et modèle européen de justice constitutionnelle, AIJC, 1988.
- Favoreu (L.), Le principe de constitutionnalité : essai de définition d'après la jurisprudence, Mélanges Eisenmann, Cujas, 1974.
- Favoreu (L.), « La décision de constitutionnalité », *RID comp.*, 1986.
- Favoreu (L.), « Souveraineté et supra-constitutionnalité », *Pouvoirs*, n° 67, 1993.
- Favoreu (L.), Jolowicz (J.-A.), *Le contrôle juridictionnel des lois*, Economica-PUAM, 1986.
- Favoreu (L.) *et alii*, *op. cit.*, § 265-309.
- Favoreu (L.), « La question préjudicielle de constitutionnalité. Retour sur un débat récurrent », in *Droit et politique à la croisée des cultures. Mélanges Philippe Ardant*, LGDJ, 1999, p. 266.
- Fatin-Rouge Stefanini (M.), « La question préjudicielle de constitutionnalité en droit comparé ». Études rassemblées par AIJC 2007, Economica-PUAM, 2008, p. 11-44.
- Gay (L.), La question prioritaire de constitutionnalité, Approche de droit comparé, Bruylant, 2014.
- Hamon (F.), La justice constitutionnelle en France et à l'étranger, LGDJ, coll. « Système », 2011.
- Kelsen (H.), « La garantie juridictionnelle de la Constitution : la justice constitutionnelle », *RD publ.*, 1928.
- Kelsen (H.), « Le contrôle de constitutionnalité des lois. Une étude comparative des constitutions autrichienne et américaine », *RFDC*, 1990 (trad. d'un article publié en 1942 aux États-Unis).
- Martens (P.), « Sur le juge constitutionnel », *RFDC*, n° 53, 2003, p. 3.
- Troper (M.), Le problème de l'interprétation et la théorie de la supra-légalité constitutionnelle, Mélanges Eisenmann, Cujas, 1974.
- Vedel (G.), « Souveraineté et supra-constitutionnalité », PUF, *Pouvoirs*, n° 67, 1993.
- Waline (M.), « Éléments d'une théorie de la justice constitutionnelle en droit positif français », *RD publ.*, 1928.
- Zoller (E.), *Les grands arrêts de la Cour suprême des États-Unis*, Dalloz, coll. « Grands arrêts », 2010.

CHAPITRE 4

L'organisation constitutionnelle du pouvoir

I. La notion de pouvoir politique

Le pouvoir (du latin *Potestas :* capacité d'agir) est une notion qui a toujours été difficile à cerner. Cependant, il apparaît que le pouvoir politique se caractérise par deux fonctions essentielles et distinctives (J.-M. Denquin).

LE POUVOIR POLITIQUE

Réalise des choix qui concernent la collectivité considérée (État, collectivités locales, Union européenne...).	**Exprime une volonté collective** qui est opposable aux volontés individuelles.

Le droit constitutionnel ne s'intéresse au pouvoir politique que pour autant que ce dernier est institutionnalisé.

→ **L'institutionnalisation du pouvoir :** consiste à dissocier le pouvoir (concept), des individus qui l'exercent. L'institutionnalisation s'oppose ainsi à l'individualisation du pouvoir qui est à la fois source de discontinuité et d'arbitraire.

EXEMPLE
Le chef d'une bande de voleurs dispose d'un pouvoir individualisé qui ne survivra pas à sa disparition. En revanche, le Gouvernement de la France continue d'exister malgré les disparitions ou les changements de titulaire du pouvoir.

Si le pouvoir est dissocié des individus qui l'exercent, il sera plus facile d'en déterminer les limites et en particulier de poser les conditions nécessaires pour obtenir le pouvoir (l'élection) ainsi que pour l'exercer.

II. Les différentes formes de Gouvernement (de régime politique)

Par formes de Gouvernement on entend les formes d'organisation du pouvoir politique dans une société. Il s'agit de déterminer le titulaire de la souveraineté.

Depuis fort longtemps (Hérodote 484 av. J.-C. 425) il existe une distinction (discutée) qui repose sur le nombre de titulaires du pouvoir politique. On distingue ainsi la monocratie (le pouvoir d'un seul), l'oligarchie (le pouvoir de plusieurs) et la démocratie (le pouvoir du peuple). À ces formes absolues s'ajoutent les régimes mixtes qui sont des régimes combinant des éléments divers provenant des trois régimes fondamentaux précités.

A. Les différentes formes de Gouvernement (modèles de base)

a. La monocratie

C'est la forme de Gouvernement dans laquelle le pouvoir est (théoriquement) exercé par un seul homme (roi, empereur, dictateur).

La monocratie est une catégorie générique qui recouvre plusieurs formes de Gouvernement fort différentes telles que la monarchie absolue, le césarisme ou encore la dictature.

b. L'oligarchie

L'oligarchie est le Gouvernement d'un petit nombre de personnes, le pouvoir étant détenu par une minorité. L'oligarchie est également une catégorie générique qui regroupe plusieurs formes de Gouvernement comme l'aristocratie, la ploutocratie et la partitocratie.

c. La démocratie

La démocratie est le Gouvernement du peuple, par le peuple et pour le peuple. Idéalement, la démocratie instaure une identité entre les gouvernants et les gouvernés.

La démocratie suppose la réunion de trois conditions.

LES CONDITIONS NÉCESSAIRES À LA DÉMOCRATIE

L'égalité
• La démocratie suppose l'égalité entre les citoyens sans distinction d'origine, de race, de sexe ou de religion. Tous les citoyens sont égaux en droit et cette égalité se traduit de manière mathématique en ce qui concerne le droit des élections : un(e) citoyen(ne) = une voix. • L'égalité est cependant une égalité en droit (égalité formelle) et non une égalité de fait (égalité réelle). Elle postule que les mêmes règles de droit s'appliquent aux citoyens de manière égale qui sont dans une situation identique (l'égalité n'exclut pas la diversité).
La légalité
• Au sens large du terme la légalité signifie l'obéissance aux règles de droit. • La démocratie suppose ainsi que les rapports entre les citoyens soient régis par des règles de droit qui, adoptées par tous s'appliquent à tous. Le citoyen, en démocratie, est à la fois le créateur de la règle de droit (commandement) et son destinataire (obéissance). • La démocratie se heurte ainsi au paradoxe du commandement et de l'obéissance puisque ce sont les mêmes qui commandent et obéissent (Aristote).
La liberté
• La démocratie suppose une certaine liberté politique c'est-à-dire une liberté de participation aux affaires publiques. Tous les citoyens sont libres de participer au Gouvernement soit par la désignation des gouvernants (élection) soit par la prise directe de décision (référendum). • Mais la liberté en démocratie est également une liberté d'opinion qui débouche nécessairement sur le pluralisme c'est-à-dire sur l'admission et le respect de plusieurs courants politiques parmi lesquels le citoyen pourra choisir celui qui lui semble le plus apte à conduire les affaires publiques. Ce pluralisme se manifeste pour l'essentiel dans un système multipartisan dans lequel plusieurs partis politiques exercent une influence réelle sur la vie politique.

Malgré ces trois conditions **la démocratie se heurte très souvent à** une loi incontournable : **la loi de majorité ou principe majoritaire** qui commande que les décisions retenues soient celles qui obtiennent le plus grand nombre de suffrages. Le principe majoritaire présente alors des dangers : l'oppression de la minorité par la majorité, le risque de décisions attentatoires aux libertés. C'est pourquoi, la démocratie moderne suppose un statut de la minorité. En France ce statut est apparu en 1974 en permettant à la minorité de saisir le Conseil constitutionnel et de contester la constitutionnalité d'une loi adoptée par la majorité. Le statut de l'opposition a été renforcé par la révision de 2008.

B. La question de la souveraineté dans la démocratie

La question de la souveraineté dans la démocratie ne devrait guère susciter de difficultés : la démocratie étant le Gouvernement du peuple, le souverain devrait être en principe le peuple.

Toutefois en France, cette question a donné lieu à deux théories de la souveraineté qui se sont historiquement opposées : la théorie de la souveraineté nationale et celle de la souveraineté populaire.

a. La souveraineté nationale (Siéyès, *Qu'est-ce que le Tiers État ?*, 1789)

La souveraineté nationale se ramène à deux affirmations.

1. La souveraineté, conçue comme le droit de commander, a pour titulaire la nation.

2. La nation est une personne juridique distincte des individus qui la composent.

Affirmation
Article 3 de la Déclaration des droits de l'Homme et du citoyen : « *Le principe de toute souveraineté réside essentiellement dans la nation. Nul corps, nul individu ne peut exercer d'autorité qui n'en émane expressément.* »

Définition de la nation

– C'est **une entité collective** qui ne s'identifie pas à la somme des individus qui la composent.

– C'est **une entité abstraite**, à savoir une personne morale dotée d'une volonté propre qui s'exprime par-delà les volontés individuelles qui la composent.

LES DEUX CONCEPTIONS DE LA NATION :

La conception objective allemande
La nation est une communauté de personnes ayant des traits objectifs communs comme l'origine ethnique, la langue, la culture ou l'histoire. La nation ne se confond pas avec la population car seule une partie de cette population peut constituer la nation. (ex. : les « aryens » vus comme le peuple élu dans la doctrine nazie).
La conception subjective française
La nation repose sur une volonté collective de vivre ensemble. C'est une conception volontariste : la nation n'est pas déterminée par la pure application de critères dits objectifs. Elle ne se confond pas avec la population car c'est une notion plus large (ex. : les Alsaciens et les Lorrains faisaient partie de la nation française alors qu'ils étaient sous domination allemande).

CONSÉQUENCES DE LA SOUVERAINETÉ NATIONALE

1re conséquence : gouvernement représentatif
La souveraineté nationale implique un Gouvernement **représentatif**, c'est-à-dire un Gouvernement dans lequel ce sont les représentants (personnes physiques) qui sont chargés d'exprimer la volonté de la **nation** (personne morale) qui doit forcément passer par l'intermédiaire d'interprètes qualifiés.

►

2ᵉ conséquence : électorat fonction et citoyen passif
La souveraineté nationale implique que l'électorat n'est pas un droit mais une **simple fonction publique** qui doit être réservée aux citoyens les plus capables : les citoyens actifs qui votent et siègent dans les assemblées. Le suffrage universel n'est pas retenu puisque des citoyens ne participent pas à l'élection : les citoyens **passifs**. De surcroît, une fois l'élection terminée, le citoyen actif (qui vote) comme passif (qui ne vote pas) ne peut rien faire (B. de Jouvenel. *Du pouvoir*).
3ᵉ conséquence : mandat représentatif
Dans la mesure où la souveraineté nationale suppose la désignation de représentants, le mandat qui leur est confié est donc **représentatif**. Il présente **cinq caractéristiques :** • **1.** *le mandat est global :* il est confié par la nation à l'ensemble des représentants. • **2.** *le mandat est général :* le mandataire représente la nation et non la circonscription qui l'a élu. • **3.** *le mandat est libre :* le mandataire exerce son mandat en toute indépendance et ne reçoit aucun ordre. • **4.** *le mandat est irrévocable :* le mandataire ne saurait être démis de ses fonctions. • **5.** *le mandat est exercé conformément à la volonté de la nation :* la volonté des représentants ne nécessite aucune ratification de la part du peuple.

b. La souveraineté populaire selon J.-J. Rousseau (*Du contrat social*, 1762)

Pour cet auteur, la souveraineté réside entièrement dans le peuple conçu comme l'ensemble des individus composant la société politique. Chacun de ces individus détient en propre une parcelle de souveraineté (ex. : dans une société composée de 10 000 citoyens, 1 citoyen détient 1/10 000ᵉ de souveraineté).

La souveraineté réside de façon directe dans l'universalité des citoyens et ne peut se manifester que par l'addition de toutes les parcelles de souveraineté détenues par chacun des individus parties au contrat social.

LA SOUVERAINETÉ POPULAIRE EMPORTE TROIS CONSÉQUENCES

1ʳᵉ conséquence : la démocratie directe
Le peuple, en tant que titulaire exclusif de la souveraineté doit exercer lui-même et directement le pouvoir. Chaque citoyen exerce donc **directement** le pouvoir de légiférer, d'administrer, voire de juger au sein d'assemblées populaires. Comme le soulignait G. Burdeau en 1969 « Ce procédé idyllique de gouvernement, que Rousseau lui-même réservait à un peuple de dieux, n'est plus aujourd'hui qu'une curiosité historique ».
2ᵉ conséquence : l'électorat droit et le citoyen actif
Chaque citoyen est individuellement titulaire d'une part de souveraineté de sorte que l'on ne peut dénier à un individu le droit de voter. L'électorat est un **droit** qui doit être reconnu aussi largement que possible : le suffrage doit être universel et sans intermédiaire, c'est-à-dire direct. Dans ce cas, tous les citoyens sont **actifs** puisqu'on ne saurait leur refuser l'exercice du droit de vote et l'éligibilité.

3e conséquence : le mandat impératif

Le mandat **impératif** est celui dans lequel le mandataire (s'il y en a un) doit scrupuleusement observer les instructions du mandant, de l'électeur sous peine de sanction. Le mandat impératif présente **cinq caractéristiques.**

- ***1****. le mandat est individuel :* il est accordé par une fraction du peuple à un individu.
- ***2****. le mandat est particulier :* le mandataire est le représentant de sa circonscription.
- ***3****. le mandat est lié :* le mandataire dispose d'instructions précises et obligatoires qui lui sont données par ses mandants.
- ***4****. le mandat est révocable :* le mandataire doit rendre compte de ses actes et sera considéré comme responsable des fautes commises dans l'exercice de ses fonctions. Il pourra être révoqué.
- ***5****. le mandat est exercé conformément à la volonté de la fraction du peuple qui désigne son mandataire.*

REMARQUE

Le mandat impératif est en réalité un palliatif destiné à approcher le plus près possible l'inaccessible démocratie directe en évitant toute dérive vers le mandat représentatif. En France, la souveraineté populaire a été retenue par la Constitution du 24 juin 1793 (Convention) qui a servi incontestablement de modèle à la Constitution de l'URSS du 7 octobre 1977.

C. La combinaison de la souveraineté nationale et de la souveraineté populaire

→ La Constitution du 4 octobre 1958 (comme celle du 27 octobre 1946, IVe République), dispose en son article 3 que :
« La souveraineté nationale appartient au peuple qui l'exerce par ses représentants ou par la voie du référendum. »

Cet article résulte en fait d'un compromis entre les forces politiques de l'époque, les unes étant favorables à la souveraineté nationale, les autres à la souveraineté populaire. Apparemment inconciliables, les deux théories sont combinées car « Si avec la tradition constitutionnelle française on identifie le peuple à l'ensemble des électeurs, la formule veut dire que le corps électoral détient le pouvoir de décision suprême dans l'État. C'est l'affirmation que le dernier mot appartient au suffrage universel » (G. Vedel).

La conséquence de cette combinaison sera l'institution d'un régime de démocratie semi-directe.

a. La démocratie semi-directe

Système dans lequel sont juxtaposés des mécanismes de Gouvernement représentatif et des procédures d'intervention populaire directe. Les procédés de démocratie directe se combinent avec le système représentatif.

La démocratie semi-directe se caractérise par l'existence d'un ou de plusieurs procédés qui lui sont propres et qui sont : le véto populaire, le référendum, l'initiative populaire.

b. Le veto populaire

Il consiste dans le dépôt d'une pétition revêtue d'un nombre requis par la Constitution de signatures et demandant qu'une loi soit soumise au peuple.
Le veto populaire se déroule alors en deux temps : si la pétition est signée du nombre exigé de citoyens, la loi est soumise au référendum. Si la majorité des électeurs inscrits se prononce en faveur du veto la loi est retirée. (Ex. : l'article 75 de la Constitution italienne du 27 décembre 1947).

c. Le référendum

C'est le procédé par lequel le corps des citoyens est appelé à exprimer par une votation populaire son avis ou sa volonté à l'égard d'une mesure qu'une autre autorité ou le peuple a pris ou envisage de prendre (Lafferrière).

LES DIFFÉRENTS OBJETS DU RÉFÉRENDUM

Le référendum de consultation
Il s'agit de connaître avec certitude l'opinion du peuple qui est seulement appelé à donner son avis. Ex. : « Êtes-vous d'avis que… ? »
Le référendum de proposition
Il s'agit de connaître la décision du peuple au sujet d'une initiative directe à introduire dans l'ordonnancement juridique. Référendum d'initiative populaire (voir *infra* initiative populaire).
Le référendum de ratification ou d'adoption
• Le référendum de ratification, intervient après l'adoption d'un texte devant être ratifié par le peuple. • Le référendum d'adoption : le peuple se prononce directement sur l'adoption ou le rejet d'un texte. Ce référendum peut être législatif ou constituant.
Le référendum d'abrogation
Constitue la seconde étape du veto législatif (voir *supra*). Il permet d'abroger totalement ou partiellement le texte d'une loi déjà adoptée par le Parlement. Il s'agit d'une forme de contrôle populaire *a posteriori*.

1. Référendum et procédure requise

De ce point de vue, le référendum peut être :

Facultatif : Le référendum sera alors laissé à la discrétion de certaines autorités qui peuvent décider de soumettre un texte au référendum ou de le faire adopter par le Parlement (par exemple, en vertu de l'article 89 de la Constitution de 1958, la révision d'origine gouvernementale peut être soumise soit au référendum soit au Congrès : réunion du Parlement).

Obligatoire : La Constitution précise que certaines mesures constitutionnelles ou législatives devront obligatoirement être soumises au référendum (par exemple, en vertu de l'article 89 de la Constitution de 1958, la proposition de révision de la Constitution d'origine parlementaire doit obligatoirement faire l'objet d'un référendum).

2. Référendum et justice constitutionnelle

Parce que le référendum est l'une des manifestations les plus élevées de la souveraineté, si ce n'est la plus directe, se pose la question de sa combinaison avec la justice constitutionnelle. Le recours au référendum offre en effet la possibilité aux gouvernants de s'affranchir de contraintes constitutionnelles liées notamment au développement de la protection des droits et libertés.

En France, le Conseil constitutionnel est compétent pour vérifier la régularité des opérations référendaires et en proclamer les résultats (art. 60 de la Constitution de 1958). En revanche, le juge constitutionnel n'a pas accepté de contrôler au fond la constitutionnalité d'une disposition adoptée par référendum (Cons. const., déc. n° 62-20 DC du 6 novembre 1962 *Loi référendaire*). Il s'est estimé incompétent pour contrôler les lois qui « adoptées par le peuple à la suite d'un référendum, constituent l'expression directe de la souveraineté nationale ». (voir aussi Cons. const., déc. n° 92-313 DC du 23 septembre 1992 *Maastricht III*). Depuis la révision constitutionnelle du 23 juillet 2008, le Conseil constitutionnel se prononce sur l'interdiction faite au référendum d'initiative parlementaire d'abroger une disposition législative promulguée depuis moins d'un an (art. 11 al. 4, Loi organique n° 2013-1114 du 6 décembre 2013 *portant application de l'article 11 de la Constitution*).

d. L'initiative populaire

C'est le procédé qui permet au peuple de proposer l'adoption d'une disposition législative ou constitutionnelle. Il se décompose en trois étapes :

1re étape	Dépôt d'une pétition présentée par un nombre requis de citoyens. Exemples : (en Suisse pour la révision de la Constitution : 100 000 signatures ; en Italie pour les lois ordinaires 50 000 signatures).

2e étape	L'avis d'un organe représentatif (Parlement) qui peut la retenir ou la rejeter.
3e étape	En cas de rejet de l'initiative elle est soumise par référendum à l'ensemble des électeurs.

Ainsi, le peuple peut en arriver à adopter seul des décisions en dehors des assemblées représentatives.

Les démocraties occidentales ont recours de manière plus ou moins importante, à des procédés de démocratie semi-directe qu'elles combinent avec le régime représentatif (ex. : Confédération helvétique, Autriche, Italie, Espagne, France, Portugal). En France la révision constitutionnelle du 23 juillet 2008 prévoit (art. 11 al. 3 de la Constitution) qu'« un référendum portant sur un objet mentionné au premier alinéa peut être organisé à l'initiative d'un cinquième des membres du Parlement, soutenue par un dixième des électeurs inscrits sur les listes électorales ». La révision constitutionnelle est supposée avoir procédé à « un élargissement du champ de la démocratie » (Rapport d'E. Balladur sur la modernisation et le rééquilibrage des institutions de la Ve République).

Seuls la Grande-Bretagne, (bien que des référendums consultatifs aient notamment eu lieu en 1975, 1979 et 1997) et les États-Unis, (mais le référendum existe dans certains États fédérés tels que la Californie) connaissent un système purement représentatif.

POUR EN SAVOIR PLUS

La notion de pouvoir politique

- Burdeau (G.), Le pouvoir politique et l'État, LGDJ, 1943.
- Denquin (J.-M.), *Science politique*, PUF, 1996.
- Favoreu (L.) et *al.*, *op. cit.*, § 57-62.
- Jouvenel (B. de.), Du pouvoir. Histoire naturelle de sa croissance, Hachette, 1972.

Les différentes formes de gouvernement

- Aristote, *La politique*, Vrin, 1989.
- Eisenmann (Ch.), « Essai d'une classification théorique des formes politiques », *Politique*, 1968.
- Kelsen (H.), *La démocratie. Sa nature, sa valeur*, Sirey, 1932, (réimp. Dalloz, 2004).
- Platon, *La République*, trad. R. Baccou, Garnier.

La souveraineté dans la démocratie

- Bacot (G.), Carré de Malberg et l'origine de la distinction entre la souveraineté du peuple et la souveraineté nationale, Éditions du CNRS, 1985.
- Carré de Malberg (R.), *La loi expression de la volonté générale*, Sirey, 1931 (réimp. Economica, 1984).
- Hauriou (M.), *La souveraineté nationale*, Sirey, 1912.
- Rousseau (D.) (dir.), *La démocratie continue*, LGDJ-Bruylant, 1995.
- Rousseau (J.-J.), *Du contrat social* (par ex., Gallimard, coll. « La Pléiade »).
- Siéyes, Qu'est-ce que le Tiers État ?, PUF, 1989.

La combinaison de la souveraineté nationale et de la souveraineté populaire (Veto populaire, Référendum d'initiative populaire).

- Cohendet M.-A., « Droit constitutionnel », LGDJ, 2015.
- Denquin (J.-M.), *Référendum et plébiscite*, LGDJ, 1976.
- Denquin (J.-M.), Article Référendum et plébiscite, in *Dictionnaire de la culture juridique*, Lamy-PUF, 2003, p. 1310.
- Denquin (J.-M.), « Démocratie participative et démocratie semi-directe », *Cah. Cons. const.* 2007, n° 23, p. 95-98.
- Diemert (S.), « Le référendum législatif d'initiative minoritaire dans l'article 11, révisé, de la Constitution », *RFDC*, 2009, n° 77, p. 55-97.
- Fatin-Rouge Stefanini (M.), *Référendum et justice constitutionnelle*, Economica-PUAM, 2003.
- Fatin-Rouge Stefanini (M.), « Le référendum et la protection des droits fondamentaux », *RFDC*, n° 53, 2003, p. 73.
- Fatin-Rouge Stéfanini (M.), « Le rôle du peuple est-il renforcé ? », in « Après le Comité Balladur, Réviser la Constitution en 2008 ? », *RFDC*, n° hors-série 2008, p. 133-142.
- Hamon (F.), *Le référendum. Études comparatives*, LGDJ, coll. « Systèmes », 2e éd., 1999.
- Hamon (F.), « La nouvelle procédure de l'article 11 « un vrai faux référendum d'initiative populaire » », *LPA*, 2008, n° 256, p. 16-21.
- Rousseau (D.), *Radicaliser la démocratie*, Le Seuil, 2015.

CHAPITRE 5

La désignation des gouvernants : les élections politiques

La désignation des gouvernants rassemble les règles de dévolution du pouvoir politique. Il s'agit d'un droit actif (Jellinek) qui permet la participation active des citoyens à la décision politique par l'exercice des droits politiques de suffrage ou d'éligibilité. Au procédé démocratique de l'élection qui tend à se généraliser s'opposent des procédés non-démocratiques.

PROCÉDÉS NON-DÉMOCRATIQUES DE DÉVOLUTION DU POUVOIR

Hérédité	Auto-proclamation	Cooptation
Le pouvoir se lègue comme un élément patrimonial (M. Duverger).	C'est le procédé par lequel un individu (ou un groupe d'individus) se proclame de manière unilatérale gouvernant.	La cooptation consiste dans la désignation du successeur par le (ou les) gouvernant(s) tel que le prédécesseur.
Ex : Monarchie et assemblées héréditaires (Chambre des Pairs de la Restauration en France, ou Chambre des Lords en Grande-Bretagne).	*Ex :* Dictature ou représentants du Tiers État qui se proclament le 17 juin 1789 Assemblée nationale.	*Ex :* Sénat du Premier Empire français. Désignation des dirigeants de nombreux partis politiques y compris dans des « régimes démocratiques ».

Définition de l'élection : C'est le mode de désignation par les citoyens de leurs représentants ou de leurs délégués. C'est une opération par laquelle une majorité de votants, parmi le collège électoral, désigne un ou plusieurs représentants par la voie du scrutin. C'est aussi le choix d'une orientation politique.

I. Les conditions préalables à l'élection

A. Les conditions personnelles

Afin de pouvoir participer à l'élection ou être éligible, le droit positif requiert un certain nombre de conditions personnelles qui se rattachent d'une manière générale à la qualité de citoyen.
Au sens strict, le citoyen est la personne qui dispose de tous ses droits politiques (droit de vote) dans l'État dont elle a la nationalité. Mais, si elle est très souvent une condition nécessaire à la citoyenneté, la nationalité n'en est pas pour autant une condition suffisante.
Ainsi, un national privé du droit de vote n'est plus un véritable citoyen. Les mineurs également sont des nationaux, mais pas encore des citoyens. En fait, la citoyenneté est une notion ambivalente qui désigne tantôt la nationalité, tantôt l'électorat. La différence apparaît cependant au regard de la distinction entre le suffrage restreint et le suffrage universel.

a. Suffrage restreint et suffrage universel

Suffrage	Définition	Applications
Restreint	Le suffrage est dit restreint lorsque par l'édiction de conditions particulières on limite le droit de suffrage des individus. C'est un système qui exclut du droit de vote une catégorie de citoyens pour en laisser l'exercice exclusif à un groupe particulier.	Le suffrage restreint peut être établi en vertu de différents critères : • **La fortune** (suffrage censitaire) : seuls les individus qui sont redevables d'un certain montant d'impôts peuvent être électeurs ou éligibles. • **L'instruction** (suffrage capacitaire) moyen de donner le droit de vote à des individus possédant un certain degré d'instruction. En fait, il s'agit surtout d'éliminer du droit de suffrage les analphabètes. (En 1910, en Oklahoma, le suffrage capacitaire a permis d'écarter du droit de vote les populations noires par un amendement à la Constitution appelé *Grand Father Clause*). • **L'état de dépendance** (Cf. inéligibilité des domestiques et gens de maison, loi du 5 avril 1884, art. 32). • **Le sexe :** jusqu'à l'ordonnance du Comité français de la libération nationale du 21 avril 1944 les femmes ne pouvaient pas voter en France.

►

Universel	Le suffrage universel est celui qui est reconnu à tous les citoyens sans aucune condition. Mais ce qualificatif n'est pas tout à fait exact car le droit de vote est souvent refusé à une partie des individus : les mineurs, les incapables, les indigents.	• **Suffrage universel direct :** celui dans lequel les électeurs désignent de manière directe les élus. Ex. : En France, élection du président de la République, élection des députés de l'Assemblée nationale. • **Suffrage universel indirect ou à plusieurs degrés :** celui d'après lequel les électeurs ne désignent pas directement leurs représentants. Ils élisent un certain nombre d'entre eux qui seront ensuite chargés de désigner les élus. Ex. : Aux États-Unis, l'élection du Président par les grands électeurs. En France : l'élection des sénateurs par les grands électeurs.

b. Électorat et éligibilité

– **Électeur :** (du bas latin *elector* : celui qui choisit), personne qui dispose de la faculté d'exprimer un choix en faveur de l'attribution à un ou plusieurs candidats d'un mandat ou d'une fonction. L'électeur peut également refuser d'exprimer un choix (vote blanc, abstention).

– **Électorat :** désigne l'ensemble des individus bénéficiant de la qualité d'électeur pour un type de scrutin ou pour une consultation précise.

– **Éligibilité** : désigne la réunion par une personne des conditions requises pour être éligible, et donc accéder à un mandat électif.

c. Les conditions requises pour être électeur

Le droit positif subordonne la qualité d'électeur à des conditions qui tiennent à la personne et à des conditions de forme.

Conditions relatives à la personne	Conditions de forme
• **Âge** : Art. 3 al. 4 de la Constitution (sont électeurs tous les nationaux français majeurs). La Loi du 5 juillet 1974 a fixé l'âge de la majorité à 18 ans. • **Capacité** : Art. L. 2 du Code électoral (sont électeurs les Français et Françaises jouissant de leurs droits civils et politiques et n'étant dans aucun cas d'incapacité prévu par la loi. Les majeurs sous tutelle ou ceux qui ont été privés de leur capacité électorale par décision de justice ne peuvent être électeurs).	• L'inscription sur une liste électorale : document qui recense les électeurs par leur nom, date et lieu de naissance, domicile ou résidence dans une commune ou une partie de commune. L'inscription sur une liste électorale est pour l'électeur une formalité obligatoire sans laquelle ce dernier ne pourra exercer son droit de vote. Cette inscription atteste que l'électeur* répond aux différentes conditions auxquelles est soumis le droit de vote.

• **Nationalité** : En principe, seuls les nationaux peuvent participer à l'élection. Il existe un lien très étroit entre le droit de vote et la nationalité. L'art. 3 al. 4 de la Constitution dispose à ce titre que sont électeurs… tous les nationaux français. Cette condition connaît toutefois des assouplissements dus à la construction européenne (voir ci-après).	L'électeur* répond aux différentes conditions auxquelles est soumis le droit de vote. • La carte d'électeur est le document qui atteste de la qualité d'électeur et de l'inscription sur une liste électorale. • Le lien de rattachement avec la commune est établi en application de l'article L. 11 du Code électoral essentiellement par deux critères : – le domicile ou la résidence depuis au moins six mois ; – l'inscription sur le rôle (acte d'imposition) de l'une des contributions directes communales (taxe d'habitation, taxes foncières…).

d. Participation des ressortissants des autres pays membres de l'Union européenne

La construction européenne a soulevé au regard de l'élection deux questions importantes.

Le cas de l'élection des représentants français au Parlement européen.
Depuis 1994, les ressortissants d'un autre pays de l'Union européenne peuvent participer en France à l'élection des représentants français au Parlement européen, mais ils doivent pour cela justifier d'un domicile réel ou d'une résidence continue en France. Cela a été possible parce que l'art. 3 de la Constitution (qui ne fait référence qu'aux seuls nationaux) a été interprété comme ne se rapportant qu'aux élections prévues par la Constitution. Or, les élections au Parlement européen sont prévues par des engagements internationaux (décision du Conseil européen du 20 septembre 1976). Dès lors, l'art. 3 n'interdit pas que les ressortissants d'autres pays de l'Union puissent participer à cette élection (Cons. const., déc. n° 92-308 DC du 9 avril 1992 *Maastricht I*). Le Conseil constitutionnel a du reste précisé que les membres du Parlement européen élus en France le sont en tant que représentants des citoyens de l'Union européenne résidant en France (Cons. const. déc. n° 2003-468 DC du 3 avril 2003, *élection des conseillers régionaux et des représentants au Parlement européen*).
La participation des ressortissants des autres pays de l'Union européenne aux élections municipales.
Cette participation a été expressément prévue par le traité de Maastricht du 7 février 1992. Toutefois, en l'espèce, l'art. 3 de la Constitution s'opposait à une telle participation car la désignation des conseillers municipaux à une incidence sur l'exercice de la souveraineté nationale (élection des sénateurs) (Cons. const. déc. n° 92-308 DC du 9 avril 1992 *Maastricht I*). En conséquence, a été introduit dans la Constitution un nouvel article, (art. 88-3), prévoyant expressément et sous réserve de réciprocité, cette possibilité sous trois conditions : 1/ L'électeur doit apporter la preuve de la jouissance de ses droits

* L'article L. 11-1 du Code électoral (loi du 10 novembre 1997) prévoit l'inscription d'office des jeunes âgés de 18 ans sur les listes électorales.

civiques dans l'État d'origine, 2/ une durée de résidence minimale en France, 3/ la prohibition des doubles inscriptions (en France et en Allemagne par exemple). La loi organique du 25 mai 1998 détermine les modalités d'exercice par les citoyens de l'Union européenne autres que les citoyens français résidant en France, du droit de vote et d'éligibilité aux élections municipales (voir Cons. const. déc. n° 98-400 DC du 20 mai 1998 ; art. LO. 227-1 et s. du Code électoral).

e. Les conditions relatives à l'éligibilité

Le principe : la liaison entre le droit de vote et le droit d'éligibilité. L'éligibilité est constituée par les conditions d'aptitude exigées pour être élu et en ce sens, il s'agit de limitations qui sont posées à la liberté de choix de l'électeur. La première de ces conditions est que ne peuvent être éligibles que les électeurs c'est-à-dire les membres du corps électoral. Ainsi, les droits de vote et d'éligibilité sont indissociables (Cons. const. déc. n° 82-146 DC du 18 novembre 1982 et 92-308 DC du 9 avril 1992). Les décisions du Conseil constitutionnel *Quotas par sexe I et II* confirment clairement que l'éligibilité est le corolaire du droit de vote. Cependant, cette condition nécessaire n'est pas à elle seule suffisante et la loi électorale apporte un certain nombre de conditions supplémentaires qui restreignent encore, au sein des électeurs, le nombre de ceux qui seront susceptibles d'être éligibles.

LES CONDITIONS D'ÉLIGIBILITÉ (ÉLECTIONS NATIONALES ET EUROPÉENNES)

Élection	Conditions d'éligibilité
Président de la République : élection présidentielle	• Tout électeur, • *âge* : 23 ans accomplis, • *nationalité* : française, • *service militaire** : avoir satisfait aux obligations de la loi sur le recrutement de l'armée (Cons. const. 17 mai 1969 *Ducatel/Krivine*), • dignité morale (Cons. const. 21 avril 1974 *A. Roustan*) • *parrainage* : le candidat doit être parrainé par 500 personnalités élues appartenant au moins à 30 départements (afin d'éviter les candidatures fantaisistes).
Députés : élections législatives	• Tout électeur, • *âge* : 23 ans révolus, • *nationalité* : française, • *service militaire** : avoir définitivement satisfait aux lois sur le recrutement de l'armée (les sursitaires ou ceux effectuant leur service militaire ne sont pas éligibles, les exemptés le sont).
Sénateurs : élections sénatoriales	• Tout électeur, • *âge* : 30 ans révolus, (auparavant 35 ans : jusqu'en 2003) • *nationalité* : française, • *service militaire** : avoir définitivement satisfait aux lois sur le recrutement de l'armée (conditions identiques à celles des députés).

Député européen : élections européennes	• Tout électeur, • *âge* : 23 ans révolus, • *nationalité* : être ressortissant d'un État membre de l'Union européenne, avoir son domicile en France et jouir du droit d'éligibilité dans l'État d'origine • *service militaire** : avoir définitivement satisfait aux lois sur le recrutement de l'armée (pour les nationaux français candidats), • *cautionnement* : supprimé par la loi du 11 avril 2003 (auparavant il était de 100 000 francs par liste).

f. Les cas d'inéligibilité

1. Notions

Outre les conditions générales rappelées plus haut, il existe toute une série d'hypothèses particulières dans lesquelles certaines personnes en raison de leur activité généralement professionnelle ou politique peuvent être déclarées inéligibles. L'inéligibilité caractérise bien ici la situation d'une personne ne remplissant pas les conditions pour se présenter à une élection.

Ces conditions particulières sont prévues par des lois organiques et ordinaires et les inéligibilités doivent en toute hypothèse résulter d'un texte précis (CE 10 janv. 1930 *Élections municipales de Fontan*, *Lebon* p. 37). De plus, ces règles ne peuvent être interprétées de manière extensive car « toute limitation à l'exercice d'un droit civique ne peut s'interpréter que restrictivement » (Cons. const., déc. du 17 mai 1969 *Ducatel/Krivine*).

Ces cas d'inéligibilité varient suivant les élections concernées, mais on distingue des inéligibilités absolues et relatives.

Inéligibilités **absolues**	**Principe :** Le candidat est inéligible dans toutes les circonscriptions électorales.
	Ex. : le mandat de député : Le défenseur des droits et ses adjoints (art LO. 130 du Code électoral).
Inéligibilités **relatives**	**Principe :** Le candidat est inéligible uniquement dans la circonscription où il exerce ses fonctions.
	Ex. : Les magistrats des Cours d'appel, les membres des tribunaux administratifs… ne peuvent être élus dans une circonscription du ressort où ils ont exercé leurs fonctions depuis moins de six mois (art. LO. 133 du Code électoral).

Les cas d'inéligibilité absolue sont rares. La plupart des inéligibilités sont relatives et d'une manière générale destinées à éviter qu'un indi-

* L'article L. 45 du Code électoral prévoit que pour être éligible le candidat doit satisfaire aux obligations imposées par le Code du service national.

vidu puisse être élu dans une circonscription où sa fonction lui donne une autorité sur les électeurs (M. Hauriou).

2. Effets

L'inéligibilité fait obstacle à la candidature et c'est en général le préfet (ou le Conseil constitutionnel pour l'élection présidentielle) qui doit assurer la vérification de l'éligibilité lors du dépôt de la déclaration de candidature : c'est-à-dire l'acte par lequel un électeur déclare se porter candidat à une élection. Cette déclaration, en principe prévue par les textes, est obligatoire et constitue une formalité substantielle. Lorsqu'il constate une inéligibilité, le préfet doit surseoir à l'enregistrement de la candidature et saisir le tribunal administratif dans les 24 heures. Ce dernier dispose alors d'un délai de trois jours pour statuer.
Si un cas d'inéligibilité apparaît après la proclamation des résultats, il peut être procédé à la déchéance du mandat.

REMARQUE : LES CAS D'INCOMPATIBILITÉ

L'incompatibilité désigne l'interdiction de cumuler un mandat électif avec une autre fonction présumée nuisible à celui-ci.
À la différence de l'inéligibilité, l'incompatibilité ne fait pas obstacle à la candidature mais elle impose ensuite au candidat élu de choisir entre le mandat électif et une autre fonction incompatible avec ce dernier. Le choix devra donc s'effectuer après l'élection.
Nota. Comme pour les inéligibilités, il faut un texte précis qui établisse une incompatibilité et ce texte doit être interprété strictement (CE 7 juill. 1967, *Élections municipales de Guagno*, *Lebon* p. 303 ; Cons. const., déc. n° 77-5 I du 18 oct. 1977, *Rec. Cons. const.* p. 81).

EXEMPLE

Les militaires peuvent aujourd'hui être candidats aux élections. S'ils sont élus, ils sont appelés à choisir entre leur fonction et leur mandat. S'ils optent pour ce dernier, ils sont placés en service détaché.
La Constitution prévoit dans son article 23 l'incompatibilité des fonctions de membre du Gouvernement avec l'exercice de tout mandat parlementaire ce qui est une nouveauté dans la tradition politique française. Le remplacement des parlementaires a lieu dans les conditions posées par l'article 25 de la Constitution, complété par la loi organique du 13 janvier 2009.

Les incompatibilités sont parfois automatiques (les parlementaires nommés ministres restent titulaires de leurs sièges pendant un mois : délai d'option), parfois non automatiques (pour les parlementaires et outre le cas des fonctions de ministre, ce sont les bureaux des assemblées et en dernier ressort le Conseil constitutionnel qui sont appelés à statuer). En outre, la législation sur le cumul des mandats électifs (loi du 31 décembre 1985, art. L 46-1 du Code électoral), tend actuellement à s'orienter vers l'interdiction du cumul de mandats. La législation sur le cumul des mandats a été modifiée par la loi du 5 avril 2000 (Cons. const., déc. n° 2000-426 DC du 30 mai 2000) qui touche surtout l'article L. 46-1 du

Code électoral en disposant désormais que : « *Nul ne peut cumuler plus de deux des mandats énumérés ci-après : conseiller régional, conseiller à l'Assemblée de Corse, conseiller général, conseiller de Paris, conseiller municipal* ».
Le cumul vertical est pour l'instant régi par la loi organique du 5 avril 2000 (Cons. const., déc. n° 2000-427 DC du 30 mai 2000). La loi organique du 14 février 2014 qui devrait entrer en vigueur en 2017 interdit le cumul des fonctions exécutives locales avec le mandat de député ou de sénateur. Une autre loi (ordinaire) du 14 février 2014 applicable également à partir de 2017, interdit le cumul de ces mêmes fonctions avec le mandat de représentant au Parlement européen. Le Conseil constitutionnel a globalement validé chacune de ces deux lois (Cons. const., déc. n° 2014-688 DC et n° 2014-689 DC du 13 février 2014).
Le tableau ci-après, incluant les réformes de 2014 (Loi organique n° 2014-125 du 14 fév. 2014 *interdisant le cumul de fonctions exécutives locales avec le mandat de député ou de sénateur*; loi n° 2014-126 du 14 février 2014 *interdisant le cumul de fonctions exécutives locales avec le mandat de représentant au Parlement européen*); rend compte du régime d'interdiction de cumul des mandats.

L'INTERDICTION DU CUMUL DES MANDATS

Mandat ou fonction	Députés / Sénateurs	Représentants au Parlement européen	Détenteurs de mandats locaux	Chefs d'exécutifs locaux
Députés / Sénateurs	*Art. LO 141-1.* – Le mandat de député est incompatible avec : « 1° Les fonctions de maire, de maire d'arrondissement, de maire de secteur, de maire délégué et d'adjoint au maire ; « 2° Les fonctions de président et de vice-président d'établissement public de coopération intercommunale à fiscalité propre ; « 3° Les fonctions de président et de vice-président de conseil général ; « 4° Les fonctions de président et de vice-président de conseil régional ; « 5° Les fonctions de président, de membre du conseil exécutif de Corse et de président de l'assemblée de Corse ; « 6° Les fonctions de président et de vice-président de l'assemblée de Guyane et de l'assemblée de Martinique, de président et de membre du conseil exécutif de Martinique ;	L'article 6-3 de la loi n° 77-729 du 7 juillet 1977 *relative à l'élection des représentants au Parlement européen est ainsi rédigé* : « Le mandat de représentant au Parlement européen est incompatible avec l'exercice de plus d'un des mandats électoraux énumérés ci-après : conseiller régional, conseiller à l'assemblée de Corse, conseiller général, conseiller de Paris, conseiller municipal d'une commune d'au moins 3 500 habitants. « Le représentant au Parlement européen qui se trouve dans un des cas d'incompatibilité mentionnés à l'alinéa précédent est tenu de faire cesser cette incompatibilité en démissionnant du mandat de son choix, au plus tard le trentième jour qui suit la date de la proclamation des	Incompatibilité entre mandat parlementaire et exercice de plus d'un des mandats suivants : conseiller régional, conseiller général, conseiller de Paris, conseiller municipal d'une commune de 3 500 habitants et plus (art. LO. 141 du Code électoral).	Compatibilité entre mandat parlementaire et une fonction de chef d'un exécutif local (permise par la détention d'un mandat local) président de conseil régional, président du conseil exécutif de Corse, président de conseil général, maire – y compris d'arrondissement (art. LO. 141 du Code électoral).

►

	« 7° Les fonctions de président, de vice-président et de membre du Gouvernement de la Nouvelle-Calédonie ; de président et de vice-président du Congrès de la Nouvelle-Calédonie ; de président et de vice-président des assemblées de province de la Nouvelle-Calédonie ; « 8° Les fonctions de président, de vice-président et de membre du Gouvernement de la Polynésie française ; de président et de vice-président de l'assemblée de la Polynésie française ; « 9° Les fonctions de président et de vice-président de l'assemblée territoriale des îles Wallis et Futuna ; « 10° Les fonctions de président et de vice-président des conseils territoriaux de Saint-Barthélemy, de Saint-Martin, de Saint-Pierre-et-Miquelon et de président et de membre des conseils exécutifs de Saint-Barthélemy, de Saint-Martin, de Saint-Pierre-et-Miquelon. »	résultats de l'élection qui l'a mis en situation d'incompatibilité ou, en cas de contestation, la date à laquelle le jugement confirmant cette élection est devenu définitif. « À défaut d'option ou en cas de démission du dernier mandat acquis dans le délai imparti, le mandat acquis ou renouvelé à la date la plus ancienne prend fin de plein droit. « II. – Le mandat de représentant au Parlement européen est incompatible avec les fonctions mentionnées à l'article LO 141-1 du Code électoral.		

Représentants au Parlement européen	Incompatibilité (art. LO. 137-1 du Code électoral).		Incompatibilité entre mandat de représentant au Parlement européen et exercice de plus d'un des mandats suivants : conseiller régional, conseiller à l'Assemblée de Corse, conseiller général, conseiller de Paris, conseiller municipal d'une commune de 3 500 habitants et plus (art. 6-3 nouveau de la loi n° 77-729 du 7 juillet 1977 *relative à l'élection des représentants au Parlement européen*).	Compatibilité entre mandat de représentant au Parlement européen et exercice d'une des fonctions de chef d'exécutif local suivantes : président de conseil régional, président du Conseil exécutif de Corse président de conseil général, maire – y compris d'arrondissement.
Chefs d'exécutifs locaux	Compatibilité entre mandat parlementaire et une fonction de chef exécutif local (permise par la détention d'un mandat local) président de conseil régional, président de conseil exécutif de Corse, président de conseil général, maire – y compris d'arrondissement (art. LO. 141 du Code électoral).	Compatibilité entre mandat de représentant au Parlement européen et exercice d'une des fonctions de chef d'exécutif local suivantes : président de conseil régional, président du Conseil exécutif de Corse, président de conseil général, maire – y compris d'arrondissement.	Compatibilité entre un mandat local et une fonction de chef d'un exécutif local (permise par la détention d'un second mandat local) : président de conseil régional, président du conseil exécutif de Corse, président de conseil général, maire – y compris d'arrondissement.	

B. Les conditions matérielles

a. La campagne électorale

La campagne électorale est la période pendant laquelle les candidats à une élection sont autorisés à faire leur propagande électorale et à utiliser pour cela tous les moyens autorisés par la loi (affiches, tracts, presse, radio, télévision) de façon à informer les électeurs sur leur candidature et leur programme.

La campagne électorale est donc essentiellement une période précédant les scrutins.

1. Les campagnes électorales : élections nationales (Constitution de 1958) et européennes

Élection	Début de la campagne	Fin de la campagne
Président de la République	– 2e lundi avant le 1er tour. – 14e jour avant le 2nd tour.	– La veille du scrutin à 0 heure (1er et 2nd tours).
Assemblée nationale	– Le 20e jour précédant la date du scrutin (3e lundi précédant le 1er tour).	– Le jeudi précédant le jour du scrutin (1er tour). – Le vendredi précédant le jour du scrutin (2nd tour).
Sénat	– À partir de la date de publication du décret de convocation des électeurs.	– Néant (aucune date limite n'est prévue).
Parlement européen	– À partir du 15e jour précédant le scrutin (2e samedi précédant le jour du scrutin).	– La veille du scrutin à 0 heure.

2. La modernisation des règles applicables à l'élection présidentielle

Elle a fait l'objet d'une loi organique et d'une loi ordinaire du 25 avril 2016 s'inspirant des observations des différentes autorités de contrôle compétentes en la matière. Les deux lois, régissant l'élection de 2017 portent essentiellement sur les parrainages, les règles relatives à la campagne audiovisuelle, la publication et diffusion des sondages (loi n° 77-808 du 19 juill. 1977), la question des comptes de campagne et l'organisation des opérations de vote.

Nota. Le Conseil constitutionnel a estimé au terme de la décision n° 2012-233 QPC du 21 février 2012 que la condition des 500 parrainages posée par la loi organique de 1976 pour présenter sa candidature à l'élection présidentielle, a un rapport direct avec l'objectif poursuivi d'assurer la plus grande égalité entre les candidats. En conséquence, il a jugé que ni l'égalité ni le secret du suffrage, dans la mesure où cette exigence ne saurait en effet être assimilée à l'expression d'un suffrage, ni même le pluralisme des courants politiques n'étaient méconnus puisque cette disposition a pour but de favoriser la transparence de la procédure de présentation des candidats. La loi organique du 25 avril 2016 tient compte de l'évolution de l'organisation territoriale en ouvrant notamment les parrainages aux présidents des métropoles (art. 1). Elle instaure également une publication en ligne et en temps réel du nom des parrains sur le site du Conseil constitutionnel (art. 3) et la publication de l'intégralité des parrainages (auparavant seuls 500 parrainages tirés au sort étaient publiés) huit jours au moins avant le premier tour de scrutin.

3. Les principes juridiques encadrant la campagne

Les campagnes électorales sont sujettes à de nombreuses manœuvres frauduleuses. Aussi, le juge a-t-il encadré les campagnes d'un certain nombre de règles qui s'appliquent à toutes les élections.

Règles	Signification	Application / jurisprudence
Égalité des candidatures	Aucune manœuvre ne doit permettre de fausser l'égalité entre les candidats. L'égalité pose essentiellement la question des moyens de financement des campagnes électorales (voir ci-après).	• Plafonnement des frais de campagne électorale (Loi n° 90-55 du 15 janvier 1990 modifiée). • Remboursement des frais de campagne par l'État (Loi n° 95-65 du 19 janvier 1995, Cons. const., déc. n° 88-242 DC du 10 mars 1988).
Neutralité de l'administration	Les autorités chargées d'organiser les opérations doivent faire preuve d'impartialité et de neutralité. Il est interdit à un agent public d'user de sa qualité et de son autorité en faveur d'un candidat.	• Article L. 50 du Code électoral : il est interdit à tout agent de l'autorité publique ou municipale de distribuer des bulletins de vote, professions de foi et circulaires des candidats.
Loyauté des procédés	Les candidats ne doivent pas employer des moyens déloyaux susceptibles d'altérer la sincérité du scrutin. Ils ne peuvent bien entendu pas recourir à l'injure, la diffamation ou la violence.	Ex. : Cons. const., 6 février 1959 Assemblée nationale, Ardèche 3e circ. Diffusion dans un périodique dont le candidat élu est le gérant, d'allégations inexactes et graves touchant aux fonctions gouvernementales et au mandat parlementaire exercé par un autre candidat.

REMARQUE

Il convient de noter que ces trois règles sont appréciées par le juge électoral en fonction des circonstances de l'élection. La méconnaissance de certaines d'entre-elles entraîne l'annulation de l'élection si, l'irrégularité est de nature à fausser le résultat du scrutin.

LES PRINCIPAUX MOYENS DE PROPAGANDE EN CAMPAGNE ÉLECTORALE

Moyens de propagande autorisés
• **Réunions électorales :** elles peuvent être tenues dans les conditions prévues par la loi du 30 juin 1881 sur la liberté de réunion et par la loi du 28 mars 1907 relative aux réunions publiques. • **Panneaux d'affichage :** dès l'ouverture de la campagne, les panneaux d'affichage destinés à l'apposition des affiches électorales sont mis en place par les mairies. Les panneaux sont attribués dans chaque commune dans l'ordre de réception des déclarations de candidature. • **Affiches électorales :** tout affichage relatif à l'élection est interdit en dehors des panneaux mis en place par les mairies. Chaque candidat ou chaque liste peut faire apposer, durant les différentes périodes électorales, sur les panneaux qui lui ont été attribués, au maximum deux grandes affiches lui permettant d'exposer son programme, et deux affiches plus petites pour annoncer la tenue des réunions électorales. • **Circulaires (ou « profession de foi ») :** chaque candidat, chaque liste peut faire imprimer et envoyer aux électeurs, avant chaque tour de scrutin, une circulaire, dite de « profession de foi ». • **Campagne audiovisuelle** : elle est essentiellement réglementée par une autorité indépendante : le Conseil supérieur de l'audiovisuel (CSA). L'article 16 de la loi du 30 septembre 1986 prévoit ainsi que le Conseil « fixe les règles concernant les conditions de production, de programmation et de diffusion des émissions relatives aux campagnes électorales (…) ». Le CSA veille au respect du pluralisme, de l'équité et de l'égalité.
Moyens de propagande interdits
• Toute campagne de promotion publicitaire des réalisations ou de la gestion d'une collectivité sur le territoire des collectivités intéressées par le scrutin ainsi que l'utilisation à des fins de propagande électorale de tout procédé de publicité commerciale par la voie de la presse ou par tout moyen de communication audiovisuelle ou électronique pendant les 6 mois qui précèdent le 1er jour du mois où l'élection est organisée (art. L. 52-1 et L 48-1 Code électoral). **Sont également interdits :** • l'impression et l'utilisation, sous quelque forme que ce soit, de toute circulaire ou affiche ; • tout affichage relatif à l'élection en dehors des emplacements spéciaux ou sur l'emplacement réservé aux autres candidats ; • l'utilisation à des fins de propagande électorale, de tout procédé de publicité commerciale par voie de presse ou par communication audiovisuelle ; • la diffusion d'un numéro d'appel téléphonique ou télématique gratuit par un candidat ou à son profit. • la combinaison des trois couleurs : bleu, blanc et rouge sur les affiches et circulaires électorales ; • l'utilisation de l'hymne national dans les spots audiovisuels des candidats.

Source : ministère de l'Intérieur, de la sécurité intérieure et des libertés locales.

b. Le financement de la campagne électorale

Afin d'assurer l'égalité des candidats et compte tenu du coût relativement élevé des moyens modernes de propagande électorale, le financement de la campagne électorale fut, à plusieurs reprises, l'objet de réformes comportant essentiellement deux volets.

1. Premier volet : le remboursement des frais de campagne par l'État

Le financement public des campagnes électorales se rapproche sensiblement du financement public des partis politiques, il se réalise de la manière suivante :

Source
Loi n° 95-65 du 19 janvier 1995. Lois organiques des 19 et 20 janvier 1995.
Champ d'application
Toutes les élections sauf : – Les élections cantonales dans les cantons de moins de 9 000 habitants. – Les élections municipales dans les communes de moins de 3 500 habitants. – L'élection présidentielle (régime spécial organisé par la loi organique, régime prévu par l'article 3 V de la loi du 6 novembre 1962 modifiée).
Conditions requises
• Obtenir au moins 5 % des suffrages exprimés au 1er tour de scrutin*. Pour les élections au Parlement européen, le seuil a été abaissé à 3 % par la loi n° 2003-327 du 11 avril 2003 *relative à l'élection des conseillers régionaux et des représentants au Parlement européen* ainsi qu'à l'aide publique aux partis politiques (art. 23)**. • Ne pas avoir dépassé le plafond légal des dépenses de campagne. • Ne pas avoir présenté un compte de campagne irrégulier.
Montant du remboursement
• Remboursement forfaitaire égal à 50 % du plafond des dépenses autorisé. Ce remboursement doit couvrir les frais de campagne officielle c'est-à-dire : – le coût du papier, – le coût des bulletins de vote et des circulaires adressés aux électeurs, – les affiches, – les frais d'affichage aux emplacements officiels.

REMARQUE

La loi n° 2013-403 du 17 mai 2013 relative à l'élection des conseillers départementaux, des conseillers municipaux et des conseillers communautaires, et modifiant le calendrier électoral complète les dispositions en matière de financement des campagnes électorales des conseillers départementaux en raison du scrutin binominal que cette loi instaure.

* Toutefois, les candidats ayant obtenu moins de 5 % des suffrages ne bénéficient pas d'un remboursement forfaitaire (Code électoral, art. L. 52-11-1, voir Cons. const. déc. n° 2011-117 QPC du 8 avril 2011).

** Les candidats au Parlement européen ne peuvent pas utiliser les dons qu'ils ont reçus au paiement des dépenses de l'article R. 39 du Code électoral qui sont à leur charge.

2. Deuxième volet : le plafonnement des dépenses de campagne électorale (Code électoral, art. L. 52-11 et s.)

Afin d'éviter les excès que pourrait entraîner toute absence de limites, la loi a institué un plafonnement des dépenses électorales susceptible de préserver l'égalité entre les candidats. Toutefois, la propagande officielle (circulaire et bulletins de vote), dont l'État supporte la totalité du coût de diffusion aux électeurs, n'est pas incluse dans les dépenses de campagne.

LES PLAFONDS DES DÉPENSES ÉLECTORALES

Élections	Montant du plafond
Président de la République	– 13,7 millions d'euros au 1er tour. (coefficient majorateur de 1,13, 16,851 millions d'euros en 2017). – 18,3 millions d'euros aux 2 tours (coefficient majorateur de 1,13, 22,509 millions d'euros en 2017).
Assemblée nationale	38 000 euros + 0,15 euro par habitant de la circonscription + coefficient majorateur de 1,18.
Parlement européen	1,15 million d'euros par liste. (loi n° 2003-327 du 11 avril 2003)*

Pour les élections locales, dans les circonscriptions de plus de 9 000 habitants, le plafond est fixé en tenant compte d'un barème par tranche d'habitants, actualisé avec un coefficient majorateur tenant compte de l'indice du coût de la vie (1,13).

CAS DES ÉLECTIONS MUNICIPALES (ART. L. 52-11 DU CODE ÉLECTORAL)

Fraction de la population de la circonscription	Plafond par habitant des dépenses électorales (2e tour)
n'excédant pas 15 000 habitants	1,68 euro/habitant
de 15 001 à 30 000 hab.	1,52 euro/habitant
de 30 001 à 60 000 hab.	1,22 euro/habitant
de 60 001 à 100 000 hab.	1,14 euro/habitant
de 100 001 à 150 000 hab.	1,07 euro/habitant
de 150 001 à 250 000 hab.	0,84 euro/habitant
excédant 250 000 hab.	0,76 euro/habitant

* Ce nouveau seuil tient compte du redécoupage électoral et de la création de huit circonscriptions. Il a ainsi été légèrement augmenté (8 ´ 1,11 = 8,88) afin de prendre en compte l'augmentation probable du coût de la campagne du fait de l'organisation du vote dans les huit circonscriptions.

3. Le contrôle du financement de la campagne électorale

LE MÉCANISME DE CONTRÔLE

Étapes	Mécanisme	Objet
1re étape	Désignation d'un intermédiaire financier par le candidat : – association de financement électoral (personne morale) – mandataire financier (personne physique).	• Assurer la collecte des fonds et en particulier des dons (plafond à 4 600 euros par personne physique). Les personnes morales à l'exception des partis politiques ne peuvent pas fournir de dons. Tout don supérieur à 150 euros doit être effectué par chèque.
2e étape	Établissement d'un compte de campagne retraçant toutes les recettes et dépenses du candidat relatives à la campagne électorale.	• Connaître avec exactitude le montant des dépenses et recettes engagées par le candidat afin de permettre un contrôle effectif du plafond des dépenses électorales. • Le compte de campagne est ainsi le document de base sans lequel le système de contrôle ne pourrait fonctionner.
3e étape	Vérification du compte de campagne. Le compte de campagne doit obligatoirement être transmis à la Commission nationale des comptes de campagne et des financements politiques, dans les deux mois qui suivent le tour de scrutin au cours duquel l'élection a été acquise.	Il s'agit d'une autorité administrative indépendante composée de membres du Conseil d'État, de la Cour de cassation et de la Cour des comptes. Elle a pour mission de contrôler, d'approuver, de rejeter ou de réformer les comptes de campagne.
4e étape (facultative)	Lorsque la Commission a constaté que le compte de campagne n'était pas déposé dans les délais, s'il est rejeté ou s'il fait apparaître un dépassement du plafond des dépenses autorisé, elle saisit le juge de l'élection qui peut alors prononcer une sanction électorale.	Il s'agit de sanctionner une inégalité dont aurait bénéficié un candidat. C'est au juge de l'élection de rendre des décisions telles que l'inéligibilité ou l'annulation de l'élection et non pas à une autorité administrative indépendante, organisme non juridictionnel. Aussi la décision de la Commission « ne saurait préjuger la décision du juge de l'élection » (Cons. const., déc. du 31 juillet 1991, *Assemblée nationale Paris 13e circ.*).

4. Les sanctions du rejet du compte de campagne

Le rejet du compte de campagne expose le candidat qui a commis une irrégularité à plusieurs sanctions de caractère différent :

Sanctions pénales	Le non-respect des dispositions relatives au financement de la campagne électorale (Code électoral, art. L. 52-4 à L 53-13) entraîne des sanctions pénales (art. L. 113-1 du Code électoral).
Sanctions électorales	• Inéligibilité d'une durée d'un an. • Annulation de l'élection. • Démission d'office du candidat irrégulièrement élu.
Sanctions pécuniaires	• Le candidat ne peut plus bénéficier du remboursement public de la part des dépenses électorales officielles. • Le candidat doit verser au Trésor public une somme égale au dépassement du plafond qu'il a commis.

Nota : si la loi organique du 5 avril 2006 a soumis l'élection du président de la République au droit commun, elle n'est pas allée jusqu'à prévoir les mêmes sanctions et en particulier l'inéligibilité compte tenu du caractère particulier de l'élection du président de la République.
Par ailleurs, le Conseil constitutionnel dans la décision n° 2013-156 PDR, du 4 juillet 2013, a rejeté pour la première fois les comptes de campagne d'un candidat à l'élection présidentielle, en l'espèce ceux du président de la République sortant Monsieur Nicolas Sarkozy, lequel siégeait alors au sein de ladite juridiction.

c. Le découpage électoral

– Le découpage électoral est une opération d'ordre cartographique visant à répartir les mandats alloués à une circonscription électorale donnée (Dictionnaire constitutionnel, Cl. Emeri, PUF).
– La circonscription électorale est une division du territoire dans le cadre de laquelle se déroulent les élections. Parfois, la circonscription désigne également la division électorale du département pour l'élection des députés.

EXEMPLE
Bouches-du-Rhône, 18 circonscriptions. Ariège, 2 circonscriptions.

Principe
Le découpage doit être opéré de telle sorte que les électeurs pèsent d'un même poids lors de l'élection.

Hormis cette question générale, le découpage électoral soulève plusieurs difficultés.

1. Les difficultés posées par le découpage électoral

1re difficulté
Elle consiste à obtenir la représentation la plus fidèle possible de l'électorat, ce qui impose d'établir la proportion la plus exacte possible entre le nombre de sièges à pourvoir et l'importance de chaque division territoriale. C'est la raison pour laquelle il était initialement prévu d'inscrire dans la Constitution (art. 25) une révision du découpage électoral tous les 10 ans. À défaut d'une telle obligation, l'article L. 125 du Code électoral précise qu'« il est procédé à la révision des limites des circonscriptions, en fonction de l'évolution démographique, après le deuxième recensement général de la population suivant la dernière délimitation » ce qui n'a pas jusqu'à présent été respecté !

2e difficulté
Elle consiste à déterminer l'autorité qui effectuera les opérations de découpage. Cette autorité peut être politique (cas de la France) ou non partisane (cas du Canada). En France, le découpage préparé par le Gouvernement fera ensuite l'objet d'une loi votée par le Parlement. La révision du 23 juillet 2008 institue une commission indépendante (loi n° 2009-39 du 13 janvier 2009) qui a la charge de se prononcer par un avis public sur les « projets » législatifs relatifs à la délimitation des circonscriptions électorales ou à la répartition concernant les élections de parlementaires (art. 25 de la Constitution).
3e difficulté
Elle consiste à éviter les manœuvres dans le découpage électoral et en particulier la tentation du parti au pouvoir d'établir un découpage arbitraire lui permettant de transférer un certain nombre d'adversaires politiques d'une circonscription vers une autre à son avantage.

2. La jurisprudence constitutionnelle en matière de découpage électoral

Le Conseil constitutionnel en France a dégagé les principes qui doivent présider à tout découpage dans quatre décisions importantes n° 86-208 DC des 1er et 2 juillet 1986, 86-218 DC du 18 novembre 1986, 2008-573 DC du 8 janvier 2009 et 2010-602 DC du 18 février 2010.

Principe	Mise en œuvre
• **Le principe d'équilibre démographique** implique que la délimitation des circonscriptions électorales soit effectuée en respectant l'égale représentation des populations de chacune des divisions électorales sans pour autant respecter une stricte proportionnalité.	Le législateur peut tenir compte d'impératifs d'intérêt général qui justifient des écarts de représentation : afin de corriger le principe d'équilibre démographique. • nécessité d'assurer un lien étroit entre les élus et les électeurs, • prise en compte d'une certaine continuité territoriale des circonscriptions, • nécessité de respecter autant que possible les limites cantonales. Ces écarts de représentation justifiés par des motifs d'intérêt général ne doivent pas dépasser 20 % par rapport à la population moyenne et rester exceptionnels et dûment justifiés. Les décrets modifiant ou créant des cantons ne peuvent pas aggraver les disparités démographiques existantes (CE, ass. 13 nov. 1998, commune d'Armoy et autres).
• **Le principe d'équilibre politique** implique que la délimitation des circonscriptions ne doive procéder d'aucun arbitraire. Il assure moins l'égalité entre les électeurs que l'égalité entre les candidats ou même entre les forces politiques.	La mise en œuvre découle essentiellement des strictes directives relatives au principe d'équilibre démographique. Les autorités sont tellement liées par ces décisions qu'il semble difficile de réaliser un découpage arbitraire. Mais, le Conseil constitutionnel qui ne dispose pas d'un pouvoir d'appréciation identique à celui du législateur, n'exerce qu'un contrôle de l'erreur manifeste d'appréciation, (Cons. const., déc. n° 2003-468 DC du 3 avril 2003 à propos du nouveau découpage pour les élections au Parlement européen et n° 2010-602 DC du 18 févr. 2010, à propos du découpage pour les élections législatives).

Nota. Dans ses observations sur les échéances électorales de 2007, le Conseil constitutionnel a critiqué la vétusté du découpage électoral (1986) qui repose sur le recensement de 1982. Depuis lors, deux recensements généraux, intervenus en 1990 et 1999, ont mis en lumière des disparités de représentation peu compatibles avec les dispositions combinées de l'article 6 de la Déclaration de 1789 et des articles 3 et 24 de la Constitution. Le découpage électoral fait ainsi suite à la révision constitutionnelle du 23 juillet 2008, l'objet d'une modernisation à travers le « paquet électoral » expression qui désigne deux lois qui permettent le lancement du redécoupage électoral. L'ordonnance du 29 juillet 2009 a modifié les circonscriptions électorales afin de corriger les déséquilibres démographiques existants et de tenir compte de la nouvelle représentation des Français de l'étranger (art. 24 Const.).

II. Les conditions de l'élection

A. Les modes de scrutin

Modalités suivant lesquelles est aménagé l'exercice du droit de vote ou suffrage et particulièrement, les modalités de calcul des résultats électoraux.

a. Scrutin uninominal et scrutin plurinominal

Scrutin uninominal	Scrutin plurinominal
Celui dans lequel l'électeur est appelé à voter pour un seul candidat dans chaque circonscription.	Celui dans lequel l'électeur est appelé à voter dans chaque circonscription pour plusieurs candidats (scrutin de liste).

On considère que le scrutin uninominal est un vote pour un homme, une personnalité, tandis que le scrutin plurinominal (de liste) favorise un combat d'idées de partis politiques. Le scrutin de liste soulève lui-même plusieurs difficultés :

Liste bloquée ou panachage	Vote simple ou vote préférentiel
Liste bloquée : les électeurs ne peuvent modifier les listes telles qu'elles sont présentées, ils doivent voter en faveur d'une liste complète.	Le **vote simple** oblige l'électeur à respecter l'ordre de présentation des candidats sur la liste.
Panachage : les électeurs sont autorisés à composer eux-mêmes leur liste en empruntant éventuellement des noms sur plusieurs listes.	Le **vote préférentiel** va permettre à l'électeur de changer cet ordre de présentation en inscrivant un numéro d'ordre en face du nom d'un, de plusieurs ou de tous les candidats. (La question ne se pose pas lorsque le panachage est autorisé).

b. Scrutin majoritaire et représentation proportionnelle

Scrutins majoritaire et proportionnel sont des modalités pratiques permettant de déterminer selon quelles bases seront pourvus les sièges en compétition au cours de l'élection.

Type de scrutin	Définition	Applications
Majoritaire	Le scrutin dans lequel est déclaré élu le candidat ou la liste qui a obtenu la majorité des voix.	• **Scrutin majoritaire à un tour :** est immédiatement élu le candidat ou la liste qui a obtenu le plus de voix (la majorité relative suffit). • **Scrutin majoritaire à deux tours :** est élu le candidat ou la liste qui a obtenu la majorité absolue (50 % des voix + 1) au premier tour ou à défaut la majorité relative au second tour.
Représentation proportionnelle	Le scrutin qui consiste à répartir les sièges à pourvoir	• **Quotient électoral :** il est indispensable pour la représentation proportionnelle car il constitue le rapport entre le nombre de suffrages exprimés et le nombre de sièges à pourvoir dans la circonscription. Chaque liste obtiendra autant de sièges que le nombre de voix qu'elle a obtenu, contient de fois le quotient électoral. • **Représentation proportionnelle au plus fort reste :** les sièges sont successivement attribués aux listes qui ont le plus fort reste après l'application du quotient électoral. • **Représentation proportionnelle à la plus forte moyenne :** pour attribuer les sièges restants, on recherche à quelle moyenne d'électeurs on aurait abouti pour chaque liste si l'on avait successivement attribué à chacune d'entre elles le ou les sièges(s) à pourvoir. La liste qui emporte le siège est celle qui obtient la plus forte moyenne.

Le choix des modes de scrutin : scrutin majoritaire ou représentation proportionnelle ?

Critiques adressées au scrutin majoritaire
• C'est un scrutin injuste puisqu'il ne permet pas la représentation de la minorité. • C'est un scrutin qui ne représente pas fidèlement les opinions des électeurs. • Le scrutin majoritaire favorise les alliances électorales et donc la médiatisation des choix des électeurs par les partis politiques.
Critiques adressées à la représentation proportionnelle
• C'est un scrutin qui présente de grandes difficultés techniques et qui est complexe. • C'est un scrutin qui restreint en fait la liberté de choix des électeurs car il implique des listes qui sont en réalité dressées par les partis politiques. • C'est un scrutin qui favorise l'instabilité gouvernementale car il ne permet pas de dégager une majorité suffisamment importante pour gouverner.

Chaque mode de scrutin présente ainsi des défauts qui lui sont propres. Ils ont également des avantages. Ainsi, **le scrutin majoritaire présente celui d'assurer une stabilité gouvernementale en faisant émerger une majorité homogène** (ex : La Ve République par opposition à la IVe République). **Le principal intérêt de la représentation proportionnelle est de représenter fidèlement l'opinion de l'électorat.** Il est possible cependant de limiter les effets négatifs de chacun des modes de scrutin en combinant ceux-ci, c'est-à-dire en s'orientant vers **des modes de scrutin mixtes**.

B. La méthode de calcul des modes de scrutin

Le moyen le plus simple est de partir d'un exemple « concret ».
Soit une circonscription de 130 000 électeurs inscrits,
de 122 000 électeurs votants.
Il y a 1 000 bulletins blancs et 1 000 bulletins nuls[1].
5 sièges sont à pourvoir. Il y a 5 listes :
A = 40 000 voix
B = 26 000 voix
C = 19 000 voix
D = 18 000 voix
E = 17 000 voix

1. Scrutin majoritaire

La liste qui obtient le nombre le plus important de suffrages remporte les sièges : **liste A, 5 sièges.**

2. Représentation proportionnelle

Le calcul de la représentation proportionnelle suppose au préalable la détermination du quotient électoral.
Nombre de suffrages exprimés = électeurs votants – électeurs ayant voté blanc ou nul, soit : 122 000 – 2 000 = 120 000
Quotient électoral = nombre de suffrages exprimés (120 000) divisé par le nombre de sièges à pourvoir (5)
Quotient électoral : **120 000/5 = 24 000**
Ce quotient électoral va permettre d'évaluer l'importance électorale de chacune des listes.
A aura : 40 000/24 000 = 1 siège
B aura : 26 000/24 000 = 1 siège

1. La loi du 21 février 2014 distingue désormais dans le décompte des voix les bulletins blancs des bulletins nuls.

C aura : 19 000/24 000 = 0 siège
D aura : 18 000/24 000 = 0 siège
E aura : 17 000/24 000 = 0 siège
L'utilisation du quotient électoral a permis d'attribuer un siège à la liste A et un siège à la liste B. Il reste trois sièges à pourvoir. Ceux-ci pourront être attribués selon les règles en vigueur, suivant la méthode des plus forts restes ou de la plus forte moyenne.

Plus forts restes

Les sièges non attribués au quotient électoral vont aux listes qui ont le plus grand nombre de voix inutilisées.
La liste **A** a utilisé 24 000 voix (quotient électoral), il lui reste :
40 000 – 24 000 = 16 000 voix
Liste **A** : 16 000
La liste **B** a utilisé 24 000 voix (quotient électoral), il lui reste :
26000 – 24 000 = 2 000 voix
Les autres listes n'ont pas utilisé de voix donc :
Liste **C :** reste 19 000
Liste **D :** reste 18 000
Liste **E :** reste 17 000
Les trois sièges restants sont attribués aux listes ayant les trois plus gros restes soit :
Liste **C :** 1 siège
Liste **D :** 1 siège
Liste **E :** 1 siège
Résultats pour l'ensemble des listes :
A : 1 siège
B : 1 siège
C : 1 siège
D : 1 siège
E : 1 siège

> **Observations :** deux listes ayant obtenu des scores sensiblement différents (les listes A et E : 23 000 voix d'écart), obtiennent le même nombre de sièges. La méthode du plus fort reste à tendance à minorer les écarts de suffrage, à fausser les résultats électoraux et à générer une instabilité au sein de l'institution élue.

Plus forte moyenne

Le système de la plus forte moyenne consiste à attribuer successivement les sièges aux listes pour lesquelles la division du nombre des suffrages qu'elle a obtenu par le nombre des sièges qui lui ont déjà été conférés plus un siège fictif donne le plus fort résultat.

Exemple : **Quotient électoral 24 000.** Les listes A et B obtiennent un siège par application du quotient électoral (voir plus haut). Il reste donc trois sièges à pourvoir. Ils seront attribués suivant la plus forte moyenne obtenue par chaque liste selon le procédé suivant :

Listes	Sièges attribués au quotient électoral : 2 sièges	Plus forte moyenne :		
		3e siège	4e siège	5e siège
A	4 000/24 000 = **1 siège**	40 000/2 (1 siège réel + 1 siège fictif) = 20 000. Plus forte moyenne = **1 siège**	Nouvelle moyenne : 40 000/3 (2 sièges réels + 1 siège fictif) = 13 333	*Idem* Moyenne = 13 333
B	26 000/24 000 = **1 siège**	26 000/2 (1 siège réel + 1 siège fictif) = 13 000	*Idem* Moyenne = 13 000	*Idem* Moyenne = 13 000
C	19 000/24 000 = 0 siège	19 000/1 = 19 000	*Idem* Moyenne = 19 000 Plus forte moyenne = **1 siège**	Nouvelle moyenne 19 000/2 (1 siège réel + 1 siège fictif) = 9 500
D	18 000/24 000 = 0 siège	18 000/1 = 18 000	*Idem* Moyenne = 18 000	*Idem* Moyenne = 18 000 Plus forte moyenne = **1 siège**
E	17 000/24 000 = 0 siège	17 000/1 = 17 000	*Idem* Moyenne = 17 000	*Idem* Moyenne = 17 000

Résultats pour l'ensemble des listes :
Liste **A** : 2 sièges
Liste **B** : 1 siège
Liste **C** : 1 siège
Liste **D** : 1 siège
Liste **E** : 0 siège

En définitive, on observera que le scrutin majoritaire a permis d'attribuer 4 sièges à la liste A tandis que les autres listes ne seront pas représentées. La proportionnelle permet d'attribuer 4 sièges à des listes différentes qui n'ont cependant pas obtenu le même nombre de voix. Ce résultat plaide de manière éloquente pour un système mixte permettant d'assurer un partage véritablement représentatif des sièges tout en dégageant une majorité !

C. Les modes de scrutin actuels en France pour les différentes élections

Élections	Mode de scrutin
Président de la République	Scrutin uninominal majoritaire à deux tours.
Sénateurs (système mixte)	• 1. Départements désignant trois sénateurs ou moins : scrutin (de liste ou uninominal) majoritaire à deux tours. • 2. Départements désignant quatre sénateurs ou plus : représentation proportionnelle à la plus forte moyenne sans panachage ni vote préférentiel. (Loi du 30 juillet 2003).
Députés	Scrutin uninominal majoritaire à deux tours.
Représentants au Parlement européen	Représentation proportionnelle à la plus forte moyenne sans panachage ni vote préférentiel. Le mode de scrutin varie d'un État membre à un autre en l'absence d'un texte communautaire européen réglant la question de manière uniforme (question de la procédure électorale uniforme dans tous les États membres, art. 223 TFUE).
Conseillers régionaux (système mixte)	Modifié par la loi 99-36 du 19 janvier 1999, art. L. 3338 du Code électoral. Au 1er tour, la liste ayant obtenu la majorité absolue remporte le 1/4 des sièges. Les autres sièges sont attribués à la proportionnelle à la plus forte moyenne. Si aucune liste n'a obtenu la majorité absolue au 1er tour : 2e tour, la liste qui obtient la majorité des voix remporte le 1/4 des sièges, les autres sièges sont attribués à la représentation proportionnelle selon la plus forte moyenne.
Conseillers généraux (départementaux à partir de 2015)	Scrutin binominal majoritaire paritaire à deux tours.
Conseillers municipaux (système mixte)	• 1. Communes de – de 1 000 habitants : scrutin de liste majoritaire à deux tours avec panachage. • 2. Communes de + de 1 000 habitants : scrutin de liste majoritaire à deux tours avec listes bloquées sans panachage (pour l'attribution de la moitié des sièges) représentation proportionnelle à la plus forte moyenne (pour l'attribution des autres sièges restant à pourvoir).

REMARQUE

Les lois n° 2013-402 et n° 2013-403 du 17 mai 2013 réforment l'élection des conseillers départementaux, des conseillers municipaux et des conseillers communautaires, et modifient le calendrier électoral.

III. Le droit de vote ou de suffrage

Il s'agit du droit par lequel les électeurs expriment leur volonté, leur opinion dans un choix, une délibération ou une désignation (Ch. Bidegaray, Dictionnaire constitutionnel, PUF, 1992).

Le droit de vote qui puise sa source dans l'article 3 de la Constitution du 4 octobre 1958, duquel découle l'exigence constitutionnelle de sincérité du scrutin, présente plusieurs caractères outre la dignité et la loyauté du scrutin.

LES CARACTÈRES DU DROIT DE VOTE

Caractères	Signification	Applications
Égalitaire	Tout électeur dispose du droit de vote dans les mêmes conditions et dans la même mesure que tout autre électeur.	Plusieurs combinaisons ont été imaginées afin de faire varier le poids des électeurs. Aussi l'égalité exclut-elle : • le vote plural : plusieurs voix sont accordées à un électeur qui est censé posséder certaines qualités ; • le vote multiple : un même électeur peut aller voter sous certaines conditions dans plusieurs circonscriptions.
Personnel	L'électeur ne peut en principe voter qu'en plaçant lui-même personnellement son bulletin de vote dans l'urne.	• Le vote personnel exclut le vote familial : celui suivant lequel l'électeur vote non seulement pour lui mais aussi pour les membres de sa famille (ex. : Le père de famille aura autant de voix que sa famille comporte de membres). Un individu = une voix. • Le vote personnel pose également la question du vote de l'électeur empêché. Les électeurs qui pour une raison justifiée sont absents peuvent voter par procuration c'est-à-dire choisir un autre électeur qui votera à la place de l'électeur empêché. Il existe également une possibilité de vote par mandat : l'électeur remplit lui-même son bulletin de vote, mais il confie à un autre électeur le soin de le déposer dans l'urne. • Le vote par correspondance : l'électeur remet son bulletin sous double enveloppe à une autorité désignée par la loi ou directement au bureau de vote.
Facultatif	Voter est un droit, c'est aussi un devoir civique. Mais ce devoir n'est que moral, il n'y a aucune sanction en cas d'abstention.	• Le caractère facultatif du vote suscite de nombreuses abstentions. • Pour lutter contre ce phénomène, certains pays ont institué un vote obligatoire (cas de la Belgique où tout citoyen qui ne vote pas est passible d'une amende et peut être radié des listes électorales pendant dix ans s'il totalise quatre abstentions en quinze ans).

Secret	Le choix exprimé par l'électeur ne doit être connu que de lui-même : anonymat du vote.	Le secret interdit le vote public c'est-à-dire le vote devant l'ensemble des autres électeurs qui peut être à haute voix. En France, la règle du secret est organisée par trois procédés : • l'enveloppe : le bulletin doit obligatoirement être placé dans une enveloppe officielle ; • l'isoloir : l'électeur doit obligatoirement passer dans l'isoloir pour glisser son bulletin de vote dans l'enveloppe ; • l'urne : elle est transparente depuis 1988 et ne comporte qu'une seule ouverture destinée à laisser passer l'enveloppe. Elle doit être fermée par deux serrures dont les clefs sont confiées l'une au président du bureau de vote, l'autre à un assesseur désigné par tirage au sort.

Afin de mieux garantir le droit de vote et de suffrage, certains aspects de l'élection sont détachés du pouvoir exécutif et contrôlés par des Autorités indépendantes.

PRINCIPALES AUTORITÉS INDÉPENDANTES

Autorité indépendante	Texte	Rôle
Commission nationale des comptes de campagne et des financements politiques	Loi n° 90-55 du 15 janvier 1990	La Commission contrôle les comptes de campagne et le financement des partis politiques.
Commission nationale de contrôle de la campagne électorale relative à l'élection du Président de la République	Art. 13 décret n° 2001-213 du 8 mars 2001	La Commission veille, de manière générale, à ce que les candidats bénéficient des mêmes facilités de la part de l'État pour la campagne électorale.
Commission des sondages	Art. 5 et s. de la loi n° 77-808 du 19 juillet 1977	La commission propose des règles relatives à l'amélioration de l'objectivité et de la qualité des sondages. Elle vérifie en outre que les sondages diffusés respectent les prescriptions législatives et réglementaires
Haute autorité pour la transparence de la vie publique	Art. 19 de la loi n° 2013-907 du 11 octobre 2013	Elle contrôle les déclarations de patrimoine des candidats et peut transmettre, dans les cas les plus graves, le dossier au parquet compétent qui a la possibilité de déclencher une procédure pénale. Elle prévient les conflits d'intérêts grâce aux déclarations d'intérêts fournies par les candidats.

Conseil supérieur de l'audiovisuel	Art. 3-1 de la loi n° 86-1067 du 30 septembre 1986	Le Conseil fixe les règles concernant les conditions de production, de programmation et de diffusion des émissions relatives aux campagnes électorales que les radios et télévisions publiques sont tenues de produire et de programmer en vertu d'un texte législatif. Il adresse, pour la durée des campagnes électorales, des recommandations aux radios et aux télévisions, ainsi qu'aux services locaux du câble

Le contentieux électoral, qui garantit le respect du droit vote et de suffrage est confié à un juge, en France, le juge administratif et le Conseil constitutionnel qui est alors un juge « ordinaire » électoral.

POUR EN SAVOIR PLUS

Sur l'élection

- Cauchois (H.), Savignac (J-C.), *Droit et pratique des élections*, Berger-Levrault, 3e éd., 2017.
- Favoreu (L.) et *alii*, *op. cit.*, § 839-865.
- Fonbaustier (L.), Article Élection, in *Dictionnaire de la culture juridique*, Lamy-PUF, 2003, p. 1448.
- Ghevontian (R.) (coord.), « La sincérité du scrutin », *Cah. Cons. const.*, Dalloz, n° 13, 2002.
- Ghevontian (R.), « Le contentieux électoral saisi par la morale ? », *Étude en l'honneur de Loïc Philip*, Economica, 2005, p. 91.
- Ghevontian (R.), « Élections : la réforme est-elle possible ? », *RFDC* n° HS, 2008, p. 149-155.
- Lancelot (A.), *Les élections sous la Ve République*, PUF, coll. « Que sais-je ? », 1998, n° 2109.
- Maligner (B.), *Droit électoral*, Ellipse, 2007.
- Touvet (L.), Doublet (Y.-M.), *Droit des élections*, Economica, 2007

Les conditions personnelles

- *Code électoral commenté et annoté*, Vincent (J.-Y.) et de Villiers (M.), Litec, 12e éd., 2016.
- *Code électoral, annoté*, Camby (J-P.), De Gaudemont (C.), Dalloz, 23e éd., 2017.
- Masclet (J.-Cl.), *Le droit des élections politiques*, PUF, coll. « Que sais-je ? », n° 2643, 1992.

Les conditions matérielles

La campagne électorale

Le financement de la campagne

- Camby (J.-P.), *Le financement de la vie politique en France*, Montchrestien, coll. « Clefs », 1995.
- Doublet (Y.-M.), *Le financement de la vie politique*, PUF, coll. « Que sais-je ? », n° 2250, 1997.

Le découpage électoral

- Colliard (J-Cl.), « Le découpage électoral et la commission prévue à l'article 25 de la Constitution », *LPA*, 2008, n° 254, p. 42-46.
- Emeri (CL.), Article « découpage électoral » in *Dictionnaire constitutionnel*, PUF, 1992.
- Favoreu (L.) ; Philip (L.) *et alii*, *Les Grandes décisions du Conseil constitutionnel*, Dalloz, 18e éd., 2018, n° 46, p. 658.
- Ponceyri (R.), *Le découpage électoral*, Economica, 1988.

Les modes de scrutin

- Cotteret (J.-M.), Emeri (Cl.), *Les systèmes électoraux*, PUF, coll. « Que sais-je ? », n° 1382, 1985.
- Favoreu (L.) et *alii*, *op. cit.*, § 849-858.
- Laurent (A) *et alii* (dir.), *Les systèmes électoraux : permanences et innovations*, L'Harmattan, coll. « Logiques politiques », 2004.
- Martin (P.), *Les systèmes électoraux et les modes de scrutin*, LGDJ, coll. « Systèmes », 3e éd., 2006.
- Passelecq (O.), *Modes de scrutin et systèmes électoraux*, La Documentation française, 1995.
- Zarka (J.-C.), *Les systèmes électoraux*, Ellipses, 1998.

Le droit de suffrage

- Audren (F.), Bluche (F.), Article Suffrage, in *Dictionnaire de la culture juridique*, Lamy-PUF, 2003, p. 1448.
- Lafferrière (J.), *Manuel de Droit constitutionnel*, Montchrestien, 1947.
- Principe d'égalité et droit de suffrage (Table ronde internationale), AIJC, Economica-PUAM, 1989.

CHAPITRE 6

La séparation horizontale des pouvoirs

La séparation des pouvoirs est une technique constitutionnelle permettant d'attribuer chaque fonction de l'État (législative, exécutive et juridictionnelle) à un organe étatique distinct.

L'attribution des différentes fonctions à des organes distincts est une constante de tout régime de séparation des pouvoirs. Cependant, l'organisation et les fonctions de chacun des pouvoirs (essentiellement l'exécutif et le législatif) peuvent varier.
La séparation horizontale des pouvoirs fait intervenir essentiellement deux pouvoirs, deux organes : **l'exécutif et le législatif**.

I. La structure et les fonctions des organes : le pouvoir exécutif et le pouvoir législatif

A. Le pouvoir exécutif

Le pouvoir exécutif est l'organe qui est chargé d'assurer l'exécution des lois mais aussi la conduite de la politique gouvernementale.

On distingue au point de vue de l'organisation de l'exécutif deux grandes formes.

a. L'exécutif moniste et l'exécutif dualiste

Formes de l'exécutif	Signification	Applications
Exécutif moniste	Celui dans lequel les compétences de l'exécutif sont dévolues à un seul organe.	• **Exécutif moniste unipersonnel.** Constitution des États-Unis du 17 septembre 1787, art. 2 sect. 1 « Le pouvoir exécutif sera confié à un Président des États-Unis d'Amérique ». • **Exécutif moniste collégial.** Celui dans lequel les fonctions exécutives sont attribuées à un organe composé de plusieurs membres, un « Gouvernement à plusieurs têtes » (De Broglie) (ex. : l'exécutif du Directoire en France (1795, an III)), où toutes les décisions étaient prises par le groupe des cinq directeurs et non par un seul d'entre eux.
Exécutif dualiste	Celui dans lequel les compétences de l'exécutif sont partagées entre deux organes, généralement un chef de l'État et un chef de gouvernement.	• **Exécutif dualiste avec prépondérance du gouvernement :** Gouvernement de Cabinet*. (France de la IVe République). • **Exécutif dualiste avec prépondérance du chef de l'État :** Orléanisme** politique (Ve République hors cas de cohabitation).

Aujourd'hui, la forme la plus répandue d'organisation du pouvoir exécutif est celle de l'exécutif dualiste associant un élément unitaire (chef de l'État) et un élément collégial (gouvernement).

b. Les fonctions du pouvoir exécutif

Fonctions	Contenus	Applications
L'exécution des lois	L'exécutif doit assurer l'exécution des lois et il dispose pour cela du pouvoir réglementaire qui viendra compléter de manière générale et impersonnelle les lois	L'exécution des lois est assurée par le président de la République sous la IIIe République ; par le Premier ministre sous la Ve République (article 21 C.).

►

* *Gouvernement de Cabinet :* l'expression désigne un mode de rapport entre les organes exécutifs et législatifs tels que le Gouvernement est seulement responsable devant le Parlement. Cette expérience trouve son origine dans les institutions de la Grande-Bretagne (le Cabinet désignant à l'origine l'équipe gouvernementale tout entière). On appelle également ce régime le régime « parlementaire moniste » (terme plus moderne).

** *Orléanisme :* ce terme désigne un mode de rapports entre les organes exécutifs et législatifs tels que le Gouvernement est politiquement responsable d'une part devant le chef de l'État, d'autre part devant les assemblées parlementaires. L'orléanisme tire son nom de ce qu'il a fonctionné sous le règne de Louis-Philippe d'Orléans (1830-1848). (P. Pactet). On appelle également ce régime « parlementaire dualiste ».

	et du pouvoir d'édicter des mesures individuelles touchant des individus en particulier et de manière personnelle.	
La conduite de l'administration	L'exécutif dispose de l'administration dont il assure la direction. Ainsi, l'administration est subordonnée au pouvoir politique dont elle doit respecter les directives. Figure également dans cette fonction, la disposition de la force armée.	Sous la Ve République, le gouvernement dispose de l'administration et de la force armée (article 20 C.). La direction de l'administration implique une certaine liberté d'organisation des services (CE 7 févr. 1936 *Jamart*), elle suppose également la faculté de pouvoir nommer et révoquer des fonctionnaires. Sous la Ve République l'administration est partagée entre le président de la République et le Premier ministre.
La conduite de la politique nationale	Il appartient à l'exécutif d'assurer la conduite de la politique de la nation. L'exécutif gouverne et conduit la politique de la nation qui comprend non seulement la politique intérieure (ex. : économie, emploi) mais aussi la politique étrangère (relations avec les autres États, participation dans les organisations internationales).	La Constitution de 1958 indique dans son article 20 que le Gouvernement détermine et conduit la politique de la nation. Cependant en pratique cette fonction est partagée entre le Chef de l'État (président de la République) et le gouvernement. (ex. : politique étrangère). Dans les démocraties contemporaines l'exécutif est donc le véritable organe d'impulsion de la politique de la nation.

Les fonctions de l'exécutif ainsi définies s'exercent tantôt sous le contrôle du juge administratif (exécution de la loi, recours pour excès de pouvoir) tantôt sans véritable contrôle juridictionnel (politique de la nation, théorie de l'acte de gouvernement).

B. Le pouvoir législatif

C'est l'organe auquel la Constitution attribue compétence pour proposer, discuter et adopter les lois.

REMARQUE

Cette définition n'est pas tout à fait juste car le législatif ne fait pas qu'adopter des lois. Aussi a-t-on proposé la qualification de « délibérant » (Hauriou) car toute opération du pouvoir législatif et toute décision de celui-ci s'exerce suivant une procédure particulière qui est la délibération. Cette fonction est attribuée au Parlement, mais celui-ci peut adopter une structure différente qui est établie par la Constitution.

a. La structure du pouvoir législatif

Le Parlement peut être composé d'une seule chambre (monocamérisme) de deux chambres (bicamérisme) ou plus (polycamérisme ou pluricaméralisme).

Structure	Signification	Applications
Monocamérisme	De *mono* = un et *camera* = chambre. Le monocamérisme (ou monocaméralisme) est le système dans lequel la fonction législative est confiée à une seule assemblée. (Parlement à une chambre).	Le choix d'une organisation monocamérale est inspiré par un certain nombre de considérations : • le caractère unitaire de la représentation politique; • le risque inhérent au bicaméralisme de dispersion des relations Parlement / Gouvernement; • la simplification de la procédure législative. Ex. : Danemark, Grèce, Portugal et Suisse.
Bicamérisme	*Bi* = deux. Le bicamérisme est le système dans lequel les fonctions législatives sont confiées à deux assemblées. (Parlement à deux chambres).	Les arguments en faveur du bicamérisme sont les suivants : • c'est une organisation indispensable dans les États qui veulent reconnaître une certaine autonomie aux collectivités composantes (voir La division verticale du pouvoir) : États fédéraux, régionaux, cas de la France (art. 24 de la Constitution de 1958), • c'est une garantie contre les abus que pourrait commettre une seule chambre (idée d'un Sénat modérateur, d'une deuxième chambre de réflexion), • c'est un système qui peut permettre la représentation des intérêts économiques et sociaux par opposition aux seuls intérêts politiques. Idée d'une seconde chambre économique et sociale (cas du Sénat irlandais, Constitution de 1937 art. 18), • c'est historiquement un système qui permet de combiner monarchie, aristocratie et démocratie par l'institution de chambres hautes aristocratiques héréditaires destinées à représenter la noblesse. (ex. : Chambre des Lords en Grande-Bretagne; Chambre des Pairs, en France, Constitutions de 1814 et 1830).

Polycamérisme (ou pluricaméralisme)	*Poly* = plusieurs. Système dans lequel la fonction législative est confiée à plus de deux assemblées. Parlement composé de plus de deux chambres.	Les arguments en faveur d'un parlement polycaméral sont les suivants : • cela permet d'assurer une division plus rationnelle du travail législatif (initiative/discussion/adoption). Projet de Siéyes, Constitution de l'an VIII, Consulat, • cela permet d'assurer une représentation juste de la nation c'est-à-dire, du peuple, des collectivités composantes, des intérêts économiques et sociaux.

Ces trois modèles sont d'inégale importance. En effet, le polycamérisme n'est que très rarement utilisé, le bicamérisme est souvent imparfait et inégalitaire, si bien qu'il revêt différentes formes (ex. : le Conseil de la République sous la IVe République dont les attributions législatives étaient réduites et qui ne pouvait mettre en jeu la responsabilité du gouvernement), pouvant aller jusqu'à ressembler au système monocaméral (ex. : la Chambre des Lords en Grande-Bretagne).

DIFFÉRENTES ORGANISATIONS DU PARLEMENT

État	Première chambre	Seconde chambre
États-Unis	Chambre des représentants (435 membres) élue pour deux ans au scrutin uninominal majoritaire à un tour.	Sénat (100 membres, 2 sénateurs par État) renouvelé par 1/3 tous les deux ans (sénateurs élus pour six ans).
Grande-Bretagne	Chambre des communes (650 membres) élue pour 5 ans au scrutin uninominal majoritaire à un tour.	Chambre des Lords : 805 Lords dont : 91 Lords héréditaires. 689 Lords à vie. 25 Lords spirituels. (évêques et archevêques).
Italie	Chambre des députés (630 membres) élue pour 5 ans à la représentation proportionnelle (scrutin uninominal pour le Val d'Aoste).	Sénat (315 membres) élu pour 5 ans à la représentation proportionnelle.
Allemagne	Diète fédérale (Bundestag) (630 membres) élue pour 4 ans au scrutin mixte (proportionnelle et majoritaire, modifié en 2013 ; méthode de calcul de Sainte Laguë/Schepers).	Conseil fédéral (Bundesrat) (69 membres) nommé par les gouvernements des *Länder* (États fédérés). Le nombre de voix varie de 3 à 6 en fonction de l'importance démographique de chaque Land.
Grèce	Parlement hellénique (Vouli) (300 membres) élu pour 4 ans à la représentation proportionnelle.	Il n'existe pas de seconde chambre : Parlement monocaméral.

b. Les fonctions du pouvoir législatif

Les fonctions du Parlement ne se limitent pas à **la** seule **fonction législative** même si cette dernière demeure traditionnellement importante (d'autant plus que la plupart des lois sont d'origine gouvernementale). C'est la raison pour laquelle **l'expression pouvoir délibérant est préférable** à celle de pouvoir législatif très incomplète.

Globalement **les fonctions du Parlement sont au nombre de trois :** l'initiative, la discussion et le vote de la loi ; la fonction de contrôle et d'évaluation de l'exécutif ; la fonction juridictionnelle (justice politique).

À cela s'ajoute une fonction plus spécifiquement politique : le Parlement est dans la plupart des démocraties la seule institution pluraliste au sein de laquelle pourront s'exprimer différents courants politiques et à ce titre il est véritablement la seule institution de débat démocratique.

Fonctions	Signification	Applications
Législative	Consiste dans l'initiative, la discussion et l'adoption de la loi. Du reste la loi est définie comme l'acte voté par le Parlement.	• Cette fonction est partagée entre les chambres composant le Parlement selon un processus de cheminement du texte (navette législative). • La fonction législative n'appartient pas uniquement au Parlement. Il existe une législation déléguée permettant à l'exécutif d'édicter des textes de valeur législative (ordonnances). Souvent l'initiative législative est partagée entre le Parlement et l'exécutif. • La fonction législative s'exprime essentiellement à travers la procédure législative, c'est-à-dire un ensemble d'opérations et de formalités nécessaires à l'adoption de la loi (initiative/délibération/adoption/évaluation).
De contrôle	Consiste dans l'information, l'évaluation et le contrôle de l'activité de l'exécutif. Si l'exécutif gouverne c'est sous le contrôle du législatif.	Le contrôle parlementaire rassemble ainsi des instruments et des procédures qui permettent aux parlementaires d'être informés et de se prononcer sur l'action gouvernementale. Elle comporte également une fonction d'évaluation des politiques publiques. Les moyens d'information sont les questions, les commissions d'enquête, parfois un commissaire parlementaire (sorte de médiateur rattaché au Parlement) ou encore les organismes indépendants associés au Parlement (par exemple aux États-Unis le : « *General accounting office* »). Les moyens de contrôle s'appliquent à la mise en cause de la responsabilité du Gouvernement (lorsque cette possibilité existe). Elle peut entraîner sa démission.

►

Juridictionnelle	Ces attributions des Parlements concernent la justice politique, c'est-à-dire la responsabilité pénale des membres de l'exécutif.	• Dans certains pays, cette fonction est exercée par une juridiction d'exception composée de membres choisis au sein du Parlement associée le cas échéant à des magistrats : (cas en France de la Cour de justice de la République qui juge des actes commis par les membres du gouvernement) ; (voir également la procédure d'*impeachment* à l'encontre du Président des États-Unis). • D'autres pays (Danemark, Japon) permettent au Parlement de traduire les membres de l'exécutif devant les juridictions de droit commun, généralement les plus hautes de la hiérarchie.

REMARQUE SUR LA FONCTION JURIDICTIONNELLE

Cette fonction se rattache très souvent à la fonction de contrôle de l'exécutif. Il semble cependant qu'elle ait un caractère spécifique et que l'évolution récente des événements (croissance ou/et révélation de la corruption politique, « affaires »), amène à un développement (ou à une disparition au profit du système de droit commun), indépendant de cette fonction de contrôle.

II. La théorie de la séparation horizontale des pouvoirs

La séparation des pouvoirs est une forme d'aménagement du pouvoir au sein d'un État considéré.
La séparation s'oppose à la confusion qui constitue également une alternative d'aménagement des pouvoirs.

A. L'absence de séparation : la confusion des pouvoirs

Il y a confusion des pouvoirs lorsqu'un même organe exerce seul toutes les fonctions (législative, exécutive et juridictionnelle).

La confusion des pouvoirs peut se réaliser tantôt au profit de l'exécutif, tantôt au profit du législatif.

LES FORMES DE CONFUSION DES POUVOIRS

Confusion	Signification	Applications
Au profit de l'exécutif	L'organe exécutif concentre les fonctions législative, exécutive et juridictionnelle.	• La monarchie absolue : le Roi est la « loi vivante », « si veut le Roi, si veut la loi », « toute justice émane du Roi ». • Constitution du 22 frimaire an VIII (15 décembre 1799). Concentration du pouvoir entre les mains du Premier consul.

		• Le Führer en Allemagne n'était pas un délégué du pouvoir, mais le pouvoir lui-même individualisé et confondu dans une même personne.
Au profit du législatif	L'organe législatif concentre les fonctions législative, exécutive et juridictionnelle.	• Constitution du 24 juin 1793 (jamais appliquée), instituant un Conseil exécutif élu par l'Assemblée, véritable commis de cette dernière. • Système marxiste (Constitution de l'URSS du 7 octobre 1977) dans lequel tous les pouvoirs sont apparemment concentrés dans les mains des soviets des députés du peuple. En réalité le pouvoir est effectivement exercé par le seul Parti communiste : système de Gouvernement de parti (partitocratie).

REMARQUE

Le régime de confusion des pouvoirs, très souvent issu de circonstances historiques particulières, est généralement un régime attentatoire aux libertés car le seul organe investi dispose d'une immensurable puissance, puisqu'il n'existe aucun contrepoids pour le freiner.

B. La séparation horizontale des pouvoirs

La séparation horizontale fait l'objet de deux présentations, l'une classique, l'autre assortie de correctifs modernes.

a. La présentation classique

La présentation classique de la séparation des pouvoirs oppose la séparation stricte des pouvoirs (ou encore, le régime présidentiel), à la séparation souple des pouvoirs (ou encore, le régime parlementaire).

Séparation stricte : régime présidentiel	Séparation souple : régime parlementaire
Définition	
C'est le régime dans lequel les pouvoirs et les organes qui en sont les titulaires sont séparés « strictement » : chaque organe est à la fois isolé, indépendant et sans aucun moyen d'action sur un autre.	C'est un régime de collaboration des pouvoirs dans lequel le Gouvernement et le Parlement ont des domaines d'action communs et des moyens d'action réciproques.
Au profit du législatif	
Les relations entre les organes sont fondées sur une totale indépendance.	Les relations entre les organes sont fondées sur une collaboration qui repose sur une interdépendance.

Structures	
• **indépendance structurelle** : chaque organe se recrute de manière autonome. L'exécutif n'intervient pas dans la désignation du législatif ; le législatif n'intervient pas dans le recrutement de l'exécutif.	• **interdépendance structurelle** : chaque organe participe à la désignation des autres. Le législatif peut participer à l'élection du Chef de l'État ou à la nomination du gouvernement. L'exécutif organise par exemple les élections législatives.
Fonctions	
• **indépendance fonctionnelle** : chaque organe se borne à exercer la fonction qui lui a été dévolue par la Constitution. L'exécutif exécute la loi mais ne participe pas à son élaboration. Le législatif initie et vote la loi mais ne s'occupe pas de l'exécuter. Le juridictionnel juge mais sans s'immiscer dans les autres fonctions.	• **interdépendance fonctionnelle** : chaque organe est affecté d'une fonction précise qui le caractérise, mais il participe également aux autres fonctions (collaboration). Le législatif contrôle l'exécutif (l'action gouvernementale et l'exécution de la loi). L'exécutif participe à la fonction législative (initiative législative, conduite de la procédure législative).
Relations	
• **indépendance relationnelle** : aucun organe ne dispose de moyen d'action sur un autre organe. Pas de droit de dissolution du législatif, pas de responsabilité politique de l'exécutif.	• **interdépendance relationnelle** : chacun des organes dispose de moyens d'action sur les autres. L'exécutif dispose du droit de dissolution c'est-à-dire du droit de mettre fin au mandat d'une assemblée avant l'expiration de ce dernier. Le législatif a le droit de forcer l'exécutif à la démission en engageant sa responsabilité politique (responsabilité ministérielle ou responsabilité gouvernementale).

Cependant les modèles de séparation stricte et souple ne sont que des modèles théoriques qui sont susceptibles en pratique de nombreux aménagements. En effet, un véritable régime présidentiel serait immédiatement voué au blocage institutionnel en cas de conflit entre les organes puisqu'il n'existe aucun moyen d'action. Ces modèles classiques font ainsi l'objet de correctifs modernes.

b. La présentation moderne

Cette présentation :

• **1 :** conserve la présentation classique.	→	Division **juridique** du pouvoir
• **2 :** calque sur la présentation classique des éléments politiques fondés sur le nombre de forces politiques en présence.	→	Division **politique** du pouvoir

La présentation moderne (M. Duverger) part du système de partis politiques existant dans un État. S'il n'existe qu'un seul parti (ou un parti dominant) ses membres seront à la fois dans l'exécutif et le législatif et la division juridique des pouvoirs (organisée par la Constitution) ne sera plus qu'une fiction.

Dans les systèmes bipartisans ou multipartisans (plus de deux partis), au contraire, il existera toujours un contrepoids à l'hégémonie d'un parti : l'opposition ou minorité.

Ainsi, à la division classique exécutif / législatif se superpose une division qui repose sur l'existence de deux blocs antagonistes : le bloc majoritaire (ou majorité) et le bloc minoritaire (ou opposition).

En conséquence, la division moderne des pouvoirs se présente de la manière qui suit dans le cas de la France.

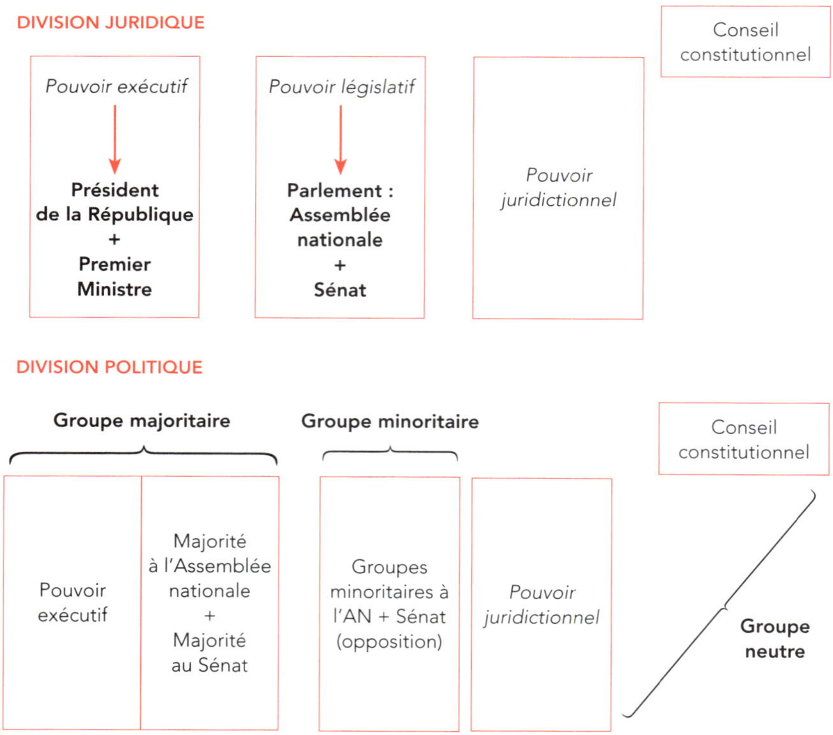

Cette présentation qui tient compte de l'évolution des démocraties occidentales met en évidence que la séparation juridique des pouvoirs n'est pas à elle seule suffisante pour garantir la liberté politique. Il faut également y ajouter, une protection de la minorité, un statut de l'opposition qui lui permettra de freiner les abus : **cette protection est, à l'heure actuelle, la justice constitutionnelle**.

C. Définition et place du pouvoir juridictionnel

« Pouvoir juridictionnel : désigne le pouvoir appartenant aux juridictions de dire le droit et d'exprimer ainsi la souveraineté nationale (les arrêts, jugements et décisions sont rendus au nom du Peuple français) dans le domaine propre de leur compétence tel qu'il résulte de la Constitution, des lois et des règlements (Th. S. Renoux). Le pouvoir judiciaire est un élément du pouvoir juridictionnel qui correspond aux juridictions de l'ordre judiciaire (Cour de cassation, cours d'appel et tribunaux...), le pouvoir juridictionnel plus large englobe les juridictions de l'ordre judiciaire et de l'ordre administratif (Conseil d'État, Cour administrative d'appel, tribunaux administratifs...) et l'ordre constitutionnel (Conseil constitutionnel) ».

Depuis l'origine de la théorie de la séparation des pouvoirs, la question de la place du pouvoir juridictionnel est posée. Cette place a donné lieu à deux théories différentes : la théorie trialiste et la théorie dualiste.

TRIALISME ET DUALISME DES POUVOIRS

Trialisme Il existe trois grandes fonctions juridiques : les fonctions législative, exécutive et juridictionnelle.	**Conséquence** : il n'y a de véritable séparation des pouvoirs que si le pouvoir juridictionnel est à l'abri de toute atteinte de la part du pouvoir exécutif, est indépendant de celui-ci, ou encore mieux, si est réalisée une totale distinction entre le pouvoir exécutif et le pouvoir juridictionnel : système de justice déléguée.
Dualisme • 1re variante : il n'existe en réalité que deux fonctions : faire la loi et l'exécuter, car juger... c'est encore exécuter la loi. • 2e variante : l'exécutif et le législatif ne forment qu'un seul pouvoir face au pouvoir juridictionnel.	**Conséquence** : • 1re variante : comme juger n'est qu'un aspect de l'exécution de la loi on ne peut concevoir que deux fonctions, création de la loi et exécution de la loi. Logiquement l'exécutif devra donc également juger : système de la justice retenue. En réalité, il faudra instituer deux autorités, l'une chargée de l'exécution contentieuse de la loi : l'autorité juridictionnelle, l'autre chargée de l'exécution non contentieuse : l'autorité administrative (loi des 16 et 24 août 1790). • 2e variante : comme l'exécutif émane en réalité du législatif, dans un régime parlementaire, le Gouvernement est une délégation de l'Assemblée (E. Pierre). Par conséquent, il n'existe que deux pouvoirs (législatif et judiciaire).

En France, l'expérience des Parlements d'Ancien Régime a débouché sur une sorte de méfiance à l'égard du pouvoir juridictionnel, de sorte que celui-ci est demeuré relativement marginal (la Constitution de 1958 n'emploie que l'expression autorité judiciaire). Aux États-Unis, en revanche, il existe une conception trialiste de la séparation des pouvoirs car il y a moins de défiance à l'égard du pouvoir judiciaire, le pouvoir juridictionnel étant au sommet, incarné par la Cour suprême. Constatant que les sociétés contemporaines ont tendance à se « juridictionnaliser » en laissant aux juges une place sans cesse croissante leur imposant implicitement de prendre des décisions relevant habituellement des politiques, on peut se demander si le juge constitutionnel ne constitue pas un troisième pouvoir tendant finalement à généraliser le trialisme ? Une telle conclusion soulève néanmoins de très importantes difficultés en ce qui concerne le fonctionnement même des sociétés démocratiques.

III. La confusion et la séparation des pouvoirs : modèles historiques

L'histoire constitutionnelle française comporte une dizaine de Constitutions qui sont un véritable vivier d'exemples d'organisation des pouvoirs. Les trois formes d'aménagement du pouvoir (confusion, séparation stricte et souple) y sont présentes.

A. Confusion des pouvoirs

a. Au profit du législatif

La Constitution du 24 juin 1793 an I de la République (Constitution « Montagnarde ») organise la faiblesse de l'exécutif qui n'est plus qu'un agent d'exécution du Corps législatif.

Résumé historique : La Constitution « Montagnarde », tentative de démocratie semi-directe, était en réalité inapplicable. De fait, la Constitution de 1793 (qui ne fixait pas de date pour sa mise en œuvre) ne fut jamais appliquée.
À la chute des Girondins, le pouvoir fut concentré entre les mains des Comités de Salut public et de sûreté générale de la Commune de Paris*. La situation troublée tant à l'intérieur du pays (contre-révolution) qu'à l'extérieur (menace d'intervention militaire des monarchies européennes) rendit l'application du régime régulier impossible.
La loi du 19 vendémiaire an II déclara le Gouvernement révolutionnaire jusqu'à la paix. Tous les corps furent placés sous la vigilance du Comité de Salut public qui devait rendre compte à la Convention (Assemblée constituante formée en 1792 qui avait aboli la monarchie) des événements.

* Dans un climat de terreur et de délation, le vote étant public et oral, la Constitution avait été approuvée par 1 800 000 électeurs sur 6 100 000. Il n'y avait eu que 11 610 « non ».

Exécutif	Législatif	Aménagement des pouvoirs	Durée et révision
Conseil exécutif de 24 membres élus pour deux ans par le Corps législatif (exécute, n'a pas de pouvoirs d'initiative), renouvelable par moitié chaque année.	Corps législatif (monocamérisme) élu pour un an. Partage son pouvoir avec le Peuple (souveraineté populaire) : • les lois sont proposées au Peuple (art. 56 à 60). Le projet de loi est renvoyé aux communes. 40 jours après, si dans 50 % des départements plus un, le 10e des assemblées primaires (c'est-à-dire tous les citoyens domiciliés dans le Canton depuis 6 mois) ne s'est pas opposé au projet, la loi est considérée comme tacitement adoptée. Si la loi est en revanche refusée, les assemblées primaires devaient expressément décider du rejet ou de l'acceptation de la loi. • le Peuple a l'initiative de la révision constitutionnelle (art. 115). Si dans 50 % des départements plus un, le 10e des assemblées primaires demandait la révision, le Corps législatif devait convoquer toutes les assemblées primaires afin de décider si devait être constituée une convention chargée de la révision.	Confusion des pouvoirs au profit exclusif du Corps législatif. L'Assemblée exerce l'intégralité du pouvoir législatif. L'exécutif ne dispose d'aucune initiative.	Jamais appliquée.

Mode de scrutin
Suffrage universel direct (âge : 21 ans – réservé aux hommes).
Nota : droit de suffrage reconnu aux étrangers résidant en France (art. 4). La Convention compte ainsi l'américain Payne, le suisse Clavière et le prussien Klootz.

b. Au profit de l'exécutif

1. Constitution du 13 décembre 1799 : 22 frimaire an VIII (Consulat)

Résumé historique : La Constitution fut négociée entre Sieyès et Bonaparte. Soumise à l'approbation du peuple (plébiscite), elle fut ratifiée par trois millions d'électeurs, mais il y eut plus de quatre millions d'abstentions. Cette Constitution remplace le pouvoir des assemblées par un régime personnel au profit de l'exécutif, en prenant le contre-pied des précédentes. C'est la raison qui peut expliquer son acceptation. Elle ne freina pas les actes arbitraires, mais il existait désormais le Sénat pour couvrir ces actes et les violations de la Constitution ou de la liberté.

Exécutif	Législatif	Aménagement des pouvoirs	Durée et révision
Trois consuls nommés par le Sénat pour 10 ans. Seul, le Premier	4 assemblées (ou 3 suivant la place discutable du Conseil d'État dans	Confusion des pouvoirs au profit de l'exécutif : le Premier consul	3 ans. • Pas de révision prévue mais : – Sénatus-consulte

consul (Napoléon Bonaparte) a un pouvoir de décision absolu. Il dispose seul de l'initiative des lois. Il nomme les membres du Conseil d'État. Le deuxième et le troisième consul n'ont qu'une voix consultative.	l'exécutif ou le législatif). – Le Conseil d'État : propose les lois. – Le Tribunat : (100 membres) discute les lois. – Le Corps législatif : (300 membres) vote les lois. – Le Sénat : (80 membres) vérifie la constitutionnalité des lois (multicamérisme).	concentre en fait tous les pouvoirs. Proposition exclusive de la loi, pouvoir réglementaire d'exécution de la loi, pouvoir budgétaire étendu…	du 18 floréal an X (1802, réélection de Bonaparte pour 10 ans). – Sénatus-consulte du 16 thermidor an X (1802, Consulat à vie). Voir Constitution du 8 août 1802 ;
Mode de scrutin Suffrage universel indirect (âge : 21 ans – réservé aux hommes) ; ***mais*** les électeurs présentaient des listes de candidats sur lesquelles le Sénat ou le Premier consul faisaient leur choix : système des « listes de confiance » (art. 18).			

La Constitution du 8 août 1802 : Sénatus-consulte du 14 thermidor an X (Consulat à vie) est en réalité le prolongement du régime précédent. En effet, le Sénat accorda à Bonaparte la prorogation de ses pouvoirs pour dix ans. Le Peuple, consulté par Bonaparte (relativement déçu) lui conféra le Consulat à vie. Le Sénatus-consulte de l'an X achève la concentration des pouvoirs entre les mains du Premier consul. Le Tribunat est quasiment annihilé, le Corps législatif perd une série d'attributions, le Sénat est dominé par Bonaparte. Ces évolutions préfigurent le Premier Empire.

2. Constitution du 18 mai 1804 : Sénatus-consulte du 28 floréal an XII (Premier Empire)

Résumé historique : Le Tribunat a formulé le vœu du rétablissement de l'hérédité monarchique. Le Sénat vote le Sénatus-consulte qui créait véritablement l'Empire que le plébiscite du 15 brumaire an XII ratifia par 3,5 millions de suffrages. Cet acte termine le cycle ouvert avec l'an XII (1804). L'Empereur absorbe désormais tous les pouvoirs.
Le Sénatus-consulte donne naissance à une période de l'histoire durant laquelle la France se dote d'un système législatif et administratif moderne (codifications, organisation de l'administration centrale), mais par ailleurs, toutes les libertés ont été confisquées.

Exécutif	Législatif	Aménagement des pouvoirs	Durée et révision
L'Empereur : institution de l'Empire héréditaire au profit de Bonaparte	Maintien de l'organisation de l'an X mais suppression du Tribunat par le Sénatus-consulte du 18 août 1807.	Confusion des pouvoirs au profit de l'Empereur.	10 ans. Sénatus-consulte du 18 août 1807.

Mode de scrutin
Même système que le Consulat à vie ;
mais les dignitaires de la Légion d'honneur sont membres de droit des collèges d'arrondissement ou de département. Les grands dignitaires de l'Empire sont membres du Sénat ainsi que 80 membres nommés par le Sénat sur une liste de candidats présentés par l'Empereur.

3. Constitution du 14 janvier 1852 (Second Empire)

Résumé historique : Un décret du 2 décembre 1851 prononce la dissolution de l'Assemblée et du Conseil d'État rétablit le suffrage universel et convoque le peuple pour approuver les bases d'une future Constitution. Le plébiscite du 21 décembre est accepté à une écrasante majorité. La rédaction de la Constitution est remise alors à une commission puis à Rouher, fidèle de Louis-Napoléon et avocat.
La Constitution du 14 janvier 1852 contient virtuellement l'Empire et le Sénatus-consulte du 7 novembre 1852 rétablit sans grande difficulté l'Empire (Second Empire).
À partir de 1860, l'Empire, sous la pression de l'opinion publique se libéralise, jusqu'à la formation d'un Gouvernement de type parlementaire en 1870 (E. Ollivier). Le Second Empire tombe avec le désastre de Sedan le 2 septembre 1870. Le 4 septembre de la même année la République est proclamée.

Exécutif	Législatif	Aménagement des pouvoirs	Durée et révision
Prince-président, Louis-Napoléon Bonaparte élu pour 10 ans devient Empereur héréditaire par le Sénatus-consulte du 7 novembre 1852. Il est assisté d'un Conseil d'État qui intervient d'une manière déterminante dans la procédure législative, (initiative des lois, soutien des projets de loi…).	2 chambres. – Le Corps législatif* élu pour 6 ans discute et vote les lois – Le Sénat : inamovible (assemblée aristocratique) désignée par l'Empereur, (nominations à vie), contrôle la constitutionnalité des lois. (Bicamérisme imparfait, en fait monocamérisme).	Confusion des pouvoirs au profit de l'exécutif qui détient l'intégralité des fonctions exécutives. et joue un rôle essentiel dans la fonction législative, (initiative exclusive de la loi, droit de dissolution et veto absolu). Mais l'Empire autoritaire se libéralise à partir de 1860 en évoluant vers une séparation souple des pouvoirs	19 ans. – Sénatus-consulte du 25 décembre 1852 ; – du 27 mai 1857 ; – du 2 février 1861 ; – du 18 juillet 1866 ; – du 14 mars 1867 ; – du 8 septembre 1869 ; – du 21 mai 1870.

Mode de scrutin
Corps législatif : suffrage universel direct dès 21 ans, réservé aux hommes.
(les militaires ne peuvent voter que s'ils sont présents à leur domicile le jour du scrutin).
Candidatures officielles : des affiches blanches (couleur de l'administration) distinguent le candidat du Gouvernement des candidats de l'opposition. Un moyen de peser sur les électeurs illettrés.

* 1 député pour 35 000 électeurs (261 députés en 1852, 292 en 1869).

REMARQUE

Les régimes de confusion des pouvoirs recouvrent essentiellement les Premier et Second Empires et il s'agit d'une confusion au profit du pouvoir exécutif. Mais certains n'hésitent pas à y ajouter les régimes d'assemblée dans lesquels, sous l'apparence d'une séparation souple des pouvoirs s'est réalisé en fait un régime de confusion au profit de l'assemblée (1875, IIIe République et 1946, IVe République). En fait, le régime d'assemblée désigne une forme pervertie de séparation souple des pouvoirs qui se caractérise par le fait que les moyens d'action de l'exécutif sur le législatif (essentiellement le droit de dissolution) disparaissent complètement de l'usage (désuétude) tandis que les moyens d'action du législatif sur l'exécutif (responsabilité gouvernementale) continuent d'exister et tendent même à se renforcer du fait de l'absence de contrepoids.

B. La séparation stricte des pouvoirs

a. Constitution des 3 et 4 septembre 1791

Résumé historique : La Constitution de 1791 marque au plan constitutionnel un changement remarquable. La Constitution de l'Ancien Régime était coutumière et constituée des lois fondamentales du Royaume. Au XVIIIe siècle, la nécessité d'une Constitution écrite se fait sentir. Les difficultés financières auxquelles l'État était confronté ont poussé à la réunion des États généraux de 1789 dont l'un des buts était l'élaboration d'une Constitution.

La première Constitution écrite de la France a été en fait plus théorique que pratique. L'organisation des pouvoirs n'avait pas prévu de solution des conflits pour faire face aux différends entre le législatif et l'exécutif. En conséquence, la Constitution dura moins d'une année. L'assemblée abdiqua en votant quatre lois le 10 août 1792 (suspension des pouvoirs du Roi ; organisation provisoire du pouvoir exécutif ; suppression de la sanction royale pour les lois ; régime électoral).

Exécutif	Législatif	Aménagement des pouvoirs	Durée et révision
Roi : héréditaire, par délégation, • pas d'initiative des lois, • pas de pouvoir réglementaire, • un droit de veto suspensif.	L'assemblée nationale législative de 745 membres (qui succède à la Constituante) est élue pour deux ans. • A l'initiative des lois, • Monocamérisme.	Séparation stricte. • Pas de responsabilité des ministres. • Pas de droit de dissolution. • Les ministres ne peuvent être choisis dans l'Assemblée, **Entorse** à la séparation stricte : droit de veto.	1 an. La révision n'aurait été possible qu'à partir de 1801.

Droit de suffrage

• Suffrage restreint, l'électorat a deux fonctions : citoyens actifs et passifs.

Pour exercer le droit de vote, il faut :

– être français de sexe masculin,

– âgé de 25 ans,

– domicilié depuis un certain temps dans la ville ou le canton,

– ne pas être dans un état de domesticité,
– payer une imposition directe égale à 3 jours de travail (le cens),
– être inscrit au rôle des gardes nationales.
• De plus, un suffrage à deux degrés : les citoyens actifs sont des électeurs du premier degré réunis en assemblées primaires pour désigner des électeurs du second degré qui doivent : être propriétaires, locataires ou usufruitiers d'un bien dont le revenu varie de 100 à 400 jours de travail.

b. Constitution du 22 août 1795 5 fructidor an III (Directoire)

Résumé historique : La Constitution de l'an III remplace celle de 1793 sans que cette dernière eût été expressément abrogée. En réalité une commission avait reconnu que la Constitution de 1793 était inapplicable et avait proposé un nouveau projet de Constitution. Rapporté par Boissy d'Anglas, le projet fut discuté par la Convention qui abandonna les principes retenus en 1793 afin d'éviter le retour du Gouvernement révolutionnaire (le Comité de salut public) et la dictature de l'Assemblée.
La Constitution de l'an III fut dès sa naissance menacée par deux conspirations, l'une révolutionnaire et l'autre royaliste. Les organes (Directoire et Conseils) n'appartenaient pas à la même majorité politique de sorte qu'un conflit inévitable et surtout insoluble est apparu. La seule solution à ce conflit fut la force et Bonaparte (sans doute influencé par Sieyès) accomplit le coup d'État du 18 brumaire an VIII qui mit fin au Directoire.

Exécutif	Législatif	Aménagement des pouvoirs	Durée et révision
Directoire : 5 membres élus pour 5 ans par le Conseil des anciens sur une liste présentée par le Conseil des 500 (**entorse** à la séparation stricte, interdépendance structurelle), • gouverne, • dispose du pouvoir réglementaire, • est assisté de ministres chargés des tâches administratives.	Bicaméral. • Le Conseil des 500 a l'initiative des lois. • Le Conseil des anciens approuve ou rejette les propositions de loi.	Séparation stricte des pouvoirs : aucun moyen d'action réciproque entre les pouvoirs. • Pas de responsabilité politique. • Pas de dissolution. • Participation du législatif à la désignation de l'exécutif (**entorse** à la séparation stricte).	4 ans. Pas de révision.

Droit de suffrage
Suffrage restreint et indirect : électorat fonction – droit de vote accordé à :
– tout français de sexe masculin,
– âgé de 21 ans, – inscrit sur le registre civique de son canton,
– demeurant depuis un an sur le territoire de la République,
– payant une contribution directe, foncière ou personnelle (cens élargi, car le montant de l'impôt n'est pas précisé : il suffit d'être contribuable).

Les non-imposables pouvaient être électeurs moyennant le paiement d'une contribution égale à 3 jours de travail.
Suffrage à deux degrés : les citoyens actifs forment les assemblées de canton qui désignent les électeurs de second degré formant les assemblées électorales élisant les membres des deux conseils.

c. Constitution du 4 novembre 1848 (IIe République)

Résumé historique : Le 24 février 1848, un Gouvernement provisoire est nommé par la Chambre des députés afin de consulter la nation. Ce Gouvernement prononce le même jour la dissolution des Chambres et proclame la République deux jours plus tard. Le décret du 5 mars 1848 convoque une Assemblée constituante composée de 900 membres qui adopte la Constitution le 4 novembre ; malgré certaines demandes, le texte ne fut pas soumis au référendum.
La Constitution de 1848 présente cette caractéristique selon laquelle le président de la République et l'Assemblée sont tous deux élus au suffrage universel. Le président de la République est ainsi doté d'une légitimité aussi importante si ce n'est plus que celle des députés. Un désaccord survint rapidement entre l'Assemblée (sans majorité stable mais à tendance monarchique) et le président de la République (Louis-Napoléon Bonaparte) qui souhaitait un retour de l'Empire. Le président de la République (qui ne pouvait se faire réélire) prononça le 2 décembre 1851 la dissolution de l'Assemblée et du Conseil d'État puis convoqua le peuple pour adopter les bases d'une future Constitution (celle du 14 janvier 1852). Le plébiscite fut adopté à une écrasante majorité.

Exécutif	Législatif	Aménagement des pouvoirs	Durée et révision
Président de la République élu pour 4 ans au suffrage universel direct (mandat non renouvelable), • nomme et révoque les ministres, • peut faire présenter des projets de loi (**entorse** fonctionnelle), • peut demander une nouvelle délibération de la loi (**entorse** fonctionnelle).	Assemblée nationale (750 membres élus au suffrage universel direct) pour 3 ans monocamérisme). • Dispose du pouvoir législatif, • élit pour 6 ans le Conseil d'État qui prépare les lois. • Fixe le nombre et les attributions des ministres. • Approbation nécessaire pour les traités, la déclaration de guerre.	• Séparation stricte des pouvoirs : – pas de responsabilité politique organisée formellement. – pas de droit de dissolution. • **Entorse** à la séparation stricte des pouvoirs : – initiative des lois au président de la République, – les ministres peuvent être choisis dans l'Assemblée et y ont un droit de parole, – le président de la République peut demander une seconde délibération de la loi.	4 ans. Pas de révision.

►

Droit de suffrage
Suffrage universel direct réservé aux hommes.
Sont électeurs les Français âgés de 21 ans jouissant de leurs droits civils et politiques (pas de cens électoral).
Loi électorale du 15 mars 1849
– confection des listes électorales,
– énumération des causes de privation du droit de vote,
– conditions d'exercice du droit de vote : deux tours.
Est élu au 1er tour le candidat ayant obtenu la majorité relative et un nombre de voix au moins égal au 1/8e des électeurs inscrits. Au second tour, la majorité relative suffit.

REMARQUE
On peut observer que de fait, les fonctions n'ont pas toujours été strictement cloisonnées et que le législatif a parfois participé à la désignation de l'exécutif. Néanmoins tous ces régimes qui organisaient une séparation des pouvoirs ne prévoyaient ni la responsabilité gouvernementale (sauf le cas très discuté de la IIe République) ni le droit de dissolution.

C. La séparation souple des pouvoirs

a. Charte constitutionnelle) du 4 juin 1814 (Restauration)

Résumé historique : L'article 54 de la Constitution de l'an X permettait au Sénat de pourvoir aux cas non prévus par la Constitution. Talleyrand eut alors l'idée après la capitulation de Paris (30 mars 1814) de faire désigner par le Sénat un Gouvernement provisoire chargé de rédiger une Constitution.
Le Sénat vota également la déchéance de Napoléon Ier (le 3 avril) lequel abdiqua le 4 avril. Le Sénat vota le projet de Constitution le 5 avril auquel le Corps législatif donna son assentiment le 7 avril. La Constitution fut cependant écartée par Louis XVIII (déclaration de Saint-Ouen le 2 mai 1814) qui désigna 9 sénateurs, 9 députés et 3 commissaires royaux afin de préparer la Constitution.
La Charte qui fut en fait rédigée par les commissaires royaux, fut octroyée par le Roi à l'occasion de la séance d'ouverture de la session législative le 4 juin 1814. Après l'épisode des Cent-jours (retour de Bonaparte), la Charte fonctionna jusqu'à la mort de Louis XVIII (1824). Son successeur Charles X plus autoritaire et nostalgique de l'absolutisme royal supprima en 1829 un certain nombre de libertés (dont celle de la presse) et dissout la Chambre des députés. La Charte de 1814 périt dans les émeutes des 29, 30 et 31 juillet 1830 (les Trois glorieuses).

Exécutif	Législatif	Aménagement des pouvoirs	Durée et révision
Le Roi : Louis XVIII puis Charles X, assisté de ministres choisis par lui. • Initiative exclusive de la loi (Charte librement révisable, nomination des	Bicaméral : • La Chambre des pairs héréditaires ou nommés à vie par le Roi. • La Chambre des députés des départements : élue	En droit c'est un système qui attribue de fortes prérogatives au Roi, mais en pratique, il va apparaître (uniquement sous Louis XVIII), comme le premier régime parlementaire (en fait les	16 ans. Constitution souple.

juges, droit de veto législatif), • Pouvoir réglementaire. • Pouvoir de police. • Droit de convocation des Chambres. • Droit de dissolution de la Chambre des députés des départements. • Droit de nomination des pairs.	pour 5 ans jusqu'en 1824, puis pour 7 ans. Elle n'a pas l'initiative des lois : droit de supplier le Roi : de déposer une loi (droit de supplique). Elle vote les lois. Les Chambres discutent et votent librement les lois, et consentent à l'impôt.	ministères doivent être soutenus par la majorité des députés). Responsabilité politique des ministres devant le Roi. • Responsabilité pénale organisée. • Relations entre les ministres et les Chambres.	
Droit de suffrage Suffrage restreint : corps électoral réservé aux hommes et considérablement réduit (en 1827 environ 82 000 électeurs sur 32 millions d'habitants), mais élection directe (loi du 5 février 1817, art. 7). – Pour être électeur, il faut payer un cens très élevé (300 francs de contribution directe) et être âgé de 30 ans. – Pour être éligible, il faut payer un cens « astronomique » (1 000 francs de contribution directe) et être âgé de 40 ans.			

b. Acte additionnel aux Constitutions de l'Empire (Les Cent-jours)

Résumé historique : Napoléon Bonaparte exilé à l'Île d'Elbe, réussit à s'enfuir et débarque à Golfe Juan. Il prononce dès son retour, la dissolution des Chambres et convoque les collèges électoraux afin de modifier la Constitution. Il charge avant la date fixée, Benjamin Constant (libéral), de rédiger une Constitution (la « Benjamine ») qui fut approuvée par une commission, promulguée le 2 avril 1815 puis, soumise au plébiscite par le décret du 22 avril 1815. La nouvelle abdication de l'Empereur (défaite de Waterloo le 22 juin 1815) se solda par l'entrée à Paris des armées étrangères, la fin des Cent-jours et la nouvelle accession au trône de Louis XVIII qui acceptait de gouverner d'une manière plus modérée.

Exécutif	Législatif	Aménagement des pouvoirs	Durée et révision
Empereur, Ministres et Conseil d'État. L'Empereur conserve les pouvoirs détenus sous l'Empire : • détient l'initiative des lois, • possède le droit de dissolution de la chambre des représentants.	Deux Chambres : • Chambre des pairs héréditaires nommés par l'Empereur. • Chambre des représentants élue pour 5 ans. • Droit « d'inviter » l'Empereur à proposer les lois. • Il vote les lois.	Fausse séparation souple des pouvoirs, car si le droit de dissolution existe au profit de l'Empereur, il n'y a aucune trace de la responsabilité politique du gouvernement.	21 jours.

Droit de suffrage
Voir Constitution de l'an X ;
mais les collèges électoraux élisent directement les représentants.
23 députés représentent l'industrie et la propriété manufacturière et commerciale (art. 33).

c. Charte constitutionnelle) du 14 août 1830 (Monarchie de juillet)

Résumé historique : En 1829, au ministère Martignac modéré succède le ministère Polignac ultra-royaliste. Le 16 mars 1830, la Chambre des députés rappelle au Roi dans une célèbre Adresse (réponse au Discours du trône) les principes du régime parlementaire, elle est dissoute le 16 mai 1830. Charles X prend ensuite quatre ordonnances (nouvelle dissolution de la Chambre, convocation des électeurs, modification du système électoral, suspension de la liberté de la presse).
Une émeute éclate aussitôt dans Paris (les Trois glorieuses). Le 29 juillet un Gouvernement provisoire est nommé. Le 5 août, un projet de révision de la Charte de 1814 est présenté (rapporté par Dupin). Le 9 août le Duc d'Orléans (Louis-Philippe) accepte cette nouvelle Constitution et lui jure fidélité en qualité de Roi des Français.
La Charte de 1830 se caractérise par l'organisation politique d'une opposition parlementaire. Opposition qui dégénérera plus tard en émeute à la suite du projet de réforme électorale proposé par Louis-Philippe qui sera obligé d'abdiquer. La Monarchie de juillet laissera alors la place à la IIe République.

Exécutif	Législatif	Aménagement des pouvoirs	Durée et révision
Roi : Louis-Philippe Roi des Français : conserve les attributions de la Charte de 1814 (mais ne peut plus suspendre l'exécution des lois par ordonnance).	Deux Chambres : • Chambre des députés, élue pour 5 ans, • Chambre des pairs, suppression de l'hérédité, les pairs sont simplement nommés à vie (notables), • initiative des lois concurremment avec le Roi.	Régime de séparation souple. • Affaiblissement des pouvoirs du Roi par rapport à la Charte de 1814. • Renforcement des pouvoirs du Parlement (initiative de la loi) débat budgétaire, responsabilité politique des gouvernements devant les Chambres. • Question autour du rôle véritable du Roi (voir le complément ci-dessous).	18 ans. Constitution souple.

Complément sur l'aménagement des pouvoirs
Question autour du rôle véritable du Roi : la Charte n'est plus octroyée, il s'agit d'un pacte : la monarchie est de nature contractuelle. La Chambre des députés est la seule à bénéficier du caractère représentatif qui a « fait le roi ».

Le roi perd trois attributs :
– la souveraineté à titre originaire (Roi des Français et non de France);
– le veto législatif;
– le pouvoir de suspendre les lois par simple ordonnance.

Droit de suffrage

Suffrage restreint, réservé aux hommes.
– Pour être électeur il faut être âgé de 25 ans et payer le cens de 200 francs de contributions directes.
– pour être éligible il faut être âgé de 30 ans et payer le cens de 500 francs de contributions directes.
Par la loi du 19 avril 1831, le droit de suffrage est élargi par rapport à la Charte de 1814. Cette loi contribue à créer la crise qui entraînera la chute de la Monarchie de juillet l'opposition demandant constamment une réforme électorale (Duvergier de Hauranne, Campagne des Banquets de 1847).

d. Lois constitutionnelles du :

– 25 février 1875, relative à l'organisation des pouvoirs
– 24 février 1875, relative à l'organisation du Sénat
– 16 juillet 1875, sur les rapports des pouvoirs
} **IIIe République**

Résumé historique : Le 4 septembre 1870 la République est proclamée et succède au Second Empire. Un Gouvernement de la Défense nationale est formé qui dispose des pouvoirs les plus absolus. Après l'armistice conclu le 28 janvier 1871, deux décrets ont prévu l'élection d'une Assemblée nationale qui siégerait à Bordeaux.
Le 17 février, l'Assemblée (incapable d'adopter une Constitution) nomme Thiers encore monarchiste mais opportuniste, chef du pouvoir exécutif. Le 31 août elle vote la « Constitution Rivet » qui confère à Thiers le titre de président de la République sans que le régime soit institué. Le 13 novembre 1872 Thiers invite l'Assemblée à organiser la République. Ainsi fut faite (rapport De Broglie) la loi du 13 mars 1873 dite loi des trente (car élaborée par une commission de 30 membres). Cette loi prévoit l'élaboration de la future Constitution. Thiers mis en minorité par les monarchistes démissionne le 24 mai 1873 et est remplacé par Mac-Mahon. Un essai de restauration monarchique (Comte de Chambord) est tenté mais se solde par un échec (refus par le prétendant du drapeau tricolore).
Le 20 novembre 1873 l'Assemblée adopte la loi du septennat qui confie pendant sept ans le pouvoir à Mac-Mahon. Au mois de janvier 1875 commence enfin la discussion des lois constitutionnelles. L'Assemblée avait refusé la pérennisation de la République de manière explicite, elle la reconnut de manière implicite (à une voix de majorité) avec l'amendement Wallon qui prévoit que « le président de la République est élu ».
Les lois constitutionnelles de 1875 forment la Constitution de la IIIe République qui a eu la plus longue existence. Mais elle a connu dès sa naissance une crise qui sera déterminante pour l'avenir : la crise du 16 mai 1877. Mac-Mahon, président de la République mais monarchiste, est opposé à la Chambre des députés (républicaine) qu'il décide de dissoudre. Les élections amènent une nouvelle Chambre des députés encore républicaine. Mac-Mahon devra alors « se soumettre ou se démettre ». Il préférera la soumission, d'autant qu'il ne peut procéder à une nouvelle dissolution (dissolution sur dissolution ne vaut).
La crise du 16 mai 1877 donne naissance à la « Constitution Grévy » simple lecture parlementaire de la Constitution. Le président de la République renonçait au droit de dissolution, ce qui aura pour conséquence de renforcer considérablement les pouvoirs de

la Chambre des députés (régime d'Assemblée). La IIIe République va sombrer avec la loi du 10 juillet 1940 par laquelle l'Assemblée nationale confie les pleins pouvoirs au Maréchal Pétain (création de « l'État français », régime passéiste et autoritaire de confusion des pouvoirs au profit de l'exécutif abrogé le 9 août 1944 : rétablissement de la légalité Républicaine).

Exécutif	Législatif	Aménagement des pouvoirs	Durée et révision
Président de la République élu pour 7 ans par les deux chambres réunies en Assemblée nationale. • Nomme les ministres. • Dispose du pouvoir réglementaire. • A l'initiative des lois. • Peut dissoudre la Chambre des députés après avis du Sénat. • Ses actes doivent être contresignés par les ministres.	Deux chambres : • La Chambre des députés élue pour 4 ans au suffrage universel direct. • Le Sénat élu pour 9 ans au suffrage universel indirect. • Initiative des lois. • Vote des lois par les deux chambres (navette illimitée). Le Sénat peut renverser le gouvernement, à l'égal de la Chambre des députés (d'où une instabilité gouvernementale chronique).	Régime de séparation souple. • Interdépendance structurelle : désignation du Gouvernement par le Parlement, désignation du président de la République par l'Assemblée nationale (Chambre des députés + Sénat). • Interdépendance fonctionnelle (initiative des lois, autorisation de ratification des traités par les chambres). • Interdépendance relationnelle (responsabilité politique des ministres inorganisée : questions interpellations). Le droit de dissolution tombe en désuétude avec la crise du 16 mai 1877. Une inégalité allant crescendo se dessine entre l'exécutif et le législatif ; le droit de dissolution n'étant que rarement employé (régime d'Assemblée).	65 ans. Révisions : - 21 juin1879 ; - 14 août 1884 ; - 10 août 1926 ; - 10 juillet 1940.

Droit de suffrage

Suffrage universel direct et indirect réservé aux hommes.
Ouvert à tout Français âgé de 21 ans jouissant de ses droits civils et politiques.
– *Décret du 30 novembre 1875* : scrutin uninominal majoritaire à deux tours : « scrutin d'arrondissement » (chaque arrondissement élit un député).
– *Loi du 16 juin 1885* : scrutin de liste par département (chaque électeur vote pour une liste de députés. Sont élus les candidats ayant obtenu la plus forte majorité).
– *Loi du 13 février 1889* : rétablit le scrutin d'arrondissement.
– *Loi du 12 juillet 1919* : établit le scrutin par département et représentation proportionnelle.
– *Loi du 21 juillet 1927* : rétablit le scrutin d'arrondissement.
La IIIe République voit ainsi s'installer la lutte entre le scrutin d'arrondissement et le scrutin de liste par département. Ce dernier est, aux yeux des républicains, plus juste car il s'agit davantage d'un scrutin d'idées que d'une élection personnalisée.

e. Constitution du 27 octobre 1946 (IVe République)

Résumé historique : Le 21 octobre 1945, par référendum, le peuple français est consulté afin qu'il soit procédé à l'élection d'une assemblée constituante et afin d'approuver l'organisation provisoire des pouvoirs publics. La loi du 2 novembre 1945 établit un régime provisoire sous lequel la Constitution de 1946 sera préparée et adoptée (Gouvernement provisoire de la République française : GPRF).
L'assemblée constituante (586 membres) propose un premier projet de Constitution qui est rejeté par le référendum du 5 mai 1946. Un second projet est alors élaboré puis soumis à un nouveau référendum le 13 octobre 1946 et accepté par plus de 9 millions de voix mais avec 31,2 % d'abstentions. La Constitution promulguée le 27 octobre 1946, sera marquée par l'instabilité ministérielle provoquée par des coalitions souvent fragiles (Tripartisme*, « Troisième force** »).
Le 13 mai 1958, éclate en Algérie un mouvement insurrectionnel d'une partie de l'armée hostile à son possible abandon par la France. La crise algérienne et l'impuissance des gouvernements vont amener le président de la République R. Coty à appeler le Général de Gaulle aux fonctions de président du Conseil (des ministres). Celui-ci obtient les pleins pouvoirs pour une durée de 6 mois, au cours de laquelle sera élaborée et adoptée la Ve République.

Exécutif	Législatif	Aménagement des pouvoirs	Durée et révision
• Président de la République élu pour 7 ans par les Chambres réunies en Congrès. • Conseil des ministres nommé par le président de la République mais avec l'investiture de l'Assemblée nationale. • Président du Conseil (investiture personnelle jusqu'en 1954). • Initiative des lois attribuée au président du Conseil. • Droit de dissolution réglementé.	• Deux Chambres : – L'Assemblée nationale élue pour 5 ans au suffrage universel direct. – Le Conseil de la République élu pour 6 ans au suffrage universel indirect. – Les deux Chambres forment le Parlement. • Bicamérisme inégalitaire : prépondérance de l'Assemblée nationale, • l'Assemblée nationale vote la loi. • le Conseil de la République est simplement consulté (en 1954 navette).	Séparation souple des pouvoirs. • Interdépendance structurelle : le Parlement réuni en Congrès désigne le président de la République ; le président du Conseil (Premier ministre) doit obtenir l'investiture des chambres ; • interdépendance fonctionnelle : initiative partagée des lois, ratification des traités autorisée par la loi ; • interdépendance relationnelle : responsabilité politique organisée, droit de dissolution, influence sur le fonctionnement (apparition du parlementarisme rationalisé).	12 ans. Révisions : – 7 décembre 1954 ; – 3 juin 1958.

* Tripartisme : alliance des partis MRP (Mouvement républicain populaire), SFIO (Socialistes), PCF (Parti communiste) pour gouverner ensemble.
** Troisième force : alliance SFIO, MRP, RGR (Rassemblement des gauches républicaines), UDSR (Union démocratique et socialiste de la résistance).

<table>
<tr><td>• Organisation de la procédure législative.
• Participation des ministres aux débats.</td><td>• Initiative des lois : députés des assemblées et membres du Conseil de la République.</td><td>En fait malgré les tentatives de rationalisation du régime : régime d'assemblée.</td><td></td></tr>
<tr><td colspan="4">Droit de suffrage
Suffrage universel direct et indirect.
Électeurs : – les hommes et les femmes âgés d'au moins 21 ans ;
– vote des nationaux et ressortissants français.
Assemblée nationale : élue au scrutin de liste à un tour avec représentation proportionnelle à la plus forte moyenne, sans panachage ni vote préférentiel (loi du 5 octobre 1946).
La loi du 9 mai 1951 introduit le système des apparentements suivant lequel peuvent s'apparenter toutes les formations politiques nationales. Lorsque les listes sont apparentées, on totalise les suffrages obtenus par celles-ci. (Cette loi a permis d'isoler le RPF du Général de Gaulle).
Conseil de la République : élu au suffrage universel indirect par les collectivités locales et départementales.
Loi du 27 octobre 1946 (« Le texte le plus compliqué de l'histoire du droit électoral » – G. Vedel) : combine scrutin majoritaire et proportionnel.
Loi du 23 septembre 1948 : combine proportionnelle et scrutin majoritaire à deux tours (système plus simple).</td></tr>
</table>

D. L'approche cyclique de la succession des régimes de séparation des pouvoirs : la théorie des cycles constitutionnels

Afin d'expliquer la succession des régimes de séparation des pouvoirs, il existe depuis longtemps une théorie suivant laquelle existerait un mouvement dialectique de l'histoire constitutionnelle lequel verrait se succéder différentes phases. Le « pendule constitutionnel » (Hauriou) oscillerait ainsi entre des régimes de séparation des pouvoirs au profit de l'exécutif ou au profit du législatif.

Un cycle constitutionnel comprendrait ainsi une succession de trois périodes :

Cycle constitutionnel
1re période : période révolutionnaire de Gouvernement des assemblées : confusion au profit du législatif
2e période : période de dictature exécutive : confusion au profit de l'exécutif
3e période : période de balance relativement équilibrée des pouvoirs

En partant de cette idée trois cycles constitutionnels se sont succédé :

Premier cycle : 1789-1848	
1re période : Gouvernement des assemblées	– Constitution du 3 septembre 1791 – Constitution du 24 juin 1793 (théorique car jamais appliquée)
2e période : dictature exécutive	– Constitution du 5 fructidor an III (Directoire) – Constitution du 22 frimaire an VIII (Consulat) – Sénatus-consultes impériaux (1er Empire)
3e période : balance équilibrée des pouvoirs	– Charte du 4 juin 1814 (1re Restauration) – Acte additionnel aux Constitutions de l'Empire (Cent-jours) – Charte du 4 juin 1814 (2e Restauration) – Charte du 14 août 1830 (Monarchie de juillet)
Deuxième cycle : 1848-1940	
1re période : Gouvernement des assemblées	– Constitution du 24 février 1848 (IIe République)
2e période : dictature exécutive	– Constitution du 14 janvier 1852 (Second Empire)
3e période : balance équilibrée des pouvoirs	– Lois constitutionnelles de 1875 (IIIe République)
Troisième cycle : 1940-2009	
1re période : Gouvernement des assemblées	– Constitution du 27 octobre 1946 (IVe République)
2e période : exécutif fort	– Constitution du 4 octobre 1958 (Les dix premières années de la Ve République)
3e période : balance équilibrée des pouvoirs	– Constitution du 4 octobre 1958 (à partir de la démission du Général de Gaulle – 1969)

La théorie des cycles constitutionnels n'est pas exempte de critiques car elle postule un cheminement linéaire (ou spiralé) et symétrique de l'histoire (ce qui est loin d'être démontré). Par ailleurs, si elle fonctionne bien pour les deux premiers cycles (du vivant d'Hauriou mort en 1929), elle l'est moins pour le troisième (on est obligé d'occulter la période de Vichy (1940-1944), qui ne peut guère être considérée que comme une dictature exécutive). Elle présente cependant une vertu pédagogique parce qu'elle permet d'ordonner les différentes Constitutions dans une suite logique (en tout cas en apparence).

IV. Les expériences étrangères de séparation des pouvoirs

S'agissant des expériences étrangères de séparation des pouvoirs, il y a deux exemples basiques qui sont les États-Unis d'Amérique, modèle de régime présidentiel de séparation stricte des pouvoirs et la Grande-Bretagne, régime parlementaire incarnant la séparation souple des pouvoirs. Cependant, si la Grande-Bretagne, a longtemps servi de modèle en d'aménagement du pouvoir, elle est aujourd'hui un cas quelque peu atypique pour deux raisons essentiellement. D'une part, il n'y existe pas de Constitution écrite contrairement aux autres États européens d'autre part, il n'existe pas de justice constitutionnelle en Grande-Bretagne là encore contrairement à la plupart des autres pays européens (cependant depuis le 1er octobre 2009 il existe une Cour suprême composée des douze *Law Lords* mais cette Cour ne dispose pas du pouvoir d'annuler la loi). Il n'en demeure pas moins que le régime de la Grande-Bretagne le modèle à partir duquel la plupart des régimes parlementaires européens se sont construits.

A. Les États-Unis : Le régime présidentiel

Le régime des États-Unis a été institué par la Constitution du 17 septembre 1787.
Théoriquement, la Constitution entendait fixer une égalité rigoureuse entre les trois pouvoirs exécutif, législatif et juridictionnel. En fait, la lecture de la Constitution varie suivant les circonstances.

En période normale
Il y a, à la présidence un homme peu influent qui voit ses pouvoirs réduits. Il s'agit véritablement du Gouvernement du Congrès : Gouvernement congressionnel.
En période exceptionnelle
C'est le Président qui domine le Congrès et la Cour suprême : Gouvernement présidentiel.

a. L'organisation des trois pouvoirs : le système trialiste

Exécutif	Législatif	Juridictionnel
	Structure	
• Le Président des États-Unis. Élu pour 4 ans au suffrage universel indirect (voir tableau ci-après). Il ne peut être réélu qu'une seule fois (22e amendement, 1951).	Le Congrès composé de deux assemblées. • Le Sénat (100 membres) : Chambre des États (Bicamérisme fédéral). Chaque sénateur est élu pour 6 ans à raison de 2 sénateurs par État.	La Cour suprême composée de 9 juges. • Les juges sont désignés par le Président en accord avec le Sénat. • Possibilité de procéder à une « fournée » de juges : le Président peut obtenir du

• Il est assisté : – du vice-président élu en même temps que le Président et pour la même durée (il préside le Sénat et assure l'intérim), – du Cabinet « Gouvernement présidentiel » formé de « Secrétaires » qui ne sont responsables que devant le Président. Ce sont des techniciens qui gèrent des Départements. – du Bureau du Président (formé de conseillers) hommes de confiance très influents.	Le Sénat se renouvelle par tiers tous les 2 ans. • La Chambre des représentants (435 membres) : représentation de la population. Un nombre de représentants qui varie suivant l'importance démographique de chaque État. Chaque représentant est élu pour 2 ans. Élection au suffrage universel direct (scrutin uninominal majoritaire à un tour).	Congrès le vote d'une loi élevant le nombre des juges à la Cour suprême. • Le juge jouit d'une grande indépendance : – il est nommé à vie (pas de révocation et pas de mise à la retraite d'office), – il dispose d'un traitement élevé, – sa fonction est incompatible avec toute autre fonction publique ou privée.
	Fonctions	
Le Président est formellement le titulaire du pouvoir exécutif : • il est le chef des armées, • il assure l'exécution des lois, • il conduit la politique étrangère, • il dirige l'administration fédérale, • il a le droit d'adresser des messages au Congrès, • il a le droit de veto limité (une deuxième délibération de la loi qui ne peut être adoptée qu'à la majorité des 2/3 des membres présents), • il a la possibilité d'obtenir des délégations du Congrès : législation de crise, • il a la possibilité d'exercer certains pouvoirs sans délégation du Congrès : état de nécessité.	• Le Congrès a l'initiative des lois. • Le Congrès vote les lois (il n'y a pas de dernier mot, mais le texte litigieux est renvoyé à une commission de conciliation). • Le Sénat autorise la ratification des traités internationaux. • Le Sénat participe à la nomination de certains Hauts fonctionnaires par le Président.	La Cour suprême exerce deux fonctions principales : • la fonction judiciaire : la Cour joue un rôle analogue à celui de la Cour de cassation en France. (mais la Cour suprême statue en droit et en fait), • la fonction juridictionnelle : la Cour suprême contrôle la constitutionnalité des lois par la voie de l'exception d'inconstitutionnalité (voir chapitre sur la justice constitutionnelle).

b. L'élection du Président des États-Unis

1. La première étape : la sélection des candidats (de février à juin, le « *Super Tuesday* » : un mardi du mois de février)

Les Primaires : 3/4 des États	Les Caucus : 1/4 des États
Dans chaque État, système qui consiste pour chaque citoyen à choisir les délégués du parti suivant le candidat qu'ils soutiennent. Deux systèmes de Primaires : ouvertes (tous les citoyens peuvent participer) ou fermées (seuls les citoyens membres du parti politique peuvent participer). Les Primaires permettent aux candidats de tester leur popularité. De plus en plus d'États décident de tenir leurs élections primaires le même jour, et ont choisi un mardi du mois de février que les médias ont baptisé « *Super Tuesday* » car certains candidats ne peuvent plus suivre le rythme de la campagne faute de moyens financiers.	Dans chaque État, procédure de désignation directe par les militants ou les instances locales d'un parti, des candidats à une fonction élective, ou de délégués investis du mandat impératif d'avoir à voter pour tel candidat. Le Caucus est une réunion privée de personnalités influentes d'un parti politique afin de choisir les candidats ou les délégués.

DÉSIGNENT

↓

Les délégués

Ceux-ci se réunissent dans **les conventions nationales qui désignent leurs candidats officiels à la présidence et à la vice-présidence** (convention démocrate et convention républicaine)

2. La deuxième étape : le scrutin présidentiel

L'ÉLECTION EST À DEUX DEGRÉS

1er degré. Dans chaque État, élection des Grands électeurs
(mois de novembre)

Les citoyens sont appelés à élire au suffrage universel direct 538 Grands électeurs (autant qu'il y a d'élus au Congrès). Par convention, le candidat qui recueille le plus de suffrages dans un État obtient tous les votes des Grands électeurs de cet État (la majorité relative suffit pour remporter la totalité des grands électeurs dans un État). En conséquence il vaut mieux une petite victoire dans un État qui désigne un nombre élevé de grands électeurs qu'une grosse victoire dans un État qui n'en désigne que deux ou trois.

2e degré. Élection du Président et du vice-président
(mois de décembre)

Les Grands électeurs votent afin d'élire le Président et le vice-président à la majorité absolue des voix (270). Le résultat est connu dès le scrutin populaire en additionnant le nombre de Grands électeurs des États remportés par chacun des candidats puisque leur mandat est impératif. Il faut cependant attendre janvier pour connaître le résultat définitif. Les Grands électeurs élus votent dans chaque État et envoient leurs votes à Washington, où ils sont dépouillés devant le Congrès.

Le Président nouvellement élu prend ses fonctions fin janvier, c'est l'« *Inauguration* ».

c. Les relations entre les pouvoirs : le système de pouvoir et contre-pouvoir (*checks and balances*)

La Constitution de 1787 semble organiser une séparation stricte des pouvoirs (pas de responsabilité politique, pas de droit de dissolution) néanmoins, le système nord-américain repose sur un savant équilibre fondé sur des moyens d'action réciproques, c'est un système de poids et de contrepoids.

Pouvoirs	Président	Congrès	Cour suprême
Président		• *Impeachment* : mise en accusation du Président par la Chambre des représentants et jugement par le Sénat qui peut déboucher sur la condamnation entraînant la destitution. (La procédure a été mise en œuvre à trois reprises : 1868, Johnson ; 1974, Nixon ; 1999, Clinton, mais sans aucune condamnation). • Comités permanents (commissions parlementaires) exerçant un contrôle sur l'exécutif.	• La Cour peut déclarer des actes du Président inconstitutionnels. • La Cour joue un rôle important dans les affaires d'*impeachment* (1974 arrêt *US c/ Nixon* ; 1997, arrêt *Clinton c/ Jones*). • La Cour peut statuer sur l'élection présidentielle (11 décembre 2000, *Bush c/ Gore*).
Congrès	• Veto (droit de deuxième délibération). • *Pocket veto* : intervient à une époque où le Congrès n'est plus en session. Le Président se contente alors de ne pas signer le texte de loi voté par le Congrès. • Droit de message utilisé comme un véritable droit d'initiative législative.	• Participation du Sénat à la désignation des juges. • Le Congrès établit des cours au-dessous de la Cour suprême (loi d'organisation judiciaire). • Procédure d'*impeachment* contre les juges de la Cour suprême (Chase, Fortas, Douglas).	• La Cour peut déclarer des actes législatifs inconstitutionnels (1803 arrêt *Marbury c/ Madison*).

	• En cas de législation de crise, délégation du Congrès, mais ce dernier contrôle étroitement les mesures ainsi prises par l'exécutif. • État de nécessité : des décisions prises dans le domaine du Congrès sont considérées comme valables par la Cour suprême car les circonstances l'exigent.		
Cour suprême	• Nomination des juges. • Droit de grâce.	• Possibilité exceptionnelle de procéder à une nouvelle « fournée » de juges. • Le Congrès établit des cours au-dessous de la Cour suprême (loi d'organisation judiciaire). • Procédure d'Impeachment contre les juges de la Cour suprême (Chase, Fortas, Doulas).	

B. La Grande-Bretagne : le régime parlementaire de séparation souple des pouvoirs

La Grande-Bretagne se caractérise par l'absence de Constitution écrite et rigide, mais il existe un nombre important de textes et coutumes qui sont considérés comme des composantes de la Constitution.

a. Textes principaux

– *Magna Carta* (Grande Charte) 1215
– *Petition of Rights* (Pétition des droits) 1628
– Habeas Corpus 1679
(garantie contre l'arbitraire, obligation de vérifier la régularité de tout emprisonnement).
– *Bill of rights* (Déclaration de droits) 1689.

– Reform Act 1832.
– Parliament Act 1911.
– Statutory instruments Act 1946.
– Parliament Act 1949.
– *Human rights Act* 1998 (incorpore la Convention européenne des droits de l'Homme au sein des droits anglais, écossais et nord irlandais).
– *Scotland Act* 1998 (crée le Parlement écossais).
– *Government of Wales Act* 1998 (crée l'Assemblée du Pays de Galles).
– *House of Lords Act* 1999 (Réforme de la Chambre des Lords).
– *Constitutional reform act 2005* (institution de la Cour suprême du Royaume-Uni).

b. Règles coutumières

– Non intervention politique du souverain dans la dissolution de la Chambre des communes.
– Choix du Premier ministre dans le parti vainqueur des élections.
– Appartenance du Premier ministre à la Chambre des communes.
– Durée du mandat de la Chambre des communes.
– Solidarité ministérielle en cas de démission du Premier ministre.
– Obligation pour le Monarque d'accorder sa signature à une loi votée par le Parlement.
Sous l'égide de ces textes et coutumes s'est organisé un régime parlementaire qui fut à l'origine des autres : un régime dualiste.

c. L'organisation des pouvoirs

Exécutif	Législatif
Structure	
• Le Monarque : neutre politiquement, dispose de nombreuses attributions nominales mais en fait n'a guère d'autonomie (dissolution de la Chambre des communes sur demande du Premier ministre, nomination du Premier ministre qui est toujours le *leader* de la majorité politique à la Chambre des communes). • Le Cabinet et le Premier ministre : disposent réellement du pouvoir exécutif. Le Premier ministre est nommé par le Monarque.	Deux chambres mais la réalité du pouvoir réside dans la seule Chambre des communes : • Chambre des Lords ou à vie : 779 membres dont 667 Lords nommés à vie et 24 archevêques ou évêques. 88 Lords héréditaires sont encore en fonction désignés essentiellement par les partis politiques. 12 Lords d'Appel sont des juges âgés *(senior judges)*, la Chambre des Lords joue en effet le rôle d'une Cour suprême*.

►

* Mise à jour de la Composition de la Chambre des Lords début 2013 selon un rapport du Sénat : 760 membres dont 646 pairs à vie (*Life peers*), 89 pairs héréditaires (*Hereditary peers*) et 25 archevêques et évêques (*Lords Spiritual*).

Il compose à sa guise le Cabinet. Le Cabinet est une formation réduite de ministres incluant les plus importants. Le Gouvernement est la formation plénière de ce Gouvernement (4 groupes : les *departmental ministers*, les *non-departemental ministers*, les *ministers of state*, les *juniors ministers*).	• Chambre des communes : (650 membres élus au scrutin majoritaire à un tour pour 5 ans). La Grande-Bretagne a connu à la fin des années 1990 une évolution notable tenant à la création de trois Parlements : le Parlement écossais, le Parlement d'Irlande du nord et l'Assemblée du Pays de Galles. Ces Parlements ont été institués après consultation des peuples concernés par référendum. Si les Parlements écossais et nord-irlandais disposent d'attributions législatives, tel n'est pas le cas de l'Assemblée du Pays de Galles.
Fonctions	
• Le Gouvernement dispose de l'administration générale du royaume. • Le Premier ministre pose la question de confiance (responsabilité politique). • Le Premier ministre dispose de l'initiative législative. • Le Premier ministre est le chef de la majorité politique. • Il a droit de nomination à de nombreuses fonctions • Il assure la conduite des relations internationales.	En principe, la Chambre des communes exerce l'intégralité du pouvoir législatif, mais le Parlement Britannique (Westminster) partage certaines prérogatives avec les Parlements écossais (Édimbourg) et nord-irlandais (Cardiff). • La Chambre des Lords a conservé quelques attributions : – fonctions judiciaires (*impeachment*, Cour suprême**), – droit d'amendement, – possibilité de bloquer pendant un an (mais en pratique seulement 9 mois) le vote de la Chambre des communes. • Prérogatives de la Chambre des communes : – initiative des lois, – vote des lois, – prérogatives financières.

** En 2003, le Gouvernement a proposé la création d'une Cour suprême. Le projet a abouti avec le *Constitutional reform act* de 2005, le rôle juridictionnel de la Chambre des Lords est appelé à disparaître (ainsi que les Lords d'Appel — *Law Lords*). La Cour suprême a été instituée le 1er octobre 2009, elle sera sans doute très vite confrontée à la question de l'absence de Constitution formelle. Elle est composée de 12 juges et statue en appel des décisions des cours d'appel. Le Droit britannique semble s'orienter vers la reconnaissance d'une supériorité des règles de nature constitutionnelle parmi lesquelles figurent les droits fondamentaux.
L'institution de la Cour suprême distincte de la Chambre des Lords montre également une évolution d'un système dualiste vers un système trialiste de séparation des pouvoirs et une indépendance du pouvoir judiciaire.

Moyens d'action	
• Droit de dissolution de la Chambre des communes : en principe la dissolution est décidée par le Monarque, mais toujours sur la demande du Premier ministre, de sorte qu'en fait c'est le Premier ministre qui dispose de ce droit. • Évolution du droit de dissolution : conçu à l'origine pour éviter un conflit entre l'exécutif et le législatif, le droit de dissolution permet aujourd'hui au Gouvernement de renforcer sa majorité. Lorsque l'opinion lui est favorable celui-ci fait procéder à la dissolution afin que la nouvelle élection lui assure une majorité plus confortable.	• Droit de contrôle du Gouvernement par la Chambre des communes : – participation directe à la désignation du gouvernement, – questions parlementaires, – censure du Gouvernement peu utilisée en fait à cause du système bipartisan. Dernier cas de censure : 1979, Gouvernement Callaghan, précédent cas : 1924, Gouvernement Mac Donald).

En fait le régime parlementaire de la Grande-Bretagne est aujourd'hui assez marginal car il repose sur un facteur politique très important : le bipartisme. La vie politique de la Grande-Bretagne est orientée autour de deux grands partis : le parti conservateur et le parti travailliste. Cette structure est due en partie à la tradition historique, mais surtout au mode de scrutin (majoritaire à un tour) qui commande que les électeurs choisissent dès le premier tour (dans le système à deux tours : au premier tour, on choisit, au deuxième tour on élimine). Ce système à un tour présente également l'avantage de mener à la Chambre des communes une forte majorité, de sorte que les conflits entre le Gouvernement et le Parlement sont assez rares. En conséquence, les moyens d'action (dissolution et responsabilité) sont détournés de leur véritable objet ou sont tombés en désuétude. Ce qui caractérise aujourd'hui davantage la Grande-Bretagne c'est le système bipartisan qui permet de doter l'opposition d'un véritable statut.

Le statut de l'opposition : le *shadow cabinet* (Cabinet fantôme)

Le *leader* de l'opposition reçoit le titre officiel de « *leader* de l'opposition de sa Majesté » et perçoit depuis 1937 une indemnité pour cette fonction. Il est à la tête d'un « Cabinet fantôme » sorte de Gouvernement d'opposition mais dont la composition ne sera pas forcément identique si l'opposition venait à remporter de nouvelles élections. Le système du *shadow cabinet* (également appelé « *shadow front bench* ») existe également en Australie, au Canada, en Irlande, au Japon et en Pologne.

Les régimes de séparation souple en système multipartisan sont plus révélateurs et l'on citera comme exemples les plus actuels : l'Italie, l'Espagne l'Allemagne ou encore la France.

POUR EN SAVOIR PLUS

La structure et le rôle des organes

- Carré de Malberg (R.), *Contribution à la théorie générale de l'État*, 2 volumes, Sirey, 1922 (réimp. éditions du CNRS 1985 et Dalloz 2003).
- Favoreu (L.) et *alii*, *op. cit.*, § 496-565.
- Lauvaux (Ph.), Pimentel (C.-M.), Article Fonctions juridiques de l'État, in *Dictionnaire de la culture juridique*, Lamy-PUF, Coll. Quadrige, 2003, p. 733.

La séparation horizontale des pouvoirs

- Bastid (P.), *Le Gouvernement d'assemblée*, Cujas, 1956.
- Capitant (R.), Les régimes parlementaires, *Mélanges Carré de Malberg*, Sirey, 1933.
- Gondouin (G.), « Propos sur la France et le régime présidentiel », *RD publ.* 1998, p. 374.
- Kelsen (H.), *Théorie générale du droit et de l'État*, Bruylant-LGDJ, coll. « La pensée juridique », 1997.
- Lahmer (M.), Article Séparation et balance des pouvoirs, in *Dictionnaire de la culture juridique*, Lamy-PUF, coll. « Quadrige », 2003, p. 1406.
- Pescatore (P.), La séparation des pouvoirs et l'office du juge de Montesquieu à Portalis, Bruylant, 2009.
- Vedel (G.), *Le régime présidentiel*, Travaux de l'Académie des sciences morales et politiques, Paris, 1957.

Les modèles historiques de séparation des pouvoirs

- Amson (D.), *Histoire constitutionnelle française De la prise de la Bastille à Waterloo*, LGDJ, 2010.
- Association française des constitutionnalistes, *La continuité constitutionnelle en France de 1789 à 1989*, Economica-PUAM, 1990.
- Caporal (S.), *Histoire des institutions publiques de 1789 à nos jours*, Hachette, coll. « Hachette supérieur », 2005.
- Chevallier (J.-J.), *Histoire des institutions et des régimes politiques de la France de 1789 à nos jours*, Dalloz, 9e éd., 2009.
- Debbasch (Ch.), Pontier (J.-M.), *Les Constitutions de la France*, Dalloz, 1996.
- Favoreu (L.) et *alii*, *op. cit.*, § 524-534.
- Godechot (J.) et (T.), *Les Constitutions de la France*, Gallimard, 1995.
- Guchet (Y.), *Histoire constitutionnelle française (1789-1958)*, Economica, 1993.
- Morabito (M.), *Histoire constitutionnelle et politique de la France de 1789 à nos jours*, Montchrestien, 14e éd., 2016.
- Troper (M.), *La séparation des pouvoirs et l'histoire constitutionnelle française*, LGDJ, 1980.
- Verpeaux (M.), *Les textes constitutionnels révolutionnaires français*, PUF, coll. « Que sais-je ? », n° 3256, 1998.
- Zarka (J.-Cl.), *L'essentiel de l'histoire constitutionnelle et politique de la France (De 1789 à nos jours)*, Gualino, coll. « Carrés rouges », 7e éd., 2015.

Les expériences étrangères

Les États-Unis

- Favoreu (L.) et *alii*, *op. cit.*, § 557-570.
- Lassale (J.-P.), *Les institutions des États-Unis*, La Documentation française, Doc. d'études n° 1. 01.
- Mény (Y.), Surel (Y.), *Politique comparée*, Montchrestien, 8e éd., 2009.
- Toinet (M.-F.), Le système politique des États-Unis, PUF, 7e éd., 1990.

• Zoller (E.), *Les grands arrêts de la Cour suprême des États-Unis*, Dalloz, coll. « Grands arrêts », 2010.

La Grande-Bretagne

• Antoine (A.), « La réforme de la Chambre des Lords : chronique d'une révolution au long cours (1999-2007) », *RD publ.*, 2008, p. 1333-1358.

• Baranger (D.), *Écrire la Constitution non-écrite, Une introduction au droit politique britannique*, PUF, coll. « Léviathan », 2008.

• Frison (D.), *Introduction au droit anglais et aux institutions britanniques*, Ellipses, 3e éd., 2005.

• Leruez (J.), *Le système politique britannique de Winston Churchill à Tony Blair*, 2e éd., A. Colin, 2001.

L'Europe

• Grewe (C.), Ruiz Fabri (H.), *Droits constitutionnels européens*, PUF, 1995.

• Oberdorff (M.), Grewe (C.), *Les Constitutions des États de l'Union européenne*, La Documentation française, coll. « Retour aux textes », 1999.

• Ponthoreau (M.-Cl.), *Droit(s) constitutionnel(s) comparé(s)*, Economica, coll. « Corpus », 2010.

PARTIE 2

La Constitution de la Ve République

CHAPITRE 1

La naissance de la Ve République

I. La loi constitutionnelle du 3 juin 1958

La loi constitutionnelle du 3 juin 1958 délègue le pouvoir de préparer la Constitution au Gouvernement présidé par le Général de Gaulle lequel est également investi par une loi du même jour des pleins pouvoirs pour une période de six mois.

Officiellement, il s'agissait seulement de modifier (dérogation transitoire) la Constitution du 27 octobre 1946 (IVe République) en changeant les modalités de sa révision (art. 90) jugées trop lourdes. En fait, cette révision sonnera le glas de la IVe République.

La loi constitutionnelle du 3 juin 1958 impose le respect de **cinq principes directeurs**.

1er	Respect du suffrage universel qui est la source de tout pouvoir.
2^{e}	Séparation des pouvoirs législatif et exécutif (séparation des pouvoirs).
3^{e}	Responsabilité politique du Gouvernement devant le Parlement (séparation souple des pouvoirs).
4^{e}	Indépendance de l'autorité judiciaire (chargée d'assurer et de garantir les droits et libertés prévus par la Constitution de 1946 et la Déclaration des droits de l'Homme et du citoyen).
5^{e}	Organisation des relations (association) entre la République et les peuples qui lui sont associés (période post-coloniale).

Nota : Les conditions de la délégation du pouvoir constituant par le Parlement de la IVe République ne sont pas exemptes de critiques car le Parlement était seul investi du pouvoir constituant et il ne pouvait pas, en principe, déléguer ses pouvoirs. On n'a pas manqué de comparer la loi du 3 juin 1958 (bien que le pouvoir de préparer la Constitution ait été transféré au Gouvernement et non à Charles de Gaulle et que le pouvoir constituant soit en réalité délégué au Peuple), à celle du 10 juillet 1940 au moyen de laquelle, l'Assemblée de la IIIe République a délégué le pouvoir constituant au Maréchal Pétain.

II. L'écriture de la Constitution

L'écriture de la Constitution de 1958 déroge au modèle français d'élaboration des Constitutions. Il n'y a pas d'assemblée constituante comme cela fut le cas par exemple en 1791, 1793, 1848 ou 1946. Mais une méthode était imposée par la loi du 3 juin 1958 en vue de procéder à l'élaboration de la Constitution.

Trois conditions étaient posées :

1re	Avis d'un Comité consultatif constitutionnel composé pour les 2/3 de membres du Parlement (26 sur 39).
2e	Avis du Conseil d'État.
3e	Acceptation de la nouvelle Constitution par le peuple français par la voie du référendum

C'est dans le respect de ces trois conditions formelles (auxquelles s'ajoutent les cinq principes de fond déjà exposés) que se réalisa l'écriture de la Constitution de 1958.

CHRONOLOGIE SOMMAIRE DES ÉTAPES SUCCESSIVES D'ÉLABORATION DE LA CONSTITUTION

Dates	Étapes
Mi-juin 1958	Préparation de l'avant-projet de Constitution.
Aux alentours du 10 juillet 1958	Modification de l'avant-projet (avant-projet dit de la Celle-Saint-Cloud).
26-29 juillet 1958	Derniers aménagements : avant-projet dit « le livre rouge », soumis au Comité consultatif constitutionnel.
30 juillet-14 août 1958	Discussion de l'avant-projet au Comité consultatif constitutionnel.
27, 28 août 1958	Discours de M. Debré au Conseil d'État. Examen de l'avant-projet par le Conseil d'État.
4 septembre 1958	Adoption du projet de Constitution en Conseil des ministres.
28 septembre 1958	Référendum pour l'adoption de la Constitution (Oui : 17,6 millions de voix – Non : 4,6 millions de voix – Abstention : 4 millions).
4 octobre 1958	Promulgation de la Constitution.

Nota : il est frappant de constater le rôle très important joué par le pouvoir exécutif dans l'élaboration de la Constitution de 1958. Trois organismes gouvernementaux ont participé à l'élaboration de l'avant-projet de Constitution :
– un groupe de travail (composé de membres du Conseil d'État, de professeurs de droit et d'un administrateur civil) chargé sous la direction de M. Debré (garde des Sceaux) d'élaborer le premier projet ;
– un comité interministériel, présidé par le Général de Gaulle, comprenant des ministres d'État de la IVe République (M.M. Houphouët-Boigny ; Jacquinot, Mollet, Pfimlin), M. Debré, et R. Cassin (Vice-président du Conseil d'État), qui examine le projet présenté par le groupe de travail ;
– un conseil de cabinet présidé par le Général de Gaulle, composé de l'ensemble des membres du Gouvernement qui adopte l'avant-projet, les 23-25 juillet.
Il convient de souligner l'influence prépondérante de R. Janot secrétaire du comité interministériel, qui sera ensuite commissaire du Gouvernement auprès du comité consultatif constitutionnel et du Conseil d'État, chargé de « défendre » l'avant-projet gouvernemental.

III. Les caractères généraux de la Constitution de 1958

Contrairement à l'opinion généralement admise, la Ve République n'est pas seulement une réaction à la IVe. Elle trouve ses fondements les plus profonds dans les différents courants réformistes qui voient le jour dans les années 1930 (A. Tardieu, *La révolution à refaire, La réforme gouvernementale*. L. Blum, *La réforme gouvernementale*) puis après la Seconde Guerre mondiale (Général de Gaulle, M. Debré, A. Philip et R. Capitant pour la dimension référendaire). La Constitution de 1958 présente ainsi **cinq caractères principaux** qui reflètent en quelque sorte les idées réformistes.

Caractères	Signification
La séparation des pouvoirs	Il s'agit d'une séparation souple des pouvoirs caractérisée par une interdépendance fonctionnelle et relationnelle. Le Gouvernement et le Premier ministre sont nommés par le président de la République, mais doivent disposer d'une majorité parlementaire même si l'investiture a disparu.
L'exécutif dualiste	Ce dualisme se manifeste par l'existence du chef de l'État (président de la République) et du Premier ministre avec son gouvernement. La Ve République renforce considérablement les pouvoirs du président de la République.
Le parlementarisme rationalisé	Le parlementarisme rationalisé qui implique une certaine limitation des pouvoirs du Parlement a essentiellement pour objet de limiter l'instabilité gouvernementale en évitant que l'Assemblée ne fasse systématiquement tomber chaque ministère. S'ajoute à cela une certaine maîtrise des débats parlementaires par le Gouvernement (ordre du jour, irrecevabilités…).

La subordination de la loi à la Constitution	Après le Comité constitutionnel de la IVᵉ République qui joua un rôle plus que discret, la Vᵉ République crée le Conseil constitutionnel qui est notamment chargé de veiller au respect par la loi de la Constitution. Le développement de cette juridiction constitutionnelle et la construction d'une jurisprudence protectrice des droits et libertés fondamentaux donneront à la Vᵉ République une tournure que n'avaient jamais connue les Républiques précédentes.
Le référendum	Le référendum prévu par les articles 3, 11 et 89 de la Constitution est la marque d'une combinaison entre la souveraineté populaire et la souveraineté nationale. Sous la Vᵉ République, il signifie en théorie que les questions les plus importantes doivent être soumises au Peuple. En d'autres termes, cela signifie que le dernier mot appartient au Peuple.

POUR EN SAVOIR PLUS

Sur l'élaboration de la Constitution de 1958

- Denquin (J.-M.), *1958 : La genèse de la Vᵉ République*, PUF, 1988.
- Document pour servir à l'histoire de l'élaboration de la Constitution du 4 octobre 1958, 4 volumes (recueil des documents préparatoires de la Constitution).
- Favoreu (L.) et *alii*, *op. cit.*, § 808-821.
- Ghevontian (R.), *L'élaboration de la Constitution de la Vᵉ République*, Thèse, Aix-en-Provence, 1983.
- Maus (D.), « De Gaulle et l'écriture de la Constitution de 1958 », *Mélanges Jean-Pierre Machelon*, Lexis-Nexis, 2015, p. 571.
- Maus (D.), Favoreu (L.), Parodi (J.-L.) (dir.), *L'écriture de la Constitution de 1958*, Economica, 1992.
- Pluen (O.), *Constitution de la Vᵉ République. De sa rédaction initiale à sa version aujourd'hui en vigueur*, LGDJ, 2015.
- Rouvillois (F.), *Les origines de la Vᵉ République*, PUF, coll. « Que sais-je ? », nᵒ 3305, 1998.

Sur les caractères généraux de la Constitution

- Caporal (S.), *Histoire des institutions publiques de 1789 à nos jours*, Hachette, coll. « Hachette supérieur », 2005.
- Carcassonne (G.), Chevallier (J.-J.), Duhamel (O.), Benetti (J.), *Histoire de la Vᵉ République : 1958-2015*, Dalloz, 15ᵉ éd., 2015.
- Chantebout (B.), *La Constitution française, Propos pour un débat*, Dalloz, coll. « Connaissance du droit », 1992.
- Chantebout (B.), *Brève histoire politique et institutionnelle de la Vᵉ République*, A. Colin, 2004.
- Lascombes (M.), Toulemonde (G.), *Le droit constitutionnel de la Vᵉ République*, L'Harmattan, 13ᵉ éd., 2015.
- Ségur (Ph.), *La Vᵉ République*, Ellipses, 2ᵉ éd., 2013.

CHAPITRE 2

La Constitution : le bloc de constitutionnalité

Le droit positif rassemble plusieurs textes et principes qui sont dotés d'une valeur constitutionnelle et qui forment ce que le Doyen Favoreu a appelé « le bloc de constitutionnalité ».
Par le terme Constitution il faut entendre :
- La Constitution du 4 octobre 1958.
- La Déclaration des droits de l'Homme et du citoyen de 1789 (DDHC).
- Le préambule de la Constitution de 1946.
- Les principes fondamentaux reconnus par les lois de la République (PFRLR).
- La Charte de l'environnement.

I. La définition du bloc de constitutionnalité

L'expression bloc de constitutionnalité peut être prise dans deux acceptions qui ne sont du reste pas opposées : un sens strict et un sens large.

LE BLOC DE CONSTITUTIONNALITÉ

Au sens strict
Désigne l'ensemble des textes ou principes de valeur constitutionnelle. Il s'agit en ce cas uniquement des règles ayant valeur constitutionnelle c'est-à-dire des règles auxquelles seule une loi constitutionnelle peut déroger.
Au sens large
Désigne l'ensemble des textes ou principes utilisés par le juge constitutionnel afin d'exercer un contrôle de constitutionnalité des lois ou d'autres textes (Règlements des assemblées, traités internationaux). Il s'agit alors non seulement des règles à valeur

constitutionnelle, mais aussi des règles infra-constitutionnelles (lois organiques ou mêmes ordinaires) suivant la norme contrôlée. En ce sens, le bloc de constitutionnalité se confond avec l'expression norme de constitutionnalité (ou de référence) c'est-à-dire les normes qu'utilise le juge constitutionnel pour effectuer un contrôle de constitutionnalité.

II. L'origine du bloc de constitutionnalité : la question du préambule de la Constitution du 4 octobre 1958

Le préambule de la Constitution de 1958 dispose en particulier que : « Le peuple français proclame solennellement son attachement aux droits de l'homme et aux principes de la souveraineté nationale tels qu'ils sont définis par la Déclaration de 1789 confirmée et complétée par le préambule de la Constitution de 1946, ainsi qu'aux droits et devoirs définis dans la Charte de l'environnement de 2004 ».

Le préambule de la Constitution de 1958 fait référence à la Déclaration des droits de l'Homme et du citoyen au préambule de la Constitution de 1946 et à la Charte de l'environnement de 2004. La question qui se pose alors est de savoir si le préambule de la Constitution de 1958 a, ou pas, une valeur juridique contraignante impliquant la pleine valeur juridique des textes mentionnés, et donc leur incorporation dans la Constitution. Cette question a divisé les auteurs.

Arguments
Thèse déniant toute valeur juridique au préambule de 1958
• Le préambule n'est pas inclus dans le corps de la Constitution (art. 1 et suivants) et l'on peut se demander si le Peuple lors du référendum de 1958 avait souhaité qu'il fût intégré dans la Constitution. • Certains droits (ceux de 1946 en particulier) sont trop imprécis pour avoir véritablement le caractère d'une règle de droit. Il s'agirait davantage de principes philosophiques dénués de toute véritable valeur juridique.
Thèse accordant valeur juridique au préambule de 1958
• Le préambule se compose à la fois d'un texte et de l'article 1er (le titre 1er de la Constitution commence à l'art. 2). On ne peut dès lors dissocier ce texte préliminaire de l'article 1er. Soit le préambule n'a pas valeur constitutionnelle soit il a une valeur constitutionnelle dans son ensemble (G. Vedel). • La Constitution n'exclut pas (comme cela était le cas sous la IVe République), que le Conseil constitutionnel puisse effectuer son contrôle en appliquant le préambule. • La Constitution ne comporte elle-même que très peu de dispositions relatives aux droits et libertés. En excluant le préambule, il n'y aurait pas de garanties suffisantes en ce qui concerne les lois mais aussi les règlements (G. Vedel).

En définitive, le Conseil constitutionnel, dans la décision *Liberté d'association*, tranchera en faveur de la reconnaissance de la valeur juridique du préambule de la Constitution de 1958 incluant ainsi dans la Constitution positive, les textes auxquels il se réfère.

III. La formation jurisprudentielle du bloc de constitutionnalité

Le bloc de constitutionnalité est avant tout une construction jurisprudentielle qui s'est développée en **cinq grandes étapes**. Mais cela ne signifie pas qu'il s'agisse d'une création du Conseil constitutionnel. Il s'agit d'une interprétation de la Constitution par le Conseil constitutionnel, l'amenant à reconnaître l'intégration dans la Constitution des textes et principes auxquels elle faisait référence. Une alternative se présentait alors au juge : il a opté pour la reconnaissance de la valeur juridique du préambule. Une dernière étape a été franchie en 2005 avec la reconnaissance de la pleine valeur constitutionnelle de la Charte de l'environnement.

A. Première étape : 1971 Conseil constitutionnel, décision n° 71-44 DC du 16 juillet 1971, *Liberté d'association*

Problème juridique
La loi peut-elle apporter des restrictions à la liberté d'association en soumettant la création d'associations à l'intervention préalable de l'autorité administrative ou judiciaire, alors que la liberté d'association n'est reconnue par aucune disposition de la Constitution de 1958 ?
Solution
Non : annulation de l'article 3 de la loi. Il existe un principe fondamental reconnu par les lois de la République de la liberté d'association qui s'oppose à ce que la création d'une association soit soumise à certaines restrictions. L'article 3 méconnaît ce principe. Il est dès lors déclaré contraire à la Constitution.
Portée
Elle est **considérable :** • le Conseil constitutionnel fait pour la première fois référence à un principe fondamental reconnu par les lois de la République, • or, les principes fondamentaux reconnus par les lois de la République ne sont visés que par le préambule de la Constitution de 1946, • le préambule de la Constitution de 1946 est lui-même visé par celui de la Constitution de 1958,

• donc, le Conseil constitutionnel reconnaît pleine valeur constitutionnelle au préambule de 1958 puisqu'il applique celui de 1946 qui seul prévoit l'existence des principes fondamentaux reconnus par les lois de la République.

Nota : dès la décision de 1971, tous les instruments qui permettront de forger le bloc de constitutionnalité sont réunis.

B. 2e étape : 1973 Conseil constitutionnel, décision n° 73-51 DC du 27 décembre 1973, *Taxation d'office*

Problème juridique
La loi peut-elle opérer une discrimination entre des contribuables moyens et des contribuables importants en admettant que les premiers puissent apporter la preuve de leur bonne foi, et en refusant ce droit aux seconds ?
Solution
Non : car l'exception visant les contribuables les plus importants introduit une discrimination entre les citoyens et porte atteinte au principe d'égalité devant la loi contenu dans la Déclaration des droits de l'Homme et du citoyen, solennellement réaffirmé par le préambule de la Constitution de 1958.
Portée
C'est la première fois que le Conseil constitutionnel statue sur la violation du principe d'égalité. Or, il ne se fonde pas sur la Constitution de 1958 (art. 2 à l'époque) mais sur la Déclaration des droits de l'Homme et du citoyen à laquelle se réfère le préambule. Le Conseil constitutionnel rattache ainsi expressément la Déclaration de 1789 au bloc de constitutionnalité, c'est la première application de ce texte.

Nota : on s'est interrogé sur la question de savoir si toutes les dispositions de la Déclaration des droits de l'Homme et du citoyen avaient valeur constitutionnelle. Certains (L. Philip) ont pensé à l'époque (compte tenu de la nouveauté de la question) que seules étaient applicables les dispositions relatives aux droits de l'homme et aux principes de la souveraineté nationale auxquelles le préambule de 1958 se réfère. En réalité aujourd'hui, l'ensemble de la Déclaration des droits de l'Homme et du citoyen a valeur constitutionnelle.

C. 3e étape : 1975 Conseil constitutionnel, décision n° 74-54 DC du 15 janvier 1975, *Interruption volontaire de grossesse (IVG)*

(voir page suivante)

Problème juridique
La loi étendant la possibilité de recourir à une IVG (loi Veil) est-elle contraire à l'article 2 de la Convention européenne des droits de l'Homme, au principe de liberté posé par l'article 2 de la Déclaration des droits de l'Homme et du citoyen et au préambule de 1946 qui prévoit que la nation garantit à tous, notamment à l'enfant et à la mère la protection de la santé ?
Solution
• La loi n'est pas contraire à l'article 2 de la CEDH, car il n'appartient pas au Conseil constitutionnel de se prononcer sur la conformité d'une loi à un engagement international (incompétence du Conseil constitutionnel). • La loi n'est pas contraire au principe de liberté affirmé par la Déclaration des droits de l'Homme et du citoyen car la mère peut choisir d'avorter ou non et les médecins peuvent refuser de participer à un avortement (clause de conscience). • La loi n'est pas contraire au préambule de la Constitution de 1946 car les dérogations posées par la loi ne portent pas atteinte à la protection de la santé que la nation reconnaît à l'enfant (la notion d'enfant ayant une santé distincte de celle de sa mère excluant une protection dès la conception).
Portée
• Le Conseil constitutionnel exclut les engagements internationaux du bloc de constitutionnalité : une loi contraire à un traité ne serait pas pour autant contraire à la Constitution. • Le Conseil constitutionnel applique pour la première fois (en exceptant l'application implicite de 1971) le préambule de la Constitution de 1946.

Après la décision du 15 janvier 1975, tous les éléments du bloc de constitutionnalité sont réunis et l'on sait que les engagements internationaux ne sont pas érigés au rang de normes à valeur constitutionnelle. Il restait à préciser une question fondamentale : existe-t-il une hiérarchisation des divers éléments du bloc de constitutionnalité ?

D. 4e étape : 1982 Conseil constitutionnel, décision n° 81-132 DC du 16 janvier 1982, *Nationalisation*

Problème juridique
La nationalisation est-elle contraire au droit de propriété prévu et protégé par la DDHC alors que le préambule de la Constitution de 1946 (qui ne vise pas la propriété) et l'article 34 de la Constitution prévoient expressément ce procédé de dépossession ? En d'autres termes : en cas de conflit entre les éléments du bloc de constitutionnalité quel élément doit l'emporter ?
Solution
Lorsqu'un conflit apparaît entre les éléments du bloc de constitutionnalité : le droit de propriété (Déclaration de 1789) et la nationalisation (préambule de la Constitution de 1946

et Constitution de 1958), il y a lieu de concilier ces éléments car ils ont tous la même valeur et ne peuvent être hiérarchisés. En l'espèce la nationalisation n'est pas jugée inconstitutionnelle mais les modalités de l'indemnisation des propriétaires sont jugées insuffisantes et inaptes à protéger le droit de propriété.

Portée

Le Conseil constitutionnel se refuse à conférer une supériorité d'un élément du bloc sur un autre. On ne peut pas faire prévaloir les éléments les plus anciens (Déclaration de 1789) sur les plus récents (préambule de la Constitution de 1946 et Constitution de 1958) ou inversement. Les éléments du bloc de constitutionnalité ont tous la même date : le 28 septembre 1958, date à laquelle le Peuple français par référendum a confirmé son attachement à ces textes et aux principes qu'ils contiennent.

E. 5e étape : 2005 Conseil constitutionnel, décision n° 2005-514 DC du 28 avril 2005, *Loi relative à la création du registre international français*

Problème juridique

Le titre II de la loi viole-t-il l'article 6 de la Charte de l'environnement de 2004, aux termes duquel : « Les politiques publiques doivent promouvoir un développement durable. À cet effet, elles concilient la protection et la mise en valeur de l'environnement, le développement économique et le progrès social » ?

Solution

Les requérants estimaient que la loi n'empêchait pas la constitution d'équipages de marins sous-qualifiés ce qui risquait d'être préjudiciable à la sécurité maritime. En l'espèce, la loi prévoit selon le Conseil constitutionnel des garanties suffisantes (en son article 4) et l'article 6 de la Charte de l'environnement posant le principe de conciliation n'est pas méconnu par la loi.

Portée

Le Conseil constitutionnel applique pour la première fois la Charte de l'environnement dans le cadre du contrôle de constitutionnalité des lois. Il avait déjà contrôlé à l'occasion du contentieux des opérations référendaires que le projet de traité établissant une Constitution pour l'Europe n'était pas contraire à la Charte (Cons. const., 25 mars 2005, *Hauchemaille et Meyet*). Dans cette logique le Conseil utilise donc la Charte de l'environnement dans le cadre du contrôle de constitutionnalité des lois. Il appartient en effet au législateur de mettre en œuvre les principes posés par la Charte. Il résulte de la volonté du constituant, telle qu'elle s'est exprimée le 1er mars 2005, que celui-ci a entendu donner une valeur juridique aux principes de la Charte, lesquels présentent une certaine analogie avec les principes économiques et sociaux du préambule de 1946. (Shoettl J.-E.). Voir également Cons. const., déc. n° 2005-516 DC du 7 juillet 2005, *Loi de programme fixant les orientations de la politique énergétique*.

IV. Le contenu du bloc de constitutionnalité

Le bloc de constitutionnalité se compose matériellement d'un ensemble de textes ou de principes relatifs aux droits et libertés fondamentaux et d'un texte organisant le régime des pouvoirs et l'élaboration des normes juridiques.

A. La Déclaration des droits de l'Homme et du citoyen

C'est un texte de 17 articles qui comporte plusieurs éléments relatifs aux droits fondamentaux des individus et des principes d'organisation constitutionnelle.

LE CONTENU DE LA DÉCLARATION DES DROITS DE L'HOMME ET DU CITOYEN

Éléments	Contenu
Les droits individuels	Ces droits sont considérés comme antérieurs et supérieurs à l'État dont le but est précisément d'en assurer la conservation (idée de Droits « naturels »). L'article 1er de la Déclaration « Les hommes naissent et demeurent libres et égaux » résume la philosophie de ce texte qui repose essentiellement sur l'égalité et la liberté auxquelles s'ajoute la sûreté.
Les principes d'organisation constitutionnelle	La Déclaration énonce une série de dispositions relatives aux relations entre l'individu et l'État relativement à l'exercice des droits individuels. Ces droits s'exercent de manière générale à l'encontre de l'État organisé en fonction de l'individu auquel il doit garantir les droits. Ces principes sont : la séparation des pouvoirs, la souveraineté nationale, le consentement à l'impôt, la responsabilité de l'autorité publique.

B. Le préambule de la Constitution de 1946

Ce texte composé de 18 alinéas (et non articles) comporte des droits économiques et sociaux qualifiés de *principes politiques économiques et sociaux particulièrement nécessaires à notre temps.* À la différence des droits figurant dans la Déclaration des droits de l'Homme et du citoyen, il ne s'agit plus de « droits-libertés » supposant une abstention de l'autorité publique mais de « droits-créances » qui au contraire appellent une intervention positive, souvent importante de la puissance publique.

LE CONTENU DU PRÉAMBULE DE LA CONSTITUTION DE 1946

Éléments	Contenu
Les principes politiques	Le préambule réaffirme l'attachement à la Déclaration des droits de l'Homme et du citoyen. Il affirme l'égalité entre les sexes et plusieurs principes relatifs aux relations internationales (droit d'asile, supériorité du droit international, respect des règles du droit public international).
Les principes sociaux	Ces principes sont relatifs à l'Homme situé dans la société et non pas à l'individu isolé (Burdeau G.). La Nation pourvoit au développement de l'individu et de la famille, garantit la protection de la santé, la sécurité matérielle, le repos et les loisirs, établit les principes de solidarité nationale, de l'égal accès de tous à l'instruction, à la formation professionnelle et à la culture.
Les principes économiques	Ces principes se rapportent à l'Homme situé dans un environnement économique (essentiellement le travailleur). Les principes sont le droit au travail (assorti du devoir de travailler), la liberté syndicale, le droit de grève, la participation des travailleurs à la détermination collective des conditions de travail et à la gestion des entreprises. D'autres droits se rapportent plus précisément à l'organisation de l'économie, au principe de l'économie mixte (nationalisation, organisation des entreprises).

Le préambule de 1946 se réfère dès son premier alinéa aux principes fondamentaux reconnus par les lois de la République.

C. Les principes fondamentaux reconnus par les lois de la République

« Les principes fondamentaux reconnus par les lois de la République sont des normes constitutionnelles affirmées explicitement dans les lois des Ire, IIe et IIIe Républiques » (L. Favoreu).

Ces principes ne figurent pas dans les textes constitutionnels. Ils sont dégagés et non créés par le juge constitutionnel (par exemple Conseil constitutionnel 16 juillet 1971 : la liberté d'association), ce qui suscite parfois des critiques.
Mais, le Conseil constitutionnel ne dégage pas ces principes en toute liberté : quatre conditions sont requises.

CONDITIONS NÉCESSAIRES À LA RECONNAISSANCE DES PRINCIPES FONDAMENTAUX RECONNUS PAR LES LOIS DE LA RÉPUBLIQUE

Conditions	Signification
1re condition : Le principe doit être issu d'une loi de la *République* (Cons. const., déc. n° 88-244 DC du 20 juillet 1988).	Sont ainsi écartées les lois adoptées par des régimes autres que la République (la Monarchie par exemple). Un problème se pose avec l'Empire (Sénatus-consulte du 18 mai 1804 suivant lequel le Gouvernement de la République est confié à un Empereur).

2e condition : Le principe doit être issu d'une loi adoptée avant l'entrée en vigueur du préambule de 1946.	La loi d'où sera tiré le principe doit être antérieure à la Constitution du 27 octobre 1946 (ce qui exclut la IVe République) car le préambule de celle-ci vise les principes fondamentaux reconnus par les lois de la République et il n'est pas possible qu'il mentionne des principes contenus dans des lois postérieures à son entrée en vigueur.
3e condition : Le principe issu des lois de la République doit connaître une certaine continuité (Cons. const., déc. n° 88-244 DC 20 juillet 1988).	Le principe ne doit pas avoir connu *une seule exception* car si une loi (républicaine) « s'est écartée de cette tradition » cette loi « ne saurait être regardée comme ayant engendré un principe fondamental reconnu par les lois de la République ».
4e condition : Le principe reconnu par la loi doit présenter un caractère suffisamment général et non contingent (Cons. const., déc. n° 93-321 DC du 20 juillet 1993 ; déc. n° 97-393 DC du 18 décembre 1997).	Le principe ne saurait être issu de circonstances particulières. Le Conseil s'intéresse ainsi à l'historique du principe et exige que celui-ci ait été établi d'une manière générale et abstraite et non pour des raisons tenant aux circonstances de l'époque (par exemple le principe suivant lequel toute personne née en France acquiert la nationalité française (*jus soli*) n'a été posé que pour répondre aux exigences de la conscription militaire, en conséquence, il ne possède pas la généralité suffisante pour être érigé en principe fondamental reconnu par les lois de la République, Cons. const., déc. 93-321 DC du 20 juillet 1993). Il faut également que le principe revête une certaine importance. Le Conseil constitutionnel adopte ainsi une démarche non plus formelle mais matérielle nécessitant d'examiner le contenu du principe.

Nota : les conditions dans lesquelles le Conseil constitutionnel dégage les principes fondamentaux reconnus par les lois de la République sont en définitive relativement strictes et celui-ci ne s'autorise qu'assez rarement à reconnaître un nouveau principe fondamental. Il n'en va pas de même du juge administratif, lequel, peut reconnaître un principe général du droit (issu d'aucun texte, ayant connu des exceptions). Toutefois, les principes fondamentaux reconnus par les lois de la République et les principes généraux du droit n'ont pas la même valeur, les premiers sont des normes de valeur constitutionnelle tandis que les seconds n'ont qu'une valeur *infra*-législative de sorte qu'une loi peut déroger à un principe général du droit (Cons. const., déc. n° 69-55 L du 26 juin 1969 *Protection des sites*). Cependant, de nombreux principes généraux du droit ont été repris par le Conseil constitutionnel, et donc constitutionnalisés (ils ont dès lors valeur constitutionnelle).

LISTE DES PRINCIPES FONDAMENTAUX RECONNUS PAR LES LOIS DE LA RÉPUBLIQUE

Principes	Décisions du Conseil constitutionnel
Liberté d'association	Cons. const., déc. n° 71-44 DC du 16 juillet 1971.
Droits de la défense Rattachés désormais à la garantie des droits de l'art. 16 DDHC	Cons. const., déc.n° 76-70 DC du 2 décembre 1976. Pour le rattachement à l'art. 16 de la DDHC, décision n° 2006-535 DC du 30 mars 2006.
Liberté individuelle (remplacée par la référence à l'art. 66 de la Constitution)	Cons. const., déc. n° 76-75 DC du 12 janvier 1977. Pour la référence à l'article 66 de la Constitution, déc n° 93-343-344 DC du 27 juillet 1994.
Liberté de l'enseignement	Cons. const., déc. n° 77-87 DC du 23 novembre 1977.
Liberté de conscience Rattachée désormais à l'art. 10 DDHC	Cons. const., déc. n° 77-87 DC du 23 novembre 1977. Cons. const., déc. n° 2013-353 QPC du 18 octobre 2013.
Indépendance de la juridiction administrative	Cons. const., déc. n° 80-119 DC du 22 juillet 1980.
Indépendance des professeurs d'université Élargi à l'ensemble des enseignants-chercheurs	Cons. const., déc. n° 83-165 DC du 20 janvier 1984. Cons. const., déc. n° 2010-20/21 QPC du 6 août 2010.
Compétence exclusive de la juridiction administrative en matière d'annulation et de réformation d'actes de la puissance publique	Cons. const., déc. n° 86-224 DC du 23 janvier 1986.
Autorité judiciaire gardienne de la propriété privée immobilière	Cons. const., déc. n° 89-256 DC du 28 juillet 1989, principe au fondement incertain en l'absence de référence à une loi précise).
Atténuation de la responsabilité pénale des mineurs en fonction de leur âge	Cons. const., déc. n° 2003-467 DC du 13 mars 2003.
Applicabilité de dispositions particulières en Alsace-Moselle	Cons. const., déc. n° 2011-157 QPC du 5 août 2011.

Nota : le Conseil d'État et les principes fondamentaux reconnus par les lois de la République.

• Par une décision du 3 juillet 1996, *Koné*, le Conseil d'État a reconnu l'existence d'un principe fondamental reconnu par les lois de la République que le Conseil constitutionnel n'avait jamais dégagé : le principe suivant lequel, l'État doit refuser l'extradition d'un étranger lorsque celle-ci est demandée dans un but politique. Cette décision pose la question de savoir si les principes fondamentaux reconnus par les lois de la République ne peuvent être dégagés que par le juge constitutionnel ou par toutes les juridictions constitutionnelle et ordinaires (pour un précédent sous la IVe République, voir CE ass., 11 juill. 1956, *Amicale des Annamites de Paris*). Cette question est très discutée et si certains considèrent, pour des motifs liés à l'unité de l'ordre juridique, que le Conseil constitutionnel doit disposer en la matière d'un monopole, d'autres ne partagent pas ce point de vue (voir bibliographie). Saisi pour avis de la décision du Conseil de l'Union européenne relative au mandat d'arrêt européen, le Conseil d'État a estimé que cette décision internationale était contraire au principe fondamental reconnu par les lois de la République qu'il a dégagé dans l'arrêt *Koné* précité. Ainsi, une révision de la Constitution a été réalisée afin que le mandat européen ne se heurte plus à ce principe.

D. La Constitution du 4 octobre 1958

La Constitution de 1958 est le quatrième élément du bloc de constitutionnalité. Elle comporte essentiellement des dispositions relatives aux institutions politiques et à l'organisation des compétences normatives.

LE CONTENU DE LA CONSTITUTION DE 1958

Éléments	Contenu
Principes relatifs aux institutions	La Constitution de 1958 détermine les modes de désignation ainsi que les pouvoirs de chaque institution (président de la République, gouvernement, Parlement, Conseil constitutionnel). La Constitution de 1958 fixe également le régime de séparation des pouvoirs (relations entre les pouvoirs au niveau horizontal et division verticale des pouvoirs).
Principes d'organisation des compétences normatives	La Constitution de 1958 précise le régime de création des normes juridiques constitutionnelles, législatives ou réglementaires. Elle organise un partage de ces compétences entre les différentes institutions.

E. La Charte de l'environnement de 2004

La Charte de l'environnement est le fruit d'une réflexion menée pendant près de quatre années par la commission « Coppens ».

Le Parlement réuni en Congrès à Versailles le 28 février 2005 a entériné, par 531 voix contre 23, le projet de loi constitutionnelle qui introduit la Charte de l'environnement dans le préambule de la Constitution du 4 octobre 1958. Elle fut promulguée le 1er mars 2005 par le président de la République. En dix articles, la charte reprend un certain nombre de droits ou de principes dits de « 3e génération » souvent consacrés dans des textes à valeur législative ou dans des engagements internationaux.

En définitive par le terme Constitution on entend non seulement la Constitution du 4 octobre 1958 mais aussi l'ensemble des textes qui ont en droit positif une valeur constitutionnelle et qui composent le bloc de constitutionnalité au sens strict. En outre, le Conseil constitutionnel déduit des textes, des principes, exigences ou objectifs à valeur constitutionnelle dont l'objet est de compléter ou de limiter certains droits formellement écrits.

POUR EN SAVOIR PLUS

La définition du bloc de constitutionnalité

- Denizeau (C.), *Existe-t-il un bloc de constitutionnalité ?*, LGDJ, Panthéon-Assas-Paris II, 1997.
- Favoreu (L.), Philip (L.) *et alii*, *Les grandes décisions du Conseil constitutionnel*, Dalloz, 17ᵉ éd., 2013, n° 27, § 11-14.
- Favoreu (L.), Le principe de constitutionnalité : essai de définition d'après la jurisprudence du Conseil constitutionnel, *Mélanges Eisenmann*, Cujas, 1974, p. 33-49.
- Favoreu (L.) et *alii*, *op. cit.*, § 167-178.
- Mathieu (B.), Verpeaux (M.), *Contentieux constitutionnel des droits fondamentaux*, LGDJ, coll. « Manuel », 2002.

La question du préambule

- Favoreu (L.), Philip (L.) *et alii*, *Les grandes décisions du Conseil constitutionnel*, Dalloz, 17ᵉ éd., 2013, n° 27, § 8-10.

La formation du bloc de constitutionnalité

- Favoreu (L.), Philip (L.) *et alii*, *Les grandes décisions du Conseil constitutionnel*, Dalloz, 17ᵉ éd., 2013, n° 27 (1971), 42 (1973), 15 (1975) et 30 (1982).

La Déclaration des droits de l'Homme et du citoyen

- La Déclaration des droits de l'Homme et du citoyen et la jurisprudence, Colloque du Bicentenaire, PUF, 1989.
- La marque des idées et des principes de 1789 dans les jurisprudences du Conseil d'État et du Conseil constitutionnel, *EDCE*, n° 40, 1989.
- Morange (J.), *La Déclaration des droits de l'Homme et du citoyen*, PUF, coll. « Que sais-je ? », n° 2048, 4ᵉ éd. 2002.
- Philip (L.), La valeur juridique de la Déclaration du 28 août 1789 selon la jurisprudence du Conseil constitutionnel, *Mélanges Kayser*, PUAM, 1979, t. II p. 317.
- Renoux (Th. S.), de Villiers (M.), Magnon (X.), *Code constitutionnel*, LexisNexis, 8ᵉ éd., 2016 (commentaire article par article).
- Rials (S.), *La Déclaration des droits de l'Homme et du citoyen*, Hachette, 1989.

Le préambule de la Constitution de 1946

- Conac (G.), Prétot (X.), Teboul (G.) (dir.), *Le préambule de la Constitution de 1946. Histoire, analyse et commentaires*, Dalloz, coll. « Études », 2001.
- Philip (L.), La valeur juridique du préambule de la Constitution du 27 octobre 1946 selon la jurisprudence du Conseil constitutionnel, *Mélanges dédiés à Robert Pelloux*, l'Hermès, 1980, p. 265.
- Renoux (Th. S.), de Villiers (M.), Magnon (X.), *Code constitutionnel*, LexisNexis, 8ᵉ éd., 2016 (commentaire alinéa par alinéa).
- Rivero (J.), Vedel (G.), *Les problèmes économiques et sociaux du préambule de la Constitution du 27 octobre 1946*, coll. « Droit social », 1947, n° 31 reproduit in Pages de -doctrine t. I, p. 93.

Les principes fondamentaux reconnus par les lois de la République

- Favoreu (L.), Article « Principes fondamentaux reconnus par les lois de la République », in Meny Y. et Duhamel O. (dir.) *Dictionnaire constitutionnel*, PUF, 1992.
- Favoreu (L.), « Les Principes fondamentaux reconnus par les lois de la République », in *La République en droit français*, Economica, 1996, p. 231-240.
- Genevois (B.), La jurisprudence du Conseil constitutionnel, Principes directeurs, STH, 1988, n° 332.

- Rivero (J.), « Les principes fondamentaux reconnus par les lois de la République : une nouvelle catégorie constitutionnelle », *D.* 1972, chron. p. 265.
- Verpeaux (M.), « Les principes fondamentaux reconnus par les lois de la République ont-ils encore un avenir ? », D. 2004 (22), p. 1537-1542.

Les objectifs à valeur constitutionnelle

- Luchaire (F.), « Brèves remarques sur une création du Conseil constitutionnel : l'objectif de valeur constitutionnelle », *RFDC*, n° 64, 2005, p. 675-684.
- De Montalivet (P.), Les objectifs de valeur constitutionnelle, Dalloz, 2006.

La Constitution du 4 octobre 1958

- Renoux (Th. S.), de Villiers (M.), Magnon (X.), *Code constitutionnel*, LexisNexis, 8e éd., 2016 (commentaire article par article).
- Avril (P.), Conac (G.), La Constitution de la République française, texte et révisions, LGDJ, 3e éd., 2005.
- Carcassonne (G.), Guillaume (M.), *La Constitution*, Le Seuil, coll. « Point essais », 12e éd., 2014.
- Debbasch (Ch.) et alii, La Constitution de la Ve République (textes, jurisprudence, pratique), Dalloz, 5e éd., 2012.
- Verpeaux (M), La Constitution, Dalloz, coll. « Connaissance du droit », 2e éd., 2016.

La Charte de l'environnement

- Renoux (Th. S.), de Villiers (M.), Magnon (X.), *Code constitutionnel*, LexisNexis, 8e éd., 2016 (commentaire article par article).
- Capitani (A.), « La Charte de l'environnement, un leurre constitutionnel ? », *RFDC*, 2005 n° 63, pp. 493-516.
- « Les 10 ans de la Charte de l'environnement » (débat), *Constitutions*, 2015, p. 185.
- Carpentier (E.), « Le juge administratif et la Charte constitutionnelle de l'environnement », *RD publ.*, 2009, pp. 450-480.

CHAPITRE 3

Le droit constitutionnel institutionnel : la République et la division verticale du pouvoir

Note préliminaire : par Droit constitutionnel institutionnel on entend le droit des institutions de la Ve République et la division des pouvoirs.
Cette division (voir la Première partie) peut concerner les relations entre l'État et les collectivités composantes de l'État : division verticale (les compétences sont distribuées verticalement de l'échelon central à l'échelon local) ; ou les relations entre les institutions nationales ; relations horizontales (pour l'essentiel sous la Ve République l'exécutif et le législatif).
La Constitution de 1958 organise la République qui est un État unitaire décentralisé (art. 1er de la Constitution). Il existe ainsi une branche relativement nouvelle (et profondément renouvelée par la loi constitutionnelle du 28 mars 2003) du droit constitutionnel : le droit constitutionnel local qui recouvre l'étude des règles relatives à l'organisation constitutionnelle des collectivités locales. Ce droit s'organise autour de la classification constitutionnelle des collectivités locales, des principes d'unité et d'indivisibilité de la République et du principe de libre administration des collectivités territoriales.

I. La classification statutaire des collectivités locales

La classification statutaire des collectivités locales repose sur un critère précis : celui du texte prévoyant l'existence et le statut de la collectivité

en cause. La loi constitutionnelle du 28 mars 2003 a modifié le statut des régions, lesquelles sont désormais prévues par la Constitution alors qu'elles n'avaient jusqu'à présent qu'un statut législatif.
Le droit positif consacre depuis la révision de 2003 **deux sortes de statuts**.

LA CLASSIFICATION STATUTAIRE DES COLLECTIVITÉS LOCALES

Statuts	Collectivités	Conséquences
Constitutionnel (art. 72 à 75 de la Constitution)	Métropole (art. 72 al. 1) : • Les régions. • Les départements. • Les communes. Outre-mer (art. 72 al. 1 et 72-3) : • Les régions d'Outre-mer (Guadeloupe, Guyane, Martinique, La Réunion, art. 73, Mayotte Loi organique du 21 février 2007 et référendum du 29 mars 2009). • Les départements d'Outre-mer (DOM : Guadeloupe, Guyane, Martinique, La Réunion, art. 73. En 2009, Mayotte devient le 5e DOM, Loi organique du 21 février 2007 et référendum du 29 mars 2009). • Les collectivités d'Outre-mer, art. 74 (remplacent les territoires d'Outre-mer qui ne disparaissent pas entièrement puisque le préambule de la Constitution dans son 2e alinéa y fait encore référence !). • La collectivité départementale de Mayotte. • Les Îles Wallis et Futuna. • la Polynésie française. • Saint Barthélémy (référendum du 7 décembre 2003, séparation administrative de la Guadeloupe). • Saint Martin (référendum du 7 décembre 2003, séparation administrative de la Guadeloupe). • Saint Pierre et Miquelon. • Les Terres australes et antarctiques françaises (TAAF) art. 72-3. • La Nouvelle-Calédonie, art. 76 et 77.	Seule une loi constitutionnelle (révision de la Constitution) pourrait engager la suppression d'une catégorie de collectivité prévue par la Constitution. Une loi ordinaire peut cependant « redessiner » les périmètres territoriaux. Par exemple, la loi du 16 janvier 2015 a procédé à une refonte de la carte des régions et a fait passer le nombre de Régions de 21 à 12 depuis le 1er janvier 2016. Sept des douze régions sont issues du regroupement de deux ou trois régions. Une loi constitutionnelle est nécessaire pour faire sortir de la République les collectivités d'Outre-mer qui le souhaiteraient.

Nota : Certaines collectivités territoriales dont Paris, Marseille Lyon et la Corse bénéficient d'un statut législatif spécial en vertu de l'article 72-1 al. 3 de la Constitution. Ce statut a évolué avec la loi du 27 janvier 2014 *de modernisation de l'action publique territoriale et d'affirmation des métropoles* qui vise trois métropoles : Paris, Lyon et Aix-Marseille Provence. La métropole est juridiquement un établissement public de coopération intercommunale (EPCI), sauf celle de Lyon qui est une véritable collectivité territoriale.

La Constitution ne prévoit pas expressément les groupements de collectivités. Ceux-ci, parmi lesquels figurent notamment les Communautés de communes, d'agglomération ou les communautés urbaines, jouissent en principe toujours d'un statut législatif. Mais, l'article 72 al. 4 relatif à l'expérimentation mentionne les groupements de sorte qu'indirectement ceux-ci se trouvent dotés d'un statut constitutionnel certes indirect, et sans doute involontaire, mais certain (bien que la loi du 17 mai 2013 prévoie les élections communautaires au suffrage universel direct, ces groupements restent à ce jour des établissements publics EPCI).

Les collectivités locales sont organisées d'une manière générale en vertu de règles communes. En particulier, l'organe délibérant des collectivités territoriales ne peut procéder que d'une élection au suffrage universel (Cons. const. déc. n° 92-308 DC du 9 avril 1992).

LA LOI CONSTITUTIONNELLE DU 28 MARS 2003 ET L'OUTRE-MER

Cette loi apporte aux collectivités d'Outre-mer un statut réorganisé s'articulant autour de plusieurs points.

Ainsi la loi constitutionnelle :

• Réaffirme l'appartenance à la République des collectivités d'Outre-mer.
• Reconnaît, au sein d'un Peuple français désormais réunifié l'identité propre des populations d'Outre-mer.
• Pose le principe d'assimilation selon lequel dans les départements et les régions d'Outre-mer, les lois et règlements applicables de plein droit, peuvent faire l'objet d'adaptations, dans certains domaines, au regard des caractéristiques et contraintes particulières de ces collectivités.
• Pose le principe de spécificité qui signifie que dans les collectivités d'Outre-mer la loi organique (après avis de l'assemblée délibérante de la collectivité considérée) définit un statut qui tient compte des intérêts propres de chacune d'elles au sein de la République. Ces dispositions ne concernent pas la Réunion (art. 73 al 5 Const).

Nota : La Guyane et la Martinique sont des départements d'outre-mer et des régions d'outre-mer. Toutefois, aux termes de la loi organique n° 2011-883 du 27 juillet 2011 et de la loi n° 2011-884 du même jour, elles deviennent des collectivités uniques exerçant les compétences dévolues aux départements d'outre-mer et aux régions d'outre-mer à compter de la première réunion de leur assemblée suivant leur première élection en décembre 2015. À compter du 1er janvier 2016, pour la Guyane et la Martinique la référence au département ou à la région est remplacée par la référence à la collectivité territoriale, les conseils sont remplacés par des assemblées. La Guyane et la Martinique constituent chacune une collectivité territoriale de la République régie par l'article 73 de la Constitution qui exerce les compétences attribuées à un département d'outre-mer et à une région d'outre-mer et toutes les compétences qui leur sont dévolues par la loi pour tenir compte de leurs caractéristiques et contraintes particulières. Leur organisation est toutefois différente.

II. L'unité et l'indivisibilité de la République

L'article 1er (L. Const. 4 août 1995) de la Constitution prévoit que la France est une République une et indivisible. Le concept d'unité n'est plus expressément visé mais il est inséparable de l'indivisibilité.
L'indivisibilité de la République est en fait **un concept à géométrie variable** qui vise plusieurs domaines (A. Roux).

L'INDIVISIBILITÉ DE LA RÉPUBLIQUE

Indivisibilité	Signification	Portée
De la souveraineté	Elle résulte de la combinaison de l'article 3 al. 2 de la Constitution et de l'article 3 de la Déclaration des droits de l'Homme et du citoyen. Elle signifie qu'une seule source de souveraineté peut exister s'exerçant sur l'ensemble du territoire national.	L'indivisibilité de la souveraineté implique : • l'unité du pouvoir normatif de l'État c'est-à-dire que les collectivités territoriales ne peuvent exercer un pouvoir normatif en dehors des lois (pas de législateur local). Cette unité a été maintenue à propos de la Corse (voir ci-après, Cons. const, déc. n° 2001-445 DC du 17 janvier 2002) ; • le contrôle des collectivités territoriales par l'État. Il suppose que le représentant de l'État veille au respect par les autorités locales des règles nationales (art. 72 al. 3 de la Constitution) ; • l'inexistence d'un Gouvernement local. Les collectivités territoriales s'administrent, elles ne se gouvernent pas.
Du territoire	Elle signifie en principe qu'il ne peut être porté atteinte à l'intégrité du territoire, et qu'il y a une homogénéité du droit applicable sur ce même territoire.	En réalité, si le principe demeure, la Constitution et le Conseil constitutionnel y ont apporté de nombreux assouplissements car il est possible : • de faire sortir certains territoires de la République. L'article 53 de la Constitution prévoit la cession d'un territoire mais aussi un droit de sécession (Doctrine Capitant). La révision constitutionnelle de 2003 a renforcé l'indivisibilité territoriale de la République d'une part en faisant expressément référence dans l'article 72-3 à certaines collectivités (ainsi toute sécession devra faire l'objet d'une révision constitutionnelle : conséquence du statut constitutionnel) ; d'autre part en précisant que la sortie du territoire devra faire l'objet d'une

		consultation des populations intéressées appelées à se prononcer (Cons. const., déc. n° 2000-428 DC du 4 mai 2000) ; • de créer une collectivité à statut particulier qui s'écarte largement du modèle commun des collectivités territoriales (cas de la collectivité de Corse qui dispose davantage d'une organisation politique (L. Favoreu) avec un conseil exécutif responsable devant l'assemblée). Cependant dans ce cas, les électeurs de la collectivité considérée peuvent être consultés conformément au nouvel article 72-1 al. 3 de la Constitution (cas du référendum sur la Corse), dans ce dernier cas l'avis des électeurs ne saurait toutefois lier la décision du législateur, il ne s'agit que d'une consultation ; • d'appliquer des règles de droit différentes suivant les portions de territoire visées (notion d'État pluri-législatif, spécificité des DOM, de la Corse, de l'Alsace-Lorraine et surtout de la Nouvelle-Calédonie qui dispose du pouvoir d'adopter des « lois du pays »). La révision constitutionnelle de 2003 accentue encore cette possibilité en offrant aux collectivités un droit à l'expérimentation lequel autorise les autorités locales à déroger, à titre expérimental et pour un objet et une durée limités, aux dispositions législatives ou réglementaires qui régissent l'exercice de leurs compétences (art. 72 al. 4). Toutefois les collectivités ne peuvent pas remettre en cause les conditions essentielles d'exercice d'une liberté publique ou d'un droit constitutionnellement garanti et le droit à l'expérimentation est encadré par la loi organique (loi organique du 1er août 2003 *relative à l'expérimentation par les collectivités territoriales*). Ainsi le recours à l'expérimentation doit être autorisé par la loi (habilitation expresse) de manière précise et contrôlé par le juge administratif saisi par le préfet (art. LO. 1113-4 du Code général des collectivités territoriales).
Du Peuple français	Elle repose notamment sur l'article 2 al. 1 de la Constitution complété depuis la révision de 2003 par l'article 72-3 et signifie que la Constitution ne connaît que le Peuple français,	• Le concept de Peuple français est un concept juridique de valeur constitutionnelle ; • le concept de Peuple français est un concept unitaire en conséquence des principes d'indivisibilité et d'égalité ; • il est impossible de diviser les citoyens en groupes distincts en accordant à chaque groupe des droits et privilèges différents (en particulier dans le domaine électoral, ou dans celui de la législation – Cons. const., déc. n° 99-412 DC du 15 juin 1999, *relative à la charte européenne des langues régionales ou minoritaires*). La Constitution ne prévoit pas

	composé de tous les citoyens sans distinction d'origine de race ou de religion.	l'existence de communautés linguistiques comme par exemple celles du Canada. Cependant, depuis la révision constitutionnelle du 23 juillet 2008, la Constitution comporte un article 75-1 disposant que : « *Les langues régionales appartiennent au patrimoine de la France* ». Cet article a été adopté après une opposition du Sénat lequel a finalement considéré qu'il ne portait pas atteinte dans sa rédaction actuelle aux principes constitutionnels d'indivisibilité de la République, d'égalité devant la loi et d'unicité du Peuple français. En effet ce nouvel article ne reconnaît pas l'existence de minorités linguistiques et ne porte pas atteinte à l'unité du Peuple français. (Cons. const., déc. n° 91-290 DC du 9 mai 1991). • La République reconnaît, au sein du Peuple français, les populations d'Outre-mer, dans un idéal commun de liberté, d'égalité et de fraternité (art. 72-3 al. 1 de la Constitution qui met un terme à la notion de « peuple d'Outre-mer »).

REMARQUE

La collectivité de Corse, qui déroge déjà au schéma traditionnel notamment parce que son exécutif est responsable devant l'assemblée de Corse, a été dotée de compétences particulières étendues par la loi n° 2002-92 du 22 janvier 2002 *relative à la Corse*. Son statut a été modifié par trois ordonnances du 21 novembre 2016, prévoyant à partir du 1er janvier 2018, la création d'une nouvelle collectivité. La collectivité de Corse, collectivité à statut particulier, se substituera aux départements de Haute-Corse et de Corse du Sud ainsi qu'à l'actuelle collectivité territoriale de Corse. Elle sera dotée des compétences des départements et des régions et reprendra les compétences de la collectivité territoriale de Corse.

III. Le principe de libre administration des collectivités territoriales

Le principe de libre administration des collectivités locales avait déjà été reconnu par la Constitution du 27 octobre 1946 (art. 87), il fait aujourd'hui partie intégrante du droit constitutionnel et constitue un pilier du droit constitutionnel local. Il a été largement complété et renforcé par la loi constitutionnelle du 28 mars 2003.

Définition
Le principe de libre administration désigne un certain nombre de prérogatives et de compétences dont la Constitution garantit l'exercice aux autorités des diverses collectivités territoriales dans leurs rapports avec l'État et dans leurs relations entre elles (*Dictionnaire constitutionnel*, L. Favoreu).

Sources
Le principe est posé par l'article 72 al. 3 de la Constitution : dans les conditions prévues par la loi, les collectivités s'administrent librement par des conseils élus et disposent d'un pouvoir réglementaire pour l'exercice de leurs compétences. L'article 34 de la Constitution précise que la loi détermine les principes fondamentaux de la libre administration des collectivités territoriales, de leurs compétences et de leurs ressources. Le principe de libre administration a reçu une pleine valeur juridique avec la décision du Conseil constitutionnel n° 79-104 DC du 23 mai 1979 *relative à la Nouvelle-Calédonie*.
Signification
Le principe de libre administration complété par la révision constitutionnelle de 2003 signifie : • que les collectivités territoriales ont vocation à prendre les décisions pour l'ensemble des compétences qui peuvent le mieux être mises en œuvre à leur échelon (art. 72 al. 2). Il s'agit d'une transposition du principe de subsidiarité (voir l'État fédéral) ; • que les collectivités disposent d'un pouvoir réglementaire exécutoire excluant tout contrôle *a priori* des règlements locaux (art. 72 al. 3 de la Constitution) ; • que les collectivités peuvent déroger à titre expérimental et pour un objet et une durée limités, aux dispositions législatives et réglementaires qui régissent l'exercice de leur compétence (art. 72 al. 4 – expérimentation). Toutefois l'expérimentation ne saurait permettre la mise en cause des libertés et droits constitutionnellement garantis ; • qu'aucune collectivité territoriale ne peut exercer une tutelle sur une autre. (art. 72 al. 5). Cependant lorsque des projets sont réalisés en commun par plusieurs collectivités, celles-ci peuvent désigner une collectivité chargée de coordonner ledit projet : notion de collectivité « chef de file » ; • que les collectivités disposent d'une autonomie financière et en particulier de ressources propres qui doivent représenter une part « déterminante » de l'ensemble de leurs ressources (art. 72-2). L'autonomie financière signifie en outre, que les budgets des collectivités locales ne doivent pas être écrasés par les charges. Ainsi, la Constitution prévoit que tout transfert de compétences entre l'État et les collectivités s'accompagne de l'attribution de ressources équivalentes à celles qui étaient consacrées à leur exercice. L'autonomie financière ne doit cependant pas aboutir à aggraver les disparités entre collectivités, c'est la raison pour laquelle la Constitution prévoit que la loi devra assurer une péréquation de façon à assurer l'égalité entre les collectivités (la péréquation peut être considérée comme un mécanisme financier de correction des inégalités entre collectivités locales).

Ce principe ne saurait cependant conduire à ce que les conditions essentielles de mise en œuvre des droits et libertés fondamentaux et, par suite, l'ensemble de leurs garanties dépendent de décisions des collectivités territoriales et puissent ainsi ne pas être les mêmes sur l'ensemble du territoire de la République (Cons. const., déc. n° 2001-454 DC du 17 janvier 2002). En outre l'exercice de la libre administration est placé sous la vigilance du représentant de l'État lequel, selon le dernier alinéa du nouvel article 72, représente chacun des membres du Gouvernement (ce qui n'est en fait pas totalement exact. En effet, le ministre de l'Éducation nationale est représenté par le recteur d'académie) et a la charge des intérêts nationaux, du contrôle administratif et du respect des lois.

LES GARANTIES DU PRINCIPE DE LIBRE ADMINISTRATION

Garanties institutionnelles
Le Sénat est le garant de la libre administration des collectivités territoriales dont il assure la représentation (art. 24 de la Constitution). Cette garantie a surtout des conséquences normatives.
Garanties normatives
• Depuis la révision du 28 mars 2003, les projets de loi ayant pour principal objet l'organisation des collectivités territoriales sont soumis en premier lieu au Sénat; • La Constitution renvoie à la loi organique le soin de préciser certains points de la libre administration. La révision de 2003 a prévu trois lois organiques : – celle *relative à l'expérimentation* du 1er août 2003; – celle *relative au référendum local* du 1er août 2003; Cons. const., déc. 2003-482 DC du 30 juillet 2003; – celle *relative à l'autonomie financière des collectivités* du 29 juillet 2004. Le statut organique protège la libre administration car la loi organique fait l'objet d'un contrôle obligatoire du Conseil constitutionnel. On pourrait déduire du droit de priorité du Sénat prévu par l'article 39 que cette loi organique devra être votée en termes identiques par les deux assemblées (mais, le Conseil constitutionnel a décidé que la loi organique *relative à l'expérimentation* n'était pas au nombre de celles devant être déposées en premier lieu au Sénat; Cons. const., déc. n° 2003-478 DC du 30 juillet 2003, comme celle relative à l'autonomie financière; Cons. const., déc. n° 2004-500 DC du 29 juillet 2004. La priorité du Sénat ne concerne que la loi organique relative au référendum local; Cons. const., déc. n° 2003-482 DC du 30 juillet 2003). • En dehors des renvois à la loi organique, la libre administration des collectivités relève de la loi (et non du règlement).
Garanties juridictionnelles
– Protection par le juge constitutionnel : le Conseil constitutionnel saisi des lois organiques ou ordinaires ayant trait à la libre administration veille au respect de ce principe. – Protection par le juge administratif : le juge administratif peut être également un protecteur de la libre administration d'autant qu'il admet cette liberté au sein des libertés entrant dans le référé-liberté (CE 18 janv. 2001, *Commune de Venelles*).

IV. La démocratie locale

Au sens strict la démocratie locale est la désignation des gouvernants locaux par le peuple;

au sens large (celui employé de nos jours), c'est la participation des citoyens à la vie politique de leur collectivité.

En France, jusqu'à la révision du 28 mars 2003, la démocratie locale était davantage un sujet de droit administratif. La réforme constitutionnelle de la décentralisation a porté ce thème dans le droit constitutionnel.

La Constitution prévoit plusieurs cas dans lesquels les électeurs d'une collectivité territoriale peuvent être localement consultés.

Source	Mécanisme de démocratie locale
Article 72-1 al. 1	**Le Droit de pétition** Les électeurs de chaque collectivité territoriale peuvent, par l'exercice du droit de pétition, demander l'inscription à l'ordre du jour de l'assemblée délibérante de cette collectivité d'une question relevant de sa compétence.
Article 72-1 al. 2	**Le référendum décisionnel local** Les projets de délibération ou d'acte relevant de la compétence d'une collectivité territoriale peuvent, à son initiative, être soumis, par la voie du référendum, à la décision des électeurs de cette collectivité. Les modalités de ce référendum local sont précisées par la loi organique (loi organique du 1er août 2003). Seul l'exécutif peut proposer un référendum sur un projet d'acte relevant de ses attributions. Mais le référendum ne peut être organisé sans l'accord de l'assemblée délibérante de manière à empêcher qu'un exécutif mis en difficulté par la majorité en appelle au peuple pour trancher le différend.
Article 72-1 al. 3	**Les consultations locales** La loi peut décider de la consultation des électeurs dans trois cas : – lorsqu'il est décidé de créer une collectivité territoriale dotée d'un statut particulier ; – lorsqu'il est décidé de modifier l'organisation d'une collectivité à statut particulier ; – lorsqu'il est décidé de modifier les limites territoriales des collectivités.

Nota : il n'est pas exclu de combiner le droit de pétition et le référendum. Les électeurs peuvent en effet par le biais d'une pétition demander la soumission d'un projet de délibération ou d'acte au référendum. Ce procédé se rapproche du référendum d'initiative populaire, mais il n'y a aucune obligation pour les autorités locales de déférer à cette demande (pouvoir discrétionnaire).

POUR EN SAVOIR PLUS

D'une manière générale

On pourra également se référer à la bibliographie du chapitre 2 de la Première partie.

- *AJDA*, n° 11, 2003 (collectif sur la révision constitutionnelle).
- De Bujadoux (J-F.), *Les réformes territoriales*, PUF, coll. « Que sais-je ? », 2015.
- Verpeaux (M.) (dir.), « Le droit constitutionnel des collectivités territoriales », *Cah. Cons. const.*, n° 12, 2002.
- Comité pour la réforme des collectivités locales, (présidé par Monsieur E. Balladur), *Il est temps de décider*, Rapport remis au président de la République, le 5 mars 2009.
- Favoreu (L.) et *alii*, *op. cit.*, § 699-758.
- Pontier (J.-M.), *La Décentralisation française. Évolutions et perspectives*, LGDJ, 2016.
- Roux (A.), *Droit constitutionnel local*, Economica, coll. « Droit poche », 1995.
- Roux (A.), *La décentralisation*, LGDJ, Paris, 2016.
- Sadran (P.), *La République territoriale*, La Documentation française, 2015.

Le statut constitutionnel des collectivités locales

- Favoreu (L.), « Les bases constitutionnelles du droit des collectivités locales », in *La nouvelle décentralisation*, Sirey, 1983.

- Luchaire (F.), « L'émergence d'un droit constitutionnel de la décentralisation », *AJDA*, 1992, p. 25.
- « La modernisation des collectivités territoriales : l'étape de la loi du 27 janvier 2014 », (dossier), *RFDA*, 2014, p. 457.

Le principe d'indivisibilité

- Debbasch (R.), *Le principe révolutionnaire d'unité et d'indivisibilité de la République*, Economica-PUAM, 1988.
- Lemaire (F.), *Le principe d'indivisibilité de la République. Mythe et réalité*, Presses universitaires de Rennes, 2010.
- Lemaire (F.) (dir.), *De l'unité de l'État*, Cujas, 2010.
- Verpeaux (M.), « La reconnaissance constitutionnelle des langues régionales (l'article 75-1 de la Constitution) », *LPA* 2008, n° 254, p. 123-124.

Le principe de libre administration

- Bacoyannis (C.), *Le principe de libre administration des collectivités locales*, Economica-PUAM, 1993.
- Moreau (J.), Darcy (G.), *La libre administration des collectivités locales*, Economica-PUAM, 1984.
- Roux (A.), « Le principe constitutionnel de la libre administration des collectivités locales », *RFDA*, 1992, p. 435.
- Roux (A.), Constitution, expérimentation et décentralisation, *études en l'honneur de L. Philip*, Economica, 2005, p. 207.

La démocratie locale

- Oraison (A.), « La reconnaissance de la « démocratie participative » par l'article 72-1 de la Constitution », *RD publ.* 2004 (3), pp. 633-658.
- Rasera (M.), *La démocratie locale*, LGDJ, coll. « Systèmes », 2002.
- Sadran (P.), « La démocratie locale », in *Les Collectivités locales en France*, La Documentation française (Notices), 2002.

Les Départements d'Outre-mer

- Boyer (A.), « Sur quelques questions soulevées par l'habilitation des départements et régions d'Outre-mer en matière législative », *RFDA* 2009, p. 61-66.
- Thiellay (J.-Ph.), *Le droit des outre-mers*, Dalloz, coll. « Connaissance du droit », 2e éd., 2011.
- Verpeaux (M.), « Les innovations intéressant l'Outre-mer : modifications des articles 72-3, 73 et 74-1 de la Constitution », *LPA*, n° 254, p. 120-122.

CHAPITRE 4

Les institutions La division horizontale du pouvoir : l'exécutif

La Constitution de 1958 institue un exécutif bicéphale [Étymologie : bi (du latin *bis*) = deux et céphalé (du grec *kephalê*) = tête], ou dualiste, composé du président de la République et du Gouvernement conduit par le Premier ministre.

I. Le chef de l'État : le président de la République

A. Origine et statut du président dela République

a. Origine

Le président de la République apparaît pour la première fois en France sous la IIe République (art. 43 de la Constitution), le premier président de la République (élu au suffrage universel direct) sera Louis-Napoléon Bonaparte. Après le Second Empire, l'institution réapparaît sous la IIIe République (premier président A. Thiers, puis E. de Mac-Mahon, dernier président A. Lebrun) et la IVe République (V. Auriol, R. Coty).

Le coup d'État de Louis-Napoléon Bonaparte, qui mit fin à la IIe République sera lourd de conséquences quant au système de désignation du président de la République. On a longtemps considéré que l'élection au suffrage universel direct risquait de conduire à une trop forte personnalisation du pouvoir et nuisait à la démocratie. C'est la raison pour laquelle les différents présidents n'étaient élus qu'au suffrage universel indirect (IIIe et IVe Républiques ainsi que les débuts de la Ve République).

b. Désignation du président de la République

Initialement, le président de la République était élu au suffrage universel indirect par un collège électoral (art. 6 de la Constitution) composé des membres du Parlement, des conseils généraux et des assemblées des TOM, ainsi que des représentants élus des conseils municipaux (au total environ 80 000 électeurs). Ce collège était composé de notables issus pour la majorité de communes rurales ou de petites villes. Ce système présentait l'avantage de limiter considérablement l'influence des partis politiques sur la désignation du président de la République.

La loi référendaire adoptée par le peuple le 28 octobre 1962 (promulguée le 6 novembre), va instaurer l'élection du président de la République au suffrage universel direct suivant le scrutin uninominal majoritaire à deux tours (art. 7 de la Constitution).

L'élection au suffrage universel direct se heurtait à l'existence de la Communauté regroupant les territoires africains qui comptaient plus d'habitants que la métropole. Le système retenu en 1958 n'offrait la possibilité de participer à l'élection du président de la République qu'à 4 000 électeurs pour l'ensemble de la Communauté (soit 5 % du collège électoral). Après l'accession des territoires africains à l'indépendance, la question ne se posait plus et l'élection au suffrage universel direct était alors envisageable.

> ***Nota*** : si à l'origine de la Ve République l'élection du président de la République avait pour objectif d'éviter l'écueil que celui-ci soit lié par des considérations partisanes et qu'il soit ainsi placé au-dessus de tout système partisan, les primaires, notamment ouvertes, mises en place progressivement par les différents partis politiques ont pour effet d'effacer ce but originel et de « politiser » davantage la fonction présidentielle.[1]

1. Le déroulement de l'élection présidentielle

L'élection du président de la République est régie par la Constitution (art. 6, 7 et 58), la loi organique n° 62-1292 du 6 novembre 1962 modifiée dernièrement par la loi organique 2016-506 du 25 avril 2016 et le décret n° 2001-213 du 8 mars 2001 (l'art. 34 de ce décret abroge le décret n° 64-231 du 14 mars 1964 qui régissait auparavant l'élection), modifié par le décret n° 2006-459 du 21 avril 2006, n° 2007-136 du 2 février 2007 et n° 2016-1819 du 26 décembre 2016).

La date de l'élection est fixée par le gouvernement. Elle doit être comprise entre 20 et 35 jours avant l'expiration normale du mandat ou après la vacance ou la constatation de l'empêchement définitif (voir plus loin).

1. La fragilité des primaires a été mise en lumière par la candidature et l'élection de E. Macron. Dès les premières semaines de sa présidence, E. Macron a accentué ce phénomène de politisation de la fonction présidentielle en se présentant le premier devant le Congrès, et laissant par la suite le Premier ministre poser la question de confiance à l'Assemblée nationale à la fin de son discours de politique générale.

CHRONOLOGIE DE L'ÉLECTION PRÉSIDENTIELLE

Jour précédent le scrutin	Événement
Au plus tard à 18 heures le 6e vendredi précédent le scrutin	• Présentation des candidatures adressées au Conseil constitutionnel par 500 citoyens (parlementaires, conseillers régionaux et départementaux, membres du conseil supérieur des Français de l'étranger, membre des assemblées des territoires d'Outre-mer, membres de l'assemblée de Corse, membres du conseil de Paris, membres du conseil de la métropole de Lyon, maires des arrondissements de Paris, Lyon et Marseille, maires et présidents des métropoles, communautés urbaines, des communautés d'agglomération et des communautés de communes, président de la Polynésie française, président du gouvernement de la Nouvelle-Calédonie, représentants français élus en France au Parlement européen). Les signatures : proviennent de 30 départements ou COM sans qu'un département ou COM (COM : Collectivités d'Outre-mer depuis 2003) puisse à lui seul réunir plus d'1/10e du total des signatures. (Article 3-1, loi du 6 novembre 1962 modifié en 1976). Depuis 2011, certaines formations politiques procèdent à la désignation du candidat par des primaires ouvertes à tous les électeurs inscrits sur les listes électorales moyennant une participation financière modique (primaire ouverte) qui permettent la désignation d'un candidat d'un parti en vue d'une élection. Les opérations de vote sont contrôlées par une autorité chargée de valider les scrutins. Il n'y a pas en principe de primaire au sein de son parti politique lorsque le président de la République sortant est candidat à sa réélection ce qui a presque toujours été le cas (à l'exception de F. Hollande en 2017). • Dépôts par les candidats des déclarations de situation patrimoniale au Conseil constitutionnel (art. 9-2, décret du 8 mars 2001)
3e vendredi précédant le premier tour	• Publication de la liste des candidats au *Journal officiel* (art. 3-I, loi du 6 novembre 1962 modifiée et art. 7 décret du 8 mars 2001). • Réclamation contre l'établissement de la liste des candidats devant le Conseil constitutionnel par toute personne ayant fait l'objet d'une présentation (art. 8, décret du 8 mars 2001). • Transmission par le Conseil constitutionnel des déclarations de situation patrimoniale à la Haute autorité pour la transparence de la vie publique (art. 9-4, décret du 8 mars 2001).
2e lundi avant le premier tour	• Début de la campagne électorale (art. 10 décret du 8 mars 2001).
La veille du scrutin à 0 heures	• Fin de la campagne électorale (art. 10, décret du 8 mars 2001).
Jour 0 (jour du premier tour)	• Premier tour de scrutin (un dimanche) (art. 7 de la Constitution). • Les éventuels requérants disposent de 48 heures pour contester la régularité des opérations électorales devant le Conseil constitutionnel (art. 30 décret du 8 mars 2001). • Début de computation de la date du second tour éventuel de scrutin (prévu dans 15 jours, nouvelle rédaction loi constitutionnelle du 28 mars 2003 : le quatorzième jour suivant le 1er tour de scrutin).

14ᵉ jour avant le second tour (nouvelle rédaction de l'article 7)	• Mercredi 20 heures. Le Conseil constitutionnel fait connaître le nombre de suffrages obtenu par les candidats : élection (en cas de majorité absolue) ou 2 candidats pour le second tour (ceux ayant obtenu le plus grand nombre de voix, art. 7 de la Constitution et art. 29 décret du 8 mars 2001). • Début de la campagne électorale pour le second tour, durée (10 jours, art. 10 décret du 8 mars 2001).
La veille du second tour à 0 heure	• Fin de la campagne électorale (art. 10 décret du 8 mars 2001).
Jour 0 (jour du deuxième tour)	• Deuxième tour de scrutin (art. 7 de la Constitution).
10 jours après le second tour	• Le Conseil constitutionnel dispose d'un délai maximum de 10 jours pour proclamer les résultats de l'élection (art. 29 décret du 8 mars 2001).
11 jours après le second tour	• Publication au *Journal officiel* du nom du candidat élu (1 jour après la proclamation des résultats par le Conseil constitutionnel, art. 3-III loi de 1962).

2. Le financement de la campagne électorale

Le régime du financement des campagnes électorales découle de la loi organique du 19 janvier 1995 modifiée. Elle prohibe le financement des campagnes par les États étrangers et par les personnes morales de droit public, privé et étrangères. Elle instaure un plafond en matière de dépenses et organise le remboursement forfaitaire des candidats en fonction du score obtenu.

Les candidats sont tenus de produire leurs comptes de campagnes qui auparavant étaient obligatoirement examinés par le Conseil constitutionnel. Désormais (loi organique du 6 avril 2006) cette tâche est confiée à la Commission nationale des comptes de campagne et des financements politiques (CNCCFP). La Commission est à la fois une autorité administrative indépendante (qui : instruit contradictoirement chaque compte de campagne ; approuve, le cas échéant après réformation, ou rejette le compte de campagne ; arrête le montant du remboursement forfaitaire à verser par l'État au candidat ; le cas échéant, constate l'absence de dépôt de compte de campagne) et un juge de « plein contentieux » (c'est-à-dire disposant du pouvoir de reprendre l'examen de fond en comble et de substituer sa propre décision à celle de l'autorité) contrôlant contradictoirement les décisions de cette autorité. Cependant, pour un second examen, les candidats peuvent contester devant le Conseil constitutionnel toutes les décisions de la CNCCFP qui les concernent (rejet du compte, réformation, fixation du montant du remboursement forfaitaire). C'est d'ailleurs sur appel de la décision de la CNCCFP que le candidat Sarkozy a vu le Conseil constitutionnel rejeter ses comptes de campagne

(Cons. const., déc. nº 2013-156 PDR du 4 juillet 2013). Toutefois, malgré l'alignement sur le droit commun du financement de la campagne électorale, aucune sanction n'est prévue au cas où un candidat dépasserait les plafonds des dépenses à part l'absence de versement du remboursement forfaitaire qui lui impose de supporter, le cas échéant avec l'aide de son parti, l'ensemble des dépenses engagées (pas d'inéligibilité en revanche). Le décret du 26 décembre 2016 organise les déclarations de situation patrimoniale des candidats à l'élection présidentielle (art. 9-1 à 9-7 du décret du 8 mars 2001) déposées au Conseil constitutionnel au plus tard le dernier jour de réception des présentations et transmises par ce dernier à la Haute Autorité pour la transparence de la vie publique qui conserve ces déclarations jusqu'à la fin du mandat du président de la République.

3. Le contentieux de l'élection

- Le Conseil constitutionnel veille à la régularité de l'élection. Il statue uniquement sur les réclamations présentées par les candidats ou le représentant de l'État. Les électeurs ont simplement le droit de contester la régularité des opérations en indiquant au procès-verbal de celles-ci leur réclamation (décret du 8 mars 2001, art. 30, V. également à propos de l'irrecevabilité des recours présentés par les électeurs au Conseil constitutionnel, décision du 8 mai 2002 proclamant les résultats définitifs de l'élection présidentielle).

> **REMARQUE**
>
> Les contestations doivent être faites dans un délai de 48 heures suivant la clôture du scrutin.

- Le Conseil constitutionnel est également compétent pour statuer sur l'établissement de la liste des candidats, à la demande d'une personne ayant fait l'objet de présentations. Les réclamations doivent parvenir au Conseil constitutionnel avant l'expiration du jour suivant celui de la publication au *Journal officiel* de la liste des candidats. Le Conseil constitutionnel se prononce ainsi curieusement sur les réclamations concernant la liste des candidats avant le scrutin. (Voir Cons. const., 6 avril 1995, *Néron*).
- En revanche, le Conseil constitutionnel n'est pas compétent en ce qui concerne le contrôle du déroulement de la campagne électorale. Ce contrôle est effectué par une autorité non juridictionnelle la Commission de contrôle de la campagne électorale (décret du 8 mars 2001, art. 13 et s.), présidée par le vice-président du Conseil d'État et comprenant le premier président de la Cour de cassation, le premier président de la Cour des comptes ainsi que deux membres appartenant à ces trois juridictions.

Cette commission est chargée d'une mission de surveillance et a un rôle consultatif (depuis l'élection de 1995, le rapport établi par la Commission est publié au *Journal officiel*).
D'autres organismes sont également appelés à intervenir en particulier la commission de contrôle des sondages et le Conseil supérieur de l'audiovisuel (CSA) qui veille au respect du pluralisme et de l'égalité lors de la campagne radiotélévisée.

4. La loi constitutionnelle du 18 juin 1976

Ce texte prévoit l'hypothèse du décès ou de l'empêchement d'un candidat qui n'avait pas été initialement prévue par la Constitution.
Les conséquences du décès ou de l'empêchement d'un candidat s'apprécient différemment suivant la date du décès ou de l'empêchement.

Date du décès ou de l'empêchement	Conséquences
• Décès ou empêchement dans les 7 jours précédant la date limite de dépôt des candidatures	• Le Conseil constitutionnel dispose du pouvoir discrétionnaire d'apprécier ou non s'il convient de reporter l'élection (loi constitutionnelle du 18 juin 1976 ; art. 7 de la Constitution).
• Décès ou empêchement entre la date du dépôt de candidature et le premier tour	• Le Conseil constitutionnel prononce le report de l'élection (loi constitutionnelle du 18 juin 1976 ; art. 7 de la Constitution).
• Décès ou empêchement entre les deux tours touchant l'un des deux candidats ayant obtenu le plus grand nombre de voix	• Le Conseil constitutionnel est tenu de faire procéder à nouveau à l'ensemble des opérations électorales.

Nota : le Conseil constitutionnel peut proroger les délais de l'élection sans que le scrutin puisse avoir lieu plus de 35 jours après la date de sa décision (art. 7 de la Constitution). Mais si en raison d'événements, l'élection se trouve reportée à une date postérieure à l'expiration des pouvoirs du président de la République en exercice, ce dernier demeure en fonction jusqu'à la désignation de son successeur.

c. Statut du président de la République

1. Le mandat et sa durée : du septennat au quinquennat

Le président de la République était auparavant élu pour 7 ans (art. 6 de la Constitution) : le septennat.

Origine du septennat

– Loi constitutionnelle du 18 novembre 1873 qui confie au Maréchal de Mac-Mahon (monarchiste) les fonctions de président de la République pour 7 ans (dans l'espoir que durant ce délai le prétendant au trône finisse par accepter le drapeau tricolore).

– 30 janvier 1875 : amendement Wallon (loi constitutionnelle du 25 février 1875, IIIe République) qui constitutionnalise réellement le septennat et en fait un principe républicain (l'amendement pérennise la République dont l'avenir était incertain en raison de la division presque égale de la Chambre des députés entre monarchistes et républicains).

Nota : sous la IIe République (1848) le mandat du président de la République était de 4 ans.

Critique du septennat

Le septennat a fait l'objet de certaines critiques systématisées en particulier par le Comité consultatif pour la révision de la Constitution dit Comité Vedel.

Principes	Arguments
Quinquennat (durée portée à 5 ans)	• La durée de 7 ans est trop longue maintenant en raison de « l'accélération » de l'histoire. • On ne peut pas reconnaître ensemble la durée de 7 ans et l'irresponsabilité politique du président de la République. • Un mandat de 5 ans n'entraînerait pas plus qu'un mandat de 7 ans des campagnes électorales ininterrompues ce qui est déjà le cas. • Le mandat de 5 ans permettrait au président de la République d'engager plus souvent sa responsabilité devant le peuple lors des élections (élection sanction). • En principe, le quinquennat devrait éviter les périodes de « cohabitation » s'il y a dissolution automatique de l'Assemblée nationale après l'élection du président de la République.
Septennat renouvelable	• Le septennat est une tradition républicaine. • Le septennat permet d'assurer un meilleur équilibre entre le président de la République et le gouvernement. • Le septennat permet au président de la République de prendre un certain recul par rapport aux autres acteurs du jeu politique. • Le septennat permet de mieux assurer l'autorité du président de la République dans la conduite des relations internationales.
Septennat non renouvelable	• Une durée se limitant à 7 ans est suffisante pour l'accomplissement d'un projet politique. • Le non renouvellement réduit les risques de conflit avec le Premier ministre. • L'autorité internationale du président de la République y gagnerait avec un seul mandat non renouvelable.

Adoption du quinquennat

Origine et adoption du quinquennat
• Le quinquennat trouve son origine dans une proposition de révision parlementaire (proposition de V. Giscard D'Estaing). La proposition instaurait un quinquennat limité à deux mandats successifs (10 ans). Le président de la République (J. Chirac) s'est rallié en

juin 2000 à la réforme mais selon la formule dite du quinquennat « sec » c'est-à-dire sans limitation du nombre de mandats successifs. Conformément à l'article 89 de la Constitution, la proposition de révision de l'article 6 de la Constitution est soumise au référendum (obligatoire car il s'agit d'une initiative parlementaire). La révision est adoptée le 24 septembre 2000 et la loi constitutionnelle n° 2000-964 *relative à la durée du mandat du président de la République* promulguée le 2 octobre 2000 modifie l'article 6 al. 1 de la Constitution. Celle du 23 juillet 2008 limite à 2 quinquennats **successifs** le mandat présidentiel.

Les textes modifiés par le quinquennat

- **La constitution de 1958** : Art. 6 al. 1 : « *Le président de la République est élu pour 5 ans au suffrage universel direct* ». Art. 6 al. 2 : « *Nul ne peut exercer plus de deux mandats consécutifs* » (Loi const. 23 juillet 2008).
- **La loi organique n° 62-1292 du 6 novembre 1962** *relative à l'élection du président de la République au suffrage universel direct* a été modifiée par la loi organique n° 2001-100 du 5 février 2001.
- **Le décret n° 64-231 du 14 mars 1964** *portant règlement d'administration publique pour l'application de la loi organique n° 62-1292 du 6 novembre 1962* est abrogé et remplacé par le décret (plus précis et plus clair) n° 2001-213 du 8 mars 2001.

Les questions soulevées par l'adoption du quinquennat

- **La question du calendrier des élections :** la réforme de la durée du mandat présidentiel a soulevé la question du calendrier électoral et de la combinaison entre l'élection présidentielle et les élections législatives.

Deux solutions étaient envisageables. Soit les élections législatives devaient précéder l'élection présidentielle, soit les élections législatives suivaient l'élection présidentielle : c'est la solution qui a été retenue car elle semble plus conforme à l'esprit de la Constitution. À cet effet, **la loi organique du 24 avril 2001 a prorogé les pouvoirs de l'Assemblée nationale** jusqu'au 3e mardi de juin. De cette façon les législatives suivront l'élection présidentielle et non l'inverse. En effet, un président de la République élu après l'Assemblée nationale aurait toujours conservé la faculté de dissoudre celle-ci en vertu de l'article 12 de la Constitution.

- **La question de la cohabitation :** le quinquennat a pour objectif de limiter les risques de cohabitation (Divergence politique entre la majorité présidentielle et la majorité à l'Assemblée nationale). En faisant coïncider la durée du mandat présidentiel et celle de la législature de l'Assemblée nationale, on limite les risques de cohabitation d'autant que la réforme du calendrier électoral place en principe les élections législatives juste après l'élection présidentielle. On peut augurer que les électeurs voteront en faveur de la même tendance politique (c'est cependant ignorer la personnalisation de l'élection présidentielle qui peut entraîner des différences sensibles de vote).
- **La question de la nature du régime :** il s'agit d'une question constitutionnelle car en changeant la durée du mandat présidentiel on risque de modifier la nature du régime. Certains ont pu considérer que le régime serait transformé en régime présidentiel. Si, pour la science politique l'expression peut sembler juste car elle qualifie un régime dans lequel le président occupe une place prépondérante, **elle n'est pas transposable en droit constitutionnel car le régime présidentiel qualifie un régime de séparation stricte des pouvoirs** (cf. Première partie). Le régime restera parlementaire tant qu'existeront la responsabilité politique du Gouvernement et le droit de dissolution. Le quinquennat devrait certes renforcer la place du Président et restaurer le phénomène majoritaire (président de la République, Assemblée nationale et Gouvernement de même tendance politique) mais il ne modifie pas le régime de séparation des pouvoirs.

2. L'échéance du mandat présidentiel

À l'expiration du délai de 5 ans et afin d'éviter tout risque de vacance, l'article 7 al. 3 de la Constitution prévoit que l'élection du nouveau président de la République a lieu 20 jours au moins et 35 jours au plus avant l'expiration des pouvoirs du président en exercice.
Il peut cependant arriver que le président de la République n'achève pas son mandat. Deux cas sont prévus : vacance ou empêchement.

Expiration anticipée	Définition	Causes	Conséquences	Exemples
Vacance	• Hypothèse dans laquelle la fonction est privée de son titulaire. Impossibilité définitive pour le président de la République de remplir ses fonctions.	• Décès. • Démission. • Destitution par la Haute cour pour manquement à ses devoirs manifestement incompatible avec l'exercice de son mandat.	• Intérim par le président du Sénat.	• 27 avril 1969 : démission du Général de Gaulle. • 2 avril 1974 : décès de G. Pompidou.
Empêchement	• Empêchement **temporaire** : cas dans lequel le président de la République est provisoirement empêché de remplir ses fonctions. • Empêchement **définitif** : il résulte de la transformation de l'empêchement temporaire.	• État de santé hospitalisation). • Mise en jeu de la responsabilité pour comportement incompatible avec l'exercice de la fonction. • Incapacité matérielle de remplir ses fonctions (enlèvement…).	• Empêchement **temporaire** : – constatation par le Conseil constitutionnel à la demande du Gouvernement (texte très imprécis). – intérim par le président du Sénat. • Empêchement **définitif** : – constatation par le Conseil constitutionnel à la demande du gouvernement, – intérim par le président du Sénat, – ouverture du délai de 20 à 35 jours durant lequel doit avoir lieu l'élection présidentielle.	• L'empêchement temporaire ne s'est jamais réalisé, le président de la République a toujours pu organiser une suppléance. • L'empêchement définitif ne s'est jamais réalisé.

3. La suppléance et l'intérim du président de la République

Suppléance	Intérim
Définition	
Hypothèse dans laquelle le président de la République est remplacé pendant une courte période pour une absence momentanée. La suppléance n'est pas automatique : elle doit être expressément organisée par le président de la République (art. 21 de la Constitution).	Hypothèse dans laquelle le président du Sénat est appelé à exercer les fonctions de président de la République en cas de vacance ou d'empêchement temporaire ou définitif du président en exercice. À la différence de la suppléance, l'intérim joue de manière automatique. L'intérim est ouvert par la déclaration du Conseil constitutionnel constatant la vacance ou l'empêchement (art. 7 de la Constitution).
Autorité	
• Premier ministre, Conseil des ministres et conseils et comités supérieurs de la défense nationale (art. 21 de la Constitution). • Garde des Sceaux ministre de la Justice : Conseil supérieur de la magistrature (art. 65 de la Constitution).	• Président du Sénat. • Gouvernement (si le président du Sénat est lui-même empêché).
Limites	
La suppléance ne peut s'exercer qu'en vertu d'une délégation expresse et pour un ordre du jour déterminé.	• Pas de recours à l'article 11 (référendum). • Pas de dissolution de l'Assemblée nationale (art. 12 de la Constitution). • En cas d'empêchement définitif, même limite plus : – pas de mise en cause de la responsabilité gouvernementale (art. 49-2) ; – pas de révision de la Constitution (art. 89).
Applications	
• 21 avril 1964 Le président de la République confie la présidence du Conseil des ministres au Premier ministre (Cause : opération chirurgicale du Général de Gaulle). • 30 septembre 1964 : voyage du Général de Gaulle en Amérique latine. • 14 février 1973 : maladie de G. Pompidou. • 16 septembre 1992 et 20 juillet 1994 : opérations chirurgicales de F. Mitterrand.	• Du 28 avril au 19 juin 1969 (durée 53 jours) : démission du Général de Gaulle et intérim d'A. Poher. • Du 2 avril au 24 mai 1974 (durée 56 jours) : décès de G. Pompidou et intérim d'A. Poher. ***Nota*** : dans les deux cas l'intérim a joué pour cause de vacance de la présidence, mais cette vacance a été constatée par le Conseil constitutionnel alors que les textes ne le prévoient pas.

d. La responsabilité du président de la République

Depuis la révision constitutionnelle du 23 février 2007, le président de la République peut voir sa responsabilité engagée pendant l'exercice de son mandat de deux manières : la destitution et la responsabilité devant la Cour pénale internationale.

1. La destitution **(art. 68 de la Constitution)**

En vertu de l'article 68 de la Constitution, le président de la République ne peut être destitué qu'en cas de manquement à ses devoirs manifestement incompatible avec l'exercice de son mandat. Cette rédaction est issue d'une révision constitutionnelle du 23 février 2007 modifiant les articles 67 et 68 de la Constitution. Auparavant il était fait uniquement mention du cas de haute trahison lequel soulevait des questions de définition.

Le manquement introduit par la révision de 2007 n'est pas défini par sa nature ou par sa gravité, mais par son caractère inconciliable avec la poursuite du mandat, c'est-à-dire avec la dignité de la fonction présidentielle. Le manquement peut renvoyer au comportement privé du président de la République, comme à son comportement politique. La destitution permet de dépasser, pour l'appréciation du motif de la sanction, la question de son caractère détachable ou non de l'exercice du mandat. Surtout la destitution est différente de la responsabilité pénale. Par exemple elle peut être déclenchée parce que le président de la République a souhaité mettre en œuvre l'article 16 de la Constitution alors que les conditions n'étaient pas réunies pour ce faire, ou parce qu'il a refusé de promulguer des lois adoptées par le Parlement, ce qui ne constitue pas une infraction pénale. Le chef de l'État pourrait également être destitué après avoir commis un délit ou un crime, que ce soit avant ou après le début de son mandat.

> ***Nota*** : c'est la Commission présidée par le professeur P. Avril (constituée en juillet 2002 par le président de la République afin de réfléchir sur le statut pénal du président de la République) qui est à l'origine de la révision constitutionnelle du 23 février 2007.

2. La procédure (loi organique n° 2014-1392 du 24 novembre 2014 portant application de l'article 68 de la Constitution)

La procédure est prévue en trois temps :

L'initiative de la procédure
La procédure peut être déclenchée, à l'initiative d'au moins 1/10e de leurs membres, par l'Assemblée nationale ou le Sénat en adoptant à la majorité des deux tiers (347 voix pour l'Assemblée nationale, 208 voix pour le Sénat en 2001) une proposition de résolution motivée tendant à la réunion de la Haute cour. La seconde assemblée doit ensuite se prononcer dans les quinze jours. Si elle n'adopte pas cette proposition, la procédure est alors terminée. **Nota** : la loi organique ne peut pas limiter le droit de chaque parlementaire à la signature d'une seule proposition de résolution par mandat présidentiel (Cons. const., déc. n° 2014-703 DC du 19 novembre 2014).

►

L'instruction et les débats devant la Haute Cour

L'article 68, 3e alinéa, dispose que la Haute cour est présidée par le président de l'Assemblée nationale. Une fois la décision prise par les deux chambres de la réunir, la Haute cour statue dans le délai d'un mois. Une commission constituée de six vice-présidents de l'Assemblée nationale et de six vice-présidents du Sénat est chargée de recueillir toute information nécessaire à l'accomplissement de sa mission par la Haute Cour. La composition de la commission s'efforce de reproduire la configuration politique de chaque assemblée. La commission dispose des prérogatives reconnues aux commissions d'enquête (voir chap. 5, 2e partie), elle élabore dans les 15 jours suivant l'adoption de la résolution un rapport rendu public. Les débats de la Haute Cour sont publics. Outre les membres de la Haute Cour, peut seul y prendre part le président de la République. Le fonctionnement de la Haute Cour (notamment la détermination du temps minimal de parole) doit être précisé par son règlement intérieur dont la constitutionnalité aura préalablement été contrôlée par le Conseil constitutionnel (art. 61, al. 1 const., même contrôle que celui des règlements des assemblées).
Nota : le Premier ministre ne peut pas participer aux débats car il n'est pas concerné par la procédure de destitution et l'article 68 de la Constitution ne prévoit pas expressément sa participation (Cons. const., déc. n° 2014-703 DC préc.).

La décision de la Haute Cour

La Haute Cour (qui n'est plus « de justice », afin de marquer son caractère non juridictionnel), est composée de l'ensemble des parlementaires, députés et sénateurs, à l'image du Congrès pour la révision de la Constitution. La décision est prononcée par la Haute cour qui statue à bulletin secret. La destitution éventuellement prononcée est d'effet immédiat. L'article 68, 4e alinéa, prévoit pour chaque décision une majorité des deux tiers des membres, et non des seuls exprimés, seuls les votes favorables étant pris en compte. (Cette triple majorité des deux tiers – Assemblée nationale, Sénat et Haute cour – serait de nature à éviter toute destitution à caractère politique pour assurer que celle-ci n'interviendrait que dans les cas les plus graves. Afin d'assurer la totale sincérité de la décision, le vote aurait lieu à bulletins secrets).

3. La responsabilité devant la Cour pénale internationale

Cette responsabilité est prévue par l'article 67 de la Constitution selon lequel « Le président de la République n'est pas responsable des actes accomplis en cette qualité, sous réserve des dispositions des articles 53-2 et 68 ». L'article 53-2 qui a été introduit en 1999 précise que « La République peut reconnaître la juridiction de la Cour pénale internationale dans les conditions prévues par le traité signé le 18 juillet 1998 ». Il résulte de la combinaison de ces deux textes que le chef de l'État peut être traduit devant la Cour pénale internationale.

La compétence de la Cour pénale est limitée aux crimes de génocide, aux crimes contre l'humanité aux crimes de guerre et d'agression (Art. 5 de la Convention de Rome).

Nota : sous la Ve République la responsabilité du président de la République pour haute trahison n'a jamais été engagée. Le Conseil constitutionnel, saisi de la question de la conformité à la Constitution du traité portant statut de la Cour pénale internationale a précisé l'étendue de l'immunité dont bénéficie le président de la République en vertu de l'article 68 de la Constitution (Conseil constitutionnel, décision n° 98-408 DC du 22 janvier 1999). Cette immunité signifiait d'une part que le président de la République ne pouvait être poursuivi pour les actes accomplis dans l'exercice de ses fonctions hormis le cas de haute trahison, et d'autre part que pendant la durée de ses fonctions, la responsabilité pénale du président de la République ne pouvait être mise en cause que devant la Haute Cour. En conséquence, les juridictions de droit commun doivent se déclarer incompétentes (ex. : les décisions prises par le juge d'instruction, la Chambre régionale des comptes d'Île de France, jugements provisoires des 22 mars et 14 avril 1999 dans les affaires concernant le président J. Chirac). Se pose également la question de savoir si le président de la République peut être entendu par un juge d'instruction en qualité de simple témoin, à laquelle il convient de répondre, semble-t-il, par la négative.

e. L'irresponsabilité politique du président de la République

Le président de la République est politiquement irresponsable. Elle s'explique notamment par le fait qu'en vertu de l'article 5 de la Constitution le président de la République assure « par son arbitrage, le fonctionnement régulier des pouvoirs publics ainsi que la continuité de l'État » ainsi que par le fait qu'il est élu au suffrage universel direct. Les textes ne prévoient aucune procédure permettant de forcer le président à la démission pour des causes politiques. Mais cette irresponsabilité semble exorbitante et en contradiction avec les importantes attributions et le statut réel du président de la République.

Aussi la pratique a-t-elle consacré (sans aucun fondement juridique) une responsabilité politique devant le peuple. C'est ainsi que le Général de Gaulle a décidé de démissionner à l'issue du référendum de 1969. Cependant cette décision personnelle n'est en aucun cas obligatoire, elle relève de la seule volonté du président de la République. Le droit de dissolution de l'Assemblée nationale (art. 12 de la Constitution) peut être une cause de responsabilité politique du président de la République, dans la mesure où les élections anticipées appellent à l'Assemblée nationale une majorité opposée à sa politique. (cf. Jacques Chirac, dissolution du 21 avril 1997, et élections législatives des 25 mai et 1er juin 1997 qui n'ont pas provoqué la démission du président de la République). En réalité, la situation est plus complexe, car le jeu des institutions consistera à détourner l'hostilité manifestée à l'encontre du président de la République vers le Premier ministre et le Gouvernement (véritable bouclier du président). Cela explique la démission du Premier ministre A. Juppé à l'issue des résultats du premier tour de scrutin en mai 1997.

La loi constitutionnelle du 23 février 2007 a posé le principe de l'irresponsabilité du chef de l'État en précisant dans l'article 67 de la Constitution que : « Le président de la République n'est pas responsable des actes accomplis en cette qualité [...] ». Il s'agit d'une irresponsabilité complète sauf les cas de la Haute cour et de la Cour pénale internationale.

> ***Nota*** : la révision constitutionnelle met un terme à une controverse opposant le Conseil constitutionnel (décision n° 98-408 DC du 22 janvier 1999) estimant que l'article 67 posait un privilège de juridiction au profit du chef de l'État et la Cour de cassation (10 octobre 2001 *Breisacher*) considérant que les juridictions pénales de droit commun demeuraient compétentes à l'égard du président de la République pour tous les actes autres que le crime de haute trahison.

De surcroît, l'article 67 al. 2 précise qu'« Il ne peut, durant son mandat et devant aucune juridiction ou autorité administrative française, être requis de témoigner non plus que faire l'objet d'une action, d'un acte d'information, d'instruction ou de poursuite ». Cette disposition pose le principe de l'inviolabilité et met un terme à la question qui s'était posée de savoir si le président de la République pouvait être entendu en qualité de témoin par une juridiction (voir *supra*).

Toutefois à l'expiration de son mandat, le président de la République redevient un citoyen « normal » et l'article 67 al. 3 précise ainsi que « Les instances et procédures auxquelles il est ainsi fait obstacle peuvent être reprises ou engagées contre lui à l'expiration d'un délai d'un mois suivant la cessation des fonctions ». Afin d'éviter que le président de la République ne soit mis à l'abri par son inviolabilité, il est également précisé que les délais de prescription et de forclusion sont suspendus pendant l'exercice du mandat.

Le régime prévu par l'article 67 vise à protéger davantage la fonction que la personne. Il est dès lors logique que lorsque l'on n'a plus à protéger la fonction les poursuites juridictionnelles puissent être reprises à l'encontre de la personne qui a incarné la fonction de président de la République.

Ainsi, Jacques Chirac a été entendu en qualité de témoin le 19 juillet 2007 par le TGI de Nanterre (affaire *des emplois fictifs du RPR*. et mis en examen le 21 novembre 2007).

LISTE DES PRÉSIDENTS DE LA VE RÉPUBLIQUE

Nom	Date d'élection	Fin du mandat	Durée de la présidence
Charles de Gaulle	8 janvier 1959	8 janvier 1966	7 ans
Charles de Gaulle	8 janvier 1966	28 avril 1969 (démission)	3 ans et 3 mois
Georges Pompidou	19 juin 1969	2 avril 1974 (décès)	4 ans et 10 mois
Valéry Giscard d'Estaing	24 mai 1974	21 mai 1981	7 ans et 5 jours

►

François Mitterrand	21 mai 1981	20 mai 1988	7 ans
François Mitterrand	20 mai 1988	17 mai 1995	7 ans
Jacques Chirac	17 mai 1995	15 mai 2002	7 ans
Jacques Chirac	15 mai 2002	16 mai 2007	5 ans
Nicolas Sarkozy	10 mai 2007	17 mai 2012	5 ans
François Hollande	6 mai 2012	14 mai 2017	5 ans
Emmanuel Macron	7 mai 2017		

B. Les attributions du président de la République

L'article 5 de la Constitution énumère un certain nombre d'attributions générales qui sont propres au président de la République.

LE PRÉSIDENT DE LA RÉPUBLIQUE EN VERTU DE L'ARTICLE 5 DE LA CONSTITUTION

- Veille au respect de la Constitution.
- Assure par son arbitrage le fonctionnement régulier des pouvoirs publics.
- Assure par son arbitrage la continuité de l'État.
- Est le garant de l'indépendance nationale.
- Est le garant de l'intégrité du territoire.
- Est le garant du respect des traités.

Outre ces compétences générales qui renseignent sur la place du président de la République dans l'organisation constitutionnelle, la Constitution distingue dans son article 19 deux types d'attributions :
– celles qui sont exercées sans contreseing : les pouvoirs propres ;
– celles qui sont exercées avec contreseing : les attributions partagées.

Contreseing : de *contre* et de *seing* (signature). Le contreseing signifie que certains actes du président de la République doivent comporter la signature du Premier ministre et le cas échéant du ou des ministre(s) responsable(s), c'est-à-dire ceux auxquels incombent à titre principal la préparation et l'application des décrets signés du Chef de l'État (CE 10 juin 1966, *Pelou et autres*).

LE CONTRESEING A TROIS FONCTIONS

1re	Il permet d'authentifier la signature du président de la République.
2e	Il marque l'accord de volonté des cosignataires.
3e	Il permet de transférer la responsabilité à l'autorité contresignataire (Premier ministre).

Le contreseing est un élément indispensable du régime parlementaire dans lequel le chef de l'État est politiquement irresponsable. Politiquement, en dehors des périodes de cohabitation, le contreseing est une pure formalité. Mais, juridiquement, l'absence de contreseing est susceptible d'entacher l'acte d'irrégularité.

REMARQUE

Il convient de distinguer les contreseings du Premier ministre et le cas échéant des ministres responsables (art. 19 de la Constitution) des contreseings des ministres chargés de l'exécution des actes du Premier ministre (art. 22 de la Constitution), dont la signification est simplement l'engagement du ministre de faire exécuter l'acte. En conséquence, la notion de ministre responsable se distingue de celle de ministre chargé de l'exécution. Le président de la République est ainsi normalement tenu à l'écart des luttes partisanes, mais la responsabilité des actes est endossée par les autorités qui les ont contresignés (gouvernement).

a. Les attributions exercées sans contreseing : les pouvoirs propres du président de la République

Dispositions de la Constitution	Attributions
Article 8	• La nomination du Premier ministre : le président de la République choisit en principe librement le Premier ministre. Il met fin à ses fonctions sur présentation par celui-ci de la démission du gouvernement.
Article 11	• La soumission au référendum d'un projet de loi sur proposition du Gouvernement ou du Parlement.
Article 12	• La dissolution de l'Assemblée nationale (mais avec consultation du Premier ministre et des présidents de l'Assemblée nationale et du Sénat). La dissolution n'est pas possible : – dans l'année suivant une élection consécutive à une dissolution (*dissolution sur dissolution ne vaut*), – pendant l'application de l'article 16, – en période d'intérim.
Article 16	• Le recours et la mise en œuvre des pouvoirs exceptionnels 4 conditions : – existence de circonstances exceptionnelles, – consultation du Premier ministre, des présidents des assemblées et du Conseil constitutionnel, – information de la Nation par un message, – réunion de plein droit du Parlement. • L'article 16 n'a été appliqué qu'une seule fois en 1961. Les mesures prises en vertu de l'article 16 sont des actes de Gouvernement insusceptibles de recours (CE 2 mars 1962, *Rubin de Servens*).
Article 18	• Le droit de message aux deux assemblées. • La prise de parole (Loi constitutionnelle du 23 juillet 2008) : le chef de l'État peut prendre la parole devant le Parlement réuni en Congrès

	(ex. : premier cas : le 22 juin 2009 prise de parole du président Nicolas Sarkozy ; dernier cas à ce jour le 3 juillet 2017, prise de parole du président E. Macron).
Article 54	• La saisine du Conseil constitutionnel sur la conformité à la Constitution d'un engagement international.
Article 56	• La nomination de trois membres du Conseil constitutionnel : désignation du Président du Conseil constitutionnel.
Article 61	• La saisine du Conseil constitutionnel sur la conformité à la Constitution d'une loi ordinaire.
Article 71-1	• La nomination du défenseur des droits (loi constitutionnelle du 23 juillet 2008).

b. Les attributions exercées avec contreseing : les attributions partagées

Dispositions de la Constitution	Attributions
Article 8	• Le président de la République nomme et révoque les membres du Gouvernement sur proposition du Premier ministre. La nomination prend la forme d'un décret contresigné du Premier ministre.
Article 10	• La promulgation des lois : le Premier ministre contresigne la promulgation de la loi qui atteste de la régularité de la loi et rend celle-ci exécutoire. La promulgation clôt la procédure législative et ordonne à toutes les autorités de publier la loi (Cons. const., déc. n° 2001-448 DC du 25 juillet 2001). (***Nota*** : la saisine du Conseil constitutionnel qui statue selon les cas entre 8 et 30 jours, suspend le délai de promulgation qui est de 15 jours maximum à compter de la transmission de la loi définitivement adoptée au gouvernement).
Article 13	• La signature des ordonnances et des décrets. Les ordonnances sont contresignées par le Premier ministre mais le refus de signature des ordonnances par le président de la République entraîne leur inapplicabilité (cf. 1986 le président F. Mitterrand refuse de signer trois ordonnances). Le président de la République signe également les décrets et il participe de ce fait directement à l'exercice du pouvoir réglementaire. Le domaine de ce pouvoir réglementaire est susceptible d'extension si l'on observe qu'un bon nombre de décrets est pris en Conseil des ministres alors qu'aucun texte ne l'impose. (Voir en ce sens CE 10 déc. 1992, *Meyet*). Dès lors qu'un décret a été adopté en Conseil des ministres, sa modification ou son abrogation doit être adoptée en Conseil des ministres. • La nomination aux emplois civils et militaires de l'État et parmi ceux-ci des conseillers d'État, des ambassadeurs, des préfets, des recteurs des académies, les représentants de l'État dans les collectivités d'Outre-mer régies par l'article 74 et en Nouvelle-Calédonie (loi constitutionnelle du 28 mars 2003).

	• La liste des emplois est complétée par l'ordonnance organique n° 258-1136 du 28 novembre 1958. • Des lois organiques déterminent la liste des emplois ou fonctions pour lesquels, en raison de leur importance pour la garantie des droits et libertés ou la vie économique et sociale de la nation, le pouvoir de nomination du président de la République s'exerce après avis public de la commission permanente compétente de chaque assemblée. Le président de la République ne peut procéder à une nomination lorsque l'addition des votes négatifs dans chaque commission représente au moins trois cinquièmes des suffrages exprimés au sein des deux commissions. La loi détermine les commissions permanentes compétentes selon les emplois ou fonctions concernés. (Par exemple la loi organique du 5 mars 2009 *relative à la nomination des présidents des sociétés France Télévisions et Radio France et de la société en charge de l'audiovisuel extérieur de la France*).
Article 14	• L'accréditation des ambassadeurs et envoyés extraordinaires. C'est l'acte par lequel, le représentant d'un État est reconnu en cette qualité par le chef de l'État étranger où il assure les fonctions de représentation.
Article 17	• Le droit de grâce, c'est-à-dire la faculté de dispenser en totalité ou en partie, un condamné de sa peine ou de la transformer (commuer) en une peine plus douce. Le décret de grâce est contresigné par le Premier ministre et le ministre de la Justice. La révision constitutionnelle de 2008 a limité le droit de grâce aux seules grâces individuelles en supprimant ainsi la liberté laissée de recourir à des grâces collectives.
Articles 29 et 30	• La convocation du Parlement en session extraordinaire. Cette convocation se réalise sur la demande du Premier ministre ou des députés. Le décret de convocation est soumis au contreseing, mais le président de la République s'est arrogé la faculté de convoquer ou non le Parlement en session extraordinaire (cf. les précédents de 1960 et de 1987).
Article 15 **Article 35**	• Le Parlement autorise la déclaration de guerre. • Le président de la République est le chef des armées. De la combinaison de ces deux textes on déduit que l'autorisation de déclarer la guerre est accordée par le Parlement au président de la République. Toutefois la révision constitutionnelle de 2008 a prévu le cas plus moderne des interventions militaires à l'étranger (opérations extérieures) qui relève du Gouvernement sur information puis, si l'opération excède quatre mois, sur autorisation du Parlement.
Article 52	• Le président de la République négocie et ratifie les traités. Cette ratification doit, pour les traités touchant à des dispositions législatives (art. 53) être préalablement autorisée par le Parlement (loi autorisant la ratification d'un engagement international).
Article 72-4	• Le président de la République, sur proposition du Gouvernement pendant la durée des sessions ou sur proposition conjointe des deux assemblées, publiées au *Journal officiel*, peut décider de consulter les électeurs d'une collectivité territoriale située Outre-mer sur une question relative à son organisation, à ses compétences ou à son

	régime législatif, (nouvelle attribution introduite par la loi constitutionnelle du 28 mars 2003). Cette disposition s'applique également lorsqu'une collectivité territoriale d'Outre-mer change de statut (passage du régime d'assimilation de l'article 73 concernant les départements et régions d'Outre-mer à celui de spécificité de l'article 74 concernant les collectivités d'Outre-mer).
Article 88-5	• La soumission au référendum de tout projet de loi autorisant la ratification d'un traité relatif à l'adhésion d'un État à l'Union européenne et aux Communautés européennes.
Article 89	• L'initiative de la révision de la Constitution appartient concurremment au président de la République sur proposition du Premier ministre et aux membres du Parlement. Le pouvoir d'initiative du président de la République s'exerce sous la forme d'un décret contresigné qui désigne l'assemblée devant laquelle le projet de révision sera déposé et le ministre compétent pour défendre le projet de révision.

c. La présidence des conseils

Le président de la République préside en outre divers conseils.

Dispositions de la Constitution	Présidences de Conseils
Article 9	• La présidence du **Conseil des ministres** : le président de la République sur proposition du Premier ministre en arrête l'ordre du jour (il peut refuser d'inscrire un sujet en période de cohabitation) divisé généralement en trois parties (Partie A : projets de loi et de décret, Partie B : mesures individuelles, Partie C : communication). Le président de la République joue un rôle important dans le déroulement du Conseil des ministres d'autant que c'est lui qui arbitre les débats et clôt les éventuelles discussions par son pouvoir de décision.
Article 15	• La présidence des **Conseils et comités supérieurs de la Défense nationale** au nombre de 4 : – le Conseil de défense et de sécurité nationale (décret du 24 décembre 2009, fusionne le Conseil de sécurité intérieure et le Conseil de défense, dirige la défense générale) – le Conseil de défense restreint (dirige la défense militaire en cas de crise) – le Conseil des armements nucléaires (décret du 24 décembre 2009) – le Conseil national du renseignement (décret du 24 décembre 2009) Il convient de noter que les relations entre l'Élysée et Matignon sont assurées par le Secrétariat général de la Défense nationale (SGDN) qui s'occupe de l'administration des différents Conseils.
Article 65	La présidence du **Conseil supérieur de la magistrature** a été supprimée par la révision constitutionnelle du 23 juillet 2008 afin de mieux garantir l'indépendance de l'autorité judiciaire vis-à-vis du pouvoir exécutif.

LES SERVICES DE LA PRÉSIDENCE

L'état-major particulier
Des officiers généraux et supérieurs des trois armes plus 2 aides de camp, assistent le président dans son rôle de chef des armées.

Le secrétariat général
Le secrétaire général plus 14 à 25 membres assurent le lien entre les services de la Présidence, le gouvernement et l'administration, ils instruisent les dossiers importants. Il comprend des conseillers techniques et des chargés de mission.

Le président de la République

Les conseillers spéciaux
Situés hors hiérarchie, ils sont en relation directe avec le président.

Le Cabinet
Le directeur du Cabinet plus une dizaine de membres assurent la gestion de la Présidence : emploi du temps, sécurité, déplacements du président, contrôle du service administratif et financier et les relations avec les « forces vives » du pays : syndicats, partis politiques, associations…

Le Conseil de défense et de sécurité nationale
Créé par le décret du 24 décembre 2009, il a pour rôle de définir les orientations en matière de programmation militaire, de dissuasion, de conduite des opérations extérieures, de planification des réponses aux crises majeures, de renseignement, de sécurité économique et énergétique, de programmation de sécurité intérieure concourant à la sécurité nationale et de lutte contre le terrorisme. Présidé par le président de la République, il comprend le Premier ministre, les ministres de la défense, de l'intérieur, de l'économie, du budget et des affaires étrangères. D'autres ministres peuvent se joindre à ce noyau.

II. Le Premier ministre et le gouvernement

A. Le Premier ministre

Origine. L'institution du Premier ministre en France est relativement nouvelle. Le Premier ministre apparaît dans la *pratique* de la IIIe République sans qu'aucun texte ne le consacre expressément, la pratique voulant que le président du Conseil des ministres soit le chef du gouvernement. La consécration textuelle du Premier ministre apparaît dans la Constitution du 27 octobre 1946 (IVe République), elle sera conservée et amplifiée dans la Constitution de 1958.

LES DEUX SITUATIONS DU CHEF DU GOUVERNEMENT

« ***Primus inter pares*** » : le premier entre les pairs (les égaux)	• Le chef du Gouvernement ne se distingue pas alors constitutionnellement des autres ministres. Il ne dispose pas d'une prééminence en droit sur les autres membres du Gouvernement et les décisions doivent en principe être adoptées collégialement sans dernier mot du chef du gouvernement.
« ***Primus inter partes*** » : le premier entre les parties (les membres du gouvernement)	• Le chef du Gouvernement est alors celui auquel la Constitution confère un véritable **pouvoir d'impulsion** et de **direction** ainsi que **d'arbitrage de l'action gouvernementale**. Ce véritable Premier ministre (et non premier des ministres) aura le dernier mot en cas de conflit entre plusieurs membres de son gouvernement.

En droit, la question de la prééminence ou des pouvoirs du Premier ministre français laisse quelques doutes, mais il est indéniable que celui-ci dispose véritablement de prérogatives de direction, cependant son statut n'est guère différent de celui des autres membres du gouvernement. De surcroît, la prépondérance du Premier ministre ne va pas sans poser de difficultés surtout face à un ministre qui occupe une place capitale et dispose de pouvoirs très importants : le ministre de l'Économie et des Finances.

a. Le statut du Premier ministre

Article 8 de la Constitution : Le Premier ministre est nommé par décret du président de la République (un pouvoir propre).

LE CHOIX DU PREMIER MINISTRE

Le choix du Premier ministre par le président de la République est discrétionnaire, cependant, lorsque le Parlement et en particulier l'Assemblée nationale n'appartient pas à la majorité politique dont est issu le président de la République, ce dernier est appelé à désigner un Premier ministre issu de cette nouvelle majorité car toute autre solution serait vouée à l'échec (risque de paralysie du système). Le Premier ministre ne disposant pas dans ce cas d'une majorité parlementaire. Ce phénomène s'appelle la *cohabitation* et s'est réalisé de 1986 à 1988 puis de 1993 à 1995 et à nouveau de 1997 à 2002.
Cela est provoqué par l'absence de concordance entre les élections présidentielles et les élections législatives ainsi que par des durées de mandat différentes. La *cohabitation* révèle l'importance de la division politique du pouvoir (cf. plus haut Première Partie). La réforme du quinquennat devrait, en principe, faire cesser une telle situation.

LA RÉVOCATION DU PREMIER MINISTRE

La révocation du Premier ministre pose certaines difficultés car celui-ci n'est pas révocable par le président de la République. Il doit adresser à ce dernier sa démission. La pratique fait état de lettres de démission signées par le Premier ministre et non datées remise au

président de la République. Il est vrai que le président de la République peut demander au Premier ministre de démissionner mais en principe celui-ci demeure libre de présenter ou non sa démission. Sous la Vᵉ République, il n'existe qu'un seul véritable cas de démission du Premier ministre, celle de Jacques Chirac en 1976 lequel a estimé que le Président Valery Giscard d'Estaing l'empêchait d'exercer correctement sa fonction de Chef du gouvernement.
Ce dernier et l'ensemble de son Gouvernement doivent en revanche obligatoirement démissionner lorsqu'en application de l'article 49 alinéa 2 de la Constitution une motion de censure a été adoptée.

b. Les attributions du Premier ministre

Le Premier ministre de la Vᵉ République est le chef du Gouvernement et à ce titre, il dispose de certaines prérogatives personnelles que n'ont pas les ministres mais qui s'exercent assez souvent avec l'accord des autres membres du gouvernement.

Le Premier ministre n'est cependant pas du fait de ses propres compétences le supérieur hiérarchique des autres membres du Gouvernement (CE 13 juin 1961, *Premier ministre c/ Besfaux* et 12 nov. 1965, *Compagnie marchande de Tunisie*).

1. Les relations avec le président de la République

LES ATTRIBUTIONS CONCERNANT LES RELATIONS AVEC LE PRÉSIDENT DE LA RÉPUBLIQUE

Dispositions de la Constitution	Prérogatives
Article 8	• Le Premier ministre propose au président de la République les nominations et les révocations des membres du Gouvernement (voir président de la République).
Article 12	• Le Premier ministre doit être consulté et donner un avis en cas de dissolution de l'Assemblée nationale.
Article 16	• Le Premier ministre doit être consulté et donner un avis. La Constitution précise qu'il doit être consulté de manière officielle.
Article 21	• Le Premier ministre supplée le président de la République pour la présidence du Conseil des ministres (Voir président de la République : Suppléance).
Article 29	• Le Premier ministre peut demander au président de la République la convocation du Parlement en session extraordinaire. La demande de session extraordinaire doit être déposée avec indication de son ordre du jour au président de la République qui peut (ou qui peut refuser de) convoquer le Parlement en session extraordinaire par décret contresigné du Premier ministre.
Article 89	• Le Premier ministre au président de la République un projet de révision constitutionnelle.

2. Les domaines partagés et réservés

Traditionnellement on distingue des attributions qui sont réservées au président de la République, des attributions partagées avec le Premier ministre. Cette distinction ne résulte à proprement parler d'aucun texte particulier mais plutôt de la pratique. Il n'en demeure pas moins que cette distinction est indispensable à la compréhension des rapports entre le président de la République et le Premier ministre.

Domaine réservé du président de la République
• La politique étrangère. • La Défense nationale.
Pouvoirs partagés avec le Premier ministre
• Le pouvoir réglementaire. • La nomination aux emplois civils et militaires.

3. Les relations avec le gouvernement

Dispositions de la Constitution	Attributions
Article 8	• Le Premier ministre propose au président de la République la nomination ou la révocation des membres du gouvernement.
Article 21	• Le Premier ministre dirige l'action du Gouvernement et dispose pour ce faire, d'un pouvoir d'arbitrage et de décision finale qui est consacré par la pratique mais (sauf en matière budgétaire) n'est organisé par aucun texte précis. • Le Premier ministre est responsable de la Défense nationale. Cette responsabilité est précisée par l'ordonnance du 7 janvier 1959 qui indique que le Premier ministre exerce la direction générale et militaire de la Défense. Se pose cependant la question des relations entre le Premier ministre et le président de la République. En fait les responsabilités du Premier ministre semblent orientées vers la coordination tandis que le président de la République dispose d'un véritable pouvoir de décision. En période d'affaiblissement du pouvoir présidentiel, il y a eu des réunions des ministres autour du Premier ministre sans le président de la République (cohabitations, intérim). • Le Premier ministre assure l'exécution des lois c'est-à-dire : – qu'il dispose d'un pouvoir de police générale (CE 17 févr. 1978, *Association dite « Comité pour léguer l'esprit de la résistance »*; Cons. const., déc. 87-149 L du 20 févr. 1987), – qu'il exerce le pouvoir réglementaire c'est-à-dire le pouvoir d'édicter des actes réglementaires (décrets, arrêtés) généraux et impersonnels. L'article 21 fonde ainsi l'unité du pouvoir réglementaire qui signifie que la compétence réglementaire des autres autorités s'exerce toujours sous réserve de celle du Premier ministre (Cons. const., déc. n° 86-217 DC du 18 sept. 1986; déc. n° 2001-454 DC du 17 janv. 2002). Ainsi, un décret en Conseil d'État doit autoriser les collectivités territoriales à

	déroger de manière expérimentale aux dispositions réglementaires qui régissent l'exercice de leurs compétences (expérimentation prévue par l'article 72 de la Constitution et la loi organique du 1er août 2003 *relative à l'expérimentation par les collectivités territoriales*). Le Premier ministre exerce toutefois ce pouvoir sous réserve des prérogatives du président de la République (art. 13 de la Constitution). • Le Premier ministre nomme aux emplois civils et militaires de l'État. Là encore cette prérogative qui s'exerce sur délégation du président de la République s'entend sous réserve des compétences du président de la République et des commissions permanentes des assemblées parlementaires depuis la révision du 23 juillet 2008.
Article 37 al. 1	• Précise l'étendue du pouvoir réglementaire du Premier ministre. Cet article est souvent présenté comme manifestant l'existence du règlement autonome. Ce n'est pas la solution retenue ici, car le domaine de la loi s'est considérablement étendu de sorte que l'on peut s'interroger sur l'existence véritable du pouvoir réglementaire autonome (L. Favoreu).
Article 37-1	• Introduit par la loi constitutionnelle du 28 mars 2003, cet article de la Constitution permet aux règlements de comporter pour un objet et une durée limités, des dispositions à caractère expérimental.
Article 49 al. 1, 3 et 4	• Le Premier ministre dispose de la faculté d'engager la responsabilité du Gouvernement devant l'Assemblée nationale sur un programme ou une déclaration de politique générale. Il doit pour cela prendre l'attache du Conseil des ministres mais demeure cependant libre d'y donner suite. • Le Premier ministre dispose de la faculté, après délibération du Conseil des ministres, d'engager la responsabilité du Gouvernement devant l'Assemblée nationale sur le vote d'un projet de loi de finances ou de financement de la sécurité sociale. Il peut recourir à cette procédure pour un seul autre projet ou proposition de loi par session. • Le Premier ministre a la faculté de demander au Sénat l'approbation d'une déclaration de politique générale. Cette procédure spécifique n'est pas soumise à délibération du Conseil des ministres (Cons. const., déc., n° 76-64 DC du 2 juin 1976).

4. Les relations avec le Parlement

Dispositions de la Constitution	Attributions
Article 28	• Le Premier ministre, après consultation du président de l'assemblée concernée peut décider la tenue de jours supplémentaires de séance.
Article 29	• Le Premier ministre peut demander la réunion du Parlement en session extraordinaire et lui seul peut demander une nouvelle session avant l'expiration du délai d'un mois qui suit le décret de clôture de la session extraordinaire.
Article 39	• Le Premier ministre dispose de l'initiative des lois (projets de loi) après délibération en Conseil des ministres, conjointement avec les membres du Parlement. Les projets de loi font (mis à part les lois financières) obligatoirement l'objet d'une étude d'impact (art. 8, loi organique n° 2009-403 du 15 avril 2009).

Article 45	• Le Premier ministre a la faculté de provoquer la réunion d'une commission mixte paritaire chargée de proposer un texte sur les dispositions restant en discussion.
Article 49 al. 3	• Le Premier ministre dispose depuis la révision constitutionnelle du 23 juillet 2008 de la faculté d'engager la responsabilité du Gouvernement sur le vote d'un projet de loi de finances ou de financement de la sécurité sociale. Le Premier ministre peut, en outre, recourir à cette procédure pour un autre projet ou une proposition de loi par session. (La révision limite la procédure aux lois financières à cause du respect du principe d'antériorité budgétaire et à un projet ou une proposition de loi par session alors qu'auparavant cela n'était nullement limité).

5. Les relations avec le Conseil constitutionnel

Dispositions de la Constitution	Attributions
Article 37 al. 2	• Le Premier ministre a la faculté de demander au Conseil constitutionnel de déclasser certaines dispositions réglementaires contenues dans une loi. Le déclassement permet de faire passer une disposition d'une loi à un acte réglementaire sans la faire disparaître (pas d'annulation).
Article 37 al. 2	Cette compétence est attribuée au Gouvernement mais en pratique c'est le Premier ministre titulaire du pouvoir réglementaire qui l'exerce.
Article 39 al. 4	Le Premier ministre peut saisir le Conseil constitutionnel en cas de désaccord sur l'application de la loi organique n° 2009-403 du 15 avril 2009 relative à l'**application des articles 34-1, 39 et 44 de la Constitution** (un seul cas : Cons. const., déc. n° 2014-12 FNR du 1er juillet 2014, saisine du 1er Ministre).
Article 41	• Le Premier ministre dispose de la faculté de saisir le Conseil constitutionnel lorsque, le Gouvernement ayant opposé une irrecevabilité, le président de l'assemblée intéressée n'a pas déclaré la disposition irrecevable. Là encore, cette compétence est attribuée en principe au gouvernement, mais il est possible de considérer que le Premier ministre saisisse le Conseil constitutionnel. Cependant cela n'a jamais été le cas. Toutes les saisines (11 depuis 1959) ont émané des présidents des Assemblées.
Article 54	• Le Premier ministre peut saisir le Conseil constitutionnel de la question de savoir si un engagement international comporte une clause contraire à la Constitution.
Article 61	• Le Premier ministre saisit le Conseil constitutionnel de la question de la conformité d'une loi organique à la Constitution (art. 17 de l'ordonnance organique du 7 novembre 1958). • Le Premier ministre a la faculté de saisir le Conseil constitutionnel de la conformité à la Constitution d'une loi ordinaire.

B. Le gouvernement

Origine. Le Gouvernement a une origine ancienne puisqu'il existait déjà sous l'Ancien Régime. En France le Gouvernement de la Ve République est l'organe collégial qui complète l'exécutif composé du chef de l'État et du chef du gouvernement. Dans les régimes autres que parlementaires, les ministres sont isolés et cantonnés dans un rôle individuel. Ainsi, la Constitution de l'an III (1795) disposait que les ministres ne forment point un conseil, de même, la Constitution de 1852 disposait dans son préambule que les ministres ne doivent pas former un conseil responsable composé de membres solidaires car celui-ci constituerait un obstacle journalier à l'impulsion du chef de l'État. Le Gouvernement de **la Ve République se rapproche donc d'un Gouvernement parlementaire** d'une part en raison de la responsabilité gouvernementale et d'autre part en raison de la solidarité gouvernementale (qui, non inscrite clairement dans les textes, implique que tout ministre assume les décisions prises collégialement quelles que soient les réserves qu'il a pu exprimer (F. de Baecque) ou est invité à quitter le Gouvernement). Le Gouvernement est une charnière entre le président de la République et le Parlement.

a. Le statut du gouvernement

1. Formation et démission

La formation du gouvernement
En vertu de l'article 8 de la Constitution le président de la République nomme les membres du Gouvernement sur proposition du Premier ministre. Le Premier ministre dispose donc de la faculté de choisir les membres de son Gouvernement sous réserve d'une approbation du président de la République. La nomination s'effectue par un ou plusieurs décrets. Par la suite, des décrets d'attribution fixent pour chaque ministre le domaine qui lui est attribué (afin d'éviter les compétences concurrentes). La nomination des ministres peut également résulter d'un remaniement ministériel.
La démission des membres du gouvernement
On distingue **deux sortes de démission.** • **La démission collégiale** qui intervient après la mise en cause de la responsabilité du Gouvernement par l'Assemblée nationale (art. 50 de la Constitution). En ce cas, le Premier ministre est obligé de présenter la démission du gouvernement. De même, lorsque le Premier ministre démissionne, il présente la démission de son Gouvernement (ainsi la démission de J. Chirac le 25 août 1976 ou de M. Vals le 6 décembre 2016). • **La démission individuelle.** Tout membre du Gouvernement est révocable individuellement par le président de la République sur proposition du Premier ministre. De même un ministre peut présenter sa démission au Premier ministre en cas de désaccord (par exemple la démission d'A. Madelin ministre des Finances en 1996 ou plus récemment la démission d'E. Macron, ministre de l'Économie de l'Industrie et du Numérique en 2016).

Comme l'exprimait J.-P. Chevènement en 1983 : « Un ministre, ça ferme sa gueule. Et si ça veut l'ouvrir, ça démissionne ». La démission individuelle est arrêtée par décret dans les mêmes formes que la nomination.

2. Les incompatibilités

L'article 23 de la Constitution énonce une série de fonctions incompatibles avec la situation de membre du gouvernement. Ces incompatibilités qui touchent également le Premier ministre sont tantôt d'ordre professionnel tantôt d'ordre représentatif. Les incompatibilités de l'article 23 de la Constitution sont complétées par l'ordonnance organique n° 58-1099 du 17 novembre 1958.

Nota : les incompatibilités de l'article 23 de la Constitution sont une nouveauté par rapport aux Républiques précédentes, elles se justifient par une conception plus stricte de la séparation des pouvoirs.

TABLEAU DES INCOMPATIBILITÉS (FONCTIONS, RÉGIMES)

Incompatibilité d'ordre professionnel

Fonctions : Les fonctions de membre du Gouvernement sont incompatibles avec tout emploi public et toute activité professionnelle.

• Les incompatibilités avec tout emploi public sont fondées sur le fait qu'un ministre peut difficilement exercer les fonctions de ministre et de fonctionnaire. De plus un ministre fonctionnaire dépendrait d'un autre ministre. Lorsqu'un fonctionnaire est désigné comme membre du gouvernement, il est placé en détachement.

• L'incompatibilité avec toute activité professionnelle se justifie pour des raisons tirées de l'indépendance du membre du Gouvernement à l'égard des intérêts privés.

Le **régime** des incompatibilités **d'ordre professionnel :**

• l'incompatibilité prend effet à l'expiration d'un délai de 1 mois à compter de la nomination (délai de réflexion).

• Le membre du Gouvernement titulaire d'un emploi public est remplacé dans ses fonctions et placé en dehors des cadres de l'administration ou du corps auquel il appartient.

• L'interdiction est étendue pendant un délai de six mois à compter du départ de l'intéressé du Gouvernement (afin de préserver l'indépendance).

Incompatibilité d'ordre représentatif

Fonctions : Les fonctions de membre du Gouvernement sont incompatibles avec l'exercice de tout mandat parlementaire ou de toute fonction de représentation professionnelle à caractère national.

• L'incompatibilité avec le mandat parlementaire vise à assurer l'indépendance de l'exécutif par rapport au législatif. Cette incompatibilité est aussi la plus discutée.

• L'incompatibilité avec toute fonction de représentation professionnelle à caractère national : se justifie par le fait qu'un membre du Gouvernement qui a en charge l'intérêt général ne saurait défendre dans le même temps des intérêts catégoriels.

Le **régime** des incompatibilités **d'ordre représentatif :**

• le député ou le sénateur qui est nommé ministre dispose d'un délai de 1 mois pour choisir entre la fonction gouvernementale ou parlementaire. À l'expiration de ce délai,

il perd automatiquement mais non de manière définitive son mandat de parlementaire. C'est le remplaçant qui est appelé à assurer ce mandat, (art. 25 de la Constitution, loi organique du 13 janvier 2009). Toutefois le Conseil constitutionnel a jugé qu'en autorisant le député ou le sénateur ayant accepté des fonctions gouvernementales à conférer un caractère définitif à son remplacement, les dispositions de la loi organique ont méconnu le deuxième alinéa de l'article 25 de la Constitution qui ne prévoit, dans ce cas, qu'un remplacement temporaire (Cons. const., déc. n° 2008-572 DC du 8 janvier 2009).
• Le ministre qui représenterait par ailleurs des intérêts professionnels nationaux dispose également d'un délai d'un mois pour choisir. Il ne peut pas être à la fois ministre et membre du Conseil économique, social et environnemental ou d'un syndicat.

Nota : le cumul avec les fonctions exécutives locales : formellement, ce cumul n'est pas interdit. L. Jospin avait interdit aux membres de son Gouvernement d'exercer des fonctions exécutives locales (maire, président de communautés). Certains membres du Gouvernement ont ainsi renoncé à leurs fonctions locales ou inversement à leur fonction gouvernementale (*idem* pour les gouvernements Raffarin et Villepin). Les gouvernements J.-M. Ayrault et M. Vals ont globalement repris cette pratique.

3. La responsabilité des membres du gouvernement

Outre la responsabilité politique collégiale (analysée plus loin), les membres du Gouvernement sont sujets à une triple responsabilité.

Responsabilité civile
Elle est engagée pour faute professionnelle ou faute de service devant les juridictions judiciaires ou administratives. Ils sont responsables des actes extérieurs à leurs fonctions.
Responsabilité pénale
Depuis la révision constitutionnelle du 19 juillet 1993, les membres du Gouvernement sont jugés pour les crimes et délits commis dans l'exercice de leurs fonctions par la Cour de justice de la République. (Voir plus loin.)
Responsabilité financière
Les membres du Gouvernement, ordonnateurs principaux, ne sont pas justiciables de la Cour de discipline budgétaire et financière (juridiction chargée de mettre en œuvre la responsabilité des ordonnateurs publics), en vertu de l'article L. 312-2 du Code des juridictions financières. Ils peuvent cependant être condamnés par la Cour des comptes lorsqu'ils ont été déclarés par celle-ci comptables de fait. (Conseil d'État, 30 septembre 1992, *C. Nucci*, arrêt rendu à propos de l'affaire dite du *Carrefour du développement*, décidant que la gestion de fait et les causes de condamnation n'étaient pas touchées par une loi d'amnistie).

4. Les déclarations de patrimoine et d'intérêts et l'indemnité des membres du gouvernement

Depuis la loi du 11 mars 1988, les membres du Gouvernement sont contraints de souscrire des déclarations de situation patrimoniale et d'intérêts, auprès de la Haute Autorité pour la transparence de la vie publique, autorité administrative indépendante créée en janvier 2014 qui remplace la commission pour la transparence financière de la vie politique. Cette obligation résulte de deux lois (organique et ordinaire) du 11 octobre 2013. Les déclarations ont pour objet d'apprécier les variations de patrimoine des membres du Gouvernement et leurs éventuels conflits d'intérêts durant l'exercice de leurs fonctions. À cet effet, ils doivent souscrire deux déclarations de patrimoine et d'intérêts au début puis une déclaration de patrimoine à la fin de l'exercice de leurs fonctions.

La déclaration de patrimoine	La déclaration d'intérêts
• C'est la photographie de ce que le ministre possède à la date où il fait sa déclaration. • Doit être présentée au début et à la fin des fonctions (2 déclarations). • Elle comporte : les biens immobiliers, les valeurs mobilières, les assurances vie, les comptes bancaires, les véhicules, les emprunts et les dettes	• Elle représente les liens du ministre avec la société civile et économique qui pourraient influencer ses décisions. • Doit être présentée uniquement au début des fonctions (1 seule déclaration) • Elle retrace les liens qui peuvent venir de l'activité professionnelle du ministre ou de son conjoint, des actions détenues, d'un siège social au conseil d'administration d'une entreprise ou des activités bénévoles.
Dépôt des déclarations	
Les déclarations initiales et modificatives doivent être déposées en ligne sur le site de la Haute autorité (ADEL) dans les 2 mois à compter de la date de nomination pour les déclarations initiales et dans le mois qui suit le changement de situation pour les déclarations modificatives.	
Sanctions	
Elles portent sur l'absence de déclaration, l'évaluation mensongère de son patrimoine ou l'omission d'une partie substantielle de son patrimoine ou de ses intérêts. • C'est un délit puni de trois ans d'emprisonnement et de 45 000 euros d'amende. • Une peine d'inéligibilité de 10 ans peut également être prononcée ainsi que l'interdiction d'exercer une fonction publique. • Lorsque la Haute autorité constate qu'un membre du Gouvernement se trouve en situation de conflit d'intérêts, elle lui enjoint de faire cesser cette situation.	
Procédure	
• La Haute autorité transmet la déclaration de situation patrimoniale à l'administration fiscale qui lui fournit, dans les trente jours suivant cette transmission, tous les éléments lui permettant d'apprécier l'exhaustivité, l'exactitude et la sincérité de la déclaration de situation patrimoniale (avis d'imposition à l'impôt sur le revenu et à l'impôt de solidarité sur la fortune). • Dans un délai de trois mois suivant la réception des éléments, la Haute Autorité rend publics certains éléments de la déclaration de situation patrimoniale et la déclaration d'intérêts dans le respect de la vie privée du ministre.	

L'indemnité des membres du Gouvernement est déterminée par la loi de finances rectificative du 2 août 2002 (art. 14 lié à la réforme des fonds spéciaux des fonds normalement utilisés pour les services secrets mais qui permettaient en toute opacité de financer les dépenses somptuaires – gratification des collaborateurs, frais vestimentaires, déplacements des ministres). La loi de finances rectificative pour 2012 a tenté de modifier la loi de 2002, mais le Conseil constitutionnel a considéré que modifier par la loi le traitement du président de la République, du Premier ministre et des autres membres du Gouvernement méconnaissait le principe de séparation des pouvoirs exprimé par l'article 16 de la DDHC (Cons. const., déc. n° 2012-654 DC du 9 août 2012). Il a ainsi censuré non seulement les dispositions de la loi de 2012 mais aussi celles de la loi de 2002 qui était modifiée. Désormais l'indemnité résulte du décret du 23 août 2012 (n° 2012-983) *relatif au traitement du président de la République et des membres du gouvernement*. Les indemnités (outre les avantages en nature liés à la fonction, logement par ex.) ont été réduites d'environ 30 % soit 14 910 euros pour le Président de la République et pour le Premier ministre ; 9 940 euros pour un ministre ou un ministre délégué ; 9 443 euros pour un secrétaire d'État.

Par comparaison aux États-Unis les membres du Cabinet du Gouvernement fédéral perçoivent 14 000 euros et le président plus de 30 000 euros (D. Trump y a semble-t-il renoncé et ne percevrait qu'un dollar symbolique imposé par la loi). En Italie et en Espagne en revanche, la rémunération, qui est la plus basse d'Europe, est seulement respectivement de 4 058 et 5 750 euros.

La loi soumet ces indemnités aux cotisations sociales et à l'impôt sur le revenu (catégorie des traitements et salaires).

5. La composition du gouvernement

Le Gouvernement est composé de plusieurs membres dont l'importance n'est pas tout à fait identique. Il y a en quelque sorte une hiérarchie interne au Gouvernement même si cette hiérarchie n'est consacrée officiellement par aucun texte. Cette hiérarchie a des effets en termes de préséance et de traitement.

LES DIFFÉRENTS MEMBRES DU GOUVERNEMENT

Le Premier ministre Chef du Gouvernement (voir plus haut).
Les ministres d'État Il s'agit d'un titre honorifique (non obligatoire) qui se concrétise par une préséance protocolaire et une indemnité plus élevée. Contrairement aux IIIe et IVe Républiques les ministres d'État sont aujourd'hui toujours placés à la tête d'un département ministériel.
Les ministres Ce sont les membres du Gouvernement les plus nombreux. Ils disposent d'un département ministériel c'est-à-dire d'un « portefeuille ».
Les ministres délégués Ils sont délégués auprès du Premier ministre (cependant depuis 1981 ils peuvent être délégués auprès de ministres ordinaires) et ont pour mission de décharger celui-ci de certaines responsabilités qui rendraient sa tâche trop lourde.

Les secrétaires d'État
Ils sont rattachés à un ministre particulier qu'ils aident dans ses fonctions (ils disposent de services, mais n'ont pas autorité sur eux, ni budget, ni contreseing). Mais il peut exister des secrétaires d'État autonomes (rattachés en fait directement au Premier ministre car leur mission ne nécessite pas un département ministériel propre).

6. Les structures gouvernementales

LE GOUVERNEMENT PEUT SE RÉUNIR DE DIVERSES FAÇONS

Le Conseil des ministres
• Se tient au palais de l'Élysée tous les mercredis présidé par le président de la République que supplée si nécessaire le Premier ministre. Il réunit tous les membres du gouvernement, mais alors que les ministres doivent assister à tous les Conseils, les secrétaires d'État participent seulement à ceux qui traitent de questions relevant de leurs compétences. Pour montrer le caractère décentralisé de l'État certains Conseils des ministres ont eu lieu, à titre exceptionnel sous la présidence de N. Sarkozy, en Alsace, en Corse....
Le Conseil de Cabinet
• Est tombé en désuétude et consistait auparavant en une réunion des membres du Gouvernement sous l'autorité du Premier ministre. Il peut réapparaître de fait lors des intérims ou des cohabitations.
Les comités interministériels
• Ils réunissent autour du Premier ministre plusieurs membres du Gouvernement sur une question particulière. Ils sont permanents et établis par un texte (par exemple : le Comité interministériel pour les questions de coopération économique extérieure).
Les comités restreints
• Réunissent les ministres et hauts fonctionnaires sous l'autorité du Premier ministre et sur une question déterminée sans aucune régularité et sans que ces comités soient prévus par un texte particulier.
Les conseils interministériels
• Ils réunissent sous l'autorité du président de la République des ministres et des collaborateurs du président de la République. Ils peuvent être permanents ou ponctuels (par exemple le Conseil pour les affaires africaines et malgaches de 1961 à 1964).
Les réunions interministérielles
• Elles regroupent sous la présidence d'un collaborateur du Premier ministre des membres des cabinets ministériels et les fonctionnaires qui les assistent. Leur finalité est de coordonner l'activité ministérielle et de consigner les désaccords qui seront soumis à l'arbitrage du Premier ministre.

Nota : chacun des membres du gouvernement : le Premier ministre, les ministres, les secrétaires d'État est assisté par des proches collaborateurs rassemblés au sein d'un *Cabinet* (Cabinet du Premier ministre...), il s'agit essentiellement de fonctionnaires, environ 80 %. Les Cabinets comprennent un directeur et un chef de Cabinet, des conseillers techniques, un secrétariat, un attaché de presse... Les Cabinets permettent aux membres du Gouvernement de contrôler (information) et de diriger leur administration. Très zélés, les membres des cabinets ont souvent plus d'influence qu'on ne le pense.

7. Les conseillers et auxiliaires du gouvernement

Pour lui permettre d'accomplir correctement sa tâche, le Gouvernement est assisté de plusieurs conseillers et auxiliaires.

LE CONSEIL D'ÉTAT

Origine
Lointain héritier du Conseil du Roi, le Conseil d'État créé par la Constitution de l'an VIII (art. 52) (Consulat), était doté d'une double fonction consultative et contentieuse. Il connut de nombreux aménagements sous le Premier Empire, la Monarchie de juillet, la IIᵉ République et le Second Empire. Aujourd'hui, la Constitution de 1958 se réfère au Conseil d'État en tant qu'organe consultatif du Gouvernement et organe juridictionnel de contrôle de certains actes des collectivités d'Outre-mer (art. 74, révision constitutionnelle de 2003).
Organisation
Le Conseil d'État qui siège à Paris au Palais royal, est composé de 5 sections administratives (intérieur, finances, travaux publics, affaires sociales, rapport et études) qui rendent des avis notamment à la demande du Gouvernement et d'une section du contentieux chargée de régler les litiges administratifs. La section de l'intérieur occupe une place très importante car, chargée des affaires relevant du Premier ministre, elle a pour mission d'examiner les projets de texte (lois, ordonnances et décrets) relatifs aux principes constitutionnels, libertés publiques et aux pouvoirs publics.

LE CONSEIL ÉCONOMIQUE, SOCIAL ET ENVIRONNEMENTAL (CESE)

Origine
Il fut créé par un décret de 1925 (Cartel des gauches). La Constitution de 1946 (IVᵉ République) avait prévu un Conseil économique et l'idée fut conservée sous la Vᵉ République (Titre XI art. 69 à 71) qui mentionne le Conseil économique et social. La révision constitutionnelle du 23 juillet 2008 a transformé le Conseil économique et social en Conseil économique, social et environnemental.
Composition
Il siège à Paris et comprend 231 membres désignés pour 5 ans représentant les différentes catégories socioprofessionnelles (syndicats et représentants des différents secteurs d'activité). La loi constitutionnelle du 23 juillet 2008 complétée par la loi organique du 10 juin 2010 a porté l'effectif du Conseil à 233 membres.
Fonctions
Le CESE émet des avis mais il n'a pas de pouvoirs de décision. Le Gouvernement peut également le consulter sur les projets de loi de programmation définissant les orientations pluriannuelles des finances publiques. Il ne pouvait être consulté que par le Gouvernement (art. 70 de la Constitution) ce qui en faisait un auxiliaire de celui-ci. Mais la révision constitutionnelle du 23 juillet 2008 a ouvert la saisine du Conseil au Parlement. Le Conseil peut être également saisi par voie de pétition dans les conditions fixées par la loi organique (art. 69 de la Constitution). Tout plan ou tout projet de loi de programmation à caractère économique, social ou environnemental lui est soumis pour avis.

LE CONSEIL D'ANALYSE ÉCONOMIQUE (CAE)

Origine
Le CAE a été institué en 1997 sur le modèle Anglo-saxon pour assurer au Gouvernement une autre analyse que celle du ministère de l'Économie et des Finances.
Composition
LE CAE est une instance pluraliste composée d'économistes reconnus et de sensibilités diverses. Il comporte une trentaine de membres nommés à titre personnel, dont plusieurs membres étrangers, et cinq membres de droit qui représentent les grandes administrations économiques et sociales.
Fonctions
Placé auprès du Premier ministre, le Conseil d'analyse économique a pour mission « d'éclairer, par la confrontation des points de vue et des analyses, les choix du Gouvernement en matière économique ». Les rapports du Conseil sont présentés au Premier ministre (ou, dans certains cas, au ministre de l'Économie et des Finances) au cours d'une séance qu'il préside. Les opinions exprimées dans les rapports du CAE sont celle de leurs auteurs et n'engagent ni le Conseil, ni le président délégué, ni bien entendu le Premier ministre.

LE SECRÉTARIAT GÉNÉRAL DU GOUVERNEMENT

Composition
Le Secrétariat général du Gouvernement se divise pour l'essentiel en deux cellules : un service législatif et un service de documentation. Il est composé de fonctionnaires (une trentaine environ). Il s'agit d'un service administratif qui assiste le Premier ministre dans sa fonction.
Fonctions
Le Secrétariat général du Gouvernement est chargé de l'organisation et du bon fonctionnement du travail gouvernemental. À cet effet : • il coordonne les différents services rattachés au Premier ministre, • il est le conseiller juridique du gouvernement, • il veille au bon fonctionnement du Conseil des ministres, • il transmet les directives du Premier ministre, • il conserve les archives du gouvernement.

Nota : la coordination de l'action gouvernementale (programme n° 129 de la Mission « direction de l'action du Gouvernement » de la loi de finances) rend compte budgétairement de tous les auxiliaires du Gouvernement au sens large. La coordination prend en compte les cabinets du Premier ministre, du ministre chargé des relations avec le Parlement et du ministre chargé des droits des femmes, le porte-parole du Gouvernement, le secrétariat général du Gouvernement (SGG), le secrétariat général pour la modernisation de l'action publique (SGMAP), le service d'information du Gouvernement (SIG). En outre la coordination comprend au titre de la sécurité le secrétariat général de la défense et de la sécurité nationale (SGDSN), l'agence nationale de la sécurité des systèmes d'information (ANSSI), le groupement interministériel de contrôle, chargé des interceptions de sécurité, ainsi que les fonds spéciaux, destinés à financer des actions liées à la sécurité extérieure et intérieure de l'État, principalement pour la direction générale de la sécurité extérieure (DGSE) du ministère de la défense, le secrétariat général des affaires européennes (SGAE). La coordination comprend également les organismes de conseil et de prospective placés auprès du Premier ministre : commissariat général à la stratégie et à la prospective (CGSP), qui prend la suite du centre d'analyse stratégique (CAS), conseil d'analyse économique (CAE), conseil d'orientation des retraites (COR), conseil d'orientation pour l'emploi (COE), centre d'études prospectives et d'informations internationales (CEPII) et, à compter de 2014, le haut conseil de la famille (HCF), le haut conseil pour l'avenir de l'assurance-maladie (HCAAM) et le haut conseil du financement de la protection sociale (HCFiPS).

b. Les attributions du gouvernement

Les attributions du Gouvernement sont nombreuses et reflètent la singularité de sa place dans les institutions. Celui-ci est en effet un relais entre le président de la République et le Parlement.

Dispositions	Attributions du gouvernement
Article 11	• Le Gouvernement est compétent pour proposer au président de la République l'organisation d'un référendum. • Lorsque le référendum est organisé sur proposition du Gouvernement, celui-ci fait, devant chaque assemblée, une déclaration qui est suivie d'un débat.
Article 13	• Le Gouvernement est compétent pour nommer aux emplois civils et militaires de l'État (autres que ceux qui sont réservés au président de la République ou sur délégation de celui-ci au Premier ministre). Avec la révision constitutionnelle du 23 juillet 2008 la liste des emplois est déterminée par la loi organique.
Article 20	• Véritable clef de voûte du Gouvernement (particulièrement en période de cohabitation), l'article 20 prévoit : – que le Gouvernement détermine et conduit la politique de la nation (principe de collégialité). La collégialité signifie que les décisions gouvernementales sont prises par l'ensemble des membres du Gouvernement délibérant en collège et non une partie d'entre eux. – que le Gouvernement dispose de l'administration et de la force armée. Cet alinéa institue le principe de primauté du politique sur l'administration civile et militaire. – que le Gouvernement est responsable devant le Parlement dans les conditions prévues par les articles 49 et 50 de la Constitution (principe de solidarité). L'article 20 marque la disparition de la responsabilité politique individuelle des membres du gouvernement. La responsabilité politique du Gouvernement (qui peut être engagée par le Premier ministre ou les députés) entraîne la démission solidaire de l'ensemble du gouvernement.
Article 31	• Les membres du Gouvernement ont accès aux assemblées, ils sont entendus quand ils le demandent. Le Gouvernement est ainsi (régime parlementaire) l'organe privilégié des relations entre l'exécutif et le législatif et cela implique qu'il puisse être entendu lorsqu'il le demande par les chambres et qu'il puisse participer aux travaux des commissions parlementaires (Cons. const., déc. n° 2009-579 DC du 9 avril 2009). Du reste, la durée de leur intervention orale ne peut être limitée par les

►

	règlements des assemblées (Cons. const., déc. n° 59-2 DC des 17, 18 et 19 juin 1959). • Les membres du Gouvernement peuvent se faire assister de commissaires du Gouvernement qui sont chargés des questions ponctuelles devant le Parlement (à ne pas confondre avec les commissaires du Gouvernement de la juridiction administrative).
Article 36	• L'état de siège peut être décrété en Conseil des ministres (il n'a jamais été utilisé sous la Ve République). L'état de siège est défini par les lois du 9 août 1849, 3 avril 1878 et 27 avril 1916 comme permettant le dessaisissement des autorités civiles au profit des autorités militaires lorsqu'un péril imminent résultant d'une guerre étrangère ou d'une insurrection à main armée existe ou dans des circonstances exceptionnelles (art. 16 de la Constitution). À ne pas confondre avec l'état d'urgence (loi du 3 avril 1955) qui est institué par décret du président de la République, actuellement en vigueur, pour faire face aux attaques terroristes (décret n° 2015-1475 du 14 novembre 2015). ***Nota*** : l'état de siège ne peut être prorogé au-delà de 12 jours sans autorisation du Parlement.
Article 38	• Le Gouvernement peut, pour l'exécution de son programme, demander au Parlement l'autorisation de prendre par ordonnances, pendant un délai limité et dans un domaine strictement défini (Cons. const., déc. n° 76-72 DC du 12 janvier 1977) des mesures qui sont normalement du domaine de la loi. (Voir « Les normes », Deuxième Partie. Chapitre 7).
Article 39	• Les projets de loi sont délibérés en Conseil des ministres.
Article 41 al. 1	• Le Gouvernement peut opposer l'irrecevabilité à des initiatives parlementaires, s'il apparaît que celles-ci ne relèvent pas du domaine de la loi ou sont contraires à une délégation accordée en vertu de l'article 38.
Article 42	• Les membres du Gouvernement ont le droit de participer aux travaux des commissions consacrés à l'examen des projets et des propositions de loi ainsi que des amendements dont ils font l'objet et d'assister aux votes destinés à arrêter le texte sur lequel la discussion portera en séance publique (Cons. const., déc., n° 2009-579 DC du 15 avril 2009 et n° 2009-582 DC du 25 juin 2009).
Article 43	• Le Gouvernement peut demander qu'un projet ou une proposition de loi soit présenté à une commission spéciale (et non pas une commission permanente, voir ci-après les organes du Parlement), créée spécialement pour étudier le projet ou la proposition en cause.
Article 44 al. 1	• Les membres du Gouvernement ont le droit d'amendement. Le droit d'amendement gouvernemental est une innovation discrète de la Ve République (la tradition des IIIe et IVe Républiques refusait le droit d'amendement au gouvernement). Il est pourtant conforme à la logique du régime parlementaire et nécessaire. Les amendements gouvernementaux sont soumis à un régime procédural différent (irrecevabilités par exemple). Il peut s'exercer par tout ministre à la différence du droit de présenter un projet de loi réservé au Premier ministre. Ce droit peut également s'exercer lors de l'examen du texte en commission.

Article 44 al. 2 et 3	• Le Gouvernement peut s'opposer à l'examen d'un amendement qui n'a pas été antérieurement soumis à la commission. Il peut ainsi s'opposer aux amendements tardifs qui risqueraient d'être adoptés à la hâte. • Le Gouvernement peut demander à l'assemblée saisie de se prononcer par un seul vote sur tout ou partie d'un texte en ne retenant que les amendements présentés ou acceptés par lui : procédure du « vote bloqué » qui permet d'obtenir rapidement l'adoption d'un texte de loi en gelant les amendements sans avoir à engager la responsabilité gouvernementale (art. 49-3 de la Constitution).
Article 45	• Le Gouvernement peut engager la procédure accélérée au sujet d'une loi qui après une seule lecture par chacune des assemblées entraînera la réunion de la commission mixte paritaire. Cependant, les conférences des présidents des deux assemblées peuvent conjointement s'opposer à la décision du Gouvernement. • Le Gouvernement peut demander à l'Assemblée nationale de statuer définitivement sur un texte de loi. Procédure du « dernier mot » qui permet d'éviter une navette indéfinie entre l'Assemblée nationale et le Sénat. Si le Sénat résiste à certaines dispositions de la loi, le Gouvernement dispose de la faculté de passer outre cette résistance en laissant le dernier mot à l'Assemblée nationale. Mais il peut également laisser la navette (entre l'Assemblée nationale et le Sénat) se poursuivre indéfiniment.
Article 48	• Le Gouvernement participe à la fixation de l'ordre du jour des assemblées. L'ordre du jour établi par le Gouvernement était prioritaire sur celui déterminé par l'assemblée, considéré comme complémentaire. Ceci limitait singulièrement les chances d'aboutissement des initiatives parlementaires. C'est la raison pour laquelle la révision constitutionnelle du 4 août 1995 a d'abord prévu qu'une séance par mois est réservée par priorité à l'ordre du jour fixé par chaque assemblée c'est ce qu'on appelle la fenêtre parlementaire, et celle du 23 juillet 2008 a prévu que « deux semaines de séance sur quatre sont réservées par priorité, et dans l'ordre que le Gouvernement a fixé, à l'examen des textes et aux débats dont il demande l'inscription à l'ordre du jour ». Cela permet au Gouvernement d'obtenir l'inscription par priorité de textes, dans la limite de deux semaines de séance sur quatre et de déroger ainsi au principe de la fixation de l'ordre du jour par le Parlement (Conférence des présidents) sans rétablir pour autant le monopole gouvernemental qui existait auparavant. Le Gouvernement peut également obtenir l'inscription par priorité, en dehors des semaines qui lui sont réservées, des textes financiers (projets de loi de finances et de loi de financement de la sécurité sociale), des textes en navette et des textes et demandes d'autorisations liés à des situations exceptionnelles. • Le Gouvernement répond aux questions posées par les membres du Parlement (voir ci-après les attributions du Parlement).
Article 72-4	• Le Gouvernement propose au président de la République la consultation des électeurs d'une collectivité territoriale d'Outre-mer sur une question relative à son organisation, à ses compétences ou à son statut législatif. • Il en va de même en ce qui concerne le changement de statut des collectivités territoriales d'Outre-mer mentionnées par le 2ᵉ alinéa de l'article 72-3 de la Constitution (statut des art. 73 ou 74).

Article 74-1	• Le Gouvernement peut, par ordonnance, dans les matières qui demeurent de la compétence de l'État, étendre dans les collectivités d'Outre-mer prévues par l'article 74 de la Constitution, avec les adaptations nécessaires, les dispositions de nature législative en vigueur en métropole ou adapter les dispositions de nature législative en vigueur à l'organisation particulière de la collectivité concernée, sous réserve que la loi n'ait pas expressément exclu, pour les dispositions en cause, le recours à cette procédure.
Article 88-4	• Le Gouvernement soumet à l'Assemblée nationale et au Sénat, dès leur transmission au Conseil de l'Union européenne, les projets ou propositions d'actes des Communautés européennes et de l'Union européenne. Cette obligation était limitée avant la révision du 23 juillet 2008 aux seuls actes communautaires comportant des dispositions de nature législative.

LISTE CHRONOLOGIQUE DES GOUVERNEMENTS DE LA V^E^ RÉPUBLIQUE

Ordre	Premiers ministres	Durée
1	**Michel Debré**	8 janvier 1959/14 avril 1962
2	**Georges Pompidou**	14 avril 1962/28 novembre 1962
3	**Georges Pompidou**	28 novembre 1962/8 janvier 1966
4	**Georges Pompidou**	8 janvier 1966/1er avril 1967
5	**Georges Pompidou**	1er avril 1967/10 juillet 1968
6	**Maurice Couve de Murville**	10 juillet 1968/20 juin 1969
7	**Jacques Chaban-Delmas**	20 juin 1969/5 juillet 1972
8	**Pierre Messmer**	5 juillet 1972/28 mars 1973
9	**Pierre Messmer**	2 avril 1973/27 février 1974
10	**Pierre Messmer**	27 février 1974/27 mai 1974
11	**Jacques Chirac**	27 mai 1974/25 août 1976
12	**Raymond Barre**	25 août 1976/29 mars 1977
13	**Raymond Barre**	29 mars 1977/31 mars 1978
14	**Raymond Barre**	31 mars 1978/13 mai 1981
15	**Pierre Mauroy**	21 mai 1981/22 juin 1981
16	**Pierre Mauroy**	23 juin 1981/22 mars 1983
17	**Pierre Mauroy**	22 mars 1983/17 juillet 1984
18	**Laurent Fabius**	17 juillet 1984/20 mars 1986
19	**Jacques Chirac**	20 mars 1986/10 mai 1988
20	**Michel Rocard**	10 mai 1988/14 juin 1988
21	**Michel Rocard**	28 juin 1988/15 mai 1991
22	**Édith Cresson**	15 mai 1991/2 avril 1992
23	**Pierre Bérégovoy**	2 avril 1992/29 mars 1993
24	**Édouard Balladur**	29 mars 1993/10 mai 1995
25	**Alain Juppé**	17 mai 1995/7 novembre 1995
26	**Alain Juppé**	7 novembre 1995/2 juin 1997
27	**Lionel Jospin**	5 juin 1997/6 mai 2002
28	**Jean-Pierre Raffarin**	6 mai 2002/17 juin 2002
29	**Jean-Pierre Raffarin**	17 juin 2002/30 mars 2004
30	**Jean-Pierre Raffarin**	30 mars 2004/31 mai 2005
31	**Dominique de Villepin**	31 mai 2005/15 mai 2007
32	**François Fillon**	17 mai 2007/18 juin 2007

33	**François Fillon**	19 juin 2007/22 juin 2009
34	**François Fillon**	23 juin 2009/13 novembre 2010
35	**François Fillon**	14 novembre 2010/15 mai 2012
36	**Jean-Marc Ayrault**	15 mai 2012/20 juin 2012
37	**Jean-Marc Ayrault**	22 juin 2012/31 mars 2014
38	**Manuel Valls**	1er avril 2014/6 décembre 2016
39	**Bernard Cazeneuve**	6 décembre 2016/15 mai 2017
40	**Édouard Philippe**	15 mai 2017/19 juin 2017
41	**Édouard Philippe**	19 juin 2017/…

POUR EN SAVOIR PLUS

- Favoreu (L.) et *alii*, *op. cit.*, § 953-1012.
- PUF, *Pouvoirs*, 2001, n° 99.

Sur le président de la République

- Avril (P.), « Le statut pénal du chef de l'État », *RD publ.*, 2002, p. 1873.
- Avril (P.), « Le président de la République, représentant de la nation », *Études en l'honneur de Loïc Philip*, Economica, 2005, p. 3.
- Badinter (R.), « La responsabilité pénale du président de la République », *RD publ.* 2002, p. 105.
- Bigaut (Ch.), *Le président de la Ve République*, La Documentation française, *Document d'études* n° 1. 06.
- Blacher (Ph.), « Les pouvoirs discrétionnaires du Chef de l'État, sources de la présidentialisation du régime », *LPA* 2008, n° 138, p. 5-13.
- Boutin (Ch.); Rouvillois (F.), *Quinquennat ou septennat ?*, Flammarion, coll. « Dominos », 2000.
- Brancher (B.), *La fonction présidentielle sous la Ve République*, LGDJ, coll. « Systèmes », 2008.
- Camby (J.-P.), « *Le quinquennat* », La Documentation française, *Les Cahiers français*, n° 332, 2006.
- Devedeix-Margueritat (S.) *Le quinquennat*, L'Harmattan, coll. « Logiques juridiques », 2001.
- Duhamel (O.), *Le quinquennat*, Presses de la FNSP, 2000.
- Favoreu (L.), La Cour de cassation, le Conseil constitutionnel et la responsabilité pénale du président de la République, Dalloz, 2001, p. 3365.
- Ghevontian (R.), « La révision de la Constitution et le président de la République : l'hyper présidentialisation n'a pas eu lieu », *RFDC* n° 77, 2009, p. 119-133.
- Guettier (Ch.), *Le président sous la Ve République*, PUF, coll. « Que sais-je ? », n° 1926, 1995.
- Morabito (M.), *Le chef de l'État en France*, Montchrestien, coll. « Clefs », 2e éd., 1996.
- « Le Président », PUF, *Pouvoirs* n° 41, 1987.
- Quermonne (J.-L.), « Le président de la République : quelle place et quel rôle dans l'organisation des pouvoirs publics ? », La Documentation française, *Les Cahiers français*, n° 332, 2006.
- Rapport de la Commission de réflexion sur le statut pénal du président de la République (Commission P. Avril), 12 décembre 2002, La Documentation française, 2003.
- Dossier spécial, « Statut pénal du chef de l'État », *RD publ.* 2003, n° 1, p. 53-108.
- Numéros consacrés à la responsabilité pénale du chef de l'État, nos 49 et 52, *RFDC*, 2002.

- Schoettl (J.-E.), « La modification de la loi organique relative à l'élection du président de la République », *LPA*, 2006, n° 108, p. 6-16.
- Zarka (J.-C.), *Le président de la République*, Ellipses, 2e éd., 2007.

Sur le Premier ministre

- Ardant (Ph.), *Le Premier ministre en France*, Montchrestien, 1991.
- Claisse (A.), *Le Premier ministre de la Ve République*, LGDJ, 1972.
- Massot (J.), *Chef de l'État et chef du gouvernement*, La Documentation française, coll. « Les études de La Documentation française », n° 5285, 2008.
- Massot (J.), « Faut-il encore un Premier ministre ? », *LPA* 2008, n° 103, p. 5-11.
- Pini (J.), « Le Premier ministre clef de voûte de l'exécutif », *RFDC* 2008, HS, p. 73-96.
- Rials (S.), *Le Premier ministre*, PUF, 1985.

Sur le gouvernement

- Cabannes (J.), *Le personnel gouvernemental sous la Ve République (1959-1986)*, LGDJ, 1990.
- Caron (M.), *L'autonomie organisationnelle du gouvernement. Recherche sur le droit gouvernemental de la Ve République*, Institut Universitaire Varenne, 2015.
- Connaissance de l'Assemblée – Les gouvernements et les assemblées parlementaires sous la Ve République, T. I 1958-1974 ; T. II, 1974-1995, Assemblée nationale.
- Drago (G.), « Le Gouvernement de la France sous la Ve République », *LPA* 2002, n° 25, p. 18.
- Gicquel (J.), Le programme de travail gouvernemental sous la Ve République. Brèves réflexions sur la main invisible de la République, *Études en l'honneur de Loïc Philip*, Economica, 2005, p. 99.
- Jan (P.), *Le gouvernement*, La Documentation française, *Document d'études 1. 2. 3*, 2002.
- Lascombe (M.), « Le Gouvernement et la révision constitutionnelle : un oublié très présent », *JCP G* 2008, D I 173, n° 31 à 35.
- Schrameck (O.), *À l'ombre de la République, les cabinets ministériels*, Dalloz, 2006.

Sites institutionnels

Présidence de la République : http://www.elysee.fr

Premier ministre : Portail du Gouvernement français :
http://www.premier-ministre.gouv.fr

CHAPITRE 5

Les institutions La division horizontale du pouvoir : le Parlement

I. La structure du Parlement : le bicaméralisme

Aux termes de l'article 24 de la Constitution, le Parlement comprend l'Assemblée nationale et le Sénat : Parlement bicaméral (composé de deux chambres). Cette structure remonte à la Constitution de l'an III (1795).

En vertu de l'ordonnance n° 58-1100 du 17 novembre 1958 (art. 2), l'Assemblée nationale et le Sénat siègent à Paris :

– l'Assemblée nationale au Palais Bourbon ;

– le Sénat au Palais du Luxembourg.

LA STRUCTURE DU PARLEMENT FRANÇAIS S'INSPIRE DU BICAMÉRALISME FÉDÉRAL

L'Assemblée nationale
Assure la représentation de la nation, elle est élue au suffrage universel direct pour une durée de 5 ans et comprend 577 députés.
Le Sénat
Assure la représentation des collectivités territoriales de la République et des Français établis hors de France. 348 sénateurs sont élus au suffrage universel indirect pour une durée de 6 ans avec un renouvellement par moitié tous les trois ans (170 sièges pour la série 1 et 178 sièges pour la série 2).

Les deux assemblées peuvent siéger ensemble (en Congrès à Versailles) dans le cas où le président de la République souhaite faire une déclaration au Parlement (art. 18 de la Constitution introduit par la révision du 23 juillet 2008) et dans le cadre de la procédure de révision prévue par l'article 89 de la Constitution.

Nota : en 1969, le Général de Gaulle avait voulu fusionner le Sénat et le Conseil économique et social, faisant perdre au Sénat tout pouvoir de décision puisqu'il ne devait agir qu'à titre consultatif. Le projet de révision soumis à référendum au moyen de l'article 11 (et non pas de l'article 89, ce qui suscita déjà une polémique), fut rejeté ce qui entraîna la démission du président de la République. C'est essentiellement la représentativité du Sénat qui est en cause aujourd'hui encore. Accusé de surreprésenter les petites communes, le Sénat a vu son mode de désignation transformé à différentes reprises (loi organique du 6 juillet 2000, loi organique du 30 juillet 2003). La composition du collège électoral (162 000 électeurs environ) n'a pas été modifiée à la suite de l'invalidation du Conseil constitutionnel (déc. n° 2000-431 DC du 6 juillet 2000). La réforme de 2003 a réduit le mandat de sénateur à 6 ans (au lieu de 9) et a progressivement augmenté le nombre de sénateurs jusqu'à 348 en 2011. Depuis lors, le Sénat se renouvelle par moitié (au lieu du 1/3) tous les 3 ans.

Le bicaméralisme institué par la Constitution de 1958 est pour une large part favorable à l'Assemblée nationale : il est inégalitaire et l'inégalité se manifeste tant au point de vue de la fonction législative qu'à celui de la fonction de contrôle du gouvernement.

UN BICAMÉRALISME INÉGALITAIRE

Fonction législative
• **Article 39** : les projets de loi de finances sont toujours déposés devant l'Assemblée nationale. La priorité de l'Assemblée nationale se justifie par le principe du libre consentement à l'impôt (art. 14. Déclaration des droits de l'Homme et du citoyen). Les représentants du peuple doivent en conséquence statuer en priorité sur les questions financières et fiscales. Le droit d'amendement des sénateurs en matière budgétaire a soulevé lui-même des difficultés avant que le Conseil constitutionnel ne le reconnaisse expressément (Cons. const., déc. n° 95-369 DC du 28 décembre 1995). Par analogie, les projets de loi de financement de la sécurité sociale sont également déposés en premier lieu à l'Assemblée nationale. La loi constitutionnelle du 28 mars 2003 prévoit cependant que les projets de loi ayant pour principal objet les collectivités territoriales (et ceux relatifs aux instances représentatives des Français établis hors de France mention qui a été supprimée par la révision constitutionnelle de 2008 car ces citoyens sont désormais également représentés à l'Assemblée nationale en vertu de l'article 24 de la Constitution) sont déposés en premier lieu au Sénat. La révision de 2008 a prévu que la présentation des projets de loi déposés devant l'Assemblée nationale ou le Sénat réponde aux conditions fixées par une loi organique (loi organique n° 2009-403 du 15 avril 2009). • **Article 29** : la majorité des membres composant l'Assemblée nationale peut demander la réunion du Parlement en session extraordinaire. Les sénateurs n'ont pas cette compétence. • **Article 45 al. 4** : en cas de désaccord entre l'Assemblée nationale et le Sénat sur un texte de loi ou d'échec de la Commission mixte paritaire, le Gouvernement peut demander à l'Assemblée nationale de statuer définitivement (dernier mot). • **Article 54 et article 61** : 60 députés ou 60 sénateurs peuvent saisir le Conseil constitutionnel. Le Sénat est soumis à une exigence numérique plus lourde que celle qui pèse sur l'Assemblée nationale (60 députés = environ 10 % de l'Assemblée nationale ; 60 sénateurs = environ 17 % du Sénat).

Fonction de contrôle du gouvernement
• **Article 35** : lorsque la durée d'une intervention militaire extérieure excède quatre mois, le Gouvernement soumet sa prolongation à l'autorisation du Parlement. Toutefois, il peut demander à l'Assemblée nationale de décider en dernier ressort. • **Article 50** : lorsque l'Assemblée nationale adopte une motion de censure ou lorsqu'elle désapprouve le programme ou une déclaration de politique générale du gouvernement, le Premier ministre doit remettre au président de la République la démission du gouvernement. Le Gouvernement n'est en revanche pas responsable devant le Sénat qui ne dispose pas de la faculté de le renverser.

Outre la représentation des collectivités territoriales, il est de coutume de considérer que le Sénat joue également un rôle modérateur de l'Assemblée nationale, notamment dans la défense des libertés. Cela n'est pas toujours le cas et varie en fonction de l'équilibre des forces politiques, mais il est vrai que le Sénat peut bloquer une révision constitutionnelle (art. 89 al. 2 Const.) ou le vote d'une loi organique concernant son organisation (art. 46 al. 4 Const.) ou le droit de vote et d'éligibilité des ressortissants de l'Union européenne aux élections municipales (art. 88-3 Const.).

II. Le statut individuel des parlementaires

Les parlementaires (députés et sénateurs) disposent d'un statut qui assure leur protection mais leur impose un certain nombre d'obligations.

A. La protection du parlementaire

a. Les immunités

Prévue par l'article 26 de la Constitution, l'immunité est une protection accordée aux parlementaires contre des poursuites engagées contre eux en vue de faire délibérément pression sur eux. Les immunités se divisent en irresponsabilité (destinée à protéger l'indépendance du mandat) et en inviolabilité (destinée à protéger l'exercice du mandat). En vertu de l'article 53-2 de la Constitution, les parlementaires peuvent être traduits devant la Cour pénale internationale notamment pour génocide ou crime contre l'humanité.

Immunité	Norme applicable	Mécanisme
Irresponsabilité	**Article 26 al. 1 C**	Aucun membre du Parlement ne peut être poursuivi, recherché, arrêté, détenu ou jugé à l'occasion des opinions ou votes émis par lui-même dans l'exercice de ses fonctions. (Cons. const., déc. n° 89-262 DC du 7 novembre 1989, Cass). 7 mars 1988, *Forni*). Il s'agit d'une protection permanente et absolue qui met le parlementaire à l'abri des poursuites pénales et civiles. Cependant, l'irresponsabilité implique un « devoir de réserve » (M. d'Ornano) dont le président peut assurer le respect en sanctionnant le parlementaire indiscipliné.
Inviolabilité	**Article 26 al. 2, 3, et 4 C**	Le parlementaire est protégé contre une arrestation ou une mesure privative de liberté. L'inviolabilité, quant à elle, présente un caractère temporaire et relatif, n'abrogeant pas l'action pénale. Toute arrestation ou toute mesure privative de liberté d'un parlementaire requiert l'autorisation du bureau de son assemblée, sauf en cas de flagrance, de crime, ou de condamnation définitive. Depuis 1995, l'inviolabilité ne protège plus le député contre l'engagement des poursuites (mise en examen, statut de témoin assisté). Le député peut être condamné pour détournement de fonds, prise illégale d'intérêts, abus de biens sociaux ou violences sexuelles.

LA LEVÉE DE L'IMMUNITÉ PARLEMENTAIRE

1re	Saisine de l'assemblée par le ministre de la Justice garde des Sceaux, à la demande du procureur général près la Cour d'appel compétente d'une demande de levée de l'immunité.
2e	Désignation d'une délégation des immunités représentative au sein du bureau de l'assemblée, chargée d'auditionner le parlementaire intéressé et de faire rapport devant le bureau.
3e	Autorisation de l'action pénale par le bureau s'il estime que la demande est sérieuse (repose sur des faits), loyale et sincère (non fondée sur des arrières pensées politiques) (Cons. const., déc. n° 62-18 DC du 10 juillet 1962).

La levée de l'immunité parlementaire ne joue qu'en ce qui concerne l'inviolabilité. Elle permet la soumission du parlementaire à la justice mais ne saurait préjuger en rien de sa culpabilité. La levée de l'immunité est une décision prise par le bureau de l'assemblée à laquelle le parlementaire appartient (avant la révision de 1995, c'était à l'assemblée de se prononcer).

Nota : en vertu de l'article 29 al. 3 de la Constitution, l'assemblée peut obtenir la suspension de l'action contre le parlementaire pour la durée de la session. En ce cas, l'assemblée est réunie de plein droit pour des séances supplémentaires afin de permettre l'examen de la demande de suspension (1re étape : constitution d'une commission chargée de l'examen des demandes, 2e étape : audition du parlementaire en cause, 3e étape : la commission présente ses conclusions, 4e étape : discussion en séance publique des conclusions de la commission).

Pour que l'inviolabilité ne constitue pas une véritable impunité, on applique l'adage « *contra non valentem agere, non currit praescriptio* » (la prescription ne court pas contre celui qui ne peut agir en justice) : le délai de prescription est donc suspendu.

b. L'indemnité (ou traitement) parlementaire

Le régime de l'indemnité des membres du Parlement est régi par l'ordonnance organique du 13 décembre 1958, mais il est mentionné par l'article 25 de la Constitution.

L'indemnité, devenue définitive sous la IIe République en 1848, est d'une part une garantie d'indépendance et d'autre part un moyen d'éviter que « *nul ne soit écarté de l'enceinte législative par des considérations pécuniaires* » (E. Pierre).

Le traitement brut est constitué d'une indemnité de base, d'une indemnité de résidence, d'une indemnité de fonction, auquel il convient de déduire diverses retenues obligatoires (cotisation à la caisse des pensions, contribution exceptionnelle de solidarité, CSG, CRDS, cotisation au fonds de garantie des ressources) pour en obtenir le montant net. Les indemnités de base, de résidence et de fonction (7 200 euros bruts et 5 400 euros nets environ) sont imposables suivant les règles applicables aux traitements et salaires (art. 80 undecies du Code général des impôts).

Les parlementaires ont à leur disposition pour l'exercice de leur fonction d'autres types de moyens tels qu'une indemnité représentative de frais de mandat ou de crédit affecté à la rémunération de collaborateurs (les parlementaires bénéficient d'un crédit affecté à la rémunération de leurs collaborateurs calculé sur la base de trois collaborateurs, mais le parlementaire peut choisir librement le nombre de collaborateurs de 1 à 5 au maximum) mais aussi de moyens matériels (ex. : gratuité sur le réseau SNCF, restaurants mis à la disposition des députés, correspondances affranchies aux frais des assemblées). Ces indemnités spéciales ne sont pas imposables, elles sont plafonnées à 1,5 fois le montant cumulé de l'indemnité parlementaire et de l'indemnité de fonction.

Nota : en vertu de la loi organique n° 92-175 du 25 février 1992, le député ou le sénateur titulaire de mandats ou fonctions électorales locales ne peut cumuler les indemnités afférentes à ces mandats ou fonctions avec son indemnité parlementaire de base que dans la limite d'une fois et demie cette dernière.

B. Les obligations du parlementaire

Les obligations du parlementaire visent d'une part à préserver l'indépendance du mandat et d'autre part à imposer un comportement particulier au parlementaire.

a. L'indépendance du mandat

La prohibition du mandat impératif est prévue par l'article 27 de la Constitution. Cela signifie que le parlementaire est irrévocable et un parlementaire qui abandonnerait par exemple un parti politique lui ayant permis d'accéder à sa fonction n'est pas juridiquement obligé de démissionner. (Sur le mandat impératif voir ci-dessus Partie I : La souveraineté populaire).

De plus, le vote des parlementaires est personnel (art. 27 al. 2 et 3 de la Constitution). Il ne peut se déléguer qu'exceptionnellement dans les cas prévus par les textes (ordonnance organique n° 58-1066 du 7 novembre 1958 ; loi organique n° 62-1 du 3 janvier 1962) (ex. : maladie, accident ou événement familial grave empêchant le parlementaire de se déplacer, mission temporaire confiée par le gouvernement…).

> ***Nota*** : cette règle est en fait peu respectée, les parlementaires ignorant purement et simplement les textes sauf, en 1997, lorsque le président de l'Assemblée nationale d'alors (Ph. Seguin) a imposé le vote des seuls députés présents.

L'exercice du mandat confié aux parlementaires ne saurait conduire à la constitution de groupes de défense d'intérêts particuliers quelle qu'en soit la forme (locaux ou professionnels) entraînant pour leurs membres l'acceptation d'un mandat impératif (art. 23 alinéa 1 et art. 79 al. 2 RAN ; art. 5 alinéa 6 RS). Cependant il existe des groupes d'études et d'amitié, faisant l'objet de critiques, soumis à l'agrément du bureau.

Enfin, il existe un certain nombre d'incompatibilités ayant pour objet d'interdire le cumul de certaines fonctions avec le mandat parlementaire (art. 23 et 25 de la Constitution complétés par des textes organiques) :
- avec la fonction de président de la République,
- avec la fonction de membre du Gouvernement (art. 23 de la Constitution),
- avec des fonctions publiques électives (voir C. élect. art. LO. 137 à LO. 141) ; (ex. : interdiction de cumul entre un mandat de député et un mandat de sénateur),
- avec des fonctions publiques non électives (ex. : membre du Conseil constitutionnel, voir également C. élect. art. LO. 142 et LO. 145) ou enfin avec certaines activités privées (voir C. élect. art. LO. 146 et 146-1).

LA PROCÉDURE D'INCOMPATIBILITÉ

1re étape	• Depuis la loi organique du 19 janvier 1995, le parlementaire dispose d'un délai de deux mois pour déposer auprès du bureau de l'assemblée intéressée la liste de ses activités.
2e étape	• Le bureau apprécie s'il y a un doute sur la compatibilité des activités avec le mandat parlementaire. Si tel est le cas le parlementaire peut saisir le Conseil constitutionnel (décision n° 76-3 I du 20 décembre 1976).
3e étape	• C'est alors au Conseil constitutionnel que revient le soin de contrôler les incompatibilités. Cependant le Conseil constitutionnel considère que tout texte édictant une incompatibilité et qui a donc pour effet de porter atteinte à l'exercice d'un mandat électif ne saurait faire l'objet d'une interprétation extensive (Con. const., déc. n° 77-5 I du 18 octobre 1977).
4e étape	• Dans l'affirmative, le parlementaire dispose d'un délai de 30 jours pour abandonner la fonction incompatible, faute de quoi, il sera déclaré démissionnaire d'office.

Nota : l'article LO. 297 du Code électoral rend applicable aux sénateurs le régime des incompatibilités prévu pour les députés.

b. Le comportement personnel du parlementaire

Le parlementaire est tenu d'adopter dans l'assemblée un comportement « correct ». Il s'agit de la discipline, régie par les règlements intérieurs des chambres, que le président de chaque assemblée est tenu de faire respecter.

Il existe quatre sanctions disciplinaires graduées en fonction de la gravité des manquements commis (le rappel à l'ordre, le rappel à l'ordre avec inscription au procès-verbal, la censure, et la censure avec exclusion temporaire).

Depuis 2009, les parlementaires sont en outre astreints au respect de certaines règles déontologiques. Relevant de l'organisation intérieure des assemblées parlementaires, ces règles et leur contrôle varient suivant la chambre concernée.

Déontologie du Sénat (2009)	Déontologie de l'Assemblée nationale (2011)
Elle est surveillée par un comité de déontologie parlementaire comprenant un représentant de chaque groupe politique. Il est investi d'une compétence consultative sur les questions d'éthique concernant les conditions d'exercice du mandat des sénateurs et le fonctionnement du Sénat.	Elle est placée sous l'autorité d'un déontologue extérieur à l'Assemblée. Lorsque le déontologue constate un manquement aux règles de déontologie, il en informe le député et le Président de l'Assemblée. Il adresse au député les préconisations nécessaires et si le député conteste le manquement, ou ne suit pas les préconisations, le déontologue peut saisir le Président, qui saisit alors le Bureau.

Principes de déontologie	Code de déontologie
Le Bureau du Sénat a défini sept principes déontologiques à l'attention des membres du Sénat : les principes de défense de l'intérêt général, d'indépendance, d'intégrité, de laïcité, d'assiduité, de dignité et de probité. Les manquements aux règles déontologiques sont susceptibles d'emporter la privation pendant six mois des deux tiers de l'indemnité parlementaire et de la totalité de l'indemnité de fonction. Les sanctions sont prononcées par le Bureau et rendues publiques.	L'assemblée a élaboré un code de déontologie qui s'articule autour de 6 principes (intérêt général, indépendance, objectivité, responsabilité, probité et exemplarité) et de certaines obligations déclaratives (déclarations de dons et avantages ; déclarations de voyage à l'invitation de tiers ; déclarations afférentes à l'utilisation de l'indemnité représentative de frais de mandat). Depuis la réforme du Règlement adoptée le 28 novembre 2014, le Bureau peut assortir ses conclusions sur l'existence d'un manquement de sanctions disciplinaires à l'encontre du député.
Prévention des conflits d'intérêts	**Prévention des conflits d'intérêts**
Constitue un conflit d'intérêts toute situation dans laquelle les intérêts privés d'un membre du Sénat pourraient interférer avec l'accomplissement des missions liées à son mandat et le conduire à privilégier son intérêt particulier face à l'intérêt général. Le Comité de déontologie parlementaire, définit des bonnes pratiques figurant dans un guide annexé à l'Instruction générale du Bureau et encadre l'activité des groupes d'intérêts en son sein.	Constitue un conflit d'intérêts une situation d'interférence entre les devoirs du député et un intérêt privé qui, par sa nature et son intensité, peut raisonnablement être regardé comme pouvant influencer ou paraître influencer l'exercice de ses fonctions parlementaires. Les députés doivent déclarer au déontologue les présents de plus de 150 euros et les voyages qui leur sont offerts. L'assemblée a réglementé la représentation des intérêts (Lobbies) en prévoyant notamment une obligation d'inscription sur un registre mis en ligne.

La loi organique du 11 octobre 2013 (n° 2013-906), impose aux sénateurs et députés le dépôt d'une déclaration de patrimoine et d'une déclaration d'intérêts auprès de la Haute autorité pour la transparence de la vie politique.

III. Le fonctionnement du Parlement

A. L'organisation interne du Parlement

Elle figure pour l'essentiel dans les règlements intérieurs de chaque assemblée. Les règlements sont adoptés et modifiés par chacune des assemblées (résolution parlementaire) puis sont soumis (ainsi que leurs modifications) au contrôle obligatoire de constitutionnalité effectué par le Conseil constitutionnel (art. 61 al. 1 de la Constitution).

Le règlement détermine :
– l'organisation et le fonctionnement de l'assemblée ;
– la procédure législative ;
– les procédures de contrôle du gouvernement ;
– les procédures d'évaluation des politiques publiques (art. 24 de la Constitution, révision de 2008).

LES SOURCES DU DROIT PARLEMENTAIRE SONT LES SUIVANTES :

La Constitution (Titres IV et V)
• Les lois organiques (par exemple la loi organique n° 2009-403 du 15 avril 2009 *relative à l'application des articles 34-1, 39 et 44 de la Constitution*).
• Les lois ordinaires (par exemple l'ordonnance n° 58-1100 du 7 novembre 1958 *relative au fonctionnement des assemblées parlementaires*).
• Les règlements des assemblées (règlement de l'Assemblée nationale et règlement du Sénat), sont le cas échéant complétés par les réserves d'interprétation émises par le Conseil constitutionnel lors de leur examen.
• Les règlements spécifiques (statut des fonctionnaires parlementaires ; comptabilité ; instruction générale du bureau), édictés sous forme d'arrêtés du bureau de chaque assemblée.
• Les usages et les précédents (source subsidiaire mais néanmoins non négligeable).

L'organisation matérielle du Parlement fait apparaître des organes de direction, des formations intérieures et depuis quelques années des délégations parlementaires.

a. Les organes de direction

1. Le président

Les présidents du Sénat (G. Larcher) et de l'Assemblée nationale (F. de Rugy) sont respectivement les troisième et quatrième personnages de l'État. Le premier est le président de la République, le second le Premier ministre.

Désignation du président	
Les présidents sont élus lors de la première séance (présidée alors par le doyen d'âge) au scrutin secret, à la tribune. La majorité absolue des suffrages exprimés est requise aux deux premiers tours, la majorité relative suffit au troisième tour.	
Durée des fonctions	
Président de l'Assemblée nationale	Est élu en principe pour une législature (art. 32 de la Constitution, 5 ans).
Président du Sénat	Est élu lors de chaque renouvellement triennal partiel : 3 ans (art. 32 de la Constitution).

Attributions	
Les attributions des présidents sont nombreuses et peuvent être regroupées en quatre catégories.	
1re catégorie : le président coordonne les activités de son assemblée.	• Il convoque les commissions. • Il convoque la Conférence des présidents. • Il répartit les temps de parole.
2e catégorie : le président assure le maintien de l'ordre.	• Il veille à la sûreté de l'assemblée (il dispose pour cela de forces militaires). • Il assure la police de l'assemblée et peut suspendre ou lever une séance.
3e catégorie : il exerce des fonctions disciplinaires.	• Il dispose à cet égard d'un arsenal de sanctions à l'encontre des parlementaires troublant l'ordre de l'assemblée.
4e catégorie : il dirige les débats législatifs (mais ne prend pas part au vote).	• Il ouvre la séance publique. • Il conduit les délibérations. • Il fait observer le règlement. • Il peut demander une prolongation de séance. • Il répartit le temps de parole entre les groupes. • Il donne et retire la parole à chaque parlementaire. • Il apprécie la recevabilité des propositions de loi et des amendements.
Pouvoir de nomination et de consultation	
Pouvoirs de nomination	• Les présidents des assemblées désignent chacun trois des 9 membres du Conseil constitutionnel (art. 56 Const.). • Chaque président désigne deux personnalités qualifiées pour siéger au sein des deux collèges du Conseil supérieur de la magistrature. • Chaque président nomme trois des neuf membres du Conseil supérieur de l'audiovisuel. • Chaque président désigne diverses personnalités appelées à siéger dans des organismes indépendants (CNIL, CADA…). • Les présidents désignent les parlementaires chargés de siéger dans des organismes extra-parlementaires.
Attributions consultatives	• Les présidents sont consultés par le président de la République avant la dissolution de l'Assemblée nationale (art. 12 Const.). • Les présidents sont consultés par le président de la République en cas de mise

	en œuvre des pouvoirs exceptionnels (art. 16 Const.). • Les présidents sont consultés par le Premier ministre pour décider de la tenue de jours supplémentaires de séance (art. 28 al. 3 Const.).

Les présidents exercent en outre les attributions constitutionnelles suivantes.

Art. 7	Le président du Sénat assure l'intérim de la présidence de la République.
Art. 7 al. 9	Les présidents peuvent saisir le Conseil constitutionnel en cas de décès ou d'empêchement d'un candidat à l'élection présidentielle.
Art. 16 al. 6	Les présidents peuvent saisir le Conseil constitutionnel, après trente jours d'exercice des pouvoirs exceptionnels aux fins d'examiner si les conditions de mise en œuvre de ces pouvoirs sont toujours réunies.
Art. 18	Les présidents donnent lecture du message du président de la République.
Art. 39 al. 4	Les présidents peuvent saisir le Conseil constitutionnel en cas de différend avec le Gouvernement sur l'inscription d'un projet de loi à l'ordre du jour (méconnaissance des règles posées par la loi organique n° 2009-403 du 15 avril 2009).
Art. 39 al. 5	Les présidents peuvent soumettre pour avis au Conseil d'État et avant examen en commission, une proposition de loi sauf si son auteur s'y oppose.
Art. 41	Les présidents peuvent soulever l'irrecevabilité à l'encontre d'une proposition de loi ou d'un amendement. Les présidents peuvent saisir le Conseil constitutionnel s'ils ne confirment pas l'exception d'irrecevabilité opposée par le Gouvernement en application de l'article 41.
Art. 45	Les présidents ont la faculté conjointement de provoquer la réunion de la commission mixte paritaire.
Art. 54	Les présidents peuvent saisir le Conseil constitutionnel de la conformité à la Constitution d'un engagement international.
Art. 61 al. 1	Les présidents doivent saisir le Conseil constitutionnel des modifications apportées au règlement de leur chambre.
Art. 61 al. 2	Les présidents peuvent saisir le Conseil constitutionnel de la constitutionnalité d'une loi ordinaire.
Art. 68 al. 3	Le président de l'Assemblée nationale préside la Haute cour chargée de destituer le président de la République en cas de manquement à ses devoirs manifestement incompatible avec l'exercice de son mandat.
Art. 88-6 al. 1	Les présidents transmettent au président du Parlement européen, du Conseil, et de la Commission européenne, l'avis de leur assemblée sur la conformité d'un projet d'acte communautaire au principe de subsidiarité. Ils en informent le gouvernement.
Art. 89 al. 3	Le président de l'Assemblée nationale préside le Congrès en cas de révision de la Constitution.

2. Le bureau de l'assemblée

Chaque assemblée est dirigée par un bureau (celui du Sénat, 26 membres, est élu pour 3 ans, celui de l'Assemblée nationale, 22 membres, est renouvelé tous les ans sauf le président de l'Assemblée nationale élu en principe pour la durée de la législature, 5 ans).
Le bureau de l'Assemblée nationale est également celui du Congrès (art. 89 Const.).

LE BUREAU DE L'ASSEMBLÉE

Composition	
C'est un organe collégial et permanent composé ainsi :	
le président de l'assemblée	(cf. ci-dessus).
6 vice-présidents (Assemblée nationale) **8 vice-présidents (Sénat)**	Suppléants du président dans la direction des séances.
3 questeurs	Chargés de l'administration intérieure, ils dirigent et gèrent les finances des services et recrutent le personnel.
12 secrétaires (Assemblée nationale) **14 secrétaires (Sénat)**	Surveillent le dépouillement des scrutins et la rédaction des procès-verbaux (dans le cas de l'Assemblée nationale, c'est le compte rendu intégral à ne pas confondre avec le compte rendu analytique à diffusion interne) de séance.
6 délégations (Assemblée nationale) **8 délégations (Sénat)**	Présidées par un vice-président du bureau, elles ont des fonctions spécifiques (communication, statut du parlementaire, activités internationales, gestion du patrimoine…)
Attributions	
Le bureau est un organe de l'assemblée qui :	
• interprète et applique le règlement intérieur, • se prononce sur la recevabilité des initiatives parlementaires, • reçoit les projets de loi déposés par le Gouvernement (art. 39 Constitution), • crée des délégations chargées de tâches spécifiques (par exemple la délégation des incompatibilités parlementaires), • crée des missions d'information (lesquelles, instituées temporairement doivent se limiter à collecter des informations sur les politiques du Gouvernement en vue de permettre le contrôle du Parlement, Cons. const., déc. n° 2003-470 DC du 9 avril 2003), • détermine par des règlements intérieurs l'organisation et le fonctionnement des services de l'assemblée, • détermine le statut du personnel de l'assemblée, • statue sur les immunités parlementaires, • statue sur les incompatibilités parlementaires.	

3. La Conférence des présidents

La Conférence des présidents se réunit **chaque semaine pendant les sessions**, mais ce n'est pas un organe permanent contrairement au bureau. Elle est également réunie aux fins d'exercer les nouvelles prérogatives que lui ont attribuées les articles 39 et 45 de la Constitution depuis 2008.

Composition
• Des membres du bureau de l'Assemblée (président et vice-présidents), • Les présidents des commissions permanentes, • Les présidents des groupes parlementaires, • Le rapporteur général de la commission des finances, • Le président de la commission des affaires européennes (et au Sénat uniquement, le rapporteur général de la commission des affaires sociales depuis 2009), • Le ministre chargé des relations avec le Parlement assiste normalement aux réunions. Il informe la Conférence des présidents des textes que le Gouvernement entend inscrire à l'ordre du jour.
Attributions
• Elle contrôle le respect des conditions de dépôt des projets de loi telles que définies par la loi organique du 15 avril 2009. • Elle détermine l'ordre du jour de la moitié des séances sous réserve des prérogatives accordées au Gouvernement par l'article 48 al. 2 et 3 de la Constitution. • Les Conférences des présidents de l'Assemblée nationale et du Sénat ont la faculté de s'opposer conjointement à la décision du Gouvernement de recourir à la procédure accélérée pour le vote d'un texte de loi (art. 45 al. 2 Const.). • Elle propose l'ordre du jour de la séance mensuelle réservée aux initiatives parlementaires (« fenêtre parlementaire »). • Elle assure la liaison entre la chambre et le Gouvernement (cette liaison est favorisée par la présence d'un membre du Gouvernement chargé des relations avec le Parlement).

b. Les formations intérieures

1. Les commissions

Les commissions sont des formations restreintes organisées en général à l'image de l'assemblée (en fonction de l'importance de chaque groupe parlementaire), ce sont en quelque sorte des minis assemblées. Chaque commission est maîtresse de ses travaux. Elle se réunit à la demande du Gouvernement ou de son président. Les travaux ne sont pas publics.
On distingue **cinq catégories** de commissions.

PREMIÈRE CATÉGORIE

Les commissions permanentes (art. 43 de la Constitution)
Les commissions permanentes sont chargées d'examiner les projets et propositions de loi qui n'ont pas été soumis à une commission spéciale (voir ci-après). La Constitution a d'abord limité leur nombre à 6 en réaction contre les pratiques des deux Républiques précédentes qui ont vu les commissions permanentes se multiplier et entraver le droit

►

d'initiative du gouvernement. La révision constitutionnelle de 2008 a porté à 8 le nombre des commissions permanentes. Cela devrait permettre d'alléger les tâches des commissions permanentes existantes.

Commissions de l'Assemblée nationale (renouvelées chaque année) **8 commissions permanentes :**	**Commissions du Sénat** (renouvelées après chaque renouvellement triennal du Sénat) **7 commissions permanentes :**
• Affaires culturelles et éducation. • Affaires économiques. • Affaires étrangères. • Affaires sociales. • Défense nationale et forces armées. • Développement durable et aménagement du territoire. • Finances économie générale et contrôle budgétaire. • Lois constitutionnelles, législation et administration générale de la République.	• Affaires sociales. • Affaires étrangères, défense et forces armées. • Culture, éducation et communication. • Affaires économiques • Aménagement du territoire et développement durable • Lois constitutionnelles, législation, suffrage universel, règlement et administration générale. • Finances.

Nota : les commissions permanentes sont composées de parlementaires élus afin de représenter fidèlement la composition de l'assemblée. Aucun parlementaire ne peut faire partie de deux commissions permanentes à la fois, mais il peut assister aux réunions d'une commission dont il n'est pas membre. Avec la révision constitutionnelle de 2008, l'article 42 de la Constitution prévoit désormais que la discussion des projets et propositions de loi porte, en séance, sur le texte adopté par la commission saisie au fond. À défaut de l'établissement d'un texte par la commission, le texte discuté en séance publique est celui dont l'assemblée a été initialement saisie.

Les amendements adoptés par la commission saisie au fond sont intégrés dans le texte discuté en séance et n'ont plus à être présentés, discutés et adoptés en séance. En conséquence, pour combattre la position retenue par la commission saisie au fond, il faut présenter en séance un amendement en sens contraire.

Le Gouvernement ne maîtrise donc plus comme auparavant la base de discussion en séance. Cette modification de l'article 42 a eu un effet inattendu sur la procédure législative : les amendements apportés au projet de texte par la commission sont rarement défendus en séance par les membres de celle-ci en raison de leur absence dans l'hémicycle à ce moment. En conséquence, le Gouvernement qui pour sa part est présent lors de la discussion en séance dispose d'une grande latitude pour faire rétablir la disposition originaire. Il existe une dérogation, prévue au deuxième alinéa de l'article 42 de la Constitution (projets de révision constitutionnelle, des projets de loi de finances et des projets de loi de financement de la sécurité sociale).

Dans cette hypothèse, la discussion en séance porte, en première lecture devant la première assemblée saisie, sur le texte présenté par le gouvernement, puis, pour les autres lectures, sur le texte transmis par l'autre assemblée. Les commissions disposent de plusieurs attributions (auditionner les ministres, des personnalités qualifiées ; créer des missions d'information). Elles sont compétentes pour désigner un rapporteur qui présentera ses conclusions devant l'assemblée, et contrôler l'application des lois. Elles disposent du droit d'amendement (puisqu'elles sont composées de parlementaires) et peuvent modifier une proposition ou un projet de loi (art. 42 Const.).

Le gouvernement participe aux travaux des commissions notamment pour faire valoir son point de vue sur le texte ainsi que, le cas échéant, pour opposer les irrecevabilités découlant des articles 40 et 41 de la Constitution (Cons. const., déc. n° 2009-579 DC du 9 avril 2009). Le Conseil constitutionnel a rappelé que les commissions permanentes n'ont qu'un rôle de préparation (Cons. const., déc. n° 90-278 DC du 7 novembre 1990 et 91-292 DC du 23 mai 1991). Une place particulière doit être réservée à la Commission des finances car elle est régie en partie par la loi organique du 1er août 2001 *relative aux lois de finances*. Cette loi organique attribue d'ailleurs des compétences en matière d'examen des lois de finances à la Commission des finances. Mais la loi ne peut pas imposer la participation du ministre du Budget à un débat devant les commissions des finances car cela est contraire à la séparation des pouvoirs (Cons. const., déc. n° 2013-679 DC du 4 décembre 2013).

À l'Assemblée nationale, l'examen de la loi de finances fait intervenir les commissions « élargies » (art. 120 RAN). La commission élargie, apparue en 1999, est une réunion commune, sur les crédits d'une mission donnée, entre la commission des finances et la ou les commission(s) saisie(s) pour avis. Les commissions élargies permettent d'alléger la séance publique consacrée aux débats budgétaires (elles n'existent pas au Sénat). La commission élargie favorise la transversalité des travaux parlementaires que ne permet pas la répartition cloisonnée des compétences des commissions permanentes. Elle est particulièrement bien adaptée aux débats budgétaires nécessairement transversaux et pour lesquels la constitution d'une commission spéciale n'est pas autorisée en vertu de la LOLF.

DEUXIÈME CATÉGORIE

Les commissions spéciales (art. 43 de la Constitution)

– Les commissions spéciales devaient à l'origine supplanter les commissions permanentes et être créées pour chaque projet ou proposition de loi. La révision de 2008 a renforcé le rôle des commissions permanentes et l'article 43 prévoit désormais que les projets et propositions de loi sont renvoyés à l'une de ces 8 commissions.

– Les commissions spéciales ont pour objet d'examiner un texte de loi particulier qui leur est soumis et qui peut relever du champ de compétence de plusieurs commissions permanentes. Les commissions spéciales cessent d'exister dès que leur objet a disparu (promulgation, retrait ou rejet du texte de loi).

– Ces commissions sont constituées à la demande du Gouvernement ou à la demande de l'assemblée. À l'Assemblée nationale, la création est demandée par le président d'une commission permanente, le président d'un groupe ou quinze députés. Au Sénat les commissions spéciales sont constituées à la demande du président du Sénat, du président d'une commission permanente ou du président d'un groupe parlementaire. Elles sont composées de 70 membres (elles ne peuvent comporter plus de 34 membres d'une même commission permanente) à l'Assemblée nationale et plus de 37 membres au Sénat.
(Ex. : en 2012 a été constituée à l'Assemblée nationale une Commission spéciale chargée d'examiner le projet de loi organique relatif à la programmation et à la gouvernance des finances publiques).

TROISIÈME CATÉGORIE

Les commissions chargées des Affaires européennes (art. 88-4 de la Constitution, ordonnance n° 58-1100 du 17 novembre 1958 art. 6-*bis*)

Elles sont au nombre de deux (une à l'Assemblée nationale et une au Sénat). Elles succèdent depuis la révision de 2008 aux délégations parlementaires pour l'Union européenne. À l'Assemblée nationale elle se compose de 48 députés et comprend au Sénat 36 membres. Elle exerce une double mission d'information et de contrôle de l'activité européenne. La commission publie des rapports d'information, émet des avis, et éventuellement des propositions de résolution, sur les textes européens qui lui sont soumis dans le cadre de l'article 88-4 de la Constitution. Elle entretient un dialogue avec la Commission européenne sur le respect des principes de subsidiarité et de proportionnalité. Elle exerce en réalité les compétences dévolues à l'ancienne délégation pour l'Union européenne.
Remarque : cette dénomination ne retire rien aux compétences des commissions permanentes visées à l'article 43 de la Constitution. Ces commissions continuent en effet d'exercer la compétence législative, y compris pour la mise en œuvre des textes européens. Elles procèdent à l'examen des projets de loi de transposition des directives et des propositions de résolution européennes. En d'autres termes, une Commission chargée des affaires européennes ne constitue pas une commission permanente à part entière.

QUATRIÈME CATÉGORIE

Les commissions d'enquête (art. 51-2 de la Constitution, ordonnance n° 58-1100 du 17 novembre 1958 art. 6)

Pour l'exercice des missions de contrôle et d'évaluation définies au premier alinéa de l'article 24 de la Constitution, des commissions d'enquête peuvent être créées au sein de chaque assemblée pour recueillir, dans les conditions prévues par la loi, des éléments d'information. Les commissions d'enquête n'étaient pas prévues dans la Constitution de peur de conférer trop de pouvoirs au Parlement (Affaire *Stavisky* sous la IIIe République). Elles ont été introduites par la révision de 2008 ajoutant un article 51-2 à la Constitution. Leurs travaux et les auditions auxquelles elles procèdent sont secrets (Cons. const., déc. n° 72-48 DC du 28 juin 1972) cela n'empêche pas cependant certaines « fuites » (Affaire « *des sectes* »). La création d'une commission d'enquête peut être demandée par tout député ou tout sénateur. Les commissions d'enquête comprennent 30 membres à l'Assemblée nationale et 21 au Sénat (effectif maximum), leur durée n'excède pas 6 mois. (Ex. : En octobre 2013 commission d'enquête relative aux éventuels dysfonctionnements dans l'action du Gouvernement et des services de l'État, entre le 4 décembre 2012 et le

2 avril 2013, dans la gestion d'une affaire qui a conduit à la démission d'un membre du Gouvernement « affaire dite Cahuzac »). ***Nota*** : les commissions permanentes ou spéciales peuvent pour une durée de 6 mois bénéficier des prérogatives accordées aux commissions d'enquête (art. 5 ter de l'ordonnance du 17 novembre 1958).

CINQUIÈME CATÉGORIE

Les commissions chargées des immunités et des mises en accusation devant la Cour de justice	
Depuis les révisions constitutionnelles des 25 juillet 1993 et 4 août 1995, il y a lieu de distinguer :	
• **La Commission des immunités**	Commission permanente de 15 membres titulaires et 15 suppléants désignés à l'Assemblée nationale chaque année. Au Sénat, est désignée pour chaque demande relative à l'immunité, une commission spéciale de 30 membres.
• **La Commission de mise en accusation devant la Haute cour** (du président de la République)	Commission spéciale composée de 15 membres à l'Assemblée nationale. Au Sénat, les propositions sont renvoyées à une commission de 30 membres spécialement désignée. À la suite de la révision de 2007, la procédure de destitution a été instituée et elle est précisée par la loi organique n° 2014-1392, *portant application de l'article 68 de la Constitution*.

2. Les groupes parlementaires

Ils rassemblent les élus suivant leurs affinités politiques. Leur existence n'a été consacrée que tardivement par les règlements des assemblées puis par l'article 11 de la Constitution du 27 octobre 1946 (supprimé en 1954). La Constitution de 1958 ne prévoyait pas l'existence des groupes politiques. La révision de 2008 a changé l'état du droit, et plusieurs articles de la Constitution mentionnent expressément les groupes parlementaires en leur conférant pour la première fois sous la Ve République un statut constitutionnel reposant essentiellement sur l'article 51-1 :

Art. 48	Un jour de séance par mois est réservé à un ordre du jour arrêté par chaque assemblée à l'initiative des groupes d'opposition de l'assemblée intéressée ainsi qu'à celle des groupes minoritaires.
Art. 50-1	Un groupe parlementaire peut demander au Gouvernement de faire une déclaration sur un sujet déterminé.
Art. 51-1	Le règlement de chaque assemblée détermine les droits des groupes parlementaires constitués en son sein. Il reconnaît des droits spécifiques aux groupes d'opposition de l'assemblée intéressée ainsi qu'aux groupes minoritaires.

FORMATION DES GROUPES

Les groupes politiques se forment de manière différente à l'Assemblée nationale (depuis 1910) et au Sénat (depuis 1921) :

Sénat	• Les groupes se constituent après chaque renouvellement triennal. • Ils se composent au minimum de 15 membres.
Assemblée nationale	• Les groupes se constituent au début de chaque législature. • Ils se composent au minimum de 15 membres.

L'appartenance à un groupe parlementaire n'est pas obligatoire et le parlementaire peut simplement « s'apparenter » à un groupe (il n'est pas soumis à sa discipline lorsqu'elle existe) ou simplement siéger avec la qualité de « non-inscrit » (les non-inscrits qui ne peuvent pas constituer de groupe car leur effectif est trop réduit peuvent néanmoins désigner un délégué pour les représenter). De plus, afin d'appliquer l'article 51-1 de la Constitution, une procédure est prévue afin que les groupes puissent se déclarer d'opposition. Sont considérés comme groupes minoritaires ceux qui ne se sont pas déclarés d'opposition à l'exception de celui d'entre eux qui compte l'effectif le plus élevé.

Missions des groupes

Les groupes parlementaires ont quatre missions principales :
• ils désignent les membres du bureau,
• ils désignent les membres des commissions,
• ils désignent les membres des délégations parlementaires,
• ils participent à la détermination de l'ordre du jour (en Conférence des présidents),
• les groupes d'opposition ou les groupes minoritaires déterminent l'ordre du jour d'un jour de séance par mois (art. 48 Constitution),
• les groupes peuvent demander au Gouvernement de faire une déclaration sur un sujet déterminé (art. 50-1 de la Constitution).
• En outre les groupes permettent d'organiser au sein de l'assemblée une certaine « discipline de vote », très variable selon chaque groupe, permettant de rejeter ou d'accepter en groupe les textes de loi.

Statut des groupes

Depuis 2014 à l'Assemblée nationale et 2015 au Sénat, les groupes parlementaires ont acquis le statut d'association déclarée (art. 5, loi de 1901), imposé par les règlements des assemblées, essentiellement pour des questions de transparence financière. Le statut associatif prête à discussion car il impose aux groupes parlementaires une forme d'organisation particulière et plus largement il pose la question de la fragmentation des assemblées parlementaires en petits groupes dotés de la personnalité juridique (E. Pierre). Cette obligation a cependant été validée par le Conseil constitutionnel (Cons. const., déc. n° 2014-702 DC du 16 octobre 2014, Ass. nat. et n° 2015-712 DC du 11 juin 2015, Sénat), car elle ne compromet pas la liberté de constitution des groupes parlementaires qui est désormais garantie par le PFRLR de la liberté d'association (Cons. const, déc. n° 71-44 DC du 16 juillet 1971). En revanche, le Conseil constitutionnel a censuré, notamment pour rupture d'égalité devant la loi, une proposition tendant à ce que chaque groupe puisse se doter conjointement de deux présidents de sexe différent (Parité, Cons. const., déc. n° 2013-664 DC du 28 février 2013).

LES GROUPES EXISTANT ACTUELLEMENT AU PARLEMENT FRANÇAIS ET LEURS EFFECTIFS

Assemblée nationale, XIVᵉ législature, à jour juillet 2017
• La République en marche (310 membres, 5 apparentés). • Les Républicains (95 membres, 5 apparentés). • Mouvement démocrate et apparentés (11 membres, 4 apparentés). • Les Constructifs : Républicains, UDI, indépendants (34 membres, 1 apparenté). • Nouvelle gauche (28 membres, 3 apparentés). • La France insoumise (17 membres, 0 apparenté). • La gauche démocrate et républicaine (16 membres, 0 apparenté).
Sénat, à jour juillet 2017
• Groupe Les Républicains (128 membres, 3 apparentés, 12 rattachés) • Groupe Socialiste et républicains (87 membres). • Groupe union centriste (40 membres, 2 apparentés, 1 rattaché). • Groupe La République en marche (27 membres, 2 apparentés). • Groupe du Rassemblement démocratique et social européen (14 membres, 2 rattachés). • Groupe communiste républicain et citoyen (18 membres). • Réunion administrative des sénateurs ne figurant sur aucune liste (12 membres).

3. Les délégations parlementaires

Apparues en 1972, les délégations ou offices parlementaires (à ne pas confondre avec les délégations du Bureau) sont des organes permanents d'information spécialisés dans un secteur particulier qui dotent les assemblées de compétences d'expertises indépendantes du Gouvernement. Elles sont instituées par la loi, mais n'interviennent pas dans la fonction législative. La loi tient compte de la révision constitutionnelle de 2008 qui a introduit dans l'article 24 de la Constitution, le contrôle de l'action du Gouvernement ainsi que l'évaluation des politiques publiques parmi les principales missions du Parlement.
Elles sont au nombre de quatre.

Délégation	Texte	Organisation et fonctions
Office d'évaluation des choix scientifiques et technologiques	Loi du 10 mai 1990 Loi du 10 juin 1994 Article 6 *bis* ordonnance n° 58-1100 du 17 novembre 1958 Loi du 8 juillet 1983 ; article 6 *ter* ordonnance n° 58-1100 du 17 novembre 1958	Délégation mixte composée de 18 députés et 18 sénateurs. Informe le Parlement des conséquences des choix de caractère scientifique et technologique.
Aux droits des femmes et à l'égalité des chances	Loi du 12 juillet 1999 Art. 6 *septies*, ordonnance n° 58-1100	Délégation à l'Assemblée nationale, 36 membres désignés au début de la législature pour la durée de celle-ci. Délégation au Sénat, 36 membres désignés après chaque renouvellement partiel.

		Les délégations informent les assemblées de la politique du Gouvernement et de ses conséquences sur les droits des femmes et l'égalité des chances entre les hommes et les femmes. Elles assurent également le suivi de l'application des lois en la matière.
Au renseignement	Loi n° 2007-1443 du 9 octobre 2007 Art. 6 *nonies* ordonnance n° 58-1100	La délégation comprend 8 membres, 4 députés et 4 sénateurs, et a pour mission de suivre l'activité générale et les moyens des services de renseignement placés sous l'autorité des ministres chargés de la sécurité intérieure, de la défense, de l'économie et du budget. Les travaux de la délégation parlementaire au renseignement sont couverts par le secret de la Défense nationale.
Aux Outre-mer	Loi n° 2017-256 du 28 février 2017 Art. 6 *decies* ordonnance n° 58-1100	Délégation de 42 sénateurs (dont 21 sénateurs d'Outre-mer membres de droit) désignés après chaque renouvellement partiel. Délégation de 61 députés (dont 27 députés d'Outre-mer membres de droit) désignés au début de la législature pour la durée de celle-ci. Elles ont une mission générale d'information sur la situation des collectivités d'Outre-mer. Elles veillent en particulier à la prise en compte des caractéristiques, des contraintes, des intérêts propres et au respect des compétences des collectivités d'Outre-mer et évaluent les politiques publiques intéressant ces collectivités.

Nota : Au Sénat trois délégations (Délégation sénatoriale aux collectivités territoriales et à la décentralisation, Délégation sénatoriale à la prospective, Délégation aux entreprises) ont été instituées par l'Instruction générale du bureau (IGB) du Sénat. Il s'agit des délégations « sénatoriales » qui n'existent que pour le Sénat et n'ont pas, contrairement aux autres délégations, de consécration législative. Elles sont prévues par l'article XVII bis de l'IGB du Sénat.

B. Le régime des réunions du Parlement

Le régime des réunions du Parlement fait intervenir plusieurs notions temporelles qu'il ne faut pas confondre.

La législature (art. 25 de la Constitution)
Correspond à la durée pour laquelle une assemblée est élue et dispose de ses prérogatives. Par exemple à l'Assemblée nationale : législature = 5 ans (2017 début de la XVe législature).

La session (art. 28, à 30 de la Constitution)
Correspond à la période pendant laquelle le Parlement est effectivement réuni (et non pendant laquelle il est élu). En France la session concerne le Parlement tout entier : le Sénat et l'Assemblée nationale sont en session pendant la même période.
La séance publique (art. 33 de la Constitution)
Correspond à une réunion de l'assemblée pendant les sessions. L'article 33 de la Constitution précise que les séances du Parlement sont publiques.

a. Le régime des sessions

La Constitution prévoyait initialement deux sessions ordinaires (session d'Automne et session de Printemps) et des sessions extraordinaires portant sur un ordre du jour déterminé. La loi constitutionnelle du 4 août 1995 a substitué aux anciennes sessions ordinaires, une session ordinaire unique ne pouvant excéder plus de 120 jours de séances.

1. Le régime de la session unique (institué par l'art. 28 de la Constitution)

Article **28 al. 1** de la Constitution
Le Parlement se réunit de plein droit en une session ordinaire qui commence le premier jour ouvrable d'octobre et prend fin le dernier jour ouvrable de juin. Ex. : la session ordinaire de 2016 s'est ouverte le 2 octobre 2016 et prend fin le 30 juin 2017.
Article **28 al. 2** de la Constitution
Le nombre de jours de séances ne peut excéder 120. Les semaines de séances sont déterminées par chaque assemblée. La durée de 120 jours est un plafond dans le cadre des semaines consacrées aux réunions que chaque assemblée ne peut dépasser. Se pose donc la question de savoir comment surmonter le cas où tous les jours de séance ont été épuisés avant le délai constitutionnel de clôture de la session ordinaire. Le projet de 1995 prévoyait initialement 150 jours de séances, mais les parlementaires ont réduit la durée pour pouvoir exercer leurs mandats locaux.
Article **28 al. 3** de la Constitution
Le Premier ministre a la faculté, après consultation du président de l'assemblée concernée de décider de la tenue de séances supplémentaires. Il en va de même de la majorité des membres de chaque assemblée. Ces prérogatives peuvent s'exercer dans deux hypothèses : 1re hypothèse : le plafond de 120 jours est dépassé. 2e hypothèse : il s'agit d'une semaine au cours de laquelle l'assemblée concernée a décidé de ne pas siéger. (Cons. const., déc. n° 95-366 DC du 8 novembre 1995).

Nota : à la différence de l'ancienne procédure, la réunion du Parlement se réalise de plein droit, il n'y a pas lieu à convocation par le président de la République. La réunion du Parlement se réalise à date fixe ce qui a pour effet de réduire l'influence de l'exécutif sur le législatif. Enfin la clôture de la session ordinaire est retardée de droit dans le cas d'application de l'article 51 de la Constitution (mise en œuvre de l'art. 49), lorsque la responsabilité gouvernementale est engagée, afin de permettre à la procédure de s'achever et ne pas éventuellement permettre au Gouvernement d'échapper pour des raisons de procédure à la censure du Parlement.

2. Les sessions extraordinaires

Article 29 de la Constitution : le Parlement est réuni en session extraordinaire soit à la demande du Premier ministre soit à la demande de la majorité des députés (mais pas des sénateurs).
La session extraordinaire est ouverte sur un ordre du jour déterminé, sa clôture varie suivant que la demande de session extraordinaire émane du Premier ministre ou des députés.

CLÔTURE DE LA SESSION EXTRAORDINAIRE

Demande de la majorité des députés
La clôture intervient à l'épuisement de l'ordre du jour ou à défaut à l'expiration d'un délai de 12 jours à compter de la réunion du Parlement.
Demande du Premier ministre
La clôture intervient à l'épuisement de l'ordre du jour mais le Premier ministre peut seul demander une nouvelle session avant l'expiration du mois qui suit le décret de clôture. Les députés n'ont pas cette faculté car cela pourrait conduire à ce que le Parlement siège en permanence.

La convocation du Parlement en session extraordinaire.
Article 30 de la Constitution : les sessions extraordinaires sont ouvertes et closes par décret du président de la République. Il s'agit d'un décret contresigné du Premier ministre, mais le président de la République peut refuser de déférer à la demande de convocation, que celle-ci émane des députés (refus du Général de Gaulle en 1960) ou du Premier ministre (refus de F. Mitterrand en 1987).

b. Les réunions de plein droit

Il s'agit de sessions ou de réunions qui sont prévues directement par la Constitution dans diverses hypothèses. Lorsqu'une de ces hypothèses est réalisée, il n'y a pas lieu de convoquer le Parlement qui se réunit automatiquement. Cela permet très souvent de placer le Parlement à l'abri de manœuvres de l'exécutif.

CAS DANS LESQUELS LE PARLEMENT SE RÉUNIT DE PLEIN DROIT

Disposition	Situation
Article 11	Lorsqu'un référendum est organisé sur proposition du gouvernement, celui-ci fait devant chaque assemblée une déclaration qui est suivie d'un débat. La question se pose de savoir, dans l'hypothèse où le référendum serait décidé hors session, si le Parlement est réuni de plein droit pour satisfaire aux exigences posées par l'article 11. Cette question demeure pour l'instant discutée.

Article 12	La nouvelle Assemblée nationale se réunit de plein droit après une dissolution le deuxième jeudi qui suit son élection. Si cette réunion a lieu en dehors de la session ordinaire, une session est ouverte de droit pour une durée de 15 jours. Les élections sont organisées par décret et les dispositions du Code électoral relatives à l'organisation des élections ne font pas échec à cette réunion car elles ne sont pas applicables en cas de dissolution (Cons. const., 11 juin 1981, *Delmas*).
Article 16	En période d'application de l'article 16, le Parlement se réunit de plein droit. La question s'est posée (en 1961) de savoir si la réunion du Parlement pouvait avoir un aboutissement législatif (adoption d'une loi) et si la responsabilité du Gouvernement pouvait être engagée. Deux hypothèses sont envisageables : *1re hypothèse* : article 16 pendant une session : l'aboutissement législatif et la responsabilité gouvernementale sont possibles ; *2e hypothèse* : article 16 en dehors d'une session : l'aboutissement législatif et la responsabilité gouvernementale sont impossibles.
Article 18	Le président de la République communique avec les deux assemblées du Parlement par des messages. Hors session, le Parlement est réuni spécialement à cet effet. La réunion en cause serait close immédiatement après la lecture du message qui ne donne lieu à aucun débat (le cas ne s'est jamais produit). Le Congrès est également réuni de plein droit lorsque le président de la République décide d'y prendre la parole (l'article 18 dernier alinéa a été modifié en remplaçant le Parlement par les assemblées ce qui englobe le droit de message et la prise de parole devant le Congrès).
Article 26	La détention, les mesures privatives ou restrictives de liberté ou la poursuite d'un membre du Parlement sont suspendues pour la durée de la session si l'assemblée dont fait partie le parlementaire le requiert. L'assemblée intéressée est réunie de plein droit pour des séances supplémentaires afin de permettre l'application de cette suspension. Il ne s'agit pas d'une réunion du Parlement mais d'une réunion de plein droit de l'assemblée dont un membre est poursuivi au cas où la suspension des poursuites est demandée. De plus il s'agit uniquement de jours de séances supplémentaires.
Article 28	Le Parlement est réuni de plein droit pour la session ordinaire unique le premier jour ouvrable du mois d'octobre.

IV. Les attributions du Parlement

Le Parlement dispose de trois sortes d'attributions toutes trois d'une importance considérable. Ces attributions sont définies (depuis la révision de juillet 2008 par l'article 24 de la Constitution). **Il vote la loi** (fonction législative), **contrôle l'action du Gouvernement** (fonction de contrôle) et **évalue les politiques publiques** (fonction d'évaluation). En outre, depuis la révision de 2008, le Parlement est appelé à contrôler certaines nominations effectuées par le président de la République.

A. La fonction législative

En vertu de l'article 24 de la Constitution, le Parlement vote la loi. Cette précision permet de définir la loi comme un acte voté par le Parlement. En droit positif, la loi se définit donc par ce critère organique (définition formelle). L'ensemble des opérations qui concourent au vote de la loi s'inscrit dans la procédure législative qui comporte plusieurs phases : l'initiative de la loi, l'examen en commission, la discussion et le vote.

a. L'initiative de la loi et le droit d'amendement

L'INITIATIVE DE LA LOI
Elle appartient en vertu de l'article 39 de la Constitution au Premier ministre et aux membres du Parlement.
Premier ministre
Le Premier ministre dispose du droit d'initiative. On parle alors d'un **projet de loi.** Les projets sont délibérés en Conseil des ministres et obligatoirement soumis à l'avis du Conseil d'État. La faculté qu'a le Premier ministre de déposer un projet de loi est discrétionnaire : on ne peut pas contester la décision de déposer un projet comme celle de refuser de déposer un projet car il s'agit d'un acte de Gouvernement (CE 29 nov. 1968, *Tallagrand*). Même les parlementaires ne peuvent faire injonction de déposer un projet (Cons. const., déc. n° 76-73 DC du 29 déc. 1976). De surcroît, le Gouvernement est libre de choisir devant quelle assemblée le texte sera déposé (sauf en ce qui concerne les lois de finances et les lois de financement de la sécurité sociale qui doivent obligatoirement être déposées devant l'Assemblée nationale tandis que ceux ayant pour principal objet l'organisation des collectivités territoriales sont soumis en premier lieu au Sénat [depuis 2008 les lois relatives aux instances représentatives des Français établis hors de France ne doivent plus obligatoirement être déposées devant le Sénat]). Les conditions de dépôt des projets de loi sont précisées par la loi organique n° 2009-403 du 15 avril 2009 (art. 7 à 12), dont l'article 8 précise que ceux-ci font l'objet d'une étude d'impact devant satisfaire divers critères énoncés par le texte. Il appartient à la Conférence des présidents de l'assemblée devant laquelle le projet de loi a été déposé d'apprécier (dans un délai de 10 jours et lorsque le Parlement n'est pas en session, ce délai est suspendu jusqu'au dixième jour qui précède le début de la session suivante) si les conditions fixées par la loi organique ont bien été respectées par le gouvernement. En cas de désaccord, le président de l'assemblée intéressée ou le Premier ministre peut saisir le Conseil constitutionnel qui statue dans un délai de huit jours (art. 39 al. 4 loi constitutionnelle de 2008). L'article 42 de la Constitution permet de déterminer les délais entre le dépôt ou la transmission d'un texte et son examen en séance publique (6 semaines). Cette disposition était apparue comme l'une des plus déterminantes parmi celles du projet de loi constitutionnelle pour revaloriser le rôle du Parlement. Elle n'a cependant pas eu l'effet escompté.

Parlementaires

L'initiative d'un parlementaire prend le nom de **proposition de loi.** Ce droit appartient à tout parlementaire député ou sénateur. L'initiative parlementaire prend la forme d'un dépôt sur le bureau de la chambre à laquelle appartient l'auteur de l'initiative. Depuis la révision de 2008, le président d'une assemblée peut soumettre pour avis au Conseil d'État, avant son examen en commission, une proposition de loi déposée par l'un des membres de cette assemblée, sauf si ce dernier s'y oppose. L'objectif poursuivi est l'amélioration de la qualité des propositions de loi. Les conditions d'exercice de ce droit sont fixées par l'article 4 bis de l'ordonnance n° 58-1100 du 17 novembre 1958 (loi du 15 juin 2009) lequel précise que l'auteur de la proposition de loi, informé par le président de l'assemblée concernée de son intention de soumettre pour avis au Conseil d'État cette proposition, dispose d'un délai de cinq jours francs pour s'y opposer. L'avis du Conseil d'État est adressé au président de l'assemblée qui l'a saisi, qui le communique à l'auteur de la proposition.
L'initiative parlementaire est transmise à une commission (permanente ou spéciale) qualifiée de « commission saisie au fond ». Celle-ci dispose d'énormes pouvoirs puisqu'elle a la faculté de modifier la proposition initiale mais aussi depuis la révision de 2008 le projet de loi. Les propositions de loi sont assez nombreuses, mais peu aboutissaient du fait du barrage de l'ordre du jour prioritaire (ancien art. 48 Const.). Aussi, la révision du 4 août 1995 a prévu qu'une séance par mois soit réservée par priorité à l'ordre du jour fixé par les assemblées. Surtout la révision constitutionnelle de 2008 a supprimé la priorité du Gouvernement en matière de fixation de l'ordre du jour. Désormais, deux semaines de séance sur quatre sont réservées à l'ordre du jour déterminé par le gouvernement. Il convient de relever cependant qu'une semaine de séance sur quatre est réservée au contrôle de l'action du Gouvernement et à l'évaluation des politiques publiques. La liberté d'inscrire à l'ordre du jour les initiatives que souhaite le Parlement ne concerne ainsi qu'une semaine sur les quatre. De surcroît un jour de séance par mois est réservé à un ordre du jour déterminé prévu par la Conférence des présidents à l'initiative des groupes parlementaires ne participant pas de la majorité de l'assemblée concernée. Cela a pour effet d'élargir les possibilités d'expression de la minorité auparavant cantonnée à une partie limitée de la séance mensuelle existant depuis 1995.

LE DROIT D'AMENDEMENT

À côté de l'initiative générale (projets et propositions de loi) la Constitution prévoit l'existence du droit d'amendement.
L'article 44 de la Constitution dispose que les membres du Parlement et le Gouvernement ont le droit d'amendement. Là encore l'initiative est partagée, mais à la différence des projets de loi, le droit d'amendement n'est pas réservé au Premier ministre. L'initiative parlementaire est également individuelle mais très souvent les amendements sont signés par plusieurs parlementaires. Les amendements doivent être écrits, signés et comporter une motivation sommaire. Depuis la révision de 2008, l'article 44 al. 1er C. précise que le droit d'amendement s'exerce en séance ou en commission selon les conditions fixées par les règlements des assemblées, dans le cadre déterminé par une loi organique. L'article 13 de la loi organique du 15 avril 2009 interdit aux membres du Parlement de déposer des amendements après le début de l'examen du texte en séance publique, seuls le Gouvernement et la commission saisie au fond peuvent déposer des amendements après ce délai. Le droit d'amendement pouvait déjà s'exercer en commission mais l'auteur d'un amendement rejeté en commission pouvait toujours le présenter en séance publique.

<table>
<tr><td colspan="2">Désormais, le droit d'amendement s'exerçant en séance ou en commission, l'examen d'un amendement en commission suffit à satisfaire l'exigence constitutionnelle. L'auteur d'un amendement rejeté en commission n'est plus fondé à le soumettre de nouveau devant la formation plénière de son assemblée. L'enjeu de cette nouvelle disposition est de favoriser le recours aux procédures simplifiées d'examen des textes en séances publiques.</td></tr>
<tr><td colspan="2">Le Conseil constitutionnel a posé des limites à l'exercice du droit d'amendement en se fondant sur les différences que la Constitution établit entre l'initiative générale (art. 39) et le droit d'amendement (art. 44). En effet, le bon déroulement du débat démocratique et, partant, le bon fonctionnement des pouvoirs publics constitutionnels supposent que soit pleinement respecté le droit d'amendement conféré aux parlementaires par l'article 44 de la Constitution, et que les parlementaires comme le Gouvernement puissent utiliser sans entrave les procédures mises à leur disposition à ces fins. Cette double exigence implique toutefois qu'il ne soit pas fait un usage manifestement excessif de ces droits (Cons. const. déc., n° 2003-468 DC du 3 avril 2003).</td></tr>
<tr><td colspan="2">Le Conseil constitutionnel considère comme contraires à la Constitution deux séries d'amendements :</td></tr>
<tr><td>1. Les amendements dépourvus de tout lien avec l'objet du texte en discussion (Cons. const., déc. n° 85-198 DC du 13 décembre 1985 Amendement Tour Eiffel; 2001-445 DC du 19 juin 2001).</td><td>Le texte ne doit pas être un prétexte et la jurisprudence du Conseil constitutionnel censure un amendement n'ayant aucun lien avec le texte de loi. De surcroît, ces amendements que l'on appelle les cavaliers législatifs peuvent être déclarés irrecevables par les assemblées. Cependant le Conseil constitutionnel (Cons. const., déc. n° 2001-445 DC du 19 juin 2001) semble avoir assoupli sa jurisprudence (sans l'avoir abandonnée, cf. Cons. const., déc. n° 2003-479 DC du 30 juillet 2003), d'une part parce qu'elle est assez inefficace dans le cadre des lois dites « fourre-tout » (lois portant diverses dispositions…) et d'autre part au regard de la révision de 2008 puisque l'article 45 al. 1 de la Constitution précise que tout amendement est recevable en première lecture dès lors qu'il présente un lien, même indirect, avec le texte déposé ou transmis.
L'exercice du droit d'amendement s'articule autour de deux principes :
– au cours de la première lecture, le dépôt d'amendement s'exerce pleinement et ne saurait être limité que par les règles de recevabilité, les exigences de clarté et de sincérité du débat parlementaire et la nécessité pour un amendement de « ne pas être dépourvu de tout lien » avec l'objet du projet ou de la proposition déposé(e) sur le bureau de la première assemblée saisie ;
– à partir de la deuxième lecture, et afin de satisfaire au principe suivant lequel les assemblées doivent se prononcer sur un texte identique (art. 45 al. 1 C), les amendements parlementaires doivent être en relation directe avec une disposition restant en discussion. Cela permet le respect de la règle dite de l'« entonnoir ».</td></tr>
</table>

2. Les amendements dépassant par leur objet et leur portée les limites inhérentes au droit d'amendement (Cons. const., déc. n° 87-225 DC du 23 janvier 1987 Amendement *Seguin*).	L'amendement ne doit pas dépasser une certaine ampleur et dans ce cas, le parlementaire devrait plutôt déposer une proposition de loi. Le Conseil constitutionnel censure les propositions de loi déguisées en amendement (ce qui permet d'éviter les obstacles que peut rencontrer une initiative globale). Comme la condition précédente, cette condition fait l'objet d'un contrôle par les instances parlementaires mais elle est davantage discutable, certains amendements étant parfois très longs tandis que des projets ou des propositions ne peuvent comporter qu'un seul article très court. Aussi, le Conseil constitutionnel semble avoir abandonné ce grief qui ne peut être utilement invoqué (Cons. const., déc. n° 2001-450 DC du 11 juillet 2001, cf. également 2001-445 DC du 19 juin 2001).

Les initiatives sont de plus soumises à un régime de recevabilité particulier prévu par la Constitution.

LES IRRECEVABILITÉS CONSTITUTIONNELLES

Disposition	Irrecevabilité
Article 40	Les propositions et amendements formulés par les membres du Parlement ne sont pas recevables lorsque leur adoption aurait pour conséquence soit une diminution des ressources publiques, soit la création ou l'aggravation d'une charge publique. (Protection des Finances publiques).
Article 41	Le Gouvernement ou le président de l'assemblée intéressée peut opposer l'irrecevabilité aux propositions et amendements qui ne relèvent pas du domaine de la loi ou sont contraires à une délégation consentie en vertu de l'article 38 de la Constitution. Le Conseil constitutionnel peut être saisi à la demande du Gouvernement ou du président de l'assemblée concernée. (Protection des compétences du gouvernement).
Article 44	Le Gouvernement ou le président de l'assemblée intéressée peut s'opposer à l'examen de tout amendement qui n'a pas été antérieurement soumis à la Commission saisie au fond. (Protection de la qualité du travail législatif).

À ces irrecevabilités constitutionnelles s'ajoutent des irrecevabilités prévues par les lois organiques (art. 47 de la LOLF du 1er août 2001 ; art. LO 111-3 du Code de la sécurité sociale, art. 4 de loi organique du 17 décembre 2012 *relative à la programmation et à la gouvernance des finances publiques*) ou par les règlements des assemblées.
D'une manière générale les irrecevabilités visent à sanctionner plusieurs vices affectant les initiatives (l'incompétence, le vice de forme et de procédure, la violation de certains textes, le détournement de procédure).

b. L'examen en commission

Aucun texte ne peut faire l'objet d'une discussion ou d'un vote s'il n'a préalablement été soumis à l'examen d'une commission compétente pour rapport.
L'article 43 de la Constitution prévoyait que les textes sont soumis soit à des commissions permanentes soit à des commissions spéciales. Certaines commissions pouvant également être saisies pour avis.
Mais chaque commission étant maîtresse de ses travaux qui aboutissent à un rapport, les conclusions de ce rapport différaient suivant le texte examiné (projet, texte transmis par l'autre assemblée ou proposition de loi).
L'article 42 de la Constitution prévoit désormais que « La discussion des projets et des propositions de loi porte, en séance, sur le texte adopté par la commission saisie en application de l'article 43 ou, à défaut, sur le texte dont l'assemblée a été saisie ». Ainsi, la deuxième assemblée saisie ne se prononce plus comme auparavant sur le texte qui lui est transmis mais sur celui élaboré par sa commission. Dans l'hypothèse où la commission ne s'est pas prononcée sur le texte ou l'a rejeté, la discussion porte sur le texte dont l'assemblée a été saisie. L'absence de dépôt de conclusion ou le rejet de l'ensemble du texte n'interdit pas son inscription à l'ordre du jour afin de préserver les prérogatives reconnues au Gouvernement par l'article 48 de la Constitution. Afin de fixer un délai d'examen des textes par les commissions, l'article 42 précise que la discussion en séance, en première lecture, d'un projet ou d'une proposition de loi ne peut intervenir, devant la première assemblée saisie, qu'à l'expiration d'un délai de six semaines après son dépôt. Elle ne peut intervenir, devant la seconde assemblée saisie, qu'à l'expiration d'un délai de quatre semaines à compter de sa transmission. Les délais prévus par la révision constitutionnelle ont vocation à conforter les conditions de travail des commissions et à permettre de répondre aux nouvelles exigences qu'implique l'examen du texte de la commission en séance publique.
Le rapport qui est publié est également lu (dans ses éléments essentiels) en séance publique par le rapporteur désigné par la commission.

c. La discussion en séance publique

La discussion en séance publique se divise en deux parties : la discussion générale et la discussion article par article.

LA DISCUSSION GÉNÉRALE

La discussion générale débute après l'éventuelle audition du Gouvernement et la présentation du rapport établi par la commission saisie au fond. La parole est ensuite donnée aux orateurs qui se sont inscrits.
La discussion générale **peut être interrompue par différentes motions de procédure qui depuis la limitation du recours à l'article 49 al. 3 Const. connaissent (phénomène majoritaire oblige) un regain d'intérêt.**

Motions	Objet	Effets
Exception d'irrecevabilité	Faire reconnaître que le texte proposé est contraire à une ou plusieurs dispositions constitutionnelles. Elle concerne la constitutionnalité du texte.	Ne peut être soulevée qu'une fois après la présentation du rapport et peut entraîner après un débat suivi d'un vote le rejet du texte.
Question préalable	Faire décider qu'il n'y a pas lieu à délibérer, elle concerne l'opportunité du texte.	Mêmes effets que l'exception d'irrecevabilité.
Renvoi en commission	Renvoyer à la Commission saisie au fond l'ensemble du texte.	Suspend la discussion jusqu'à présentation par la commission d'un nouveau rapport, dont la discussion intervient avant le début de la discussion générale.

Nota : ces motions de procédure sont très souvent utilisées comme des techniques d'obstruction (technique qui permet de retarder pour des raisons politiques l'adoption d'un texte). Ainsi l'article 91 du règlement de l'Assemblée nationale a été modifié afin notamment d'interdire la question préalable lors de la séance mensuelle consacrée par l'article 48 al. 3 de la Constitution aux initiatives parlementaires. Le Conseil constitutionnel a précisé que la question préalable ne trouvait aucun fondement dans la Constitution. Il est donc loisible à l'Assemblée nationale d'y apporter des limites dans la mesure où d'autres procédures restent à la disposition des parlementaires pour faire obstacle à l'examen d'une proposition de loi (Cons. const., déc. n° 2003-470 DC du 9 avril 2003). La question préalable peut aussi être utilisée afin d'accélérer la procédure législative et le Conseil constitutionnel n'y voit pas un détournement de procédure (Cons. const. décision n° 2012-662 DC du 29 décembre 2012).

Nota : la modification du règlement de l'Assemblée nationale en 2009 a fusionné l'exception d'irrecevabilité et la question préalable en une seule motion : **la motion de rejet préalable**. La motion de rejet préalable peut avoir comme motifs au soutien de sa défense, tant celui de l'exception d'irrecevabilité que celui de la question préalable. Mais une seule motion de rejet préalable pourra être présentée. **Au Sénat les deux motions demeurent distinctes**.
Autres instruments de procédure pour retarder une discussion :
– Le rappel au règlement.
– La demande de vérification du *quorum*.
– La demande de vote par scrutin public…

LA DISCUSSION ARTICLE PAR ARTICLE

La discussion article par article porte sur chacun des articles du texte. Cette phase est très importante car les amendements, sous-amendements et articles additionnels sont discutés. L'article 13 de l'ordonnance n° 58-1100 du 17 novembre 1958 (modifié en 2009) précise que les amendements des membres du Parlement cessent d'être recevables après le début de l'examen du texte en séance publique. Les règlements des assemblées peuvent déterminer les conditions dans lesquelles est fixée une date antérieure à compter de laquelle ces amendements ne sont plus recevables. Les amendements des députés doivent ainsi être présentés au plus tard le troisième jour ouvrable précédant la date de début de la discussion du texte à 17 heures. Au Sénat la Conférence des présidents fixe la date limite de dépôt des amendements.

Amendement	L'amendement est une modification d'un article du texte de loi. Il ne peut porter que sur un article du texte en discussion et doit être sommairement motivé.
Sous-amendement	Le sous-amendement est la modification d'un amendement. Il est indissociable du droit d'amendement (Cons. const., déc. n° 73-49 DC du 17 mai 1973).
Article additionnel	L'article additionnel introduit une disposition nouvelle contrairement à l'amendement qui modifie une disposition déjà existante.

La discussion se concentre lors de cette étape sur les amendements et les règlements des assemblées ont prévu une limitation du temps de parole des orateurs qui ne peut dépasser 5 minutes.
Le Gouvernement peut par ailleurs s'opposer en application de l'article 44 al. 2 de la Constitution à l'examen des amendements tardifs non soumis à la commission.

d. Le vote du texte de loi

Les textes de loi ne sont pas soumis normalement à un vote mais à plusieurs votes : le vote article par article et le vote d'ensemble. Il existe également des procédures accélérées.

LA PROCÉDURE NORMALE

Vote	Procédure
Article par article	Principe de spécialité des votes : l'assemblée doit avant le vote de l'ensemble du texte se prononcer sur chaque article et sur chaque amendement, sous-amendement et article additionnel s'y rapportant. Dans certains cas complexes, il est possible de descendre au-dessous de l'article en proposant le vote par division (par exemple plusieurs alinéas d'un seul article).
D'ensemble	Il intervient après le vote du dernier article du texte. Il a pour objet de conclure la première lecture d'un texte.

LES PROCÉDURES PERMETTANT D'ACCÉLÉRER LES DÉBATS

Il existe **trois types de procédures** particulières d'adoption qui ont pour effet d'accélérer la procédure législative :	
Le vote sans débat et l'examen simplifié	Permettent de procéder directement au vote de l'ensemble du texte en faisant l'économie des étapes de la séance publique. Peuvent être mise en œuvre à la demande du Gouvernement ou de la commission saisie au fond. Porte souvent sur des textes à caractère technique (autorisation de ratification d'un engagement international par exemple).

Le vote bloqué (art. 44 al. 3 de la Constitution)	Permet au Gouvernement de demander à l'assemblée de se prononcer par un seul vote sur tout ou partie du texte en ne retenant que les amendements proposés ou acceptés par lui.
L'engagement de la responsabilité du Gouvernement sur un texte (art. 49 al. 3 de la Constitution)	Permet au Premier ministre d'engager la responsabilité du Gouvernement devant l'Assemblée nationale sur le vote d'un texte. Le texte est alors considéré comme adopté si aucune motion de censure n'est votée. La révision constitutionnelle de 2008 a considérablement restreint le champ d'application de cette procédure puisque désormais le Premier ministre ne peut, recourir à cette procédure pour un seul projet ou proposition de loi ordinaire par session, et les projets de loi de finances ou de loi de financement de la sécurité sociale.

LA PROCÉDURE ACCÉLÉRÉE

Cette procédure a été instituée par la révision constitutionnelle de 2008 et remplace la procédure d'urgence. Elle permet de réunir la commission mixte paritaire dès la 1re lecture. Elle était auparavant accordée de droit lorsque le Gouvernement la demandait. L'article 45 permet aux Conférences des présidents des deux assemblées de s'opposer conjointement à la demande du gouvernement. La pratique antérieure a révélé des abus de la procédure d'urgence et c'est la raison pour laquelle, les assemblées peuvent s'opposer à la demande du gouvernement.
De surcroît, l'article 45 met fin au monopole gouvernemental puisque pour une proposition de loi, les présidents des deux assemblées agissant conjointement, ont également la faculté de provoquer la réunion d'une commission mixte paritaire chargée de proposer un texte sur les dispositions restant en discussion.
Les délais de droit commun (6 semaines) sont abrégés en cas de recours à la procédure abrégée par l'article 46 (et l'article 42) de la Constitution qui prévoit que si la procédure accélérée a été engagée, le projet ou la proposition ne peut être soumis (se) à la délibération de la première assemblée saisie avant l'expiration d'un délai de quinze jours après son dépôt.

LE TEMPS LÉGISLATIF PROGRAMMÉ

Cette procédure, qui ne concerne que l'Assemblée nationale, permet de lutter contre les manœuvres d'obstruction menées par l'opposition consistant à ralentir volontairement les débats. Le temps législatif programmé a été mis en place sur le fondement de l'article 44 de la Constitution, modifié par la révision de juillet 2008, et de la loi organique du 15 avril 2009 (art. 17, procédure impartissant des délais pour l'examen d'un texte en séance).
Les articles 49 et 55 du Règlement de l'Assemblée en précisent les modalités d'application.
Cette procédure permet de fixer à l'avance la durée de l'examen d'un texte en séance.
C'est la conférence des présidents qui décide d'engager cette procédure et fixe le temps d'expression alloué aux groupes parlementaire. Un temps de parole global est alors attribué aux groupes. En principe les groupes de l'opposition disposent de 60 % du temps réparti entre eux à proportion de leur effectif numérique. Le reste du temps (40 %) est réparti de la même façon entre les groupes de la majorité. Les non-inscrits disposent d'un temps de parole spécifique. Toutes les interventions des députés sont décomptées du temps global de leur groupe (à l'exception de celles des présidents des groupes, des rapporteurs des commissions saisies et du président de la commission saisie au fond).

Lorsqu'un groupe a épuisé le temps imparti, la parole peut être refusée à ses membres et les amendements déposés par ces derniers peuvent être mis aux voix sans débat. Cette procédure n'est toutefois applicable ni aux révisions constitutionnelles ni aux projets de loi de finances ou de financement de la sécurité sociale. Elle ne l'est pas non plus, à la demande d'un président de groupe, si les délais prévus par l'article 42 de la Const. (6 semaines après le dépôt) n'ont pas été respectés, même si la procédure accélérée a été engagée. De surcroît, le temps législatif programmé ne peut priver les députés de toute possibilité d'invoquer les dispositions du règlement afin de demander l'application de dispositions constitutionnelles (absence de décompte d'un rappel au règlement) ni limiter les exigences de clarté et de sincérité du débat parlementaire (Cons. const., déc. n° 2009-581 DC du 25 juin 2009).

e. La « navette »

L'adoption définitive d'un texte de loi implique que les deux assemblées adoptent un texte identique à peine d'inconstitutionnalité (Cons. const. décision n° 2014-689 DC du 13 février 2014). Mais en cas de désaccord, l'Assemblée nationale dispose en ce qui concerne les lois ordinaires du droit de dernier mot.

La navette se concrétise par des renvois du texte d'une assemblée à l'autre. On distingue la procédure normale de la procédure accélérée.

f. La nouvelle délibération de la loi

Prévue par l'article 10 al. 2 de la Constitution, la nouvelle délibération de la loi consiste pour le président de la République (chargé de promulguer la loi dans les 15 jours suivant sa transmission) à demander au Parlement une nouvelle délibération de la loi ou de certains de ses articles.

L'article 10 ajoute que cette demande ne peut être refusée. Il s'agit d'une manifestation de la faculté d'empêcher du président de la République (P. Avril, J. Gicquel, R. Carré de Malberg).

Si le président de la République ne demande pas de nouvelle délibération, il dispose d'un délai de 15 jours pour promulguer la loi (art. 10 de la Constitution). Ce délai est suspendu en cas de saisine du Conseil constitutionnel.

La procédure législative

Le parcours de l'élaboration d'une loi et la « navette parlementaire »
Présentation schématique simplifiée de la procédure législative (loi ordinaire)

1. INITIATIVE DE LA LOI

Premier ministre → **Projet de loi** → Délibération en Conseil des ministres, après avis du Conseil d'État

Députés → **Proposition de loi** → Contrôle de la recevabilité financière de la proposition de loi par le bureau de l'Assemblée nationale ou du Sénat

Sénateurs → **Proposition de loi** → Contrôle de la recevabilité financière de la proposition de loi par le bureau de l'Assemblée nationale ou du Sénat

2. EXAMEN DU PROJET OU DE LA PROPOSITION DE LOI PAR LE PARLEMENT EN COMMISSION ET EN SÉANCE PUBLIQUE

↓

Dépôt sur le bureau de l'Assemblée nationale ou du Sénat

↓

Examen en 1re lecture par l'une des commissions permanentes ou par une commission spéciale constituée à cet effet.
Publication d'un rapport écrit et du texte de la commission qui intègre les modifications adoptées par celle-ci.

↓

Discussion en 1re lecture en séance publique et vote

↓

Transmission à l'autre assemblée

↓

Examen en 1re lecture par l'une des commissions permanentes ou par une commission spéciale.
Publication d'un rapport écrit et du texte de la commission.

↓

Discussion en 1re lecture en séance publique et vote

En cas d'accord entre les assemblées…

Adoption du texte dans les mêmes termes par les deux assemblées

À défaut d'accord entre les deux assemblées…

À défaut d'accord entre les deux assemblées, après une première lecture, transmission du texte à la première assemblée saisie

2e lecture : Examen en commission, discussion en séance publique et vote, nouvelle transmission à l'autre assemblée

Poursuite de la « navette » (nouvelles lectures successives par les deux assemblées) : examens, votes et nouvelles transmissions

Texte définitif adopté dans les mêmes termes par les deux assemblées

ou

Après deux lectures dans chaque assemblée, à la demande du Premier ministre, réunion d'une commission mixte paritaire (CMP), composée de 7 députés et de 7 sénateurs, sur les dispositions restant en discussion.

Si la procédure accélérée a été engagée, la CMP peut être réunie après une seule lecture par chacune des assemblées.

Examen et vote par chacune des deux assemblées du texte élaboré par la CMP ou, en cas d'échec de la CMP ou de rejet du texte de la CMP, nouvelle lecture par chaque assemblée

Après une nouvelle lecture par chacune des assemblées, le gouvernement peut demander à l'Assemblée nationale de statuer définitivement

Texte définitif adopté dans les mêmes termes par les deux assemblées ou adopté par l'Assemblée nationale statuant à titre définitif

3. CONTRÔLE DE CONSTITUTIONNALITÉ ET PROMULGATION DE LA LOI

Saisine éventuelle du Conseil constitutionnel par le président de la République, le Premier ministre, le président de l'Assemblée nationale, le président du Sénat ou 60 députés ou 60 sénateurs

Décision du Conseil constitutionnel, en cas de saisine

Promulgation de la loi par le président de la République et publication au *Journal officiel de la République française*

Source : Assemblée nationale.

Nota : l'Assemblée peut statuer soit sur la lecture retenue par la CMP, soit sur le dernier texte voté par l'Assemblée. Après la réunion de la CMP, ne peuvent être adoptés que des amendements en relation directe avec une disposition du texte en discussion et ceux dictés par la nécessité d'assurer une coordination avec d'autres textes en discussion ou de corriger une erreur matérielle. C'est la théorie de « l'entonnoir » qui limite à ce stade de la procédure, le droit d'initiative du Gouvernement (Cons. const., décision n° 98-402 DC du 25 juin 1998 ; 2000-430 DC du 29 juin 2000 ; 2000-454 DC du 20 juillet 2000 ; 2001-453 DC du 18 décembre 2001).

B. La fonction de contrôle du gouvernement

« La fonction de contrôle est dans un régime parlementaire aussi importante que la fonction législative » (J. Stuart Mill). Elle prend diverses formes qui vont de la simple information du Parlement à la mise en accusation du président de la République ou des membres du Gouvernement en passant par la responsabilité politique du gouvernement.

a. L'information du Parlement

Plusieurs moyens d'information du Parlement sont prévus. Deux moyens sont particulièrement importants : les questions et les commissions d'enquête.

1. Les questions

Prévues par l'article 48 de la Constitution, elles revêtent diverses formes.

Questions orales art. 48 de la Constitution (Tombées en désuétude à l'Assemblée nationale depuis 1978, elles ont réapparu en 2000)
Depuis 1999, le mardi matin à l'Assemblée et au Sénat, elles doivent être sommairement rédigées et se limiter aux éléments strictement indispensables à la compréhension de la question. Le parlementaire dispose de deux minutes pour l'exposer et de 5 minutes pour répondre au ministre. C'est le Gouvernement qui répond et le Premier ministre dispose de la faculté de désigner celui des membres du Gouvernement qui sera habilité à le faire (principe de solidarité gouvernementale). Leur succès est médiocre. Les questions orales avec débat prévues par la Constitution étaient tombées en désuétude. Elles réapparaissent depuis peu.
Questions écrites
Elles doivent respecter quant à leur contenu les mêmes conditions que les questions orales. Elles sont publiées au *Journal officiel*. Les réponses des ministres doivent également être publiées au *Journal officiel* dans le mois suivant la publication des questions.
Questions d'actualité
Elles ne sont pas prévues par la Constitution et sont issues de la pratique (depuis 1974). À l'Assemblée nationale, depuis l'instauration de la session parlementaire unique, une heure est consacrée aux questions au Gouvernement au début de la séance des mardi et mercredi après-midi (le jeudi au Sénat). Le temps de chaque intervention (interrogateurs et ministres) ne doit pas dépasser 2 mn 30. Les questions (retransmises à la télévision) ne sont ni déposées, ni notifiées ni publiées.

2. Les commissions d'enquête

Prévues par l'article 6 de l'ordonnance n° 58-1100 du 17 novembre 1958 (modifiée), les commissions d'enquête sont formées pour recueillir des éléments d'information soit sur des faits déterminés soit sur la gestion des services publics ou des entreprises publiques.

La loi n° 2008-1187 du 14 novembre 2008 (modifiant l'art. 6 de l'ordonnance du 17 novembre 1958) relative au statut des témoins devant les commissions d'enquête parlementaires a précisé le régime applicable aux témoins convoqués devant une commission d'enquête.

> ***Nota*** **: les missions** : depuis plusieurs années se développent des missions parlementaires. Ces missions d'information, dont la création est décidée en Conférence des présidents, peuvent être composées de membres d'une commission permanente ou être communes à plusieurs commissions (mission d'information commune). Plus exceptionnellement, il existe des missions d'information communes aux deux assemblées (par ex. création en 2010 d'une mission commune aux deux assemblées sur les toxicomanies). Elles n'exercent pas de contrôle direct mais favorisent le contrôle par l'apport d'informations. Par exemple en 2017 a été créée à l'Assemblée nationale une mission d'information sur le Brexit. Le Conseil constitutionnel a considéré que la création de ces missions était possible dès lors qu'elles revêtent un caractère temporaire et se limitent à un simple rôle d'information contribuant à permettre à l'Assemblée nationale d'exercer son contrôle sur la politique du Gouvernement dans les conditions prévues par la Constitution (Cons. const., déc. n° 2003-470 DC du 9 avril 2003).

b. La responsabilité du gouvernement

Elle est organisée par les articles 49, 50 et 51 de la Constitution.

L'essentiel du mécanisme repose sur l'article 49 qui comporte 4 alinéas. Mais le 4e alinéa concerne l'approbation par le Sénat d'une déclaration de politique générale. Cependant en cas de désapprobation, le Gouvernement n'est pas juridiquement tenu de démissionner : il n'est en effet responsable que devant l'Assemblée nationale.

1. L'article 49 al. 1 : la responsabilité sur un programme ou une déclaration de politique générale

On aurait pu douter de l'utilité de la procédure de cet article, dans la mesure où il y a une présomption de confiance du Parlement envers le gouvernement. L'article 49 al. 1 a été utilisé 35 fois par 20 gouvernements (Gouvernement Philippe le 4 juillet 2017), mais il ne doit pas être confondu avec l'investiture des IIIe et IVe Républiques qui imposait au Gouvernement dès sa nomination de demander la confiance. L'article 49 al. 1 n'impose pas au Premier ministre d'engager la responsabilité du Gouvernement dès sa nomination et il permet surtout de rassembler la majorité parlementaire.

Le Premier ministre avec accord du Conseil des ministres décide d'engager la responsabilité du Gouvernement sur son programme ou une déclaration de politique générale. Le Conseil des ministres peut refuser ou accepter la demande du Premier ministre.	
La déclaration du Gouvernement donne lieu à un débat à l'Assemblée nationale, selon la procédure des déclarations avec débat. L'usage veut qu'un ministre donne lecture au Sénat de la déclaration du Premier ministre, mais il s'agit d'un acte de simple information (Cons. const., déc. nº 76-64 DC du 2 juin 1976) et de courtoisie.	
La déclaration du Gouvernement donne ensuite lieu à un vote de l'Assemblée nationale. Le vote est émis à la majorité absolue des suffrages exprimés, c'est-à-dire des membres présents à l'Assemblée nationale et ayant effectivement voté.	
Les députés **votent** la confiance	Les députés **refusent** la confiance
Le Gouvernement **reste en fonction** et dispose de la confiance de l'Assemblée nationale pour gouverner.	Le Premier ministre remet en application de l'article 50 la **démission** du Gouvernement au président de la République.

2. L'article 49 al. 2 : la motion de censure

Signature d'une motion de censure offensive spontanée déposée par 1/10ᵉ des membres de l'Assemblée nationale soit en données arrondies : 58 députés (un député ne peut être signataire de plus de trois motions de censure au cours d'une même session ordinaire et d'une motion de censure au cours d'une même session extraordinaire). Loi constitutionnelle du 4 août 1995. De 1959 à février 2013, 54 motions de censures offensives ont été déposées.	
Dépôt de la motion de censure : la motion de censure est remise au président de l'Assemblée suivie de la liste des signataires. À partir du dépôt, aucune signature ne peut être ajoutée ou retirée. Le président doit alors notifier la motion de censure au Gouvernement et la faire afficher.	
Délai de 48 heures de réflexion à l'expiration desquelles un débat s'engage suivi d'un vote.	
La motion de censure **obtient la majorité** des membres composant l'Assemblée nationale (soit 289 voix). Depuis 2003, la Conférence des présidents peut décider de faire procéder au scrutin sur la motion de censure dans une autre salle que l'hémicycle (art. 65 RAN).	La motion de censure **n'obtient pas la majorité** des membres composant l'Assemblée nationale (289 voix). Cette hypothèse est très facilement réalisable compte tenu du fait que seuls sont recensés les votes favorables à la motion de censure. Autrement dit, les abstentionnistes et les absents sont considérés comme favorables au rejet de la motion de censure.
La motion de censure est **adoptée.**	La motion de censure est **rejetée.**
Le Premier ministre remet la **démission du Gouvernement** au président de la République.	**Le Gouvernement reste en place.**

REMARQUE

Dans le cas où la motion de censure n'est pas offensive mais défensive, elle est une réponse à l'engagement du Gouvernement (art. 49 al. 3) sur un texte, il existe deux possibilités :

1. Le texte du Gouvernement est **rejeté**.

2. Sans vote, le texte du Gouvernement est considéré comme adopté.

3. L'article 49 al. 3 : l'engagement de la responsabilité du Gouvernement sur le vote d'un texte

<table>
<tr><td colspan="2">Le Premier ministre peut après délibération (et non autorisation) du Conseil des ministres engager la responsabilité du Gouvernement sur les projets de loi de finances et de financement de la sécurité sociale (conditions de délais liées au principe d'annualité budgétaire et de continuité de la vie nationale) et sur un projet ou une proposition de loi par session devant l'Assemblée nationale. Une seule délibération du Conseil des ministres suffit pour engager, lors des lectures successives d'un même texte, la responsabilité du Gouvernement qui en a ainsi délibéré et par conséquent l'article 49 al. 3 peut être utilisé à plusieurs reprises sur un même texte sur la base d'une seule et même délibération (Cons. const., déc. n° 2016-736 DC du 4 août 2016 et implicite n° 2015-715 DC du 5 août 2015).</td></tr>
<tr><td colspan="2">Le débat est alors immédiatement suspendu pendant 24 heures. Délai au cours duquel une motion de censure peut être déposée. Deux hypothèses sont alors envisageables :</td></tr>
<tr><td>Durant le délai de 24 heures : une motion de censure a été déposée. La procédure prévue par l'article 49 al. 2 de la Constitution est alors applicable.</td><td>À l'expiration du délai de 24 heures : aucune motion de censure n'a été déposée. Le texte est considéré comme adopté. Fin de la procédure.
Sur quatre-vingt-deux recours à cette procédure, une motion de censure a été déposée dans cinquante et un cas. Quarante-huit textes ont été adoptés de cette manière parmi lesquels figurent au premier rang les lois de finances (initiales ou rectificatives), onze fois – et les lois relatives à la sécurité sociale ou à des dispositions sociales – sept fois.</td></tr>
</table>

La responsabilité du Gouvernement est difficile à mettre en œuvre et cela a été voulu par le constituant afin de limiter l'instabilité gouvernementale. C'est donc un élément clef du parlementarisme rationalisé. Une seule motion de censure a été votée depuis 1960 (date de la première motion déposée), celle déposée le 2 octobre 1962 relative à la révision constitutionnelle qui pose le problème de l'utilisation de l'article 11 pour réviser la Constitution. Encore, cette motion de censure n'a-t-elle pas eu véritablement les effets escomptés. Le Gouvernement Pompidou a démissionné conformément à l'article 50 de la Constitution. Mais le Général de Gaulle a dissous l'Assemblée nationale (art. 12 de la Constitution) et nommé à nouveau G. Pompidou Premier ministre.

c. Les déclarations du Gouvernement avec débat

La révision constitutionnelle de 2008 a en outre introduit dans la Constitution un article 50-1 selon lequel devant l'une ou l'autre des assemblées, le Gouvernement peut, de sa propre initiative ou à la demande d'un groupe parlementaire au sens de l'article 51-1, faire, sur un sujet déterminé, une déclaration qui donne lieu à débat et peut, s'il le décide, faire l'objet d'un vote sans engager sa responsabilité. En votant sur le texte de la déclaration faite par le gouvernement, chaque assemblée peut ainsi faire connaître son opinion sur une politique publique. Plus souple que la déclaration de politique générale (voir *supra*), la déclaration thématique ne permet pas d'engager la responsabilité du gouvernement.

d. Les résolutions parlementaires

Depuis la révision constitutionnelle de 2008 le Parlement peut faire deux types de résolution :

1. Les résolutions « générales » de l'article 34-1

L'article 34-1 de la Constitution (introduit en 2008) prévoit que les assemblées peuvent voter des résolutions dans les conditions fixées par la loi organique. Cette faculté ainsi rouverte, (les résolutions existaient sous les IIIᵉ et IVᵉ Républiques) permet au Parlement, à l'instar de la grande majorité des Parlements étrangers, d'adopter, en tout domaine, des résolutions n'ayant pas de valeur contraignante, mais marquant l'expression d'un souhait ou d'une préoccupation. Il s'agit par là d'améliorer la qualité de la loi car jusqu'à présent ces souhaits ou ces préoccupations étaient introduits dans les lois (à condition de franchir le cap des irrecevabilités) qui se trouvaient encombrées de « neutrons législatifs » c'est-à-dire de dispositions dépourvues de caractère normatif. Toutefois, sont irrecevables et ne peuvent être inscrites à l'ordre du jour les propositions de résolution dont le Gouvernement estime que leur adoption ou leur rejet serait de nature à mettre en cause sa responsabilité ou qui contiennent des injonctions à son égard. Il s'agit de ne pas restaurer indirectement une responsabilité du Gouvernement ou la subordination du Gouvernement au Parlement par le moyen des injonctions telles que par exemple l'injonction de déposer un projet de loi ou de ratifier un engagement international.

2. Les résolutions prises en matière européenne de l'article 88-4

L'article 88-4 al. 2, introduit en 1992, prévoit que selon des modalités fixées par le règlement de chaque assemblée, des résolutions européennes peuvent être adoptées, le cas échéant en dehors des sessions, sur les projets ou propositions mentionnés au premier alinéa, ainsi que sur tout document émanant d'une institution de l'Union européenne. La révision de 2008 a élargi le champ des résolutions qui ne concernaient auparavant que les actes communautaires comportant des dispositions de nature législative. Désormais toutes les propositions d'actes communautaires (devenus européens après le traité de Lisbonne) sont visées. (voir *infra* les normes internationales).

Nota : les résolutions avaient disparu sous la Vᵉ République au titre du parlementarisme rationalisé. Elles sont réapparues d'abord à l'article 88-4 de la Constitution. Le terme de résolution est souvent utilisé par le droit parlementaire et désigne généralement un acte voté par une seule assemblée (à la différence des actes votés par les deux assemblées comme la loi). Sous la Vᵉ République existent ainsi quatre sortes de résolutions (résolutions européennes, celles tendant à la création d'une commission d'enquête, celles prises en application de l'article 34-1 de la Constitution et celles tendant à modifier le Règlement intérieur de l'assemblée).

e. La destitution du président de la République et la mise en accusation des membres du gouvernement : la justice politique

L'article 68 de la Constitution organise la responsabilité du président de la République et des membres du gouvernement. La responsabilité est appréciée respectivement par la Haute cour et la Cour de justice de la République composée toutes deux de parlementaires.
C'est la raison pour laquelle cette fonction du Parlement est rattachée à la fonction de contrôle car il s'agit bien en définitive de contrôler les agissements des membres de l'exécutif.
La procédure de destitution devant la Haute cour concernant le président de la République a été profondément remaniée en 2007 (voir le statut du président de la République, *supra*).
L'article 68-1 de la Constitution dans sa rédaction issue de la loi constitutionnelle du 27 juillet 1993 (après l'affaire dite « *du sang contaminé* ») prévoit que les membres du Gouvernement (y compris le Premier ministre) sont pénalement responsables des actes accomplis dans l'exercice de leurs fonctions et qualifiés de crimes ou délits au moment où ils ont été commis.
Ils sont jugés par la Cour de justice de la République.

Nota : le premier arrêt de la Cour de justice de la République a été rendu le 9 mars 1999 à propos de l'affaire *du sang contaminé* (G. Dufois, L. Fabius, E. Hervé). Deux ministres ont été relaxés par la Cour et le secrétaire d'État E. Hervé a été condamné. Ce premier arrêt a suscité de vives controverses quant à l'efficacité du système. Ainsi certains ont proposé que les anciens ministres soient jugés par les juridictions de droit commun après un filtrage préalable par une commission des requêtes (G. Vedel ; O. Duhamel). La Cour a été plus récemment critiquée, sur des faits moindres que l'affaire du sang contaminé, suite à l'affaire concernant Madame Ch. Lagarde (Directrice du FMI) déclarée coupable de négligence, mais dispensée de peine car les conséquences de l'affaire préjudiciables aux finances publiques avaient disparues (CJR, arrêt du 19 décembre 2016).

COMPOSITION DE LA COUR DE JUSTICE DE LA RÉPUBLIQUE

La Cour se compose de 15 juges titulaires (et 15 suppléants) dont :
- 3 magistrats du siège à la Cour de cassation élus pour 3 ans (l'un d'entre eux est désigné comme président),
- 6 députés élus par l'Assemblée nationale (pour la durée de la législature),
- 6 sénateurs élus par le Sénat (jusqu'au prochain renouvellement triennal).

PROCÉDURE DEVANT LA COUR DE JUSTICE DE LA RÉPUBLIQUE

Le recours préalable devant la Commission des requêtes	
Toute personne qui se prétend lésée par un crime ou un délit commis par un membre du Gouvernement dans l'exercice de ses fonctions peut porter plainte auprès de la Commission des requêtes.	
La Commission des requêtes	
Composition	Elle est composée de 3 magistrats du siège à la Cour de cassation, 2 conseillers d'État et 2 conseillers maîtres à la Cour des comptes qui sont désignés pour 5 ans.
Procédure	Elle ordonne soit le classement de la procédure, soit sa transmission au procureur général près la Cour de cassation aux fins de saisine de la Cour de justice de la République.
La saisine de la Cour de justice de la République	
La Cour peut être saisie par le Procureur général près la Cour de cassation soit sur transmission de la Commission des requêtes, soit d'office (après avis conforme de la Commission des requêtes) si aucune personne n'a déclenché la procédure.	
L'arrêt de la Cour	
Une commission d'instruction est chargée de procéder à tous les actes utiles à la manifestation de la vérité. Une fois l'instruction terminée, la Cour procède aux débats, puis, après clôture des débats, statue sur la culpabilité des accusés en votant séparément pour chaque accusé et sur chaque grief d'accusation. Si l'accusé est déclaré coupable, il est voté sur l'application de la peine.	
Les recours	
Les arrêts de la Cour sont susceptibles de pourvois en cassation portés devant l'assemblée plénière de la Cour de cassation. Celle-ci dispose d'un délai de 3 mois pour statuer sur le pourvoi.	

C. La fonction d'évaluation des politiques publiques

Cette fonction a été introduite dans la Constitution par la révision de 2008. L'article 24 de la Constitution prévoit en effet que le Parlement évalue les

politiques publiques. L'évaluation à laquelle il doit concourir peut être un enrichissement direct des deux missions principales du Parlement : légiférer et contrôler. En somme, « *il s'agit d'évaluer pour mieux légiférer et pour mieux contrôler* » (J.-L. Warschmann). L'article 48 al. 4 renforce cette mission du Parlement en précisant qu'une semaine de séance sur quatre est réservée par priorité et dans l'ordre fixé par chaque assemblée au contrôle de l'action du Gouvernement et à l'évaluation des politiques publiques. Aux termes de l'article 51-2 de la Constitution, les commissions d'enquête exercent une mission d'évaluation des politiques publiques.
En outre le Parlement est assisté pour l'exercice de cette nouvelle compétence par la Cour des comptes puisque l'article 47-2 précise que la Cour des comptes assiste le Parlement dans l'évaluation des politiques publiques. Le Parlement s'est doté ainsi de missions d'évaluation et de contrôle (MEC) en particulier en matière de sécurité sociale (MECSS, art. LO 111-10 du Code de la sécurité sociale) ou dans le contrôle de l'usage des deniers publics (MEC, inspirée du *National Audit Office* du Parlement britannique et mise en place au sein de la commission des finances de l'Assemblée nationale en février 1999).

Nota : l'évaluation n'est pas récente car en 1995 avait été créé un office parlementaire d'évaluation des politiques publiques. La nouveauté tient au fait que cette fonction prévue par la loi a été véritablement constitutionnalisée. Elle témoigne d'une volonté de rénover le rôle du Parlement à l'instar de certains Parlements étrangers. Bien entendu l'évaluation est étroitement associée au contrôle de l'action gouvernementale puisque le Gouvernement conduit la politique de la nation parmi lesquelles figurent les politiques publiques.

D. Le contrôle des nominations effectuées par le président de la République

L'article 13 al. 3 de la Constitution (introduit en 2008) dispose que : « Une loi organique détermine les emplois ou fonctions, autres que ceux mentionnés au troisième alinéa, pour lesquels, en raison de leur importance pour la garantie des droits et libertés ou la vie économique et sociale de la nation, le pouvoir de nomination du président de la République s'exerce après avis public de la commission permanente compétente de chaque assemblée ». Le président de la République ne peut procéder à une nomination lorsque l'addition des votes négatifs dans chaque commission représente au moins trois cinquièmes des suffrages exprimés au sein des deux commissions. La loi détermine les commissions permanentes compétentes « selon les emplois ou fonctions concernés ». Il s'agit d'encadrer le pouvoir de nomination du président de la République pour les emplois qui ne sont pas pourvus en Conseil des ministres par un avis qui est donné par une commission parlementaire.

LES EMPLOIS SOUMIS À LA PROCÉDURE DE L'ARTICLE 13 DE LA CONSTITUTION

Source	Emploi
Article 13 **Constitution** **Deux lois organiques** du 23 juillet 2010	• Autorités indépendantes dont le rôle est important pour la garantie des droits et libertés (Médiateur de la République, Contrôleur général des lieux de privation de liberté, président du CSA, Défenseur des droits, Président de la commission nationale de contrôle des techniques de renseignement). • Autorités indépendantes jouant un rôle important dans la vie économique et sociale de la nation (président de l'AMF : Autorité des marchés financiers, président de l'Autorité de la concurrence, président de la Haute autorité de santé, président du Haut conseil des biotechnologies, président de l'Autorité de régulation des communications électroniques et des postes ou celui de la Commission de régulation de l'énergie). • Nomination de dirigeants de grands établissements publics ou de grandes entreprises publiques, (EDF, La Poste, la SNCF, la RATP, ADP, Météo France, OSEO, le Gouverneur de la Banque de France et le Directeur général de la Caisse des dépôts et consignations). • Nomination des dirigeants de certains grands établissements publics dans le domaine de la recherche ou de l'environnement (CNRS, CEA, CNES, INRA, INSERM, Agence de l'environnement et de la maîtrise de l'énergie).
Article 56 **Constitution** **Loi organique**	• Nomination des conseillers constitutionnels. Dans chaque assemblée parlementaire, la commission permanente compétente pour émettre un avis sur les nominations prononcées en vertu de l'article 56 de la Constitution est la commission chargée des lois constitutionnelles.
Article 65 **Constitution**	• Nomination des deux personnalités qualifiées au Conseil supérieur de la magistrature.
Article 71-1 **Constitution**	• Nomination du Défenseur des droits. **Remarque :** Unique successeur des Médiateur de la République, du Défenseur des enfants, de la Commission nationale de déontologie de la sécurité et de la Haute autorité de lutte contre les discriminations et pour l'égalité, la HALDE.

Nota : d'une manière générale cette nouvelle procédure a été choisie pour certaines autorités qui ne relèvent pas de l'autorité hiérarchique directe du gouvernement, dont la nomination n'est soumise par ailleurs à aucune règle ou procédure particulière et qui présentent une importance particulière pour la garantie des droits et libertés ou pour la vie économique et sociale de la nation. Ce sont les raisons pour lesquelles ces nominations font désormais l'objet d'un droit de regard du Parlement dans la limite du respect de la séparation des pouvoirs (Cons const. déc. n° 2012-658 DC du 13 décembre 2012 à propos de certaines nominations au Haut conseil des finances publiques).

POUR EN SAVOIR PLUS

Sur le parlement en général

- Ameller (M.), *L'Assemblée nationale*, PUF, coll. « Que sais-je ? », n° 2897, 1994.
- Avril (P.), Gicquel (J.), Gicquel (J-É.), *Droit parlementaire*, Montchrestien, 5e éd., 2014.
- Baguenard (J.), *Le Sénat*, PUF, coll. « Que sais-je ? », n° 2529, 1997.
- Collectifs – Coll. Connaissance de l'Assemblée : n° 1 Le statut du député, n° 2 Les questions à l'Assemblée nationale ; n° 3 La séance publique à l'Assemblée nationale ; n° 4 Les principales étapes de la procédure législative ; n° 5 Les commissions à l'Assemblée nationale ; n° 6 Le député aujourd'hui ; n° 8 Les présidents de l'Assemblée nationale ; n° 10 Les modes de scrutin pour l'élection des députés.
- Dord (O.), « Vers un rééquilibrage des pouvoirs publics en faveur du Parlement », *RFDC* 2009, n° 77, p. 99-118.
- Favoreu (L.) et *alii*, *op. cit.*, § 1047-1151.
- Guchet (Y.), *Droit parlementaire*, Economica, 1996.
- Maus (D.), *Le Parlement sous la Ve République*, PUF, coll. « Que sais-je ? », n° 2217, 3e éd., 1996.
- Pierre (E.), *Traité de droit politique électoral et parlementaire*, 5e éd. 1925, réimp. Loysel, 1989 et suppléments J. Lyon (2 tomes), La Documentation française.
- *Sénat, Pour connaître le Sénat*, La Documentation française, 1996.

Sur le statut des parlementaires

- De Nantois (C.), *Le député : une étude comparative : France, Royaume-Uni, Allemagne*, LGDJ, 2010.
- Guérin Bargues (C.), *Immunités parlementaires et régime représentatif : L'apport du droit constitutionnel comparé (France, Royaume-Uni, États-Unis)*, LGDJ, 2011.
- Lamouroux (S.), « La révision de l'article 25 de la Constitution ou la mise en place d'une incompatibilité à coquille vide », *RFDC* 2009, n° 77, p. 135-145.
- Martin (A.), *Le président des assemblées parlementaires sous la Ve République*, LGDJ, 1996.
- Rouvillois (F.), « Heurs et malheurs d'un principe : le vote personnel des députés », *RD publ.*, 1988, p. 781.

Sur l'organisation du Parlement et le droit parlementaire

- Cacqueray (S. de), *Le Conseil constitutionnel et les règlements des assemblées*, Economica-PUAM, coll. « Droit public positif », 2001.
- Camby (J.-P.), Servent (P.), *Le travail Parlementaire sous la Ve République*, Montchrestien, 5e éd., 2010.
- Connil (D.), *Les Groupes parlementaires en France*, LGDJ, 2016.
- Derosier (J-Ph.), *L'Opposition politique*, LexisNexis, 2016.
- Domingo (L.), Les actes internes du Parlement : étude sur l'autonomie parlementaire (France, Espagne, Italie), LGDJ-Fondation Varennes, 2008.
- Hutier (S.), *Le contrôle de la procédure parlementaire par le Conseil constitutionnel*, Institut Universitaire Varenne, 2017.
- Laflandre (M.), *Les sources du droit parlementaire sous la Ve République*, LGDJ, 1996.
- Monge (P.), « Les groupes minoritaires de l'article 51-1 de la Constitution : de l'artifice juridique à la réalité politique d'un contre-pouvoir », *RFDC*, 2015, n° 3, p. 615-632.
- Türk (P.), *Les Commissions parlementaires permanentes et le renouveau du Parlement sous la Ve République*, Dalloz, 2005.
- Vidal-Naquet (A.), « L'institutionnalisation de l'opposition : quel statut pour quelle opposition ? », *RFDC* 2009, n° 77, p. 153-173.

Sur la procédure législative

- Avril (P.), Gicquel (J.), « Mémento sur le 49-3 », *LPA*, 13-3.
- Baufumé (B.), *Le droit d'amendement sous la Ve République*, LGDJ, 1993.
- Camby (J.-P.), *La procédure législative en France,* La Documentation française, coll. « *Documents d'études* », n° 1-12.
- Camby (J.-P.), « Le droit d'amendement : un droit jurisprudentiel ? », *RD publ.*, 2001, p. 983.
- De Montis (A.), La rénovation de la séance publique au Parlement français, Dalloz, 2016.
- Luchaire (F.), Un droit à dimension variable, le droit d'amendement, *Études en l'honneur de L. Philip*, Economica, 2005, p. 125.
- Mathieu (B.) ; Verpeaux (M.), *La réforme du travail législatif,* Les cahiers constitutionnels de Paris I, Dalloz, 2006.
- Vintzel (C.), *Les armes du Gouvernement dans la procédure législative*, LGDJ, 2011.

Sur la fonction de contrôle du Parlement

- Chantebout (B.), *Le contrôle parlementaire*, La Documentation française, coll. « *Documents d'études* », n° 1. 14, 1988.
- Mathieu (B.), Renoux (Th. S.), Roux (A.), *La Cour de justice de la République*, PUF, coll. « Que sais-je ? », n° 2981, 1998.
- « Le contrôle parlementaire », PUF, *Pouvoirs*, n° 134, 2010.
- Seiller (B.) (dir.), *Le contrôle parlementaire de l'administration*, Dalloz, 2010.

Sites officiels

Assemblée nationale : http://www.assemblee-nationale.fr

Sénat : http://www.senat.fr

CHAPITRE 6

Les normes : normes constitutionnelles et internationales

Avec les normes, s'ouvre l'étude du **système dans lequel s'organisent les actes juridiques et les normes qu'ils contiennent** (c'est-à-dire le **droit constitutionnel normatif**) (L. Favoreu). Cette organisation est également prévue par la Constitution entendue comme norme de production des normes. Pendant longtemps l'étude de ces règles a été (et est encore largement) confondue avec le droit des institutions c'est-à-dire des organes chargés d'édicter les règles. Cependant, il n'existe pas toujours une concordance entre la norme et l'organe normalement habilité à l'édicter. Les normes sont organisées dans un ensemble hiérarchique comprenant l'étage constitutionnel et international, l'étage législatif et l'étage réglementaire.

I. La Constitution

A. La suprématie de la Constitution : le Conseil constitutionnel gardien de la Constitution

Norme fondamentale, la Constitution fait l'objet d'une protection particulière par le Conseil constitutionnel chargé d'assurer le contrôle de constitutionnalité des lois.

a. L'organisation du Conseil constitutionnel

1. Composition du Conseil constitutionnel

Le Conseil constitutionnel se compose de **neuf membres nommés et des membres de droit**.

Membres de droit (art. 56 al. 2 de la Constitution)
Sont membres de droit à vie, les anciens présidents de la République. Ils ont voix délibérative et pourraient être nommés par le président de la République président du Conseil constitutionnel. Les anciens présidents de la République ne doivent pas occuper de fonction incompatible avec le mandat de membre du Conseil. Pour l'instant ont siégé au Conseil constitutionnel R. Coty et V. Auriol (présidents de la IVe République), V. Giscard d'Estaing, Jacques Chirac et Nicolas Sarkozy (présidents de la Ve République), ce dernier ayant démissionné suite au rejet par le Conseil de ses comptes de campagne (Cons. const. n° 2013-156 PDR du 4 juillet 2013).
Membres nommés
Ils sont nommés par les trois plus hautes autorités de l'État à raison de : 3 membres par le président de la République, avec avis public de la commission permanente de chaque assemblée (art. 13 al. 5 de la Constitution introduit en 2008), 3 membres par le président du Sénat, 3 membres par le président de l'Assemblée nationale, Ils sont nommés pour 9 ans non renouvelables et renouvelés par tiers tous les trois ans.

Nota. Depuis février 2016 (après trois nouvelles nominations), le Conseil constitutionnel compte comme membres nommés : MM. C. Bazy-Malaurie (2010), M. Charasse (2010), L. Fabius (2016) (président), J-J Hyest (2015), L. Jospin (2014), C. Luquiens (2016), N. Maestracci (2013), M. Pinault (2016). N. Belloubet a quitté le Conseil en juin 2017 car elle a été nommée garde des sceaux.

2. Le Président du Conseil constitutionnel

Le Président du Conseil constitutionnel est désigné par le président de la République (parmi les membres nommés ou les membres de droit), il convoque le Conseil constitutionnel, préside les séances, désigne les rapporteurs et sa voix est prépondérante en cas de partage égal des voix, (4 pour, 4 contre). Actuellement le Président du Conseil constitutionnel est Laurent Fabius nommé par le président François Hollande en 2016.

Nota : mis en cause dans une affaire politico-financière, le président R. Dumas ne présidait plus le Conseil constitutionnel, mais il avait conservé son titre de conseiller constitutionnel et de président. La présidence « de fait » était assurée par Y. Guéna, le doyen d'âge. La question s'est posée de savoir si le président de la République qui nomme le Président du Conseil constitutionnel pouvait mettre un terme aux fonctions de ce dernier. Cette hypothèse n'est pas prévue par les textes qui se bornent à préciser qu'un membre du Conseil constitutionnel peut démissionner (art. 9 de l'ordonnance du 7 novembre 1958) ou être démissionné d'office par les autres membres du Conseil constitutionnel s'il exerce une activité ou accepte une fonction ou un mandat électif incompatible avec sa qualité de membre du Conseil, ou enfin, s'il est privé de la jouissance de ces droits civils et politiques (art. 10 de l'ordonnance du 7 novembre 1958). Rien n'interdit au président de démissionner de sa fonction tout en demeurant Conseiller constitutionnel (cas de D. Mayer en 1983 auquel a succédé R. Badinter). L'article 13 de l'ordonnance du 7 novembre 1958 précise en outre que le Conseil constitutionnel se réunit sur la convocation de son président et en cas d'empêchement de celui-ci, sur la convocation du plus âgé de ses membres. C'est précisément cette forme d'intérim qui a joué, mais il convient de préciser que le doyen d'âge ne dispose pas de la voix prépondérante du Président du Conseil constitutionnel en cas de partage égal des voix. Après la démission de R. Dumas (relaxé depuis lors par la Cour d'appel), le Conseil constitutionnel a été présidé par Yves Guéna jusqu'à la fin de son mandat.

3. Le statut des membres du Conseil constitutionnel

Les fonctions de membre du Conseil constitutionnel sont incompatibles avec celles de membre du gouvernement, de parlementaire, de membre du Conseil économique, social et environnemental et de Défenseur des droits. La loi organique du 19 janvier 1995 a étendu cette incompatibilité à l'exercice de tout mandat électoral. Sont également applicables aux membres du Conseil constitutionnel les incompatibilités professionnelles prévues pour les parlementaires. Ils sont astreints à une obligation de réserve et ne doivent pas divulguer les délibérations du Conseil constitutionnel qui demeurent secrètes (il n'existe pas d'opinions séparées par lesquelles un juge exprime son désaccord avec la décision rendue par la juridiction dont il est membre).

b. Les attributions du Conseil constitutionnel

Conçu à l'origine pour être l'auxiliaire de l'exécutif face aux menaces parlementaires, il a vu, grâce à des révisions successives, son rôle entièrement redéfini.
Elles sont nombreuses et peuvent se répartir en plusieurs catégories :

1. Le Conseil constitutionnel, autorité constitutionnelle

• **Article 7 et lois organiques** : reçoit les présentations de candidature à l'élection présidentielle, s'assure du consentement des candidats, vérifie qu'ils ont produit une déclaration de patrimoine, établit la liste des candidats, veille à la régularité des opérations électorales, proclame les résultats.
• **Article 7** : constate à la demande du Gouvernement l'empêchement temporaire ou définitif du président de la République.
• **Article 7** : peut se prononcer sur le report de la date de l'élection du président de la République.
• **Article 7** : statue en cas de décès ou d'empêchement d'un candidat à l'élection présidentielle sur la question de savoir s'il convient de procéder à nouveau à l'ensemble des opérations électorales.
• **Article 7** : proroge les délais concernant l'élection présidentielle en cas de décès ou d'empêchement d'un candidat.
• **Article 11** : vérifie que les conditions requises pour le référendum d'initiative parlementaire sont respectées.
• **Article 16** : est consulté sur les conditions de mise en œuvre de cet article ainsi que sur les mesures prévues durant son application.

• **Article 16** : peut être saisi aux fins de vérifier si, après 30 jours d'exercice les conditions permettant de recourir aux pouvoirs exceptionnels sont toujours réunies.
• **Article 39** : se prononce dans un délai de 8 jours, en cas de désaccord entre le Gouvernement et la Conférence des présidents du Parlement sur la question de savoir si les conditions de dépôt d'un projet de loi ont bien été respectées.
• **Article 60 et ordonnance organique du 7 novembre 1958** : veille à la régularité des opérations de référendum prévues par les articles 11 et 89 et en proclame les résultats.

2. Le Conseil constitutionnel, juge électoral

• Statue sur les requêtes en contestation de l'élection présidentielle.
• Statue sur les requêtes en contestation des opérations référendaires.
• Statue sur les requêtes en contestation des élections législatives et sénatoriales.
• Se prononce sur saisine de la Commission nationale des comptes de campagne et des financements politiques, sur le retard de dépôt du compte, sur le financement des campagnes électorales.
• Prononce la déchéance ou la démission d'office des parlementaires en situation d'incompatibilité ou d'inéligibilité.

3. Le Conseil constitutionnel, juge constitutionnel

• **Article 61 al. 1** : se prononce obligatoirement sur la constitutionnalité des lois organiques et des règlements des assemblées.
• **Article 61 al. 2** : se prononce sur saisine des autorités compétentes.
• **Article 61-1** : se prononce sur la constitutionnalité d'une disposition législative promulguée à la demande du Conseil d'État ou de la Cour de cassation lorsque l'inconstitutionnalité a été soulevée au cours d'une instance.
• **Article 54** : se prononce sur saisine des autorités compétentes (les mêmes que celles prévues par l'art. 61 al. 2) sur la conformité à la Constitution d'un engagement international.

4. Le Conseil constitutionnel, juge de la répartition des compétences législative et réglementaire

• **Article 37 al. 2** : déclasse une disposition de caractère réglementaire contenue dans un texte de loi (la disposition perd alors sa valeur législative et devient simplement réglementaire).
• **Article 41** : se prononce en cas de désaccord entre le Président de l'assemblée intéressée et le Gouvernement sur la recevabilité d'une initiative parlementaire.

5. Le Conseil constitutionnel, juge du respect des conditions de dépôt des projets de loi

• **Article 39 al. 4** : se prononce en cas de désaccord entre la Conférence des présidents et le gouvernement sur le respect des conditions de dépôt d'un projet de loi définies par la loi organique (Loi organique du 15 avril 2009) sur saisine du Président de l'assemblée intéressée ou du Premier ministre.

6. Le Conseil constitutionnel, juge de la répartition des compétences entre le législateur national et l'Outre-mer

• **Article 74** : l'assemblée délibérante peut modifier une loi promulguée postérieurement à l'entrée en vigueur du statut de la collectivité, lorsque le Conseil constitutionnel, saisi notamment par les autorités de la collectivité, a constaté que la loi était intervenue dans le domaine de compétence de cette collectivité (concerne la Polynésie française, Saint-Barthélemy ou Saint-Martin).
• **Article 77** : contrôle du Conseil constitutionnel sur certains actes de l'assemblée délibérante de Nouvelle-Calédonie (lois du pays).

c. Le contrôle de constitutionnalité

Le contrôle de constitutionnalité porte sur les lois organiques, les règlements des assemblées, les lois ordinaires. Il existe également un contrôle de constitutionnalité des engagements internationaux (voir *infra*).
Le Conseil constitutionnel ne peut pas sauf hypothèse très particulière contrôler la constitutionnalité des actes réglementaires. Le juge constitutionnel n'est pas le juge de droit commun de la constitutionnalité de tous les actes : il n'a qu'une compétence d'attribution c'est-à-dire qu'il ne peut statuer qu'en application d'un texte exprès (Cons. const., 14 septembre 1961, *Demande d'avis*).

1. La saisine du Conseil constitutionnel

Les autorités de saisine (les requérants)

Constitution	Objet	Autorités de saisine
Article 61 al. 1	Contrôle de la loi organique.	Contrôle obligatoire mais non automatique, saisine par le Premier ministre.
Article 61 al. 1	Contrôle des règlements des assemblées.	Contrôle obligatoire mais non automatique, saisine par le président de l'assemblée intéressée (Sénat ou Assemblée nationale).
Article 61 al. 2	Contrôle des lois ordinaires *a priori*.	Contrôle facultatif sur saisine : • du président de la République, • du président du Sénat, • du président de l'Assemblée nationale, • du Premier ministre, • de 60 députés **ou** 60 sénateurs (et non 60 députés ou sénateurs).
Article 61-1	Contrôle des lois ordinaires *a posteriori*.	Contrôle facultatif lorsqu'il est soutenu en cours d'instance qu'une disposition législative porte atteinte aux droits et libertés constitutionnellement garantis, renvoi de la question par le Conseil d'État ou la Cour de cassation (après filtrage de ces juridictions).

Le moment de la saisine

En ce qui concerne les lois (organiques et ordinaires) : la saisine du Conseil constitutionnel intervient entre l'adoption définitive de la loi et sa promulgation par le président de la République. Au maximum la saisine s'intègre dans les 15 jours prévus pour la promulgation (art. 10 de la Constitution). Si en principe, le président de la République laisse un délai de saisine, rien ne lui interdit de promulguer la loi dans l'heure qui suit l'adoption définitive de sorte que le délai de saisine soit extrêmement bref (pour un exemple de saisine tardive, voir Cons. const., déc. n° 97-392 DC du 7 novembre 1997). Depuis la révision constitutionnelle de 2008 il est également possible de contester la constitutionnalité d'une disposition législative en vigueur devant les juges ordinaires en cas d'atteinte par la loi aux droits et libertés constitutionnellement garantis (QPC). Dans ce cas, le Conseil d'État et la Cour de cassation disposent d'un délai de 3 mois pour décider s'il y a lieu de saisir le Conseil constitutionnel lequel dispose également d'un délai de 3 mois pour se prononcer.
En ce qui concerne les règlements des assemblées : les règlements sont soumis au Conseil constitutionnel avant leur mise en application.

L'objet de la saisine : les griefs d'inconstitutionnalité

La saisine porte en principe sur une question simple : vérifier la conformité à la Constitution de l'acte examiné. Mais il existe plusieurs catégories de moyens qui peuvent être invoqués.

L'incompétence
La notion d'incompétence est très importante car en définitive toute inconstitutionnalité est une incompétence (car seule une loi constitutionnelle peut déroger à la Constitution). Une autorité peut soit empiéter sur les compétences d'une autre autorité (incompétence positive) soit ne pas utiliser pleinement sa propre compétence (incompétence négative).
Le vice de procédure
Le vice de procédure recouvre essentiellement les irrégularités commises lors de la procédure législative (méconnaissance du droit d'amendement ou des limites de ce droit).
La violation de la Constitution
La violation de la Constitution vise essentiellement (mais pas seulement) les droits fondamentaux. Mais comme le contrôle de constitutionnalité peut alors se transformer véritablement en un contrôle d'opportunité (Gouvernement des juges), le Conseil constitutionnel a précisé qu'il ne dispose pas d'un pouvoir d'appréciation identique à celui du législateur (Cons. const., déc. n° 74-54 DC du 15 janvier 1975 *IVG*). En ce qui concerne la question prioritaire de constitutionnalité, le Conseil constitutionnel doit seulement se prononcer sur la question de savoir si la loi mise en cause porte atteinte aux droits et libertés constitutionnellement garantis.
Le détournement de pouvoir
Il s'agit d'un moyen dont l'existence est très discutée, pourtant le Conseil constitutionnel a sanctionné des dispositions législatives qui étaient adoptées dans un seul intérêt financier (et non dans l'intérêt général). (Cons. const., déc. n° 95-369 DC du 28 décembre 1995 et Cons. const., déc. n° 98-404 DC du 18 décembre 1998.)

Le déroulement du procès constitutionnel (ordonnance n° 58-1067 du 7 novembre 1958 portant loi organique sur le Conseil constitutionnel)

Article 61 Const. Contrôle *a priori* Décisions DC Chapitre II : Des déclarations de conformité à la Constitution, de l'ordonnance n° 58-1067 du 7 novembre 1958 portant loi organique sur le Conseil constitutionnel	1. Dès lors que le secrétariat général du Conseil constitutionnel enregistre une saisine, il est procédé à une vérification des signatures s'il s'agit d'une saisine parlementaire. En vertu de l'art. 61 Const., le délai de promulgation est suspendu. Le secrétariat général du Gouvernement est informé sans délai, lequel est chargé d'en informer le secrétariat général de l'Élysée. 2. Le président du Conseil constitutionnel procède à la désignation du rapporteur. Il est d'usage que les anciens présidents de la République ne soient pas chargés d'une telle tâche. Dans l'intervalle d'autres saisines peuvent être déposées. 3. La (les) saisine(s) est alors communiquée aux présidences de la République, du Sénat, de l'Assemblée nationale et au secrétariat général du gouvernement. 4. Le rapporteur instruit le dossier c'est-à-dire qu'il étudie tant la (les) saisine(s) que la loi déférée, avec l'aide du service juridique du Conseil. 5. Suite à une réunion entre le rapporteur et les représentants du Gouvernement constitués par le secrétariat général du Gouvernement et les ministères concernés, le secrétariat général du Gouvernement adresse au Conseil ses observations écrites, lesquelles sont communiquées aux requérants. 6. Les requérants ont alors la possibilité de répliquer ou non. Dans l'affirmative, leurs observations sont communiquées au secrétariat général du gouvernement, lequel peut y répondre. Une fois que chaque partie a fait valoir ses arguments, Le rapporteur poursuit l'instruction. 7. Des réunions de travail internes ont lieu sous l'autorité du rapporteur, à l'issue desquelles un rapport sera rédigé. 8. Le dossier destiné à l'ensemble des membres du Conseil sera alors établi en vue de la séance plénière, dans lequel figurera le projet de décision. Celui-ci sera distribué 48 heures avant la tenue de la séance plénière. 9. Lors de la séance plénière, une discussion générale aura lieu à la suite de la lecture du rapport. Des votes auront lieu tant sur les questions de principe que sur le texte même de la décision. 10. Au terme de la séance, le secrétariat général du Gouvernement est immédiatement informé et la décision est notifiée aux Président de la République, Premier ministre et présidents des assemblées parlementaires. 11. Le délai de promulgation est en conséquence à nouveau ouvert. La promulgation de la loi peut alors avoir lieu à défaut des dispositions censurées par le juge constitutionnel. Le chef de l'État peut cependant demander une nouvelle délibération de la loi en vertu de l'article 10 al. 2 de la Constitution. 12. La loi, la décision du Conseil, les saisines et les observations du Gouvernement sont publiées simultanément au Journal officiel.

Article 61-1 Const.	La question prioritaire de constitutionnalité est un recours par voie d'exception. Elle peut être posée devant n'importe quelle juridiction ordinaire, à l'exception de la Cour d'assises, bien qu'en cas d'appel il est à nouveau possible de faire valoir ce moyen.
Contrôle *a posteriori* Décisions QPC Chapitre II *bis* : De la question prioritaire de constitutionnalité (créé par la loi organique n° 2009-1523 du 10 décembre 2009) de l'ordonnance n° 58-1067 du 7 novembre 1958 portant loi organique sur le Conseil constitutionnel	**La QPC se définit comme un moyen tiré de ce qu'une disposition législative porte atteinte aux droits et libertés garantis par la Constitution.** Une condition de forme doit obligatoirement être observée : la QPC doit être soulevée par écrit, dans un mémoire distinct. En aucun cas elle ne peut être soulevée d'office par le juge (ce qui avait été originellement envisagé). À cette condition de forme s'ajoutent des conditions de fond, sensiblement différentes selon qu'il s'agisse du juge du fond ou des juges suprêmes chargés de filtrer les questions en vue de les soumettre ou non au juge constitutionnel. I/ Conditions devant les juges du fond 1. La disposition contestée doit être applicable au litige ou à la procédure, ou constituer le fondement des poursuites ; 2. Elle ne doit pas avoir déjà été déclarée conforme à la Constitution, ni dans les motifs, ni dans le dispositif d'une décision du Conseil constitutionnel, sauf changement de circonstances de fait ou de droit. 3. La question ne doit pas être dépourvue de caractère sérieux. Dès lors que ces conditions cumulatives sont réunies, le juge saisi doit surseoir à statuer et transmettre la question sans délai à sa juridiction suprême, jusqu'à la réponse soit de cette dernière, soit le cas échéant du juge constitutionnel. II/ Conditions devant les juges suprêmes Le Conseil d'État et la Cour de cassation disposent d'un délai de trois mois pour examiner la question posée en matière constitutionnelle. À l'issue de ce délai ils doivent décider de transmettre ou non la QPC au Conseil constitutionnel. Pour que la question soit transmise : 1. Les deux premières conditions énoncées ci-dessus doivent évidemment être satisfaites 2. La troisième est quelque peu différente devant les juridictions suprêmes en ce que la question doit être nouvelle ou présenter un caractère sérieux. 3. Les juridictions suprêmes doivent se prononcer **en priorité** sur le renvoi de la question de constitutionnalité au Conseil constitutionnel, avant de se prononcer le cas échéant sur la conformité de la disposition contestée aux engagements internationaux (en pratique la Convention européenne des droits de l'homme). 4. La décision du Conseil d'État ou de la Cour de cassation de saisir ou non le Conseil constitutionnel doit être motivée. Dans l'hypothèse d'une saisine, la question est transmise avec les mémoires ou les conclusions des parties ; dans le cas inverse, le juge constitutionnel reçoit une copie de la décision de non renvoi qu'il refuse de contrôler. 5. La décision du Conseil d'État ou de la Cour de cassation est communiquée à la juridiction qui a transmis la QPC et est notifiée aux parties dans les huit jours de son prononcé.

	III/ Procédure devant le Conseil constitutionnel 1. Le Conseil constitutionnel, avise sans délai le président de la République, le Premier ministre et les présidents des assemblées qui peuvent adresser au Conseil constitutionnel leurs observations sur la question soumise. 2. La juridiction constitutionnelle dispose à son tour d'un délai de trois mois pour trancher la question. 3. Les parties sont invitées à présenter contradictoirement leurs observations lors de l'audience, laquelle est publique, sauf exceptions prévues par le règlement intérieur du Conseil (ex. : le huis clos peut être ordonné lorsqu'il s'agit de l'intérêt d'un mineur ou de la protection de la vie privée). 4. La décision du Conseil est motivée, notifiée aux parties, communiquée au Conseil d'État ou à la Cour de cassation, au président de la République, au Premier ministre, aux présidents des assemblées parlementaires, ainsi qu'au juge *a quo*. 5. La décision du Conseil constitutionnel est publiée au *Journal officiel*.

REMARQUE

Le contrôle *a priori* de constitutionnalité satisfait à tous les critères du modèle théorique européen de justice constitutionnelle. Bien que le contrôle *a posteriori* emprunte des caractéristiques au modèle américain (contrôle *a posteriori* et par voie d'exception), il n'en demeure pas moins que celui-ci s'inscrit également dans le modèle européen de justice constitutionnelle. En effet, le contrôle reste concentré puisqu'il est effectué par la Cour constitutionnelle qu'est le Conseil constitutionnel. Ce contrôle se veut également abstrait et non concret comme devant les juges américains par exemple.

Nota : on observe que le procès constitutionnel relatif aux déclarations de conformité se déroule selon une procédure écrite et contradictoire.

2. La décision du Conseil constitutionnel

Délai
Le Conseil constitutionnel lorsqu'il est saisi dispose d'un mois pour rendre sa décision (en principe ces délais sont pleinement utilisés). Le délai d'un mois peut être ramené à 8 jours à la demande du Gouvernement s'il y a urgence. Saisi d'une question prioritaire de constitutionnalité (art. 61-1), le Conseil dispose d'un délai de 3 mois pour se prononcer.
Pouvoirs du juge
La grande originalité du contrôle de constitutionnalité des lois est que le juge n'est pas limité par la saisine. Il peut statuer « *ultra petita* », c'est-à-dire au-delà de la demande, soulever des moyens (motifs d'inconstitutionnalité) et des conclusions (contestation d'une disposition) d'office. De ce fait les pouvoirs du juge constitutionnel sont très importants.
Décision du juge
Le Conseil constitutionnel peut rendre quatre catégories de décisions : • décision de conformité à la Constitution ; • décision de conformité sous réserve (le Conseil constitutionnel neutralise des dispositions de la loi en indiquant comment celle-ci doit être interprétée pour être conforme à la Constitution) ; • décision de non-conformité partielle de la loi (censure d'une partie seulement de la loi) ; • décision de non-conformité totale de la loi (toute la loi est inconstitutionnelle).

Effets de la décision
Article 62 de la Constitution : Les décisions du Conseil constitutionnel s'imposent aux pouvoirs publics et à toutes les autorités administratives et juridictionnelles. L'autorité des décisions du Conseil constitutionnel s'attache non seulement au dispositif (décide) mais aussi aux motifs (considérant) qui en sont le soutien nécessaire (Cons. const., déc. n° 62-18 L du 16 janvier 1962). Les décisions ne sont susceptibles d'aucun recours. Une disposition déclarée contraire à la Constitution ne peut être promulguée ni mise en application. Une disposition déclarée inconstitutionnelle sur le fondement de l'article 61-1 est abrogée à compter de la publication de la décision du Conseil constitutionnel ou d'une date ultérieure fixée par cette décision. Le Conseil constitutionnel détermine les conditions et limites dans lesquelles les effets que la disposition a produits sont susceptibles d'être remis en cause.

La structure de la décision : elle se compose de quatre parties

La saisine
Indique les éléments relatifs à la saisine : nom et qualité des requérants, date de saisine, identification du texte déféré.
Les visas : « Vu… »
Indiquent les normes de référence (de constitutionnalité) et les autres textes qui sont utilisés par le juge constitutionnel afin de rendre sa décision.
Les motifs : « Considérant que… »
Expose le raisonnement du juge en général : arguments invoqués, rappel de la disposition contestée, rappel des normes de constitutionnalité utilisées par le juge, application de la norme de constitutionnalité à la disposition contestée, solution (conformité, non-conformité, conformité sous réserve).
Le dispositif : « Décide : Article 1… »
Expose la décision du Conseil constitutionnel (censure ou conformité de la loi) et indique que la décision du Conseil constitutionnel sera publiée au *Journal officiel*. Les noms des membres du Conseil constitutionnel ayant participé à la décision sont mentionnés après le dispositif.

Les décisions du Conseil constitutionnel sont numérotées de façon précise selon un ordre particulier. On peut par exemple choisir la décision n° 2002-460 DC du 22 août 2002, *Loi relative à la sécurité intérieure* :

2002	Correspond à l'année de saisine du Conseil. Il est possible (saisines de décembre) que le Conseil rende une décision en janvier de l'année suivante (par exemple décision n° 74-54 DC du 15 janvier 1975).
460	Correspond au numéro de la décision depuis 1959 dans la compétence exercée par le Conseil constitutionnel (voir ci-contre). En l'occurrence la décision est la 460e décision DC.

DC	Correspond à la compétence exercée par le Conseil constitutionnel. • **DC** = Déclaration de conformité (Articles 61 et 54 de la Constitution). • **QPC** = Question prioritaire de constitutionnalité (Article 61-1 de la Constitution et loi organique). • **L** = Délégalisation (Article 37 al. 2 de la Constitution). • **FNR** = Fin de non-recevoir (Articles 41 et 39 al. 4 de la Constitution). • **LP** = Loi de pays (Article 77 de la Constitution). • **D** = Déchéance d'un parlementaire (Article LO. 136 du Code électoral). • **I** = Incompatibilité du mandat parlementaire (Article LO. 151 du Code électoral). • **LOM** = répartition des compétences entre l'État et les collectivités d'outre-mer (art. 74 al. 9 Const.)
Du 22 août 2002	Correspond à la date à laquelle le Conseil constitutionnel a délibéré sur la décision = date de la décision.
Loi relative à la sécurité intérieure	Correspond à l'objet de la décision en l'occurrence le Conseil est saisi de la conformité à la Constitution de la loi relative à la sécurité intérieure. Pour plus de commodité et de pédagogie, la doctrine donne parfois des noms aux décisions importantes du Conseil (par exemple décision *IVG*, ou *Liberté d'association*).

Nota : les autres décisions du Conseil constitutionnel inclassables (demandes d'avis par ex.) sont identifiées comme des AUTR et les décisions électorales de la manière suivante ELEC (diverses élections), REF (Référendum) AN (Assemblée nationale), SEN (Sénat), et PDR (Président de la République).

3. Critiques

Le Conseil constitutionnel a rendu en application de l'article 61 de la Constitution plus de 750 décisions à échéance d'avril 2017. Pourtant, il fait l'objet de critiques permanentes. La principale critique qui est en France opposée au Conseil constitutionnel repose sur sa légitimité : de quel droit un juge nommé peut-il censurer des dispositions adoptées par un Parlement élu au suffrage universel ? Bien entendu la question est importante, mais elle n'est pas posée correctement (**il ne faut pas confondre** la **légitimité de l'organe :** nomination au Conseil constitutionnel et **légitimité de l'action :** jurisprudence du Conseil constitutionnel). Comme certains l'ont souligné (G. Vedel, L. Favoreu) le contrôle de constitutionnalité ne paralyse pas toute évolution. Seulement, lorsqu'une loi est déclarée inconstitutionnelle, il n'y a qu'un moyen de contourner la décision du Conseil constitutionnel : procéder à une révision de la Constitution.

Les critiques n'ont pas empêché l'élargissement de la saisine du Conseil constitutionnel permettant au Conseil d'État et à la Cour de cassation de saisir le Conseil constitutionnel de la constitutionnalité d'une loi déjà promulguée qui porterait atteinte aux droits fondamentaux des individus (voir *infra* Troisième partie). Plusieurs tentatives ont avorté (en 1990 et en 1993). Instituant un mécanisme « original et compliqué », la révision n'a pas recueilli l'assentiment de tous les spécialistes notamment parce que son impact n'a pas été soigneusement étudié (L. Favoreu). La révision constitutionnelle de juillet 2008 a finalement introduit un contrôle *a posteriori*, par voie d'exception dans l'article 61-1. Cette nouveauté a bouleversé le contentieux constitutionnel puisque depuis 2009, le Conseil a déjà rendu plus de 600 décisions QPC.

B. La révision de la Constitution : la loi constitutionnelle

La Constitution de 1958 est une Constitution rigide c'est-à-dire qu'elle ne peut être révisée que suivant une procédure spéciale distincte de celle applicable aux lois ordinaires (voir Première partie). Cette procédure spéciale est régie par l'article 89 de la Constitution qui distingue suivant que l'initiative de la révision émane du président de la République ou de parlementaires.

a. L'initiative présidentielle

1re étape : l'initiative
L'initiative de la révision de la Constitution appartient au président de la République sur proposition du Premier ministre. Elle s'exerce sous la forme d'un décret contresigné désignant l'assemblée devant laquelle le projet est déposé et le ministre chargé de le défendre. Le projet de révision doit être ensuite voté en termes identiques par les deux assemblées.
2e étape : le vote en termes identiques par les deux assemblées
La délibération parlementaire obéit en ce cas aux règles habituelles de la procédure législative. Mais l'article 42 de la Constitution précise que la discussion porte devant la première assemblée saisie sur le texte présenté par le Gouvernement (et non celui proposé par la commission saisie au fond). De surcroît, l'exigence d'un vote en termes identiques exclut la possibilité de recourir à la Commission mixte paritaire et au dernier mot de l'Assemblée nationale car dans ce cas, le projet ne serait pas adopté en termes identiques. Il n'est pas possible de procéder à l'adoption du texte en application de l'article 49 al. 3 de la Constitution. Cela suppose donc l'existence (controversée) d'un veto du Sénat en matière constitutionnelle qui se justifie par l'importance de la question.
3e étape : l'approbation définitive de la révision
Le président de la République dispose de la faculté de soumettre la révision soit au Congrès soit au référendum :

Le Congrès	Le référendum
– Le Congrès qui se réunit à Versailles est composé des deux assemblées siégeant en une assemblée unique de 920 membres :	– Le projet de loi constitutionnelle peut être soumis au référendum (référendum constituant). Le Conseil constitutionnel sera

577 députés et 348 sénateurs (soit un Congrès comprenant 925 membres). – Dans ce cas, le projet de révision constitutionnelle n'est approuvé que s'il réunit la majorité des 3/5 des suffrages exprimés (majorité qualifiée). – Le Congrès n'a pas les mêmes pouvoirs que les assemblées ordinaires car il ne peut pas exercer le droit d'amendement, il statue simplement sur l'adoption ou le rejet du projet.	alors compétent pour apprécier la régularité des opérations référendaires (art. 60 de la Constitution). – Si le peuple approuve le projet de révision, la révision devient définitive et le président de la République promulgue la loi constitutionnelle dans les mêmes formes et délais qu'une loi ordinaire adoptée par le Parlement.

Nota : la procédure du Congrès est la procédure privilégiée alors qu'elle devait être en principe exceptionnelle. Tous les projets de loi constitutionnelle adoptés en vertu de l'article 89 de la Constitution ont été approuvés par le Congrès. Aucun projet de loi constitutionnelle n'a pour l'instant été soumis au référendum selon l'article 89.

L'application de l'article 89 aux projets de révision constitutionnelle (liste des révisions adoptées en vertu de cet article).

1. Loi constitutionnelle du **4 juin 1960** (n° 60-525)	Article 86 (Titre XIII sur la Communauté abrogé en 1995).
2. Loi constitutionnelle du **30 décembre 1963** (n° 63-1327)	Article 28 de la Constitution (Durée des sessions parlementaires).
3. Loi constitutionnelle du **29 octobre 1974** (n° 79-904)	Article 61 al 2 de la Constitution (Ouverture de la saisine du Conseil constitutionnel à 60 députés ou 60 sénateurs).
4. Loi constitutionnelle du **18 juin 1976** (n° 76-527)	Article 7 de la Constitution (Décès ou empêchement d'un candidat à la présidence de la République).
5. Loi constitutionnelle du **25 juin 1992** (n° 92-554)	Ajoute à la Constitution un nouveau titre intitulé : « Des communautés européennes et de l'Union européenne » (introduit les art. 88-1 à 4 de la Constitution) ; articles 2, 54 et 74 de la Constitution.
6. Loi constitutionnelle du **27 juillet 1993** (n° 93-952)	Articles 65 et 68 de la Constitution. Introduit les articles 68-1 et 2 (Responsabilité pénale des ministres).
7. Loi constitutionnelle du **25 novembre 1993** (n° 93-1256)	Introduit l'article 53-1 de la Constitution (Accords de Shengen et droit d'asile).

8. Loi constitutionnelle du **4 août 1995** (n° 95-880)	Article 11 de la Constitution (Extension du référendum). Article 28 de la Constitution (Session ordinaire unique). Article 26 (Inviolabilité parlementaire). Abrogation du Titre XIII De la Communauté.
9. Loi constitutionnelle du **22 février 1996** (n° 96-138)	Articles 34, 39 et 47 de la Constitution (Institution des lois de financement de la sécurité sociale).
10. Loi constitutionnelle du **20 juillet 1998** (n° 98-610)	Titre XIII articles 76 et 77 (Nouvelle-Calédonie).
11. Loi constitutionnelle du **25 janvier 1999** (n° 99-49)	Articles 88-2 et 88-4 (Traité d'Amsterdam).
12. Loi constitutionnelle du **8 juillet 1999** (n° 99-568)	Article 53-2 (Cour pénale internationale).
13. Loi constitutionnelle du **8 juillet 1999** (n° 99-569)	Articles 3 et 4 (Parité entre hommes et femmes).
14. Loi constitutionnelle du **2 octobre 2000** (n° 2000-964)	Article 6 (Quinquennat du président de la République) (Référendum).
15. Loi constitutionnelle du **25 mars 2003** (n° 2003-267)	Articles 88-2 (Mandat d'arrêt européen).
16. Loi constitutionnelle du **28 mars 2003** (n° 2003-276)	Articles 1, 7, 13, 34, 37-1, 39, 60, 72, 72-1, 72-2, 72-3, 72-4, 73, 74, 74-1 (notamment Organisation décentralisée de la République).
17. Loi constitutionnelle du **1ᵉʳ mars 2005** (n° 2005-204)	Articles 60, 88-1, 88-5, Titre XV (prévoit un nouveau Titre XV qui aurait dû se substituer à l'ancien lors de l'entrée en vigueur du traité établissant une Constitution pour l'Europe).
18. Loi constitutionnelle du **1ᵉʳ mars 2005** (n° 2005-205)	1ᵉʳ alinéa du préambule de la Constitution de 1958, insertion de la Charte de l'environnement au sein du bloc de constitutionnalité.
19. Loi constitutionnelle n° 2007-237 du **23 février 2007**	Article 77 (Corps électoral en Nouvelle-Calédonie).
20. Loi constitutionnelle n° 2007-238 du **23 février 2007**	Articles 67 et 68 (Titre IX, Destitution du président de la République, Haute cour).
21. Loi constitutionnelle n° 2007-239 du **23 février 2007**	Article 66-1 (Interdiction de la peine de mort).
22. Loi constitutionnelle n° 2008-103 du **4 février 2008** (Titre XV de la Constitution)	Articles 88-1, 2, 4, 5, 6, 7 (Titre XV de la Constitution, traité de Lisbonne, principe de subsidiarité).
23. Loi constitutionnelle n° 2008-724 du **23 juillet 2008**	Modernisation des institutions de la Vᵉ République.

Nota : quatre projets de loi constitutionnelle ont été adoptés en termes identiques par les deux assemblées mais jamais soumis au référendum ou au Congrès. Il s'agit du projet de réduction à 5 ans du mandat présidentiel (adopté en 1973 à l'instigation du président Pompidou) et du projet tendant à rendre temporaire la suppléance des parlementaires (adopté en 1974) à l'initiative du président Valéry Giscard d'Estaing. Le projet de révision de l'article 65 (Conseil supérieur de la magistrature) a été adopté en termes identiques par les deux assemblées ainsi que le projet relatif à la Polynésie française tous deux reportés. En 2011, le Sénat, renouvelé, a rejeté en 3e lecture le projet de révision relatif à l'équilibre des finances publiques faisant usage de son veto. Si l'on compte l'utilisation de l'article 11 (voir *infra*), la Constitution de 1958 a au total fait l'objet de 24 révisions.

b. L'initiative parlementaire

1re étape : initiative
Dépôt sur le bureau de l'Assemblée ou du Sénat d'une proposition de loi constitutionnelle. Cette initiative parlementaire se heurtait auparavant à l'obstacle de l'ordre du jour prioritaire. Toutefois, la révision constitutionnelle réservant une séance par mois à l'ordre du jour établi par les assemblées n'exclut pas les propositions de loi constitutionnelle. L'article 42 de la Constitution a supprimé en 2008 l'ordre du jour prioritaire de sorte que l'initiative parlementaire constitutionnelle pourrait s'en trouver renforcée, mais tel n'a pas été le cas depuis lors.
2e étape : délibération
L'article 89 renvoie expressément à l'article 42 al. 3 lequel concerne les projets et les propositions de loi constitutionnelle et précise que la discussion en séance, en première lecture, d'un projet ou d'une proposition de loi ne peut intervenir, devant la première assemblée saisie, qu'à l'expiration d'un délai de six semaines après son dépôt. Elle ne peut intervenir, devant la seconde assemblée saisie, qu'à l'expiration d'un délai de quatre semaines à compter de sa transmission. La proposition de loi constitutionnelle doit être adoptée par les deux assemblées en termes identiques (comme le projet voir *supra*).
3e étape : l'approbation
À la différence du projet, la proposition de loi constitutionnelle doit être impérativement soumise au référendum. Depuis 1958 malgré les nombreuses propositions de révision déposées, une seule a été adoptée et donc soumise au référendum : la loi constitutionnelle du 2 octobre 2000 relative à la durée du mandat du président de la République.

c. La révision de l'article 11 de la Constitution

En application de l'article 11 de la Constitution, les deux assemblées peuvent avec le Gouvernement demander au président de la République de soumettre au référendum « tout projet de loi portant sur l'organisation des pouvoirs publics ». Deux révisions constitutionnelles d'origine gouvernementale ont sur ce fondement été tentées et soumise au référendum en vertu de l'article 11 :

– le référendum du 28 octobre 1962 (élection du président de la République au suffrage universel direct) ;

– le référendum du 27 avril 1969 (réforme du Sénat et régionalisation).
Seule la révision de 1962 a été approuvée. Celle de 1969, rejetée par le peuple, a provoqué la démission du Général de Gaulle.

Nota : la question de l'utilisation de l'article 11 a soulevé des controverses. Il apparaît en effet que cette procédure utilisée à des fins constitutionnelles est contraire à la Constitution (détournement de procédure), même si certains invoquent l'existence d'une coutume constitutionnelle. Il est vrai qu'au plan politique, l'article 11 permet de passer outre un éventuel veto des assemblées puisque projet et proposition de loi constitutionnelle doivent être adoptés en termes identiques par les deux assemblées. L'article 11 permet ainsi d'éviter les résistances des assemblées alors que la nation serait favorable à une révision (cas de l'élection du président de la République au suffrage universel direct).

d. Les limites de la révision

La révision de la Constitution en vertu de l'article 89 est interdite :

1re hypothèse	• En période d'intérim du président du Sénat (art. 7).
2e hypothèse	• En cas de dissolution de l'Assemblée nationale (art. 12).
3e hypothèse	• En période d'application de l'article 16 (art. 16).
4e hypothèse	• Lorsqu'il est porté atteinte à l'intégrité du territoire (art. 89 al. 3).
5e hypothèse	• Lorsque la révision porte atteinte à la forme républicaine du Gouvernement (art. 89 al. 4)

En outre se pose depuis quelques années la question de savoir si le Conseil constitutionnel peut contrôler une loi constitutionnelle.
Deux hypothèses doivent être distinguées suivant l'origine de la loi constitutionnelle :

Loi constitutionnelle adoptée par référendum
Le Conseil constitutionnel se refuse à contrôler des lois (même ordinaires) adoptées par référendum car elles sont l'émanation directe de la souveraineté (Cons. const., déc. n° 62-20 DC du 6 novembre 1962).
Loi constitutionnelle adoptée par le Congrès
Le Conseil constitutionnel aurait pu se reconnaître compétent au moins pour contrôler le respect des conditions formelles encadrant la révision. La question est désormais résolue de manière radicale par le Conseil constitutionnel lequel considère qu'il ne tient ni de l'article 61, ni de l'article 89, ni d'aucune autre disposition de la Constitution le pouvoir de statuer sur une révision constitutionnelle (Cons. const., déc. n° 2003-469 DC du 26 mars 2003).

Nota : la fréquence des révisions constitutionnelles suscite de nombreuses critiques, dans la mesure où le texte constitutionnel devrait bénéficier d'une certaine pérennité. En fait, les révisions ont souvent été consécutives à une décision du Conseil constitutionnel déclarant un engagement international contraire à la Constitution (traité de Maastricht, traité d'Amsterdam, Cour pénale internationale, traité de Lisbonne) ou même à un avis du Conseil d'État mettant en doute la constitutionnalité de l'engagement (Mandat d'arrêt européen). La révision de 2003 est importante non seulement par son ampleur mais aussi par son contenu, elle marquera peut-être plus que le quinquennat le passage à la « VIe République » qui devrait être une République plus décentralisée. Enfin et surtout, la révision constitutionnelle du 23 juillet 2008 (Modernisation des institutions de la Ve République) a constitué la plus importante révision constitutionnelle connue à ce jour. Cette révision renforce les pouvoirs du Parlement ainsi que l'État de droit.

II. Les normes internationales

Elles font partie de l'édifice juridique. La Constitution les mentionne et prévoit leur régime juridique en droit interne.

A. Les catégories de normes internationales

La Constitution mentionne trois catégories de normes internationales.

1re catégorie Les **règles du droit public international** (préambule de 1946 al. 14)
Le préambule de la Constitution de 1946 prévoit que la République française, se conforme aux règles du droit public international. Parmi ces règles figurent la coutume internationale, les principes non écrits et les traités et accords internationaux. L'alinéa 14 fonde le système moniste c'est-à-dire un système dans lequel le droit national et le droit international constituent un ensemble homogène et ne sont pas cloisonnés (à l'inverse du système dualiste). Conformément à cet alinéa, le Conseil constitutionnel a décidé qu'un traité régulièrement introduit dans l'ordre juridique interne ne pouvait plus être remis en cause (Cons. const., déc. n° 92-308 DC du 9 avril 1992).
2e catégorie Les **traités** (art. 52 de la Constitution de 1958)
Les traités sont négociés, signés et ratifiés par le président de la République. En fait, ils le sont le plus souvent par des personnes habilitées par le président de la République : les plénipotentiaires. Les traités sont insérés dans une forme solennelle et s'inscrivent donc dans une procédure longue. Ils sont soumis à ratification. Rien ne permet de définir les traités quant à leur contenu.
3e catégorie Les **accords** (art. 52 de la Constitution)
Les accords sont conclus suivant une procédure plus courte et moins solennelle que les traités et sont négociés, signés et approuvés par le Gouvernement (ministre des Affaires étrangères en général). Ils ne sont pas soumis à ratification mais à une approbation qui le cas échéant doit être autorisée par la loi. Certains accords peuvent entrer en vigueur dès leur signature. Ils correspondent aux accords en forme simplifiée qui existent en droit international public. Comme les traités, il n'est pas possible de définir matériellement les accords.

B. L'incorporation des engagements internationaux dans l'ordre juridique interne

L'incorporation ou la « réception » ou encore pour le Conseil d'État « l'introduction » (CE 22 févr. 1974, *Soc. Expandet*) de l'engagement international (c'est-à-dire des traités ou accords) dans l'ordre juridique interne est une condition nécessaire à l'applicabilité de l'acte international qui en principe (sauf en droit communautaire puis de l'Union européenne) n'a pas d'effet direct. Elle revêt diverses formes.

Modalité de réception	Champ d'application de la réception
• Une simple **approbation du gouvernement**	• Pour les accords qui ne relèvent pas du domaine de la loi, ils entrent alors en vigueur dès leur signature et sont opposables à compter de leur publication.
• Une simple **ratification du Président de la République**	• Pour les traités qui ne relèvent pas du domaine de la loi. Ceux-ci entrent alors en vigueur après ratification et sont opposables après publication.
• Une **ratification ou** une **approbation autorisée préalablement par le Parlement ou par le Peuple par référendum** (art. 11 et 53).	• Pour les traités ou accords qui relèvent du domaine de la loi et spécialement aux termes de l'article 53 de la Constitution : les traités de paix, de commerce, relatifs à l'organisation internationale, engageant les finances de l'État, relatifs à l'état des personnes. En principe l'autorisation fait l'objet d'une loi spéciale, mais en pratique certaines lois ordinaires ont comporté des dispositions autorisant la ratification (voir Cons. const., déc. n° 2016-743 DC du 29 décembre 2016). • La ratification des traités qui auraient des incidences sur le fonctionnement des institutions peut être autorisée par référendum (par exemple, référendum du 20 septembre 1992 Traité de Maastricht).
• Une **ratification autorisée préalablement par référendum ou par le Congrès** (art. 88-5)	• Pour les traités relatifs à l'adhésion d'un État à l'Union européenne. Dans ce cas, le constituant s'est inspiré en 2005 (Question de l'entrée de la Turquie) puis en 2008 de la procédure de révision constitutionnelle en prévoyant soit le recours au référendum sur proposition du Président de la République soit le recours au Congrès (renvoi à la procédure de l'art. 89 al. 3). En réalité la voie « normale » est celle du référendum sauf si par le vote d'une motion adoptée en termes identiques par chaque assemblée à la majorité des trois cinquièmes, le Parlement décide d'opter pour la voie du Congrès et de s'opposer à la volonté présidentielle de soumettre l'adhésion d'un nouvel État membre au référendum. Cela permet surtout d'éviter la voie référendaire qui peut focaliser des tensions sociales étrangères à la question posée (vote sanction). Seule la ratification du traité d'adhésion du Royaume-Uni, de l'Irlande, du Danemark et de la Norvège a été jusqu'à présent autorisée par voie référendaire, le 23 avril 1972.

• Une **ratification autorisée préalablement par le Parlement après consultation des populations intéressées** (art. 53 al. 3)	• Pour les traités comportant cession, échange ou adjonction de territoire. Application du principe du droit des peuples à disposer d'eux-mêmes.

Nota : ratification et approbation n'ont pas tout à fait la même portée. La **ratification** est à la fois un acte de droit interne qui conditionne l'applicabilité du traité et un acte de droit international qui manifeste la volonté de se soumettre au traité. L'**approbation** n'est qu'un acte de droit interne conditionnant la réception de l'accord dans l'ordre juridique interne. La manifestation de volonté se réalise seulement au moment de la signature de l'accord. **Toutefois** la Convention de Vienne de 1959 (art. 11 et s.) ne semble pas faire de distinction formelle entre la ratification et l'approbation.

C. La valeur juridique des normes internationales

La question de la valeur juridique des engagements internationaux se pose différemment suivant que sont en cause la Constitution ou les normes de valeur législative.

a. Engagements internationaux et Constitution **article 54 de la Constitution**

Les relations entre les engagements internationaux s'articulent autour de deux principes :

• 1er principe
Les engagements internationaux ne sont pas des normes constitutionnelles. Ils ne font pas partie du bloc de constitutionnalité et dès lors, la conformité d'une loi à une norme internationale ne se confond pas avec le contrôle de constitutionnalité de la loi (Cons. const., déc. n° 75-54 DC du 15 janvier 1975 et n° 2013-669 DC du 17 mai 2013 à propos de l'al. 14 du Préambule de 1946).
• 2e principe
Si le Conseil constitutionnel déclare qu'un engagement international comporte une clause contraire à la Constitution, l'autorisation de le ratifier ou de l'approuver ne peut intervenir qu'après une révision de la Constitution (art. 54 Const.).

L'article 54 de la Constitution ne pose pas véritablement le principe de supériorité des engagements internationaux sur la Constitution, mais davantage un principe de compatibilité entre ces deux normes. Au cas où cette compatibilité est impossible, deux solutions s'offrent aux autorités : soit dénoncer l'engagement international (hypothèse peu vraisemblable) soit réviser la Constitution.

De fait, la deuxième solution a toujours été retenue, mais les autorités pourraient tout aussi bien geler l'engagement international et ne jamais procéder à une révision constitutionnelle.

Les juges administratif et judiciaire ont refusé de faire prévaloir les dispositions d'un engagement international sur la Constitution, tranchant le conflit en faveur de cette dernière (CE ass., 30 oct. 1998, *Sarran, Levacher et autres*), et même de la loi organique « matériellement constitutionnelle » (Cass., ass. plén. 2 juin 2000, *Mlle Fraisse*), et ce malgré l'alinéa 14 du préambule de la Constitution de 1946 apparemment écarté (CE ass., 6 juin 1997, *Aquarone*, implicite ; 30 octobre 1998, *Sarran*, implicite).

La contradiction à la Constitution d'un engagement international a donné lieu à sept révisions constitutionnelles : celle du 25 juin 1992 (adaptation avec le traité de Maastricht, introduction dans la Constitution d'un Titre XIV consacré à l'Union européenne), celle du 25 novembre 1993 (adaptation avec les Accords de Shengen : droit d'asile – introduction d'un article 53-1 à la Constitution), celle du 25 janvier 1999 (traité d'Amsterdam ; modification des articles 88-2 et 88-4 de la Constitution) et celle du 8 juillet 1999 (Cour pénale internationale ; introduction d'un article 53-2 à la Constitution). En 2002, la Constitution a été révisée sans que le Conseil constitutionnel ne se soit prononcé sur la constitutionnalité du mandat d'arrêt européen (Conseil de l'Union européenne, *décision-cadre relative au mandat d'arrêt européen* du 13 juin 2002), puisque le dispositif prévu par l'article 54 de la Constitution ne s'applique qu'aux engagements internationaux soumis à ratification ou à approbation. C'est pourquoi le Conseil d'État a été sollicité pour avis et a estimé que la décision-cadre était conforme aux principes constitutionnels, sous réserve de ne pas écarter le principe selon lequel l'État dispose du droit de refuser l'extradition pour des infractions à caractère politique. Selon le Conseil d'État, ce principe qui constitue un principe fondamental reconnu par les lois de la République, ayant à ce titre valeur constitutionnelle en vertu du préambule de la Constitution de 1946 (CE 3 juill. 1996 *Koné*). En conséquence, la loi constitutionnelle du 25 mars 2003 a ajouté un alinéa à l'article 88-2 de la Constitution précisant que la loi fixe les règles relatives au mandat d'arrêt européen. En 2004, le Conseil constitutionnel a considéré que le traité établissant une Constitution pour l'Europe n'était pas compatible avec la Constitution (Cons. const., déc. n° 2004-505 DC du 19 novembre 2004). L'autorisation de ratifier le traité établissant une Constitution pour l'Europe ne pouvait intervenir qu'après révision de la Constitution. C'est ce qui fut fait par la loi du 1er mars 2005 inappliquée compte tenu du rejet du projet de traité. Le traité de Lisbonne, a suscité une révision constitutionnelle par la loi constitutionnelle du 4 février 2008. Le Conseil constitutionnel dans la décision du 20 décembre 2007 a considéré que certaines de ses clauses mettaient en cause les conditions essentielles d'exercice de la souveraineté nationale comme le traité de Bruxelles de 2012 (TSCG, Cons. const., déc. n° 2012-653 DC du 9 août 2012) qui n'a cependant pas appelé de révision constitutionnelle grâce à une interprétation constructive du Conseil constitutionnel.

b. Engagements internationaux et normes de valeur législative article 55 de la Constitution

L'article 55 de la Constitution dispose que les traités ou accords régulièrement ratifiés ou approuvés ont dès leur publication, une autorité supérieure à celle des lois sous réserve, pour chaque accord ou traité de son application par l'autre partie (condition de réciprocité).
Cet article appelle deux observations.

1re observation
Les engagements internationaux ont une autorité supérieure à celle des lois Il en résulte qu'en cas de contradiction entre une loi et un traité, le juge ordinaire (judiciaire ou administratif) doit faire prévaloir la règle internationale : La **Cour de cassation** a très rapidement appliqué la primauté du droit international (Ch. mixte, 24 mai 1975 *société des cafés J. Vabre*). Le **Conseil d'État** s'est montré plus réticent. Il a retenu en toute hypothèse la supériorité du traité postérieur à la loi car l'autorisation de ratifier le traité, donnée par le Parlement, constituait la dernière manifestation de volonté du Parlement qui s'impose aux lois antérieures (CE ass., 7 juill. 1978 *Croissant*). En revanche, le Conseil d'État refusait de faire prévaloir un traité antérieur à une loi, car la loi constituait alors la dernière manifestation de la volonté du Parlement à laquelle le Conseil d'État ne pouvait qu'obéir (CE sect., 1er mars 1968 *Syndicat général des fabricants de semoule de France*). Cette solution a été abandonnée par le Conseil d'État (CE ass., 20 oct. 1989, *Nicolo*). Désormais, quelle que soit leur date d'incorporation les traités ont toujours une autorité supérieure à celle des lois. Le **Conseil constitutionnel** statuant en matière électorale fait également prévaloir les engagements internationaux sur les lois (Cons. const., 21 oct. 1988, *Assemblée nationale, Val d'Oise 5e Circ.*).

2e observation	
Les engagements internationaux ont une autorité conditionnée Trois conditions doivent être réunies	
1re condition	• **Les traités ou accords doivent avoir été régulièrement ratifiés ou approuvés.** Les juridictions ordinaires, appelées à appliquer un engagement international vérifient que celui-ci a bien été ratifié ou approuvé. Mais le juge n'est amené à vérifier que l'existence de la ratification ou de l'approbation. Il ne peut statuer sur sa régularité (il s'agit d'un acte de Gouvernement CE 5 févr. 1926 *Dame Caraco*), sauf si cette régularité met en cause la compétence du Parlement (violation de l'art. 53 de la Constitution ; CE 18 déc. 1998, *SARL du Parc d'activités de Blotzeim…*).

2e condition	• **Les traités ou accords doivent être publiés.** La publication est prescrite par le décret du 14 mars 1953 et elle est réalisée par l'insertion au *Journal officiel* de l'engagement international. À la différence de la ratification ou de l'approbation (acte politique), les juges contrôlent la régularité de la publication (CE 30 oct. 1964 *Société Prosagor*).
3e condition	• **Les traités ou accords doivent faire l'objet d'une application réciproque.** Cette réserve de réciprocité concerne l'application de l'engagement international et les autorités françaises pourront se soustraire à l'application d'un acte international qui n'est pas effectivement appliqué par l'autre partie. L'appréciation de la réciprocité appartenait traditionnellement au Ministre des affaires étrangères auprès duquel le juge devait en référer (CE ass., 29 mai 1981 *Rekhou*), désormais dans le respect de l'art. 6-1 de la Convention européenne des droits de l'homme, cette appréciation est faite par le juge lui-même (CE ass., 9 juill. 2010, *Mme Cheriet-Benseghir*). En outre, la réciprocité peut difficilement concerner les engagements multilatéraux (voir Cons. const., déc. n° 99-408 DC du 22 janv. 1999, *Cour pénale internationale*).

D. Le cas particulier du droit de l'Union européenne

Le droit de l'Union européenne occupe une place singulière dans l'ordre juridique.

a. La notion de droit de l'Union européenne

Schématiquement, le droit de l'Union européenne se compose de **quatre catégories de règles**.

1re catégorie de règles
Le droit de l'Union européenne primaire : comprend les conventions institutives ou modificatives de l'Union européenne (pour l'essentiel : le traité de Rome du 25 mars 1957 et le traité de Maastricht du 7 février 1992, le traité d'Amsterdam du 2 octobre 1997, ainsi que le traité de Nice du 26 février 2001 et le traité de Lisbonne du 13 décembre 2007). Ces traités sont soumis aux mêmes règles que les traités classiques (cf. ci-dessus).
2e catégorie
Le droit de l'Union européenne dérivé directement applicable : comprend les règlements, véritables lois européennes générales et impératives. Ils sont d'effet direct et priment sur les règles de droit interne. Aucune procédure de réception des règlements n'est donc nécessaire : Ils sont applicables dès leur publication au *Journal officiel de l'Union européenne*.
3e catégorie
Le droit de l'Union européenne dérivé transposable : il comprend les directives européennes qui énoncent et imposent un résultat à atteindre en laissant chaque État libre de choisir les moyens d'y parvenir (par exemple par une loi ou un règlement). Mais les autorités nationales doivent assurer cette transposition dans un délai raisonnable.

Toutefois, dès leur publication, les directives s'imposent aux États qui, faute de ne pas les avoir encore transposées, ne doivent pas prendre de mesures qui leur seraient contraires. Il convient de relever que ne peuvent être utilement critiquées devant le Conseil constitutionnel des dispositions législatives qui se bornent à tirer les conséquences nécessaires d'une directive précise et inconditionnelle (Cons. const., déc. n° 2004-496 DC du 10 juin 2004, *Confiance dans l'économie numérique*).

4e catégorie

Les traités conclus par l'Union européenne : dans la mesure où ils sont compatibles avec le droit de l'Union européenne, ces traités sont incorporés dans l'ordre juridique des États membres sans passer par les procédures constitutionnelles internes de réception des engagements internationaux !

Nota : le traité de Lisbonne établit une hiérarchie entre les normes européennes et distingue trois types d'actes :

- les actes législatifs (règlements, directives, décisions les plus importantes) adoptés par la procédure législative ordinaire ou spéciale;
- les actes délégués (actes de moindre importance que le Conseil décide de déléguer à la Commission) qui complètent ou modifient certains éléments non essentiels d'un acte législatif. Ces actes sont pris par la Commission, sous le contrôle du législateur – Parlement européen et/ou Conseil de l'Union – qui peut révoquer sa délégation à tout moment;
- les actes d'exécution qui fixent les modalités de mise en œuvre des actes législatifs.

Cette nouvelle hiérarchie devrait simplifier le droit de l'Union européenne et réserver les questions les plus importantes à la procédure de codécision les autres questions étant soumises à une procédure plus légère (délégation, exécution).

b. Le problème du déficit démocratique et l'article 88-4 de la Constitution

L'une des principales critiques soulevées à l'encontre du droit de l'Union européenne dérivé est de ne pas procéder d'un processus d'élaboration démocratique (concept de technocratie européenne). En effet, le Parlement européen élu, ne participe qu'indirectement à l'élaboration de ces règles qui vont pourtant avoir une autorité supérieure aux lois adoptées par les représentants de la nation. Le traité de Lisbonne tente de remédier à cela en élargissant la compétence du Parlement européen (procédure de codécision) et en accordant des compétences aux Parlements nationaux (subsidiarité).

Afin de remédier à cette carence démocratique, la Constitution de 1958 a été révisée en 1992 (loi constitutionnelle du 25 juin 1992) instaurant notamment un article 88-4 dans la Constitution modifiée en 2008.

LES RÉSOLUTIONS DE L'ARTICLE 88-4 DE LA CONSTITUTION

Objet

Soumission au Parlement par le gouvernement, des projets d'actes législatifs européens et des autres projets ou propositions d'actes de l'Union européenne dès leur transmission au Conseil de l'Union européenne (auparavant n'étaient concernés que les actes

communautaires comportant des dispositions de nature législative). Depuis la révision constitutionnelle du 23 juillet 2008 le Gouvernement soumet également au Parlement les autres projets ou propositions d'actes européens ainsi que tout document émanant d'une institution de l'Union européenne.
Procédure d'examen
Les propositions d'actes européens sont imprimées et distribuées dans chaque assemblée. Les parlementaires peuvent déposer auprès de la commission chargée des affaires européennes des propositions de résolution relatives à ces actes européens. Elle peut transmettre aux commissions permanentes, de sa propre initiative ou à leur demande, ses analyses assorties ou non de conclusions. Le Gouvernement peut également communiquer aux commissions, tout document utile, et les tient informées des négociations en cours. La Commission peut déposer un rapport d'information concluant éventuellement au dépôt d'une proposition de résolution.
Adoption des résolutions
Le rapport de la Commission est inscrit à l'ordre du jour à la demande de diverses autorités. Si l'inscription n'est pas demandée ou pas décidée, la proposition de résolution est considérée comme adoptée. Sinon, il y a un vote sur la proposition de résolution. Les résolutions sont examinées suivant la procédure applicable en première lecture aux propositions de loi.
Effets des résolutions
Les résolutions de l'article 88-4 n'expriment que des souhaits, elles n'ont aucun caractère contraignant. Elles peuvent cependant constituer une base de réflexion utile au Gouvernement dans les futures négociations.

c. Le contrôle du principe de subsidiarité

Le traité de Lisbonne qui confie aux Parlements nationaux le respect du principe de subsidiarité est à l'origine de l'article 88-6 tendant à mettre en œuvre cette compétence. Le Parlement peut ainsi émettre un avis motivé et saisir la Cour de justice de l'Union européenne.

LES AVIS MOTIVÉS SUR LA CONFORMITÉ D'UN PROJET D'ACTE LÉGISLATIF EUROPÉEN AU PRINCIPE DE SUBSIDIARITÉ ET LES RECOURS DEVANT LA COUR DE JUSTICE DE L'UNION EUROPÉENNE

Objet
Le principe de subsidiarité suppose que les États membres conservent les compétences qu'ils sont capables de gérer plus efficacement eux-mêmes et laisse à l'Union celles qu'ils ne sont pas en mesure d'exercer d'une façon satisfaisante. Toute chambre d'un Parlement national peut adresser aux institutions de l'Union un « avis motivé » exposant les raisons pour lesquelles elle estime que le texte ne respecte pas le principe de subsidiarité. Si un tiers des Parlements nationaux a adressé un avis motivé à la Commission, le projet doit être réexaminé (pour les textes relatifs à la coopération policière et à la coopération judiciaire en matière pénale, ce seuil est abaissé à un quart). Chaque assemblée peut former un recours devant la Cour de justice de l'Union européenne contre un acte législatif européen pour violation du principe de subsidiarité.

Procédure
Avis et recours prennent la forme de résolutions. Ils suivent donc la même procédure que celle applicable aux résolutions de l'article 88-4. En ce qui concerne le recours, Le président de la chambre transmet au gouvernement, aux fins de saisine de la Cour de justice de l'Union européenne, tout recours contre un acte législatif européen pour violation du principe de subsidiarité formé, dans les deux mois qui suivent la publication de l'acte.
Effets des résolutions
Si un projet d'acte législatif soumis à la procédure législative ordinaire est contesté à la majorité simple des voix attribuées aux Parlements nationaux et si la Commission décide de le maintenir, ce sont le Conseil et le Parlement qui se prononcent sur la compatibilité de ce projet avec le principe de subsidiarité ; si le Conseil (à la majorité de 55 % de ses membres) ou le Parlement (à la majorité simple des suffrages exprimés) donne une réponse négative, le projet est écarté. En cas de recours, l'acte pourra être annulé par la Cour de justice de l'Union européenne.

Nota : depuis décembre 1990, existent au Sénat des questions orales avec débat portant sur des sujets européens.

POUR EN SAVOIR PLUS

La protection de la Constitution

- Avril (P.), Gicquel (J.), *Le Conseil constitutionnel*, LGDJ, 6e éd., 2011.
- Drago (G.), *L'exécution des décisions du Conseil constitutionnel*, Economica-PUAM, 1999.
- Drago (G.), *Contentieux constitutionnel français*, PUF, coll. « Thémis », 4e éd., 2016.
- Favoreu (L.), Philip (L.), *Les grandes décisions du Conseil constitutionnel*, Dalloz, 18e éd., 2016.
- Favoreu (L.), Philip (L.), *Le Conseil constitutionnel*, PUF, coll. « Que sais-je ? », n° 1724.
- Favoreu (L.) et *alii*, *op. cit.*, § 152-178 et 422-519.
- Favoreu (L.), Le Parlement constituant et le juge constitutionnel, *Mélanges Pierre Avril*, Montchrestien, 2001, p. 235.
- Fromont (M.), La notion de justice constitutionnelle et le droit français, *Mélanges Louis Favoreu*, Dalloz, 2007, p. 149-164.
- Luchaire (F.), *Le Conseil constitutionnel*, Economica, tome I, 1997 ; tome II, 2e éd., 1999.
- Machelon (J.-P.), Mathieu (B.), Mélin-Soucramanien (F.), Philippe (X.), Rousseau (D.), *Les grandes délibérations du Conseil constitutionnel : 1958-1986*, Dalloz, 2e éd., 2014.
- Mastor (W.), Les opinions séparées des juges constitutionnels, Economica-PUAM, 2006.
- Mathieu (B.), Verpeaux (M.), *Contentieux constitutionnel des droits fondamentaux*, LGDJ, 2002.
- Philip (L.), Dialogue sur la jurisprudence du Conseil constitutionnel, *Mélanges Louis Favoreu*, Dalloz, 2007, p. 361-372.
- Phlippe (X.), Brèves relations sur les relations entre justice constitutionnelle et Constitution, Mélanges Louis Favoreu, Dalloz, 2007, p. 373-386.
- Rousseau (D.), Gahdoun (P.-Y.), Bonnet (J.), *Droit du contentieux constitutionnel*, LGDJ, 11e éd. 2016.
- Roussillon (H.), Esplugas (P.), *Le Conseil constitutionnel*, Dalloz, coll. « Connaissance du droit », 8e éd., 2015.

La révision de la Constitution

- Avril (P.), « Des conventions à la révision de la Constitution », *RFDC* 2008, HS, p. 49-53.
- Favoreu (L.) et *alii*, *op. cit.*, § 1143-1168.
- Mazeaud (P.), « La révision constitutionnelle », *RFDC* 2009, n° 77, p. 147-151.
- Moderne (F.), *La notion de révision de la Constitution*, Annuaire international de justice constitutionnelle, 2004 (20), p. 423-440.

Les normes internationales

- Dupuy (P.-M.) (dir.), *Droit international et droit interne dans la jurisprudence comparée du Conseil constitutionnel et du Conseil d'État*, Éditions Panthéon-Assas, 2001.
- Dutheillet de Lamothe (O.), « Le Conseil constitutionnel et le droit européen », *RFDC*, 2004 (57), p. 23-35.
- Gaïa (P.), *Le Conseil constitutionnel et l'insertion des engagements internationaux dans l'ordre juridique interne*, Economica-PUAM, 1991.
- Gaudin (H.), *Droit constitutionnel, droit communautaire, vers un respect-réciproque mutuel ?*, Economica-PUAM, 2001.
- Ghevontian (R.), *Droit de l'Union européenne*, Sirey, coll. « Aide-Mémoire », 5e éd., 2013.
- Levade (A.) (études réunies et présentées par), « Constitution et Europe », *Les cahiers du Conseil constitutionnel*, n° 18, Dalloz, 2005.
- Mathieu (B.), Verpeaux (M.), Mélin-Soucramanien (F.), « Constitution et construction européenne », *Cah. constitutionnels de Paris I*, Dalloz, 2006.
- Quermonne (J.-L.), « L'adaptation de l'État à l'intégration européenne », *RD publ.*, numéro spécial (40 ans de la Ve République), p. 1405.
- Rideau (J.), « Constitution et droit international », *RFDC*, 1990 n° 2 p. 259 et n° 3, p. 425.
- Rideau (J.), *Droit institutionnel de l'Union européenne*, LGDJ, 6e éd. 2010.
- Roux (J.), « La transposition des directives communautaires à l'épreuve de la Constitution », *RD publ.*, 2007, p. 1031-1071.
- Sanchez (J.), « Le traité établissant une Constitution pour l'Europe et les clauses d'intégration nationale », *RFDC* 2008, n° 74, p. 351-377.
- Simon (D.), « Conventionnalité et constitutionnalité », PUF, *Pouvoirs* n° 137, 2011, p. 19-31.
- Wachsmann (P.), « L'article 55 de la Constitution de 1958 et les conventions internationales relatives aux droits de l'Homme », *RD publ.*, Numéro spécial (40 ans de la Ve République), 1998, p. 1671.

Sites officiels

Conseil constitutionnel : http://www.conseil-constitutionnel.fr

Union européenne : http://www.europa.eu.int:celex/htm/celex_fr.htm

CHAPITRE 7

Les normes : normes législatives et réglementaires

La Constitution définit et organise le mode de création des diverses normes. C'est ainsi que l'on distingue **cinq catégories** de normes de valeur *infra* constitutionnelle et *infra* conventionnelle : **les lois référendaires, les lois organiques, les lois ordinaires, ordonnances et les règlements** (ex. : les décrets).

I. Les lois référendaires

Les lois référendaires sont les lois qui ont été adoptées par le peuple français par voie de référendum en application des articles 3 et 11 de la Constitution.

L'article 3 prévoit que la souveraineté nationale appartient au peuple qui l'exerce par ses représentants et par la voie du référendum.
L'article 11 précise la procédure ainsi que le domaine de la loi référendaire.

A. La procédure de l'article 11

L'initiative du référendum
C'est au président de la République qu'il revient de soumettre au référendum un projet de loi. Mais le président de la République agit sur proposition du Gouvernement pendant la durée des sessions parlementaires ou sur proposition conjointe des deux assemblées.

Cependant, la décision du président de la République n'est pas liée par les propositions, il s'agit d'une compétence discrétionnaire. Cela risque de susciter des difficultés en période de cohabitation, lorsque le Gouvernement et le président de la République n'ont pas la même coloration politique. L'article 11 n'évoquait que les projets de loi et il en résultait qu'une proposition de loi ne pouvait être soumise au référendum car l'article 11 ne prévoyait que l'initiative gouvernementale. La révision de 2008 a changé cela puisqu'il est désormais prévu par l'article 11 qu'un référendum peut être organisé à l'initiative d'un cinquième des membres du Parlement, soutenu par un dixième des électeurs inscrits sur les listes électorales. Il s'agit d'un référendum législatif d'initiative minoritaire ou partagée. Cette initiative prend la forme d'une proposition de loi et ne peut avoir pour objet l'abrogation d'une disposition législative promulguée depuis moins d'un an.
En tous les cas la proposition de soumettre un projet de loi au référendum fait l'objet d'un **débat au Parlement**.

Proposition conjointe des deux assemblées	**Proposition du gouvernement**	**Proposition du $1/5^e$ des membres du Parlement soutenue par $1/10^e$ des électeurs**
Il y a évidemment lieu à débat au Parlement sur la demande de soumettre un projet de loi au référendum.	Rien n'était initialement prévu, mais la loi constitutionnelle du 4 août 1995 prévoit désormais que lorsque le référendum est organisé sur proposition du Gouvernement celui-ci fait, devant chaque assemblée, une déclaration qui est suivie d'un débat.	La proposition est immédiatement examinée par le Conseil constitutionnel (art. 61 al. 1 de la Constitution). La procédure est précisée par la loi organique n° 2013-1114 du 6 décembre 2013. Si la proposition de loi n'a pas été examinée par les deux assemblées dans un délai de six mois (art. 9 de la loi organique) le président de la République la soumet au référendum.

Les opérations de référendum

Les opérations référendaires sont organisées par le Gouvernement et s'ouvrent par décrets signés du président de la République et insusceptibles de recours pour excès de pouvoir devant le Conseil d'État (CE 29 avr. 1970 *comité des chômeurs de la Marne et sieur Le Gac*; CE 10 sept. 1992, *Meyet, Galland*), sous la vigilance du Conseil constitutionnel qui est compétent en vertu de l'article 60 de la Constitution pour contrôler la régularité des opérations de référendum ainsi que les opérations de campagne référendaire (moyens de propagande).
La proclamation des résultats du référendum est effectuée par le Conseil constitutionnel. Si le résultat est positif, la loi doit être promulguée, en cas de vote négatif la loi n'est pas adoptée. Si la proposition de référendum est rejetée par le peuple français, aucune nouvelle proposition de référendum portant sur le même sujet ne peut être présentée avant l'expiration d'un délai de deux ans suivant la date du scrutin. Cela ne vaut pas pour les projets.

La promulgation de la loi référendaire
En cas de référendum positif, le président de la République dispose d'un délai de 15 jours qui suit la proclamation des résultats de la consultation pour la promulguer. L'adoption de la loi référendaire est en effet constatée par le Conseil constitutionnel et officiellement c'est la proclamation des résultats par le Conseil constitutionnel qui signifie la décision du peuple.

B. Les domaines de la loi référendaire

L'article 11 de la Constitution prévoit depuis 2008 **trois domaines** qui peuvent faire l'objet d'une loi référendaire.

L'organisation des pouvoirs publics
Il s'agit d'un domaine particulièrement large qui peut être différemment interprété (révisions de la Constitution). En principe, il s'agit de simples dispositions de valeur *infra* constitutionnelle et surtout de lois ordinaires. Les lois organiques sont normalement exclues du champ du référendum car elles obéissent à une procédure spéciale prévue par l'article 46. Mais la question n'est pas véritablement tranchée car l'article 11 ne précise pas s'il vise simplement les lois ordinaires ou s'il englobe les lois organiques. D'autant moins que sur le fondement de cet article une loi constitutionnelle a été adoptée.
Les réformes relatives à la politique économique, sociale ou environnementale de la nation et aux services publics qui y concourent.
Ce domaine a été introduit par la révision de 1995. Il porte sur le domaine législatif ordinaire défini par l'article 34 de la Constitution. La loi référendaire semble destinée en l'espèce aux grandes orientations économiques ou sociales de la nation (par exemple un référendum sur l'éducation).
L'autorisation de ratifier un traité qui, sans être contraire à la Constitution, aurait des incidences sur le fonctionnement des institutions.
Il s'agit vraisemblablement des traités les plus importants soit par leur incidence sur les institutions soit par les controverses qu'ils sont susceptibles de susciter. La procédure de l'article 11 a ainsi été utilisée dans ce domaine le 23 avril 1972 (élargissement de la Communauté européenne) et le 20 septembre 1992 (autorisation de ratifier le traité de Maastricht). Les questions européennes peuvent donc de manière privilégiée entrer dans le domaine de la loi référendaire (cf. traité établissant une Constitution européenne, référendum du 29 juin 2005).

C. L'incontestabilité de la loi référendaire

La loi référendaire ne peut être déférée au Conseil constitutionnel sous réserve du contrôle *a priori* que l'article 61 al. 1 lui confie à propos des propositions de référendum d'initiative parlementaire. Celui-ci est le seul juge des opérations référendaires mais en aucun cas du contenu de la loi.

Dans la décision n° 62-20 DC du 6 novembre 1962, le Conseil constitutionnel a précisé que « les lois que la Constitution a entendu viser dans son article 61 sont uniquement les lois votées par le Parlement et non point celles qui, adoptées à la suite d'un référendum, constituent l'expression directe de la souveraineté nationale » (voir également Cons. const., déc. n° 92-313 DC du 23 septembre 1992).
Le Conseil constitutionnel ne s'autorise donc pas à juger de la constitutionnalité d'une loi adoptée par le peuple souverain. Cette incompétence ne va pas sans soulever des difficultés car les lois référendaires peuvent être modifiées par des lois ordinaires (Cons. const., déc. n° 89-265 DC du 9 janvier 1990). Par ailleurs certains ont proposé que le Conseil constitutionnel donne un avis sur la constitutionnalité du projet de loi soumis au référendum préalablement à l'organisation des opérations référendaires afin de ne pas heurter l'expression de la souveraineté (cela est le cas par exemple en Italie où la Cour constitutionnelle peut statuer préalablement sur le projet du référendum). Cela est également le cas uniquement pour les référendums d'initiative minoritaire car l'art. 61 de la Constitution prévoit que le Conseil est saisi avant le référendum du soin d'apprécier le respect par la proposition d'1/5e des membres du Parlement des conditions posées par l'art. 11 al. 3 de la Constitution (vérification que la proposition est bien faite par 1/5e des membres du Parlement, qu'elle entre bien dans le champ de l'article 11, qu'elle ne porte pas atteinte à la Constitution et examen de la recevabilité financière de l'article 40 Const., Cons. const., déc. n° 2013-681 DC du 5 décembre 2013).

II. Les lois organiques

La loi organique est apparue progressivement (Ire, IIe et IIIe Républiques), cependant l'expression loi organique désignait davantage un domaine qu'une véritable catégorie de normes juridiques. La Ve République rompt avec cette tradition.

La loi organique est aujourd'hui la loi définie comme telle par la Constitution ayant pour objet, selon la procédure particulière que celle-ci détermine, de préciser ou de compléter les dispositions du texte constitutionnel qui la prévoit (Pezant J.-L., in *Dictionnaire constitutionnel*, PUF, 1992).

A. La procédure

Les lois organiques obéissent à une procédure légèrement distincte de celle retenue pour les lois ordinaires. Cette procédure est déterminée par l'article 46 de la Constitution qui distingue les lois organiques et les lois organiques relatives au Sénat.

<table>
<tr><th>Lois organiques</th><th>Lois organiques relatives au Sénat</th></tr>
<tr><td colspan="2">Initiative et dépôt</td></tr>
<tr><td colspan="2">Les projets (d'origine gouvernementale) et les propositions (d'origine parlementaire) de loi organique sont déposés sur le bureau de l'une des assemblées.</td></tr>
<tr><td colspan="2">Discussion et vote</td></tr>
<tr><td colspan="2">L'alinéa 2 de l'article 46 de la Constitution renvoie à l'article 42 al. 3 qui dispose que la discussion en séance, en première lecture, d'un projet ou d'une proposition de loi ne peut intervenir, devant la première assemblée saisie, qu'à l'expiration d'un délai de six semaines après son dépôt. Elle ne peut intervenir, devant la seconde assemblée saisie, qu'à l'expiration d'un délai de quatre semaines à compter de sa transmission. La procédure accélérée de l'article 45 est possible en matière de loi organique et dans ce cas le projet ou la proposition de loi organique ne peut être soumis à la délibération de la première assemblée saisie avant l'expiration d'un délai de quinze jours après son dépôt afin d'éviter toute précipitation concernant des questions importantes.
La discussion et le vote obéissent aux mêmes règles que la procédure législative ordinaire (voir supra).</td></tr>
<tr><td colspan="2">Navette</td></tr>
<tr><td>Texte adopté ou en cas de désaccord soumis à la Commission mixte paritaire (art. 45 de la Constitution).
En cas d'échec de la Commission mixte paritaire, le dernier mot est accordé à l'Assemblée nationale, mais à la différence des lois ordinaires, l'Assemblée nationale doit adopter la loi organique à la majorité absolue de ses membres.</td><td>Le texte doit être adopté en termes identiques par les deux assemblées.
En conséquence, le texte ne peut être soumis à la procédure de l'article 45 de la Constitution.
L'Assemblée nationale ne dispose pas du dernier mot puisque le texte doit être adopté en termes identiques (sinon veto du Sénat). En cas de désaccord le texte est repoussé. Le Conseil constitutionnel a par ailleurs défini largement la notion de loi organique relative au Sénat puisqu'il a décidé que cela recouvrait les règles touchant au Sénat ainsi que celles qui pouvaient directement le concerner (Cons. const., déc. n° 85-195 DC du 10 juillet 1985).</td></tr>
<tr><td colspan="2">Examen obligatoire par le Conseil constitutionnel</td></tr>
<tr><td colspan="2">En application de l'article 61 al. 1 de la Constitution, le Conseil constitutionnel doit obligatoirement contrôler la conformité à la Constitution des lois organiques car celles-ci sont en relation étroite avec la Constitution qu'elles complètent. Le Conseil constitutionnel ne s'autosaisit pas, il est saisi par le Premier ministre. Mais l'absence de décision du Conseil constitutionnel interdit toute promulgation (art. 46 al. 5 de la Constitution).</td></tr>
</table>

B. Le domaine de la loi organique

Les lois organiques interviennent dans de nombreux domaines qui sont précisés par la Constitution qu'elles viennent compléter.

Constitution	Objet
art. 6	Modalités de l'élection du président de la République.
art. 11	Proposition de référendum et son contrôle par le Conseil constitutionnel, délai d'examen de la proposition.
art. 13	Nominations en Conseil des ministres complétant la liste de l'article 13 et conditions de la délégation du pouvoir de nomination du président de la République. Nominations après avis public de la commission permanente de chaque assemblée.
art. 23	Incompatibilité entre la fonction de membre du Gouvernement et le mandat parlementaire ainsi que des fonctions professionnelles. Remplacement des membres du Gouvernement en situation d'incompatibilité.
art. 25	Durée des pouvoirs de chaque assemblée, nombre de ses membres, indemnité, conditions d'éligibilité et incompatibilités, remplacement des parlementaires en cas de vacance de leur siège. Remplacement des députés ou des sénateurs en cas de vacance de leur siège.
art. 27	Autorisation donnée aux parlementaires de déléguer leur droit de vote.
art. 34	Précisions et compléments de la détermination du domaine de la loi ordinaire. Loi de finances, lois de financement de la sécurité sociale et loi de programmation pluriannuelle des finances publiques.
art. 34-1	Vote des résolutions parlementaires.
art. 39	Règle de présentation des projets de loi devant le Parlement.
art. 44	Exercice du droit d'amendement.
art 47	Vote, procédure, présentation et contenu des lois de finances. Loi de programmation pluriannuelle des finances publiques.
art. 47-1	Vote, procédure, présentation et contenu des lois de financement de la sécurité sociale. Loi de programmation pluriannuelle des finances publiques.
art. 57	Incompatibilité des membres du Conseil constitutionnel.
art. 61-1	Exercice de la question prioritaire de constitutionnalité.
art. 63	Organisation, fonctionnement et procédure du Conseil constitutionnel.
art. 64	Statut des magistrats.
art. 65	Composition, organisation et attributions du Conseil supérieur de la magistrature. Saisine du Conseil supérieur de la magistrature par un justiciable.
art. 68	Composition, règles de fonctionnement et procédure de la Haute cour.
art. 68-2	Composition, règles de fonctionnement et procédure de la Cour de justice de la République.
art. 69	Saisine par voie de pétition du Conseil économique, social et environnemental.

art. 71	Composition et règles de fonctionnement du Conseil économique, social et environnemental.
art. 71-1	Saisine, attributions et modalités d'intervention du Défenseur des droits. Incompatibilités avec d'autres fonctions.
art. 72	Expérimentation des collectivités locales.
art. 72-1	Référendum local.
art. 72-2	Ressources propres des collectivités locales.
art. 72-4	Changement de régime des collectivités territoriales d'Outre-mer (régimes des art. 73 et 74).
art. 73	Liste des matières législatives dans lesquelles les départements et collectivité d'Outre-mer ne peuvent être habilitées à intervenir, conditions et réserves des habilitations accordées aux départements et régions d'Outre-mer.
art. 74	Statuts des collectivités d'Outre-mer.
art. 77	Statut de la Nouvelle-Calédonie.
art. 88-3	Droit de vote et éligibilité des ressortissants de l'Union européenne aux élections municipales.

Nota : une loi organique peut aussi trouver son origine dans la combinaison de plusieurs dispositions constitutionnelles. Ainsi la loi organique relative à la transparence de la vie politique (11 octobre 2013) repose sur les articles 6, 13, 23, 25, 34, 57, 74 et 77 de la Constitution. Le domaine de la loi organique est protégé par le Conseil constitutionnel dans le cadre du contrôle des lois ordinaires. Une loi ordinaire qui empiéterait sur ce domaine serait déclarée contraire à la Constitution (Cons. const., déc. n° 84-177 DC et 178 DC du 30 août 1984). La réciproque n'est pas vraie car la loi organique peut contenir des dispositions qui devraient figurer simplement dans une loi ordinaire (Cons. const., déc. n° 75-62 DC du 28 janvier 1976). Dans ce cas le Conseil constitutionnel déclassera la disposition en cause qui n'aura pas bien entendu la valeur d'une disposition organique et pourra être modifiée ou abrogée par une loi ordinaire. La loi organique est alors un peu le décret d'application de la Constitution (Cons. const., déc. n° 2003-489 DC du 29 décembre 2003).

C. Le cas des ordonnances de l'article 92 de la Constitution

La plupart des lois organiques ont été édictées sur le fondement de l'article 92 de la Constitution habilitant pour une durée limitée (4 mois), le Gouvernement à prendre des ordonnances nécessaires à la mise en place des institutions. Le Conseil constitutionnel n'existait pas encore, de sorte que les ordonnances de l'article 92 de la Constitution n'ont pas été soumises au contrôle obligatoire de conformité à la Constitution. Depuis la suppression de l'article 92 (1995), elles sont dépourvues de base constitutionnelle mais demeurent en vigueur.

III. Les lois ordinaires

Article 24 de la Constitution. Le Parlement vote la loi. La loi ne peut être définie que par ce critère formel. Il n'existe pas de définition matérielle de la loi en fonction des matières qu'elle est appelée à régir. Mais il convient de ne pas oublier les lois référendaires qui ne sont pas adoptées par le Parlement mais par le peuple et qui sont pourtant des lois ordinaires. Les lois ordinaires constituent une catégorie générique qui regroupe plusieurs types de lois.

A. Les lois ordinaires soumises à une procédure normale

Il s'agit des lois les plus courantes. Elles obéissent aux règles normales de la procédure législative (voir ci-dessus). Leur champ d'application, au demeurant très large, est défini par plusieurs textes. Le plus important en la matière est l'article 34 de la Constitution qui détermine de manière expresse les domaines dans lesquels une loi doit obligatoirement être adoptée si les pouvoirs publics souhaitent établir des règles dans lesdits domaines. (Ex. : les droits civiques, les garanties fondamentales accordées aux citoyens pour l'exercice des libertés publiques, la détermination des crimes et délits et des peines).

> ***Nota*** : on a pu penser que l'article 34 assignait deux « domaines » à la loi. Un domaine à forte densité législative : celui dans lequel la loi fixe les règles et un domaine de moindre densité dans lequel la loi se borne à édicter des principes. En réalité, aucune différence n'est faite par le Conseil constitutionnel entre les règles et les principes et la densité législative ne dépend pas de cette distinction.

L'article 34 n'est pas le seul à opérer des renvois à la loi. Il existe ainsi d'autres domaines dans lesquels chaque élément formel du bloc de constitutionnalité précise expressément l'intervention du législateur. À titre d'illustration et de manière non exhaustive, on peut citer l'article 1er de la Constitution qui impose l'intervention du législateur pour définir la nature des mesures (incitatives ou contraignantes) relatives à la parité, l'article 66 selon lequel les conditions tendant à protéger la liberté individuelle sont déterminées par la loi, ou encore l'article 72, qui impose que toute collectivité territoriale ne peut être créée que par la loi. S'agissant de la Déclaration des droits de l'Homme et du citoyen, l'article 7 dispose que seule la loi peut prévoir les cas dans lesquels un individu peut être accusé, arrêté et détenu et l'article 8 précise que les peines sont établies par la loi. Le septième alinéa du préambule de la Constitution de 1946, quant à lui, précise que le droit de grève s'exerce dans le cadre des lois qui le réglementent, enfin, la Charte de l'environnement en son article 4 dispose que la réparation des dommages causés à l'environnement ne s'exerce que dans les conditions définies par la loi.

Nota : ces dispositions nombreuses concourent à ce que le contenu de la loi sous la Ve République soit difficile à définir d'autant qu'il existe une véritable extensibilité du domaine législatif (L. Favoreu, L. Philip).

B. Les lois ordinaires soumises à des procédures spéciales

Elles sont au nombre de six et se distinguent des autres lois ordinaires par des différences procédurales liées à leur objet particulier.

Les lois de finances
Définition
Les lois de finances déterminent les charges et les ressources de l'État (art. 34 Const.). L'article 1er de la LOLF (2001) définit en réalité quatre catégories de loi de finances : la loi de finances initiale, la loi de finances rectificative, la loi de règlement et les lois de finances partielle ou spéciale (Cons. const., déc. n° 79-111 DC du 30 décembre 1979, art. 45 loi organique du 1er août 2001).
Différences procédurales
Les différences sont nombreuses. Pour l'essentiel, les lois de finances sont toujours des projets (il n'y a pas de proposition), ces projets sont toujours déposés sur le bureau de l'Assemblée nationale (art. 39 Const.), ils doivent être adoptés dans de stricts délais (art. 47 Const.), le droit d'amendement fait l'objet de limites particulières, le vote de la première partie de la loi de finances doit toujours précéder celui de la seconde. Le Gouvernement peut toujours utiliser la procédure de l'article 49 al. 3.
Textes applicables
Constitution : art. 34, 39, 49 et 47. Loi organique du 1er août 2001 relative aux lois de finances (LOLF).

Les lois de financement de la sécurité sociale
Définition
Les lois de financement de la sécurité sociale déterminent les conditions générales de l'équilibre financier de la sécurité sociale et, compte tenu de leurs prévisions de recettes, fixent ses objectifs de dépenses (art. 34 Const.).
Différences procédurales
Les différences procédurales sont à peu près identiques à celles qui distinguent les lois de finances des lois ordinaires, notamment en ce qui concerne les délais d'adoption mais aussi les irrecevabilités particulières. Comme pour les lois de finances, les lois de financement de la sécurité sociale sont toujours des projets de loi déposés en premier lieu sur le bureau de l'Assemblée nationale.
Textes applicables
Constitution : art. 34, 39 et 47-1. Loi organique du 2 août 2005 relative aux lois de financement de la sécurité sociale (LOLFSS) codifiée au Code de la sécurité sociale.

Les lois autorisant la ratification ou l'approbation d'un engagement international
Définition
Il s'agit de lois d'autorisation qui ne réalisent pas la ratification mais ne font que l'autoriser. C'est en effet au président de la République que revient le soin de ratifier les traités. Ces lois sont nécessaires lorsque l'engagement international touche une compétence législative (art. 53 de la Constitution, voir *supra*).
Différences procédurales
La loi autorisant la ratification d'un engagement international est toujours un projet, les parlementaires ne peuvent déposer une telle proposition de loi. La loi se présente sous la forme d'un article unique « est autorisée la ratification ou l'approbation… » auquel est annexé l'engagement international en cause. Il n'était à l'origine pas possible en principe d'amender le projet de loi (mais cela a soulevé des questions car si l'Assemblée nationale interdisait formellement l'exercice du droit d'amendement, au Sénat il semblait possible, dans le silence des textes, d'amender le projet de loi autorisant la ratification). Le règlement de l'Assemblée nationale a été modifié et désormais les députés (comme les sénateurs) peuvent amender le projet de loi autorisant la ratification ou l'approbation (art. 128 RAN, Cons. const., déc. n° 2003-470 DC du 9 avril 2003). Toutefois la reconnaissance de ce droit d'amendement ne saurait autoriser le Parlement à assortir de réserves, de conditions ou de déclarations interprétatives l'autorisation de ratifier un traité ou d'approuver un accord international (Cons. const., déc. n° 2003-470 DC précitée).
Textes applicables
Constitution : article 53. Règlement de l'Assemblée nationale : article 128 (modifié en 2003). Règlement du Sénat : article 47.

Les lois d'habilitation de l'article 38 de la Constitution
Définition
Les lois d'habilitation de l'article 38 sont des lois d'autorisation qui permettent au Gouvernement pour l'exécution de son programme de prendre par ordonnance pendant un délai déterminé des mesures qui relèvent normalement du domaine de la loi (art. 38 de la Constitution).
Différences procédurales
La loi d'habilitation est toujours un projet de loi car le Parlement ne peut déléguer lui-même sa compétence, il faut que cela lui soit demandé par le gouvernement. Les projets de loi d'habilitation sont, mis à part cette différence, discutés et votés dans les mêmes conditions que les lois ordinaires. En conséquence, les parlementaires peuvent par voie d'amendement étendre ou au contraire réduire le domaine de l'habilitation. La loi d'habilitation assigne par ailleurs au Gouvernement deux délais : celui pendant lequel le Gouvernement bénéficie de l'habilitation et celui avant lequel il doit avoir déposé devant le Parlement le projet de ratification des ordonnances (voir *infra*).
Textes applicables
Constitution : article 38.

Les lois de programmation et de programmation des finances publiques

Définition

Ce sont les lois qui définissent les objectifs de l'action de l'État auxquelles s'ajoute la loi de programmation pluriannuelle des finances publiques. Ces lois introduites en 2008, remplacent les anciennes lois de programme dont le champ d'application était limité au seul domaine économique et social. La loi de programmation des finances publiques a pour fonction d'assurer le respect des objectifs d'équilibre des finances des administrations publiques imposés par le traité de Bruxelles de 2012 (TSCG). À cet effet elle est régie par la loi organique du 17 décembre 2012 *relative à la programmation et à la gouvernance des finances publiques*. **Attention : ces lois ne s'imposent pas aux autres lois ordinaires (absence de supériorité hiérarchique).**

Différences procédurales

Les projets de loi de programmation à caractère économique, social ou environnemental doivent être soumis pour avis au Conseil économique, social et environnemental. Les lois de programmation des finances publiques peuvent également être soumises à ce Conseil et doivent au surplus être obligatoirement précédées de l'avis du Haut conseil des finances publiques portant sur les hypothèses économiques fondant la programmation pluriannuelle.

Textes applicables

Constitution : articles 34 et 70.
Loi organique du 17 décembre 2012, relative à la programmation et à la gouvernance des finances publiques.

Les lois du pays

Définition

Ce sont les actes adoptés par le congrès (assemblée délibérante de Nouvelle-Calédonie) dans des domaines relevant normalement de la loi.

Différences procédurales

Elles sont importantes puisque les lois du pays, qui ont juridiquement force de loi, ne sont pas adoptées par le Parlement national mais par une assemblée locale (exception au principe selon lequel seul le Parlement est habilité à faire des lois). Les matières qu'elles sont appelées à régir sont définies par la loi organique (loi organique du 19 mars 1999 art. 99) et concernent le droit de suffrage, le droit du travail, l'état et la capacité des personnes, le droit de propriété.
Les lois du pays. ne sont soumises qu'au contrôle du Conseil constitutionnel (art. 104 de la loi organique) lequel a rendu pour l'instant six décisions pour plus de 160 lois (Cons. const., déc. n° 2016-6 LP du 16 juin 2016). Bien entendu, les lois de pays. ont une validité territoriale limitée : elles ne concernent que la Nouvelle-Calédonie. Attention, elles ne doivent pas être confondues avec les lois du pays de la Polynésie française qui demeurent des actes contrôlés par le Conseil d'État.

Textes applicables

Constitution : article 77.
Loi organique n° 99-209 du 16 mars 1999 (modif. loi organique n° 2009-969 du 3 août 2009), art. 99 à 107.

C. Le régime juridique des lois ordinaires

Rappel : les lois ordinaires (comme les lois organiques) sont soumises à la fois au respect de la Constitution et des conventions internationales.

Respect de la Constitution
En application de l'article 61 al. 2 de la Constitution, le Conseil constitutionnel peut déclarer qu'une loi est contraire à la Constitution. En ce cas, la loi ne pourra pas être promulguée. Les lois peuvent être censurées pour violation de la constitutionnalité externe (vice de procédure, vice de forme) ou interne (violation de la Constitution, détournement de procédure, ou même très rare, détournement de pouvoir). Les lois soumises à une procédure spéciale peuvent également être déférées au Conseil constitutionnel. En application de l'article 61-1 de la Constitution, s'il apparaît au cours d'une instance juridictionnelle qu'une loi promulguée porte atteinte à des droits et libertés constitutionnellement garantis, le Conseil d'État ou la Cour de cassation peuvent saisir le Conseil constitutionnel qui statue sur la question (question prioritaire de constitutionnalité).
Respect des conventions internationales
Le Conseil constitutionnel n'est pas compétent pour apprécier la conformité d'une loi à un engagement international (Cons. const., déc. n° 74-54 DC du 15 janvier 1975). Ce contrôle revêt en effet un caractère relatif et contingent tandis que la supériorité de la Constitution sur la loi a un caractère absolu et définitif. L'autorité du traité est relative car limitée à son champ d'application (un traité bilatéral, par exemple de double imposition, ne s'applique qu'entre les deux parties au traité, la loi fiscale française continue de s'appliquer aux autres), et contingente car elle est subordonnée à la réalisation d'une condition de réciprocité. En conséquence, ce sont les juges ordinaires qui sont chargés d'apprécier au cas par cas, la supériorité du traité sur la loi.

Nota : dans la décision n° 99-421 DC du 16 décembre 1999, le Conseil constitutionnel a dégagé un objectif d'accessibilité et d'intelligibilité de la loi afin de parer aux altérations de la qualité de la loi liées à l'inflation législative. Il a sanctionné par la suite une loi qui n'était pas suffisamment claire et précise (Cons. const., déc. n° 2000-435 DC du 7 décembre 2000). Le Conseil constitutionnel censure en outre les dispositions contenues dans les lois et dépourvues de portée normative (neutrons législatifs – Cons. const., déc. n° 2005-512 DC du 21 avril 2005). Avant la révision de 2008, les justiciables ne pouvaient pas invoquer la violation de la Constitution par une loi devant le juge alors qu'ils pouvaient toujours contester la conventionalité de la même loi. L'article 61-1 de la Constitution met fin à ce paradoxe qui aboutissait à rendre plus effective devant un tribunal une convention internationale qu'une norme constitutionnelle.

IV. Les ordonnances

Il s'agit des actes élaborés par l'autorité réglementaire dans le domaine de la loi sur habilitation du pouvoir législatif ou constituant.

La Constitution de 1958 reconnaît **quatre sortes d'ordonnances** ainsi que des formes particulières de délégation législative.

• Ordonnances de l'article 38
Actes élaborés par le Gouvernement dans le domaine de la loi pour l'exécution de son programme et pendant une période limitée.
• Ordonnances de l'article 47 et de l'article 47-1
Ordonnances budgétaires : actes permettant au Gouvernement de percevoir les impôts et d'ouvrir les crédits constituant le minimum de dotation nécessaire au fonctionnement des services publics (services votés), au cas où la loi de finances ne pourrait être adoptée avant le 31 décembre de l'année précédant celle à laquelle elle se rapporte. Les mêmes principes sont appliqués aux lois de financement de la sécurité sociale par l'article 47-1 de la Constitution.
• Ordonnances de l'article 92
Cet article a été abrogé (loi constitutionnelle du 4 août 1995). L'article 92 permettait au Conseil des ministres de prendre les mesures législatives nécessaires à la mise en place des institutions. L'habilitation provisoire expirait le 4 février 1959, mais l'exécutif n'hésita pas pendant cette période à édicter des ordonnances qui n'étaient pas véritablement nécessaires à la mise en place des institutions, (par exemple la réforme judiciaire ou l'ordonnance organique du 2 janvier 1959 relative aux lois de finances). Ces ordonnances organiques ou ordinaires ont été très nombreuses (321) et n'ont pas été soumises au contrôle de constitutionnalité qui n'était pas encore mis en place.

A. Les ordonnances de l'article 38

Il s'agit des ordonnances les plus importantes puisque l'article 47 n'a jamais été appliqué et que l'article 92 a été abrogé.

a. Rappel historique

Sous les IIIe et IVe Républiques, les ordonnances portaient le nom plus explicite de décrets-lois. En principe les délégations de pouvoir législatif étaient interdites car le Parlement détient dans une Constitution rigide la compétence législative en vertu de la Constitution et ne peut donc la déléguer sans méconnaître la Constitution. Sous la IIIe République, des délégations ont cependant été réalisées (par exemple la loi du 22 mars 1924 qui officialise les décrets-lois). Sous la IVe République, l'article 13 de la Constitution du 27 octobre 1946 interdisait toute délégation du pouvoir législatif. L'interdiction fut néanmoins contournée par divers procédés (loi-cadre, et décrets-lois).

La Constitution de 1958 prend acte de cette pratique et du fait que les Républiques précédentes n'ont pu se passer des délégations. Mais sous les Républiques précédentes, le Parlement ne pouvait contrôler les mesures ainsi prises par le gouvernement, la Constitution de 1958 a voulu modifier cela en constitutionnalisant cette inévitable procédure (que l'on retrouve du reste fréquemment à l'étranger) et en l'entourant de garanties. Depuis la limitation du recours à la procédure de l'article 49 al. 3 de la Constitution, l'ordonnance connaît un regain d'intérêt (attesté par le nombre d'ordonnances édictées depuis ces dernières années) lorsque le gouvernement souhaite éviter un débat au Parlement pour des raisons de délais, de technicité ou de fond. Il vaut mieux un bon article 38 qu'un mauvais article 49 al. 3…

b. Procédure d'habilitation

DU DÉPÔT DU PROJET DE LOI D'HABILITATION À LA PUBLICATION DES ORDONNANCES

<table>
<tr><td colspan="2">Le Gouvernement peut, pour l'exécution de son programme, demander au Parlement l'autorisation de prendre des ordonnances. Cela conduit au dépôt d'un projet de loi d'habilitation, qui doit respecter plusieurs conditions :
– la demande d'habilitation doit être formulée par le Gouvernement (pas de propositions d'habilitation),
– le Gouvernement doit solliciter l'habilitation pour l'exécution de son programme,
– l'habilitation est sollicitée pour un délai déterminé,
– l'habilitation doit porter sur les matières législatives ordinaires,
– l'habilitation doit être suffisamment précise.</td></tr>
<tr><td colspan="2">Discussion et vote du projet de loi d'habilitation (se font suivant la procédure législative habituelle, mais si la CMP peut réduire le champ ou la portée de l'habilitation elle ne peut pas l'étendre, Cons. const., déc. n° 2014-700 DC du 31 juillet 2014).</td></tr>
<tr><td colspan="2">Adoption définitive : éventuellement saisine du Conseil constitutionnel en application de l'article 61 al 2 de la Constitution. Le Conseil constitutionnel contrôle la procédure d'élaboration de la loi d'habilitation ainsi que son contenu (Cons. const., déc. n° 86-207 DC des 25-26 juin 1986 et 99-421 DC du 16 décembre 1999).</td></tr>
<tr><td colspan="2">Promulgation par le président de la République de la loi d'habilitation qui fixe deux délais :</td></tr>
<tr><th>Premier délai</th><th>Deuxième délai</th></tr>
<tr><td>• 1er délai pendant lequel le Gouvernement peut effectivement prendre les mesures visées par ordonnances.
Nota : la Constitution ne fixe pas de délai limite, mais l'on s'accorde à considérer que l'habilitation ne peut être permanente. Toutefois dans la pratique le Gouvernement a demandé juste avant l'expiration du délai d'habilitation une nouvelle habilitation ce qui a conduit à des délais d'habilitation très longs. Pendant ce délai le Gouvernement peut empêcher le Parlement de statuer sur le domaine d'habilitation en invoquant l'irrecevabilité de l'article 41 (cela ne s'est jamais réalisé).</td><td>• 2e délai de ratification. Il s'agit du délai dont dispose le Gouvernement pour déposer un projet de loi de ratification des ordonnances qui ont été édictées. L'obligation de déposer un projet de ratification a été posée afin de permettre au Parlement d'exercer un contrôle sur les mesures édictées par ordonnances.</td></tr>
</table>

Édiction des ordonnances (pendant le délai d'habilitation). Les ordonnances doivent obligatoirement être prises en Conseil des ministres et soumises à l'avis du Conseil d'État (et facultativement du Conseil économique, social et environnemental). Les ordonnances doivent être obligatoirement revêtues de la signature du président de la République (art. 13) et sont contresignées par le Premier ministre et les ministres responsables. ***Nota :*** le président de la République avait en 1986 (cohabitation) refusé de signer les ordonnances relatives au travail à temps partiel. Cela a conduit le Gouvernement à transformer l'ordonnance en initiative législative, mais le président de la République n'a en aucun cas l'obligation de signer les ordonnances : pouvoir discrétionnaire.
Les ordonnances doivent être publiées au *Journal officiel*, elles entrent en vigueur dès leur publication mais deviennent caduques si le projet de loi de ratification n'est pas déposé devant le Parlement avant la date fixée par la loi d'habilitation (délai de ratification).
Les ordonnances publiées mais non encore ratifiées sont des actes réglementaires susceptibles de recours pour excès de pouvoir devant le Conseil d'État (voir par exemple CE 1er déc. 1997, *CPAM de la Sarthe*).
Fin du délai d'habilitation : les ordonnances ne peuvent plus être modifiées que par des lois dans les matières qui sont du domaine législatif. Le Gouvernement ne peut plus utiliser l'article 41 pour protéger le domaine de la délégation.

DE LA PUBLICATION DES ORDONNANCES À LEUR RATIFICATION

<table>
<tr><td colspan="4">Délai de dépôt du projet de loi de ratification des ordonnances. L'article 38 ne prévoit aucun délai (minimum ou maximum) pour déposer le projet de loi de ratification. Dans la pratique, le Gouvernement dépose un projet de ratification global visant toutes les ordonnances prises pendant la période d'habilitation.</td></tr>
<tr><td colspan="4">Expiration du délai de dépôt du projet de loi de ratification : plusieurs hypothèses sont alors envisageables :</td></tr>
<tr><td>Projet non déposé dans les délais.</td><td>Projet déposé dans les délais mais non inscrit à l'ordre du jour ni donc voté.</td><td>Projet déposé dans les délais, inscrit à l'ordre du jour et voté.</td><td>Projet déposé dans les délais, inscrit à l'ordre du jour et rejeté par le Parlement.</td></tr>
<tr><td>Les ordonnances deviennent caduques.</td><td>Les ordonnances ne sont pas caduques, mais elles restent des actes réglementaires éventuellement susceptibles de recours pour excès de pouvoir. Cela se réalise souvent dans la pratique, le projet de ratification étant le plus souvent un projet de non-caducité (éviter la disparition des ordonnances).</td><td>Les ordonnances deviennent des actes législatifs. Le Conseil constitutionnel peut examiner la constitutionnalité des lois de ratification et au travers de cet examen la régularité des ordonnances (Cons. const., déc. n° 84-170 DC du 4 juin 1984).</td><td>Les ordonnances deviennent caduques.</td></tr>
</table>

Nota : il arrivait très souvent que la ratification des ordonnances soit implicite, c'est-à-dire que le projet de loi de ratification étant déposé mais non discuté ni voté, une loi ultérieure ratifie implicitement l'ordonnance notamment en la modifiant. En ce cas la simple mention par le législateur de l'ordonnance valait ratification et donnait à celle-ci une valeur législative. Il en résultait une grande insécurité juridique à laquelle le constituant a mis un terme en 2008 en ajoutant à l'article 38 un alinéa 3 précisant que les ordonnances ne peuvent être ratifiées que de manière expresse.

c. Régime juridique des ordonnances

Les ordonnances sont des actes mixtes c'est-à-dire qui possèdent deux valeurs pendant leur durée de vie : la valeur réglementaire et la valeur législative à moins qu'elles ne soient caduques.

Projet de ratification / Ordonnance	Absence de dépôt de projet de ratification ou rejet du projet de ratification.	Dépôt du projet de ratification mais absence d'inscription à l'ordre du jour et de vote.	Adoption du projet de ratification.
Ordonnance caduque	L'ordonnance est caduque : elle disparaît de l'ordre juridique.	Non	Non
Ordonnance = acte de valeur réglementaire	Non : elle disparaît mais avait avant sa disparition une valeur réglementaire.	Les ordonnances existent mais avec la simple valeur d'un acte réglementaire (susceptibles de recours pour excès de pouvoir devant le Conseil d'État).	Non
Ordonnance = acte de valeur législative	Non : l'ordonnance disparaît sans avoir jamais eu une valeur législative.	Non	L'ordonnance acquiert alors valeur législative. (Elle peut être soumise à l'examen du Conseil constitutionnel à l'occasion du contrôle de constitutionnalité de la loi de ratification ou d'une QPC).

B. Les ordonnances des articles 47 et 47-1

L'article 47 de la Constitution prévoit que, lorsque la loi de finances de l'année n'est pas adoptée avant le début de l'exercice budgétaire (principe d'antériorité budgétaire), le Gouvernement ouvre par décret les crédits se rapportant aux services votés (dotation minimale permettant aux services de fonctionner). Cette procédure, qui permet d'éviter la paralysie de la vie nationale (Cf. *shutdown* de 2013 aux États-Unis), n'a pour l'instant jamais été utilisée (Cons. const., déc. n° 79-111 DC du 30 décembre 1979). La LOLF (2001) a de surcroît prévu le risque de défaut d'adoption de la loi de finances dans les délais dans son article 45 (loi de finances partielle et spéciale). En matière budgétaire, et en dehors de l'article 47, une autre particularité doit être mentionnée : celle des actes réglementaires budgétaires. Le Gouvernement peut en effet modifier les autorisations portées en loi de finances par décret ou arrêté. Mais ces actes devront par la suite être ratifiés par une loi de finances (CE 3 juill. 1985, *Méhaignerie*). Il y a ainsi, pour faire face aux nécessités (régulation budgétaire), une habilitation permanente du Gouvernement en la matière.

L'article 47-1 prévoit un régime similaire au cas où la loi de financement de la sécurité sociale n'est pas adoptée avant le début de l'exercice auquel elle se rapporte car cette loi ne comporte pas véritablement d'autorisations budgétaires.

C. Les ordonnances de l'article 74-1

La loi constitutionnelle du 28 mars 2003 a introduit une nouvelle catégorie d'ordonnances prévues par l'article 74-1 et destinées à l'actualisation du droit applicable à l'Outre-mer par rapport à celui de la métropole.

LE RÉGIME DE CES ORDONNANCES

Objet des ordonnances
Ces ordonnances ont été prévues pour permettre au Gouvernement d'étendre, moyennant les adaptations nécessaires, les dispositions législatives en vigueur en métropole aux collectivités d'Outre-mer et en Nouvelle-Calédonie. **Ce dispositif cherche à accélérer l'actualisation du droit applicable dans les collectivités d'Outre-mer** par rapport à celui applicable en métropole en évitant l'étape de l'habilitation législative de l'article 38 et toutes les procédures qui en découlent. En effet, jusqu'à la révision constitutionnelle, le Gouvernement avait souvent recours aux ordonnances de l'article 38 pour prévoir les mesures législatives applicables aux territoires d'Outre-mer. Ce système était du reste source d'insécurité juridique dans la mesure où les ordonnances n'étant le plus souvent pas ratifiées par le Parlement demeuraient des actes administratifs susceptibles d'être annulés par le juge administratif.
Habilitation
La procédure prévue diffère sensiblement de celle de l'article 38 en ce qu'il n'y a plus de lois d'habilitation, le Gouvernement bénéficiant ainsi d'une **habilitation constitutionnelle**

permanente. L'article 74-1 instaure dès lors un dessaisissement du Parlement en amont puisque celui-ci n'aura plus de droit de regard sur le périmètre ni la durée de l'habilitation (sauf l'hypothèse du recours aux ordonnances aux fins d'extension à l'Outre-mer lors de l'adoption de la loi elle-même). Mais, en l'absence de délai imparti au gouvernement pour prendre des ordonnances, puisque l'habilitation est permanente, la loi peut en principe à tout moment venir modifier ces ordonnances. De surcroît, le Parlement dispose du pouvoir de s'opposer à la délégation en excluant expressément dans la loi le recours aux ordonnances de l'article 74-1.
Édiction
Comme pour les ordonnances de l'article 38 de la Constitution, les ordonnances de l'article 74-1 sont prises en Conseil des ministres après avis du Conseil d'État. La Constitution prévoit en outre de recueillir l'avis de l'assemblée délibérante des collectivités intéressées par les extensions : la consultation s'effectue sur les projets d'ordonnance. Les ordonnances entrent ensuite en vigueur dès leur publication.
Ratification
Les ordonnances deviennent caduques en l'absence de ratification par le Parlement dans un délai de dix-huit mois suivant leur publication. La rédaction de l'article 74-1 a pour but de mettre un terme à la pratique des projets de non caducité (voir ci-dessus les ordonnances de l'art. 38) qui est une source d'insécurité juridique (les ordonnances demeurant contestables devant le juge administratif). Dès lors, la ratification expresse du Parlement est requise à peine de caducité des ordonnances.

D. Les autres formes de délégation de la compétence législative

Outre le cas des actes réglementaires édictés en matière budgétaire, plusieurs formes de délégation de la compétence législative au profit du Gouvernement sont prévues. Elles concernent essentiellement les collectivités territoriales depuis la révision constitutionnelle du 28 mars 2003.

LES DÉLÉGATIONS DE COMPÉTENCES LÉGISLATIVES AUX COLLECTIVITÉS TERRITORIALES

Source	Formes de la délégation
Les expérimentations de l'article 72 al. 4	**Principe :** l'article 72 al. 4 dispose que : « dans les conditions prévues par la loi organique, et sauf lorsque sont en cause les conditions essentielles d'exercice d'une liberté publique ou d'un droit constitutionnellement garanti, les collectivités territoriales ou leurs groupements peuvent, lorsque, selon le cas, la loi ou le règlement l'a prévu, déroger, à titre expérimental et pour un objet et une durée limités, aux dispositions législatives ou réglementaires qui régissent l'exercice de leurs compétences ». **Mise en œuvre de l'expérimentation :** les conditions de mise en œuvre du droit à l'expérimentation des collectivités territoriales ont été précisées par la loi organique du 1er août 2003 (article LO. 1113-1 et s. du Code général des collectivités territoriales). L'expérimentation

	n'est possible (dans la compétence législative) qu'en vertu d'une habilitation expresse de la loi laquelle doit déterminer la durée (qui ne peut excéder 5 ans) ainsi que l'objet de l'expérimentation (lequel est nécessairement limité). La loi d'habilitation doit en outre énumérer une série de spécifications : – mentionner les dispositions législatives susceptibles de faire l'objet de dérogations ; – préciser la nature juridique et les caractéristiques des collectivités autorisées à participer à l'expérimentation ; – déterminer le délai dans lequel les collectivités intéressées peuvent demander à participer à l'expérimentation. **Contrôle des mesures d'expérimentation :** l'expérimentation permettant aux autorités locales de s'abstraire de l'application de la loi, les mesures que celles-ci seront appelées à prendre sont strictement encadrées. Les actes édictés qui demeurent des actes administratifs même s'ils dérogent à la loi, doivent mentionner leur durée de validité et surtout ne sont exécutoires qu'après avoir été publiés au *Journal Officiel de la République française* (et non pas dès leur transmission au représentant de l'État). Ces actes sont soumis à un contrôle particulier du représentant de l'État prévu par l'article LO. 1113-4 du Code général des collectivités territoriales. **Terme de l'expérimentation :** la loi organique prévoit trois hypothèses dans lesquelles la loi doit intervenir : – prolongation ou modification de l'expérimentation pour une durée qui ne peut excéder 3 ans, – maintien et généralisation de l'expérimentation sur l'ensemble du territoire ; – abandon de l'expérimentation. Il convient de souligner que le dépôt d'un projet de loi (ou d'une proposition) ayant l'un des trois objets ci-dessus prolonge la durée de l'expérimentation jusqu'à l'adoption de la loi (la prorogation ne pouvant toutefois excéder un an).
Les adaptations et transferts de l'article 73	**Principe :** l'article 73 (qui adapte le droit d'Outre-mer français à l'article 299-2 du traité d'Amsterdam devenu l'art. 349 du TFUE) applicable aux départements et régions d'Outre-mer prévoit deux sortes d'habilitation au bénéfice de ces collectivités : – d'une part, ces collectivités peuvent décider sur habilitation législative des adaptations de la législation métropolitaine nécessitées par des caractéristiques et des contraintes particulières ; – d'autre part, ces collectivités peuvent être habilitées par la loi à fixer elles-mêmes les règles applicables sur leur territoire, dans un nombre limité de matières pouvant relever du domaine de la loi. La Constitution prévoit ainsi au profit de ces collectivités à la fois des facultés d'adaptation et un transfert de compétences législatives. **Mise en œuvre :** il faut distinguer les facultés d'adaptation des transferts de compétences. Pour les adaptations : elles sont limitées au domaine de compétence des collectivités concernées et doivent être habilitées par la loi. Les mesures d'adaptation ainsi prises conservent toutefois un caractère réglementaire.

	Pour les transferts de compétences : la Constitution exclut d'abord certaines matières « régaliennes » de l'habilitation. Il en va ainsi de la nationalité, des droits civiques, des garanties des libertés publiques, de l'état et de la capacité des personnes, de l'organisation de la justice, du droit pénal, de la procédure pénale, de la politique étrangère, de la défense, de la sécurité et de l'ordre publics, de la monnaie, du crédit et des changes, ainsi que du droit électoral. Ensuite l'habilitation ne pourra être réalisée qu'à la demande des autorités délibérantes des collectivités concernées pour (éviter que l'État ne se désengage en forçant une collectivité à exercer des compétences qu'elle ne désire pas). Enfin, une habilitation législative est nécessaire afin de réaliser le transfert de compétences. Les modalités concrètes d'application de l'article 73 sont par ailleurs précisées par la loi organique n° 2011-883 du 27 juillet 2011.
Les lois du pays de la Polynésie française de l'article 74	**Principe :** ces lois ne sont pas prévues par la Constitution mais elles trouvent tout de même leur fondement dans l'article 74. Avant la révision constitutionnelle du 28 mars 2003, il était envisagé d'étendre le mécanisme des lois du pays de la Nouvelle-Calédonie à la Polynésie française. C'est ce que fait la loi organique relative à la Polynésie française mais avec de notables différences. Par loi du pays on entend les délibérations prises dans le domaine législatif par l'assemblée de la Polynésie française. **Mise en œuvre :** les délégations consenties à la Polynésie française sont réalisées par la loi organique statutaire sous la réserve des compétences « régaliennes » énoncées par l'article 73 (voir *supra*). Les autorités de la Polynésie française sont compétentes dans toutes les autres matières. De surcroît afin de protéger la compétence de la collectivité contre les immixtions du législateur postérieures à l'entrée en vigueur du statut, l'article 74 prévoit une procédure de déclassement par le Conseil constitutionnel des dispositions législatives entrant dans la compétence de la collectivité territoriale. Le Conseil constitutionnel peut être saisi par le président de la Polynésie française, le président de l'assemblée de la Polynésie française ou le Premier ministre. Néanmoins malgré leur qualification et le fait qu'elles interviennent dans la compétence législative, les lois du pays demeurent des actes administratifs soumis au contrôle du juge administratif. **Contrôle :** les lois du pays sont des actes administratifs (contrairement aux lois du pays de la Nouvelle-Calédonie). Le caractère hybride de ces actes a motivé leur soumission à un contrôle juridictionnel spécifique exercé par le Conseil d'État conformément à l'article 74 al. 8 de la Constitution. Ce contrôle comporte plusieurs particularités : – seul le Conseil d'État peut connaître de ces actes ; – les lois du pays ne peuvent plus être contestées par voie d'action après leur publication au *Journal Officiel de la Polynésie française* ; – après leur publication deux voies de recours restent ouvertes : l'exception d'illégalité (examinée par le Conseil d'État) et le déclassement de la loi intervenue dans le domaine réglementaire ou dans les compétences réservées à l'État (ce déclassement est opéré par le Conseil d'État).

V. Les actes réglementaires

À l'image des différents types de lois, les règlements prennent également diverses formes. Les actes réglementaires sont prévus par les articles 13, 21 et 37 de la Constitution. Ils sont édictés dans le respect des normes constitutionnelles, internationales et législatives. Pour l'essentiel se pose la question des relations entre le règlement et la loi. Depuis la révision constitutionnelle du 28 mars 2003 les relations entre la compétence réglementaire nationale et locale ont également acquis une dimension constitutionnelle.

A. Les relations entre la loi et le règlement

a. Le principe de délimitation des compétences législative et réglementaire

Les relations entre la loi et le règlement auraient pu être bouleversées par la Constitution de 1958, mais en fait le bouleversement prévu par les textes n'a pas eu lieu.

1. L'analyse littérale de la Constitution : la dualité du pouvoir réglementaire

Pour certains : l'article 37 de la Constitution fonde un pouvoir normatif gouvernemental situé au même niveau que le pouvoir législatif mais qui est devenu le pouvoir normatif de droit commun. Ils se fondent sur l'article 37 al. 1 de la Constitution : « les matières autres que celles qui sont du domaine de la loi ont un caractère réglementaire ».

L'ANALYSE FAIT APPARAÎTRE DEUX FORMES DU POUVOIR RÉGLEMENTAIRE

Règlement autonome	Règlement subordonné
Définition	
Le règlement qui n'exécute pas une loi. Autonomie initiale (il ne doit pas être prévu par la loi). Autonomie d'application (il n'assure pas l'exécution de la loi). Autonomie contentieuse (il n'est pas soumis au respect de la loi).	Le règlement qui assure l'exécution de la loi.
Fondement	
Article 37 al. 1 (voir *supra*).	Article 21 : le Premier ministre assure l'exécution des lois […], il exerce le pouvoir réglementaire.

►

Régime contentieux	
Le règlement autonome est simplement soumis au respect de la Constitution. Il ne doit respecter ni les lois (qui par hypothèse n'existent pas) ni même les principes généraux du droit (de valeur *infra* législative).	Le règlement subordonné est soumis au respect de la loi puisqu'il doit en assurer la mise en œuvre. En conséquence, il ne peut pas s'en écarter.

LE PARTAGE DES COMPÉTENCES SUIVANT L'ANALYSE LITTÉRALE DE LA CONSTITUTION

Domaine de la loi (compétence d'attribution restreinte qui ne s'exerce que dans les matières définies par la Constitution). (art. 34).	**Domaine du règlement autonome** (compétence de droit commun large qui s'exerce dans toutes les matières autres que celles réservées à la loi). (art. 37).
Règlements subordonnés chargés d'assurer l'application de la loi dans les matières qui lui sont réservées. (art. 21).	

2. La solution retenue en droit positif : l'unité du pouvoir réglementaire

Cette solution remonte à la décision du Conseil constitutionnel n° 76-94 L du 2 décembre 1976 : « considérant que la Constitution en son article 34 réserve au législateur la fixation des règles concernant les droits civiques [...] et laisse en vertu de son **article 37**, au pouvoir réglementaire le soin d'édicter les mesures nécessaires pour l'application de ces règles ».
Le Conseil constitutionnel consacre ainsi l'unité du pouvoir réglementaire, désormais :

L'article 21	• détermine le titulaire du pouvoir réglementaire, en l'occurrence le Premier ministre.
L'article 37	• détermine la nature du pouvoir réglementaire qui s'exerce en dehors de ce qui est régi par les lois.

Nota : l'unité du pouvoir réglementaire pourrait être affectée par la reconnaissance du pouvoir réglementaire local dans l'article 72. En réalité cela dépendra de l'habilitation donnée par la loi au règlement. La loi peut autoriser directement les autorités locales à intervenir, elle peut habiliter largement le pouvoir réglementaire (en ce cas le règlement national va primer sur le local), elle peut enfin ne rien avoir prévu et en ce cas les autorités locales semblent disposer d'un pouvoir réglementaire spontané sous réserve que ces règlements locaux ne créent pas de charge supplémentaire à l'égard de la collectivité. L'unité est également compromise par la reconnaissance d'un pouvoir réglementaire à certaines autorités indépendantes (CSA par exemple). L'unité du pouvoir réglementaire impose que l'habilitation de ces autorités soit limitée afin de ne pas vider de son contenu l'article 21 de la Constitution (Cons. const., déc. n° 86-217 DC du 18 septembre 1986).

3. La solution actuelle : le partage des compétences législative et réglementaire en fonction du degré d'importance de la question

La répartition des compétences ne s'effectue pas en surface (en fonction des matières) mais en profondeur (en fonction de l'importance de la question) en vertu d'une combinaison très simple : mise en cause/mise en œuvre.

MISE EN CAUSE/MISE EN ŒUVRE

Mise en cause : compétence législative
Il appartient **à la loi** de déterminer ce qui est le plus important, l'essentiel, les mesures générales, les dispositions abstraites : la mise en cause de telle ou telle règle (par exemple la loi doit poser le principe d'une représentation des élus locaux au sein du conseil d'administration de la RATP).
Mise en œuvre : compétence réglementaire
Il appartient **au règlement** de déterminer ce qui est « moins important », le non déterminant, les mesures de détail, l'application concrète : la mise en œuvre (par exemple le règlement doit déterminer le nombre exact d'élus locaux qui devront siéger au conseil d'administration de la RATP).

Il en résulte une répartition des compétences qui s'effectue de la manière suivante :

Compétence législative : loi mise en cause.	Extension en surface de la compétence législative.
Extension en profondeur de la compétence législative concrétisation des règles de droit.	Extension en surface des matières qui relèvent désormais de la compétence législative élargissement des « matières » législatives.

Compétence réglementaire : règlement, mise en œuvre ou exécution concrète de la loi.	Compétence réglementaire autonome exceptionnelle dans trois domaines particuliers : police, organisation des services publics, contravention sans privation de liberté.

Nota : cette répartition entre le déterminant et le non déterminant résulte de la jurisprudence du Conseil constitutionnel favorable à la compétence législative qui, il faut le reconnaître, est définie de surcroît très largement par les textes (voir plus haut). **La ligne de partage entre la loi et le règlement n'est pas rectiligne mais elle varie en fonction des matières qui peuvent être à forte ou à faible densité législative.** En ce qui concerne les matières à forte densité législative la compétence réglementaire se trouvera réduite (mais existera toujours). Pour les matières à faible densité législative la compétence réglementaire sera plus étendue. L'expérimentation réglementaire prévue par l'article 37-1 introduit par la loi constitutionnelle du 28 mars 2003 est directement affectée par cette répartition. En effet, si le règlement est édicté en exécution de la loi (cas le plus fréquent) l'expérimentation ne sera possible qu'au cas où la loi concernée fait elle-même l'objet d'une expérimentation. L'expérimentation réglementaire pure ne pourra jouer qu'en ce qui concerne l'hypothétique règlement autonome.

b. La sanction du partage des compétences législative et réglementaire

1. La protection de la compétence réglementaire

La protection de la compétence réglementaire (et non du domaine réglementaire), s'effectue suivant deux procédures spéciales. En revanche, il n'est pas possible de faire déclarer une loi inconstitutionnelle au motif qu'elle interviendrait dans la compétence réglementaire (Cons. const., déc. n° 82-143 DC du 30 juillet 1982, *Blocage des prix et de revenus*; n° 2012-649 DC du 15 mars 2012). En pratique, les lois contiennent d'assez nombreuses dispositions réglementaires (et cela est souvent critiqué ce qui explique la décision du Conseil constitutionnel de 2005 susvisée) parce que les dispositions législatives doivent juridiquement respecter moins de règles que les actes réglementaires qui sont soumis aux lois et au respect des principes généraux du droit. (cf., Maurin A., *Droit administratif*, Sirey, Coll. Aide-mémoire)

La protection préventive : l'article 41 et l'article 61 al. 2 de la Constitution

L'article 41 prévoit que si une initiative parlementaire (proposition de loi ou amendement) n'est pas du domaine de la loi, le Gouvernement peut opposer l'irrecevabilité. La révision de 2008 ouvre également cette possibilité aux présidents de chacune des assemblées.

Il s'agit d'un mécanisme préventif qui permet au Gouvernement de s'opposer aux initiatives parlementaires empiétant sur la compétence réglementaire.

La Constitution attribue compétence au président de l'assemblée intéressée qui doit déclarer ou refuser de déclarer l'initiative irrecevable. Si l'initiative est déclarée irrecevable, elle ne peut être adoptée. En revanche, si le président a un doute quant à la recevabilité de l'initiative, il peut saisir le Conseil constitutionnel qui statue dans un délai de 8 jours (car la procédure législative est en principe interrompue).

L'article 41 permet surtout de lutter contre des manœuvres d'obstruction des parlementaires de l'opposition. Il a été invoqué plus de 200 fois, mais il n'a donné lieu qu'à 11 décisions du Conseil constitutionnel (la dernière remontant à 1979). Si cette disposition n'est pas tombée en désuétude, il convient néanmoins de s'interroger sur son effectivité et sur la nécessité du respect du partage des compétences législative et réglementaire. Une solution consisterait à réviser l'article 41 en rendant le contrôle de la recevabilité systématique à l'instar de l'irrecevabilité financière de l'article 40. L'autre serait de remettre en question la jurisprudence « *Blocage des prix et de revenus* » de 1982 (voir *supra*) et de déclarer contraires à la Constitution les incursions du législateur dans la compétence réglementaire. La décision *Avenir de l'école* (n° 2005-512 DC du 21 avril 2005) offrait un exemple dans lequel le Conseil constitutionnel (comme l'avait suggéré le Président P. Mazeaud) avait considéré que plusieurs dispositions de la loi présentaient un caractère réglementaire sans pour autant les censurer, mais cette jurisprudence a par la suite été abandonnée (Cons. const., décision n° 2012-469 DC du 15 mars 2012). Il était loisible de considérer que le Conseil avait établi un contrôle préventif du partage des compétences législative et réglementaire, devant permettre au Gouvernement d'éviter le recours à la procédure de déclassement prévue par l'article 37 al. 2 *a posteriori*. Cependant l'article 61 al. 2 de la Constitution, certainement utile, peut difficilement se substituer à l'article 41 car la saisine du Conseil constitutionnel n'est pas systématique, et finalement la révision constitutionnelle de 2008 en ouvrant au président de chaque assemblée la faculté d'opposer l'irrecevabilité de l'article 41, lui offre également la possibilité de consulter le gouvernement, voire, le président de la commission des lois.

La protection répressive : l'article 37 al. 2 de la Constitution

Cette procédure intervient après la promulgation de la loi.
Elle consiste à déclasser les dispositions réglementaires contenues dans une loi, qui ont valeur législative. Le déclassement transforme la valeur de la disposition qui de législative devient réglementaire.

L'ARTICLE 37 AL. 2 PRÉVOIT DEUX CAS

Lois **antérieures** à l'entrée en vigueur de la Constitution
Les lois intervenues dans les matières réglementaires ne peuvent être modifiées que par un décret pris après avis du Conseil d'État. C'est au Conseil d'État qu'il revient donc de se prononcer sur le partage des compétences en ce qui concerne les lois antérieures à la Constitution. Mais le Conseil d'État ne rend pas de décision, il prononce simplement des avis.
Lois **postérieures** à l'entrée en vigueur de la Constitution
Les lois intervenues dans des matières réglementaires après l'entrée en vigueur de la Constitution ne peuvent être modifiées par décret qu'après une décision du Conseil constitutionnel reconnaissant leur caractère réglementaire. Les décisions du Conseil constitutionnel rendues en la matière (décisions L) ont été nombreuses (269 au 3 avril 2017) et en définitive favorables à la compétence législative puisqu'elles ont assuré la répartition en vertu du critère mise en cause/mise en œuvre (voir *supra*).

Il convient de souligner que les dispositions qui sont déclassées (ou encore délégalisées) ne disparaissent pas de l'ordre juridique. Elles ne sont pas annulées, elles changent simplement de caractère puisqu'elles perdent leur caractère législatif pour prendre, après décision du Conseil constitutionnel, le caractère réglementaire.

Attention : il ne faut pas confondre la délégalisation de l'article 37 al. 2 avec le déclassement de l'article 74 al. 8 qui concerne les collectivités d'Outre-mer.

2. La protection de la compétence législative

La protection préventive : l'incompétence négative du législateur

La loi est entachée d'incompétence négative lorsque le législateur a méconnu l'étendue constitutionnelle de ses attributions, en ce qu'il est resté en deçà de ses propres compétences (de Villiers M., Renoux Th. S., Dictionnaire constitutionnel).

La Constitution détermine un domaine de compétence qui ne peut être délégué par le législateur au pouvoir réglementaire et le Conseil constitutionnel sanctionne (parfois d'office) ces subdélégations inconstitutionnelles de compétence. En effet, la Constitution ne prévoit qu'une seule procédure permettant au législateur de déléguer ses compétences au pouvoir exécutif : la procédure des ordonnances de l'article 38 de la Constitution. Ainsi, si ce dernier délègue ses compétences à l'exécutif dans une loi (par exemple sous la forme « un décret déterminera les conditions d'application du présent article... »), il commet une incompétence et une violation de l'article 38 de la Constitution en ce qu'il méconnaît les limites dans lesquelles les délégations législatives sont encadrées.

L'incompétence négative permet d'assurer la protection de la compétence législative contre le législateur lui-même. Il s'agit d'une protection préventive puisqu'elle intervient *a priori* avant la promulgation de la loi inconstitutionnelle. L'incompétence négative, après une brève hésitation (Cons. const., déc. n° 2010-5 QPC du 18 juin 2010), peut également être désormais invoquée à l'occasion du contrôle *a posteriori* (QPC) mais uniquement lorsqu'elle porte atteinte aux droits et libertés garantis par la Constitution (Cons., const. déc. n° 2010-33 QPC du 22 septembre 2010).

La protection répressive : le recours pour excès de pouvoir

Le recours pour excès de pouvoir qui est exercé devant les juridictions administratives (cf. Maurin A., *Droit administratif*, Sirey, Coll. Aide-mémoire) permet d'assurer la protection de la loi en ce sens qu'un acte réglementaire peut être déclaré illégal et peut donc être annulé pour avoir empiété sur la compétence législative.

Il arrive ainsi que le Conseil d'État annule des actes réglementaires parce qu'il aurait fallu que ces actes revêtent la forme législative et que l'autorité réglementaire a usurpé ces compétences législatives. Il faut cependant souligner que rien dans la Constitution ne précise que le Conseil d'État assure la protection de la compétence législative. Pourtant certains avaient proposé d'introduire une telle disposition lors de l'élaboration de la Constitution (Dejean R. : le Conseil d'État est juge de la constitutionnalité des règlements).

En réalité, cela n'est pas nécessaire car le juge administratif juge la légalité des actes réglementaires en référence à des normes qui lui sont supérieures c'est-à-dire en particulier la Constitution, les lois et les engagements internationaux.

Nota : la compétence législative est attaquée aujourd'hui par le développement du droit de L'Union européenne, qui ne connaît pas une répartition identique des compétences et qui de surcroît s'impose aux lois nationales (voir *supra* les « normes internationales »). Il y a certainement une nécessité d'assurer une meilleure articulation entre la loi et le droit de l'Union européenne (B. Mathieu). De surcroît une loi peut être paralysée par le retard de publication des actes réglementaires nécessaires à son application. Il existe au sein de chaque assemblée un contrôle de l'application des lois qui surveille les mesures réglementaires d'application des lois. Le Conseil d'État a jugé que l'autorité réglementaire était obligée d'édicter les règlements nécessaires à l'application de la loi dans un délai raisonnable (CE ass., 7 juill. 2004, *Danthony*).

TABLEAU RÉCAPITULATIF DU SYSTÈME DE GARANTIE DE LA RÉPARTITION DES COMPÉTENCES

Système	Protection de la compétence législative	Protection de la compétence réglementaire
préventif	Incompétence négative (art. 61 al. 2 de la Constitution : contrôle de constitutionnalité de la loi, annulation par le Conseil constitutionnel des subdélégations inconstitutionnelles de compétence).	Article 41 de la Constitution (irrecevabilité des initiatives parlementaires comportant des dispositions réglementaires). Article 61 al. 2 de la Constitution (censure des dispositions de caractère réglementaire figurant dans une loi).
répressif	Recours pour excès de pouvoir (Conseil d'État, annulation des règlements qui empiètent sur la compétence législative).	Article 37 al. 2 de la Constitution (déclassement ou délégalisation des dispositions réglementaires contenues dans une loi).

B. Le partage de la compétence réglementaire entre les autorités nationales et les autorités locales

Les collectivités locales ont toujours disposé d'une compétence réglementaire. Jusqu'à la réforme de la décentralisation de 1982 cette compétence s'exerçait sous le contrôle du représentant de l'État (le préfet) qui disposait du pouvoir de rendre les actes réglementaires locaux exécu-

toires (applicables). La réforme de la décentralisation a supprimé cette « tutelle » et les actes réglementaires locaux sont devenus immédiatement exécutoires sous réserve de leur soumission par le représentant de l'État au juge administratif (déféré préfectoral). Toutefois, la compétence réglementaire locale ne pouvait s'exercer que dans le respect de l'article 21 de la Constitution c'est-à-dire de la compétence du président de la République, du Premier ministre et plus généralement du Gouvernement (thèse de l'unité de la compétence réglementaire; Cons. const., déc. n° 2001-454 DC du 17 janvier 2002).
La loi constitutionnelle du 28 mars 2003 apporte un changement notable à ce partage des compétences en reconnaissant d'abord l'existence de la compétence réglementaire locale et en posant ensuite le principe de subsidiarité point d'orgue de l'articulation de la compétence nationale et de la compétence locale.

a. L'affirmation de la compétence réglementaire locale

L'affirmation de la compétence réglementaire locale par l'article 72 al. 3 de la Constitution

Cette affirmation résulte du nouvel article 72 al. 3 de la Constitution : « Dans les conditions prévues par la loi, ces collectivités s'administrent librement par des conseils élus **et disposent d'un pouvoir réglementaire pour l'exercice de leurs compétences** ».
La reconnaissance de la compétence réglementaire locale se situe dans la perspective d'un transfert pérenne de compétences, Les collectivités territoriales ont ainsi vocation à exercer une compétence réglementaire propre, dans le cadre de l'organisation des pouvoirs définis par la Constitution.

La portée de l'affirmation constitutionnelle de la compétence réglementaire locale

Il convient toutefois d'apprécier cette innovation à sa juste mesure car le constituant semble ne pas avoir voulu instaurer une compétence réglementaire exclusive de la compétence nationale. C'est la raison pour laquelle un amendement tendant à prévoir dans l'article 21 de la Constitution que la compétence réglementaire du Premier ministre s'exerce sous réserve de la compétence reconnue par l'article 72 al. 3 n'a pas été retenu. Dans ces conditions les relations entre les compétences réglementaires nationale et locale sont toujours régies selon un principe de subordination du local au national. Le Conseil constitutionnel ayant précisé que « [ces compétences] *n'ont ni pour objet, ni pour effet de mettre en cause le pouvoir réglementaire d'exécution des lois que l'article 21 de la Constitution attribue au Premier ministre, sous réserve des pouvoirs reconnus au président de la République par l'article 13 de la Constitution* ». (Cons. const., déc. n° 2001-454 DC du 17 janvier 2002).

Les caractères de la compétence réglementaire locale

La compétence réglementaire locale présente essentiellement deux caractères (R. Garrec) :
– c'est une **compétence résiduelle** : la plupart des règles relatives à la libre administration des collectivités territoriales relèvent de la loi (matière à forte densité législative). Ainsi, même la compétence réglementaire nationale est limitée par ce premier caractère;

– c'est une **compétence subordonnée** : l'exécution des lois demeure de la compétence nationale et ce n'est qu'après l'exercice de cette compétence que la compétence réglementaire locale va pouvoir jouer sauf si la loi attribue expressément compétence au règlement local. Concrètement si un décret est nécessaire à l'application d'une loi, la compétence réglementaire locale ne pourra pas jouer tant que ce décret ne sera pas édicté. De surcroît, la compétence réglementaire locale n'exclut pas la compétence nationale en particulier du Premier ministre. Il semble toutefois exister une compétence réglementaire locale spontanée toutefois très limitée et subsidiaire.

b. L'articulation entre les compétences réglementaires locale et nationale

L'articulation entre les deux compétences réglementaires s'organise autour d'un principe de subsidiarité et d'une faculté de délégation de la compétence réglementaire nationale aux autorités locales aux fins d'expérimentation.

La subsidiarité
Le principe est posé par l'article 72 al. 2 de la Constitution : les collectivités territoriales ont vocation à prendre les décisions pour l'ensemble des compétences qui peuvent le mieux être mises en œuvre à leur échelon. Ce principe signifie que les collectivités territoriales ont vocation à acquérir l'ensemble des compétences qui peuvent le mieux être exercées à l'échelle de leur ressort. Il présente en réalité un double aspect : – **Les relations État/collectivités :** le principe signifie que les collectivités doivent exercer les compétences lorsqu'il apparaît qu'elles seront mieux accomplies à l'échelon local. On peut penser que la compétence réglementaire locale sera dans ce cas privilégiée sans pour autant exclure la compétence réglementaire nationale (voir *supra*). – Les **relations entre collectivités :** le principe signifie que les compétences doivent s'exercer à l'échelon local le mieux adapté (par exemple la commune). Dans ce cas, le principe affecte sans doute la compétence réglementaire locale et sert de clef de répartition entre les collectivités de cette compétence normative.
L'expérimentation réglementaire
Les collectivités territoriales peuvent procéder à des expérimentations et déroger à ce titre à des dispositions de caractère réglementaire qui régissent l'exercice de leurs compétences (art. 72 al. 4 de la Constitution). L'expérimentation réglementaire doit être autorisée par le Gouvernement au moyen d'un décret pris en Conseil d'État (article LO. 1113-7 du Code général des collectivités territoriales, loi organique du 1er août 2003). Ce décret doit respecter les mêmes conditions que l'habilitation législative (durée limitée, objet précis). Les actes pris par les collectivités territoriales dans le cadre de l'expérimentation font l'objet du contrôle spécifique du représentant de l'État énoncé par l'article LO. 1113-4 du Code général des collectivités territoriales.

POUR EN SAVOIR PLUS

- D'une manière générale : Favoreu (L.) (dir.), *Le domaine de la loi et du règlement*, Economica-PUAM, 1981 et, Favoreu (L.) et *alii*, *op. cit.*, § 193 ; 251-263 ; 1185-1207.

Les lois référendaires

- Diemert (S.), « Le référendum législatif d'initiative minoritaire dans l'article 11, révisé, de la Constitution », *RFDC* 2009, n° 77, p. 47-55.
- Fatin-Rouge (M.), *Justice constitutionnelle et référendum*, Economica-PUAM, 2004.
- Guillaume-Hofnung (M.), *Le référendum*, PUF, coll. « Que sais-je ? », 2e éd., 1985.
- « Le référendum », PUF, *Pouvoirs* n° 71.

Les lois organiques

- Camby (J.-P.), « La loi organique dans la Constitution de 1958 », *RD publ.*, 1989, p. 1401.
- Camby (J.-P.), « Quarante ans de lois organiques », *RD publ.*, Numéro spécial, Les 40 ans de la Ve République, 1998, p. 1686.
- Car (J.-C.), *Les lois organiques de l'article 46 de la Constitution*, Economica-PUAM, coll. « Droit public positif », 1999.
- Mathieu (B.), Verpeaux (M.) (dir.) *Les lois organiques et la mise en œuvre de la révision constitutionnelle*, Dalloz, 2009.

Les lois ordinaires

- Auby (B.), (études réunies et présentées par), « Loi et règlement », Dalloz, *Cah. Cons. const.*, n° 19, 2005.
- David (C.) (dir.), 15 ans de lois du pays en Nouvelle-Calédonie, PUAM, 2017.
- Bécane (J.-F.), Couderc (M.), Hérin (J.-L), *La Loi*, Dalloz, coll. « Méthodes du droit », 2e éd. 2010.
- Carré de Malberg (R.), *La loi expression de la volonté générale*, Réimp. de l'édition de 1931, Economica, 1999.
- Chauchat (M.), *Les institutions en Nouvelle-Calédonie*, Centre de documentation pédagogique de la Nouvelle-Calédonie, Scérén, 2011.
- Debène (M.), Pastorel (J.-P.) (dir.), *La « loi du pays » en Polynésie française*, L'Harmattan, coll. « Portes océanes », 2011.
- Favoreu (L.), *La loi, in La continuité constitutionnelle en France de 1789*, Economica-PUAM, 1990.
- Gindre David (C.), *Essai sur la loi du pays calédonienne, La dualité de la source législative dans l'État unitaire français*, L'Harmattan, coll. « GRALE », 2009.
- Mathieu (B.), *La loi*, Dalloz, coll. « Connaissance du droit », 3e éd., 2010.
- Pescatore (P.), *Essai sur la notion de loi*, Bruylant, 2009.
- Poulet-Gibot-Leclerc (N.), La place de la loi dans l'ordre juridique interne, PUF, 1992.
- Timsit (G.), *Les noms de la loi*, PUF, 1991.

Les ordonnances

- Favoreu (L.), « Ordonnances ou règlements d'administration publique ? », *RFDA*, 1987, p. 686.
- Jennequin (A.), « Les ordonnances de l'article 74-1 de la Constitution. Bilan de la pratique », *RFDA*, 2008, p. 920-930.
- Mérentier-Boyer (C.), Les ordonnances de l'article 38 de la Constitution, Economica-PUAM, 1999.

La répartition des compétences législative et réglementaire

- Auby (J.-B.) (études réunies et présentées par), « Loi et règlement », Dalloz, *Cah. Cons. const.*, n° 19, 2005.
- Favoreu (L.), Les règlements autonomes existent-ils ?, Mélanges offerts à Georges Burdeau, LGDJ, 1977, p. 405-420.
- Favoreu (L.), « Les règlements autonomes n'existent pas », *RFDA*, 1987, p. 871-884.

- Favoreu (L.), Les sources normatives secondaires en droit français, Mélanges en hommage à Jean Boulouis, Dalloz, 1991.
- Favoreu (L.), « Le pouvoir normatif primaire du Gouvernement en droit français », *RFDC*, n° 32, 1997, p. 713.
- Hamon (F.), La loi et le règlement : articles 34, 37 et 38 de la Constitution, La Documentation française, coll. « Documents d'études », n° 1. 08, 1994.
- Haquet (A.), *La loi et le règlement*, LGDJ, coll. « Systèmes », 2007.

Sur la garantie de la répartition des compétences

- Favoreu (L.), La délégalisation des textes de forme législative, *Mélanges offerts à Marcel Waline*, LGDJ, 1974.
- Favoreu (L.), Renoux (Th. S.), *Le contentieux constitutionnel des actes administratifs*, Dalloz, 1992.
- Oliva (É.), *L'article 41 de la Constitution du 4 octobre 1958, initiative législative et Constitution*, Economica-PUAM, 1997.
- Tremeau (J.), *La réserve de loi*, Economica-PUAM, 1997.

Sur la répartition des compétences nationales et locales

- Faure (B.), « La décentralisation normative à l'épreuve du Conseil constitutionnel », *RFDA*, 2002, p. 469.
- Frier (P.-L.), « Le pouvoir réglementaire local : force de frappe ou puissance symbolique ? », *AJDA*, 2003, p 559.
- Roux (A.), Constitution, expérimentation et décentralisation, *Études en l'honneur de L. Philip*, Economica, 2005, p. 207.

Sites officiels

Le portail d'accès au droit : http://www.legifrance.gouv.fr

Le journal officiel de la République française : http://www.journal-officiel.gouv.fr

Le portail de l'administration française : http://service-public.fr

Le Conseil d'État : http://www.conseil-etat.fr

PARTIE 3

Les droits et libertés garantis par la Constitution

Cette troisième partie est consacrée aux relations entre les individus ou les personnes (physiques et morales) et la puissance publique qui suppose, dans le contexte libéral des démocraties occidentales, que la souveraineté de l'État s'arrête là où commencent les droits des individus. En démocratie, ils constituent également une limite contre les excès du principe majoritaire et sont ainsi au cœur de l'État de droit. En France, du fait de l'intégration dans le bloc de constitutionnalité de la Déclaration des droits de l'Homme et du citoyen, du préambule de la Constitution de 1946 et de la Charte de l'environnement de 2004, les droits et libertés fondamentaux ont une existence constitutionnelle, qui leur confère valeur constitutionnelle, et donc une autorité *supra* législative. Cette existence place les droits et libertés au centre du droit constitutionnel. Cette place a été renforcée par la question prioritaire de constitutionnalité (QPC) prévue à l'article 61-1 de la Constitution, qui est entrée en vigueur, le 1er mars 2010. Le juge constitutionnel opère désormais un contrôle *a posteriori* qui accroît la protection des droits et libertés fondamentaux. Cette protection était déjà assurée en amont par le Conseil constitutionnel lors du contrôle *a priori*. Les deux contrôles coexistent et les décisions du Conseil constitutionnel s'imposent tant au législateur qu'à l'ensemble des pouvoirs publics en vertu de l'article 62 de la Constitution et par leur valeur *supra* législative. La terminologie communément admise de « droits fondamentaux » regroupe en droit interne l'ensemble des droits et libertés que la Constitution garantit.

CHAPITRE 1

La notion de droits et libertés fondamentaux

Il ne s'agit pas d'une notion générale recouvrant toutes les libertés et tous les droits, il s'agit d'une notion précise qui doit être distinguée d'autres notions voisines. (Voir Actes du colloque, *Cours constitutionnelles européennes et droits fondamentaux*, Économica-PUAM, 1984 ; Favoreu L. et *alii*, *Droit des libertés fondamentales*, 7ᵉ éd. Dalloz, 2015).

I. Droits et libertés fondamentaux et droits de l'Homme

Les droits de l'Homme sont issus d'une terminologie ancienne (XVIIIᵉ siècle). Ils regroupent davantage une philosophie que de véritables règles de droit. En ce sens l'expression « droits de l'Homme » peut être comprise comme une catégorie générique regroupant les droits et libertés fondamentaux mais aussi d'autres droits.

L'expression « droits de l'Homme » tend aujourd'hui à se préciser du fait de l'internationalisation des droits et libertés. Ainsi, certains rassemblent sous cette terminologie, l'étude du statut international des libertés (P. Wachsmann). Elle peut également recouvrir une catégorie de titulaires de droits fondamentaux plus large que d'autres.

En ce cas les droits de l'Homme recouvrent en fait les droits de tout individu en dehors de tout contexte particulier (géographique, social ou économique). On distinguera par exemple les droits généraux de l'homme des droits plus particuliers du citoyen ou du travailleur.

Les droits et libertés fondamentaux sont juridiquement plus précis car ils recouvrent l'ensemble des droits et des libertés qui sont mentionnés et protégés par la Constitution (ou les Conventions internationales). C'est précisément dans ce cadre que s'inscrivent les droits et libertés

mentionnés par l'article 61-1 de la Constitution. Ces droits sont protégés d'abord contre le législateur par le contrôle de constitutionnalité des lois. Ils sont également protégés par les autres juges ordinaires. Par droits fondamentaux on peut entendre un ensemble de droits et garanties que l'ordre constitutionnel reconnaît aux particuliers dans leurs rapports avec les autorités étatiques (A. Auer).
Le caractère fondamental des droits est exprimé par plusieurs caractéristiques :
- ils touchent l'Homme en général, et plus largement les personnes,
- ils pénètrent tout l'ordre juridique,
- ils sont placés au sommet de la hiérarchie des normes (prévus par des normes constitutionnelles ou conventionnelles),
- ils sont protégés par des instances juridictionnelles (notamment par la juridiction constitutionnelle).

II. Libertés publiques et droits et libertés fondamentaux

Comme la notion de droits de l'Homme, la notion de libertés publiques peut avoir deux significations. Au sens large, les libertés publiques sont l'ensemble des libertés nationales par opposition aux libertés internationales. Au sens étroit qui sera retenu ici, les libertés publiques sont celles qui ne jouissent, à la différence des droits et libertés fondamentaux, que d'un statut législatif. Les libertés publiques, ainsi entendues intéressent essentiellement le droit administratif et le fonctionnement des administrations qui doivent respecter ces libertés car elles sont soumises au principe de légalité. En ce sens, l'article 34 de la Constitution de 1958, précise que la loi fixe les règles concernant les garanties fondamentales accordées aux citoyens pour l'exercice des libertés publiques, la liberté, le pluralisme et l'indépendance des médias.
Les droits et libertés fondamentaux reconnus et protégés par la Constitution se distinguent ainsi des simples libertés publiques qui ne jouissent que d'une reconnaissance et d'une protection législative et sont à la merci de la majorité politique du moment.
En définitive, les **trois notions** peuvent s'organiser en un ensemble simple :

Les droits de l'Homme
Bénéficient d'une définition et d'une **protection internationale,** Déclaration universelle des droits de l'Homme par exemple.
Les droits et libertés fondamentaux
Bénéficient d'une reconnaissance et d'une **protection (juridictionnelle) constitutionnelle ou conventionnelle.** Par exemple : la Déclaration des droits de l'Homme et du citoyen ou la Convention européenne de sauvegarde des droits de l'homme et des libertés fondamentales.
Les libertés publiques
Bénéficient d'une reconnaissance et d'une **protection législative**. Par exemple : loi du 6 janvier 1978 relative à l'informatique, aux fichiers et aux libertés.

Au plan juridique, la principale difficulté, à l'heure actuelle provient du fait que ces différents niveaux ne sont que très faiblement cloisonnés. En conséquence, une situation pourra être traitée en invoquant des droits de l'Homme internationaux, des droits et libertés constitutionnels voire même des libertés législatives.

On peut considérer (L. Favoreu et *alii*) que l'expression « droits fondamentaux » recouvre les droits et libertés exprimés par une norme de rang élevé (Constitution ou Traité) qui bénéficient ainsi, d'une protection juridictionnelle élevée (juge constitutionnel ou international). La notion, qui repose alors sur le sens juridique de l'adjectif « fondamental », recouvre : les droits constitutionnels, les droits issus de la Convention Européenne des droits de l'Homme ainsi que les droits protégés au sein de l'Union européenne par la Charte des droits fondamentaux. Ces droits de nature constitutionnelle ou conventionnelle sont situés au sommet de la hiérarchie des normes et protégés par des juridictions élevées (Cours constitutionnelles, Cour européenne des droits de l'Homme ou Cour de justice de l'Union européenne).

III. Les sources nationales des droits et libertés fondamentaux

A. Le bloc de constitutionnalité

Rappel : le bloc de constitutionnalité comprend la Constitution de 1958 mais surtout en ce qui concerne les droits et libertés fondamentaux, la Déclaration des droits de l'Homme et du citoyen de 1789, le préambule de la Constitution de 1946, les principes fondamentaux reconnus par les lois de la République et la Charte de l'environnement.

Le Conseil constitutionnel est l'un des principaux protecteurs des droits et libertés fondamentaux puisqu'il a élaboré, à l'instar des autres Cours constitutionnelles notamment européennes, une jurisprudence très protectrice des droits fondamentaux.
(Voir pour le contenu du bloc de constitutionnalité *supra* Deuxième Partie).

B. Les sources législatives

En matière de droits et libertés, la loi peut intervenir de deux manières différentes : elle précise très souvent un droit énoncé en termes très généraux par la Constitution. La loi intervient ainsi *secondum constitutionem*. Elle peut également consacrer l'existence de droits et libertés qui ne figurent pas dans la Constitution. Elle intervient alors *praeter constitutionem*.

a. La loi précise les droits et libertés constitutionnels

Dans cette hypothèse la loi prévoit les modalités concrètes d'exercice d'un droit garanti par la Constitution. On distingue alors (L. Favoreu) des libertés de premier et de second rang suivant la marge d'appréciation dont dispose le législateur (V. *supra* hiérarchie des normes).

Libertés de premier rang
Elles bénéficient d'une **protection triplement renforcée :** – **1.** Elles ne peuvent faire l'objet que d'un régime répressif de protection impliquant que la oi ne peut subordonner leur exercice à une autorisation préalable. À la rigueur un système déclaratif (la personne étant appelée à simplement déclarer une activité par exemple) peut être admis. – **2.** Elles ne peuvent être atténuées par le législateur qui ne peut intervenir que pour augmenter ou renforcer leur protection (système dit du « cliquet anti-retour » : la loi ne peut pas revenir en arrière. Il semble avoir été abandonné). – **3.** Elles doivent impérativement faire l'objet d'une protection uniforme sur l'ensemble du territoire. Peuvent être considérées comme des libertés de premier rang : **la liberté individuelle, la liberté d'association, la liberté de la presse écrite, la liberté de l'enseignement**.
Libertés de second rang
Elles bénéficient d'une **protection moindre :** – **1.** Elles peuvent faire l'objet d'un régime préventif de protection impliquant la subordination de leur exercice à une autorisation préalable de la puissance publique (la personne étant obligée d'obtenir une autorisation pour pouvoir exercer une activité par exemple). – **2.** Elles peuvent être limitées par le législateur sous réserve cependant que la loi ne les dénature pas c'est-à-dire qu'elle ne remette pas en cause leur existence même qui est prévue par la Constitution.

– **3.** Elles peuvent faire l'objet d'une application différenciée sur le territoire et notamment varier en fonction des décisions des autorités locales.
Peuvent en particulier être considérées comme des libertés de second rang : **le droit de propriété et la liberté de communication audiovisuelle**.

Nota : les droits fondamentaux consacrés par la Constitution ne peuvent pas être illimités. Ils connaissent au moins deux limites importantes : le respect du droit d'autrui et le maintien de l'ordre public. L'exercice de ces droits suppose donc une réglementation qui sera déterminée par la loi. Sans cette réglementation, le droit reste une coquille vide, une déclaration d'intention. C'est ce qu'exprime l'article 4 de la Déclaration des droits de l'Homme et du citoyen de 1789 : « [...] L'exercice des droits naturels de chaque homme n'a de bornes que celles qui assurent aux autres membres de la société la jouissance de ces mêmes droits. Ces bornes ne peuvent être déterminées que par la loi ».

Nota : la distinction entre libertés de premier et de second rang ne remet pas en cause l'absence de hiérarchisation au sein du bloc de constitutionnalité affirmée par le Conseil constitutionnel dans la décision du 16 janvier 1982, Nationalisations, (V. *supra* 4e étape de la construction du bloc de constitutionnalité).

b. La loi intervient dans le silence de la Constitution

L'article 34 de la Constitution attribue compétence au législateur pour la détermination des règles concernant les garanties fondamentales accordées aux citoyens pour l'exercice des libertés publiques, la liberté, le pluralisme et l'indépendance des médias. Il en résulte que la loi peut instituer des libertés qui ne sont pas expressément consacrées par la Constitution.
Tel est le cas en particulier des libertés liées à l'évolution des sciences et de la technologie, par exemple celles liées à la création de fichiers informatisés, ou à l'introduction de méthodes médicales nouvelles. Celles-ci ne sont pas totalement indépendantes des anciennes libertés, mais il importe de réglementer ces questions qui par hypothèse (en raison du progrès) ne se posaient pas à l'époque de la reconnaissance des droits.
Le Conseil constitutionnel exerce un contrôle réduit sur ces questions, qui exprime l'étendue très large de la compétence du législateur. Ainsi dans la décision n° 94-343-344 DC du 27 juillet 1994 *Bioéthique*, le Conseil constitutionnel considère qu'il ne lui appartient pas de remettre en cause, au regard des connaissances et des techniques actuelles, les dispositions prises par le législateur.

CHAPITRE 2

La protection juridictionnelle des droits et libertés

Les droits et libertés peuvent être garantis de manière politique (la loi doit préciser le régime des libertés), administrative (on confie la protection de certaines libertés à des autorités indépendantes : Défenseur des droits, Commission nationale de l'informatique et des libertés, Commission d'accès aux documents administratifs, Défenseur des droits), ou enfin juridictionnelle. **La garantie juridictionnelle des droits est de loin la plus efficace.**

Cette garantie est offerte à de nombreux bénéficiaires et est encadrée par des principes particuliers qui peuvent également être considérés comme des droits fondamentaux : les droits-garanties.

LES BÉNÉFICIAIRES DE DROITS FONDAMENTAUX

Les personnes physiques
Les droits fondamentaux ont été conçus dans un cadre individualiste qui n'englobait à l'origine que des personnes physiques. Toutefois la notion de personne physique pose des difficultés notamment en ce qui concerne la question de la vie prénatale. Le Conseil constitutionnel ne reconnaît pas la qualité de personne physique aux embryons (Cons. const., déc. n° 94-343-344 DC du 27 juillet 1994 *Bioéthique, déc. n° 2013- 674 DC, 1er août 2013*). Il n'a pas non plus reconnu le droit à la santé du fœtus (Cons. const. déc. n° 74-54 DC du 15 janvier 1975 et 2001-446 DC du 27 juin 2001). La question de savoir si les êtres avant leur naissance peuvent être bénéficiaires de droits fondamentaux repose sur la différence entre les garanties subjectives et les garanties objectives (apportées par le système juridique) indépendamment de toute action volontaire du bénéficiaire. En l'occurrence, seule une garantie objective peut être envisagée car l'on voit mal comment un être peut exprimer sa volonté juridique avant sa naissance. C'est la solution retenue aux États-Unis où existe une protection objective de l'embryon à travers le concept de « vie potentielle » (*potential life*).
Les personnes morales
Longtemps exclues du bénéfice des droits fondamentaux les personnes morales deviennent progressivement bénéficiaires de certains droits. Il convient de distinguer les personnes morales de droit privé et de droit public :

Personnes morales de droit privé	Personnes morales de droit public
En France le Conseil constitutionnel a reconnu à plusieurs reprises que les personnes morales de droit privé pouvaient bénéficier de droits fondamentaux (associations, syndicats, sociétés, fondations). Il faut toutefois relever que les droits fondamentaux des personnes morales sont plus limités que ceux des personnes physiques car par nature les personnes morales ne peuvent se prévaloir des libertés dites physiques (par exemple le droit à l'intégrité physique).	Elles posent davantage de difficultés. Le Conseil constitutionnel a reconnu que certains droits fondamentaux pouvaient bénéficier aux personnes morales de droit public (Établissements publics, Cons. const. déc. n° 79-109 DC du 9 janvier 1980 ; Collectivités locales, Cons. const. déc. n° 82-137 DC du 25 février 1982). Il a reconnu que le droit de propriété protégeait également les propriétés publiques (Cons. const. déc. n° 86-207 DC des 25-26 juin 1986). Le principe d'égalité peut concerner les collectivités territoriales (Cons. const. déc. n° 2009-588 DC du 6 août 2009) surtout en matière financière (art. 72-2 Const. ; Cons. const., déc. n° 2012-255-265 QPC, 29 juin 2012).

Le cas des étrangers

Si pendant longtemps les droits fondamentaux ont été réservés aux nationaux, ils tendent de plus en plus à s'ouvrir également aux étrangers parfois même en situation irrégulière.
On peut distinguer trois cas (L. Favoreu) :

- 1er cas : les droits dont les étrangers ne peuvent bénéficier : il s'agit en principe des droits liés à la citoyenneté et notamment le droit de suffrage aux élections nationales.
- 2e cas : les droits accordés aux étrangers : il s'agit des autres droits qui par application d'un principe d'assimilation sont accordés en tout cas aux étrangers en situation régulière (Cons. const., déc. n° 89-267 DC du 22 janvier 1990). Les droits sociaux sont parfois accordés plus restrictivement que les droits-libertés.
- 3e cas : les droits réservés aux étrangers : il s'agit des droits qui par leur nature ont pour destinataire les étrangers. Tel est le cas du droit d'asile et des nombreux droits qui en découlent (entrée sur le territoire, maintien sur le territoire…).

LES DROITS-GARANTIES

Le droit au juge

Le droit au juge n'est pas expressément inscrit dans la Constitution. Le Conseil constitutionnel a progressivement reconnu ce droit d'abord à travers le droit d'agir en justice qui trouve un fondement dans l'article 66 de la Constitution ensuite et plus sûrement dans l'article 16 de la Déclaration des droits de l'Homme et du citoyen (assurer la garantie des droits, Cons. const., déc. n° 88-248 DC du 17 janvier 1989). Le droit au juge suppose évidemment que le juge soit indépendant et compétent (Cons. const., déc. n° 2002-461 DC du 29 août 2002, à propos des juges de proximité).

Le respect des droits de la défense

Le respect des droits de la défense est un principe de valeur constitutionnelle qui fut d'abord rattaché à un principe fondamental reconnu par les lois de la République (Cons. const., déc., n° 76-70 DC du 2 décembre 1976). Puis, par la décision n° 2006-535 DC du 30 mars 2006, le Conseil fait découler ce principe de l'article 16 de la DDHC. Avec la QPC, ce rattachement est désormais l'objet d'une jurisprudence constante. Le respect des droits de la défense suppose que l'individu soit informé, entendu par écrit ou verbalement, qu'il dispose de temps pour préparer sa défense, qu'il puisse librement choisir un conseil (avocat par exemple) enfin qu'il connaisse les motifs de la décision prise à son encontre (L. Favoreu, Th. S. Renoux).

Le principe de sécurité juridique

C'est un principe qui postule une certaine stabilité des règles de droit et qui impose des règles claires et accessibles. Relèvent de la sécurité juridique une prévisibilité des règles de droit ainsi que le respect des droits acquis. Ce principe ne saurait pour autant poser un principe d'immutabilité du droit et il doit se concilier avec la liberté dont disposent les pouvoirs publics dans l'édiction des règles. C'est sans doute la raison pour laquelle il est davantage reconnu en droit européen qu'en droit constitutionnel. Le Conseil constitutionnel n'a pas reconnu la valeur constitutionnelle du principe de sécurité juridique (Cons. const. déc. n° 97-391 DC du 7 novembre 1997). Il a cependant dégagé plusieurs éléments qui peuvent se réclamer du principe de sécurité juridique (non-rétroactivité des lois, stabilité des lois, stabilité contractuelle, objectif d'accessibilité et d'intelligibilité de la loi ou encore les attentes légitimes des contribuables).

Nota : il ne faut pas oublier que les droits-garanties sont renforcés dans le domaine pénal avec des garanties relatives au caractère répressif tant des normes (légalité des délits et des peines, non-rétroactivité de la loi pénale, nécessité des délits et des peines, individualisation des peines) que de la procédure (présomption d'innocence, droits des témoins).

Les droits fondamentaux, à l'origine, n'étaient appelés à produire que des effets verticaux. La tendance est au développement des effets horizontaux. Ex : droit au respect de la vie privée (v. D. Ribes, *L'État protecteur des droits fondamentaux. Recherche en droit comparé sur les effets des droits fondamentaux entre personnes privées*).

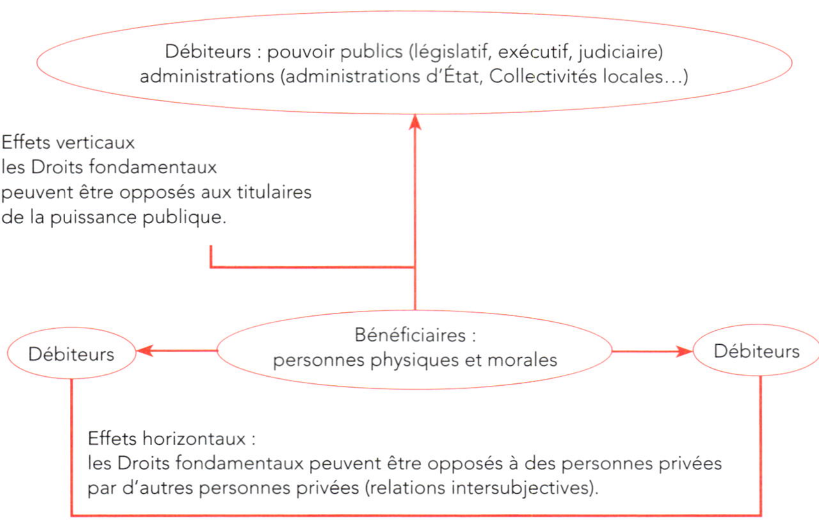

Nota : Les effets horizontaux ont un champ d'application plus limité que les effets verticaux. Ils ont essentiellement vocation à se développer autour du principe d'égalité dès lors qu'une personne plus faible subit l'influence d'une personne plus forte (relations de travail, égalité entre hommes et femmes par exemple).

I. La protection par le Conseil constitutionnel

Avec la décision fondatrice du 16 juillet 1971 (liberté d'association), le Conseil constitutionnel s'est lancé dans l'une de ses missions les plus importantes : la protection des droits et libertés fondamentaux. Sa compétence dans la sphère des droits et libertés garantis par la Constitution a été institutionnalisée par le constituant près de quarante années plus tard. En effet l'article 61-1 de la Constitution introduit par la révision de 2008 renforce considérablement ce rôle du juge en permettant aux justiciables de contester au cours d'une instance la violation des droits fondamentaux constitutionnellement garantis (QPC).
Le juge constitutionnel assure ainsi la protection des droits fondamentaux reconnus par la Constitution contre les éventuelles atteintes que pourrait y apporter le législateur. Sa compétence n'est pas absolue et le Conseil constitutionnel ne peut pas statuer sur les lois référendaires ou les lois constitutionnelles (voir *supra* Deuxième Partie). Le rôle du Conseil constitutionnel en matière de respect des droits fondamentaux se manifeste par la constitutionnalisation des droits et libertés fondamentaux, ainsi que par l'utilisation de techniques juridictionnelles protectrices des droits et libertés fondamentaux. Il est renforcé par la question prioritaire de constitutionnalité.

A. La constitutionnalisation des droits et libertés fondamentaux

Plus on élargit la norme de contrôle, plus on limite la liberté de l'autorité contrôlée. Le phénomène de constitutionnalisation des droits fondamentaux répond au souci de protéger efficacement ces droits contre le législateur et repose sur le principe suivant lequel la loi peut mal faire.
Le Conseil constitutionnel a ainsi progressivement dégagé ce que certains ont appelé une « charte jurisprudentielle des libertés » (D. Turpin). La constitutionnalisation des droits et libertés ne touche pas simplement le législateur, mais aussi toutes les autorités publiques, administratives ou juridictionnelles. Ainsi, la protection des droits et libertés fondamentaux passe inévitablement par l'étage constitutionnel.

PRINCIPAUX DROITS ET LIBERTÉS CONSTITUTIONNALISÉS (L. FAVOREU, L. PHILIP)

Droits et libertés	Décisions
Principe d'égalité	n° 73-51 DC du 27 décembre 1973
Liberté d'association	n° 71-44 DC du 11 juillet 1971
Droit à la vie	n° 74-54 DC du 15 janvier 1975
Liberté individuelle	n° 76-75 DC du 12 janvier 1977
Protection de la vie privée	n° 76-75 DC du 12 janvier 1977
Liberté de l'enseignement	n° 77-87 DC du 23 novembre 1977
Liberté de conscience	n° 77-87 DC du 23 novembre 1977
Droit d'asile	n° 79-112 DC du 9 janvier 1980
Liberté d'expression	n° 81-129 DC des 30/31 octobre 1981
Droit de propriété	n° 82-132 DC du 16 janvier 1982
Liberté de communication	n° 82-142 DC du 27 juillet 1982
Liberté de la presse	n° 84-181 DC des 10/11 octobre 1984
Droit de vote et d'éligibilité	n° 82-146 DC du 18 novembre 1982
Non-rétroactivité des lois prévoyant des sanctions	n° 82-150 DC du 30 décembre 1982
Sauvegarde de la dignité humaine	n° 94-343-344 DC du 27 juillet 1994
Principe de l'application immédiate de la loi pénale plus douce	n° 81-127 DC des 19/20 janvier 1981
Présomption d'innocence	n° 81-127 DC des 19/20 janvier 1981
Protection de la santé	n° 90-283 DC du 8 janvier 1991
Participation des travailleurs	n° 77-79 DC du 5 juillet 1977
Droit de grève	n° 77-105 DC du 25 juillet 1979
Liberté syndicale	n° 82-144 DC du 22 octobre 1982
Droit au travail	n° 83-156 DC du 28 mai 1983
Droits de la famille	n° 93-325 DC du 12/13 août 1993
Liberté d'entreprendre	n° 85-200 DC du 16 janvier 1986
Liberté contractuelle	n° 99-423 DC du 13 janvier 2000
Promotion du développement durable	n° 2005-514 DC du 28 avril 2005
Principe de précaution	n° 2008-564 DC du 19 juin 2008

B. Les techniques juridictionnelles protectrices des droits et libertés fondamentaux

Le Conseil constitutionnel utilise essentiellement **cinq techniques** protectrices des droits et libertés fondamentaux.

1. La réserve de loi.
– Elle implique que la compétence du législateur en matière de droits fondamentaux est protégée à la fois contre les autres autorités (incompétence positive) et contre lui-même (incompétence négative). Politiquement, « la réserve de loi est une garantie d'un débat démocratique » (J. Tremeau). Juridiquement, la réserve de loi repose en général sur l'article 34 de la Constitution qui réserve à la loi la réglementation des garanties fondamentales accordées aux citoyens pour l'exercice des libertés publiques, mais il existe d'autres sources de compétence notamment dans les déclarations de droit. La jurisprudence constitutionnelle relative à la réserve de loi débouche sur la sanction des incompétences négatives. Le Conseil constitutionnel reconnaît cependant une certaine marge de liberté au législateur sous la réserve de non-dénaturation.
2. L'incompétence négative
– Le Conseil constitutionnel sanctionne les cas dans lesquels le législateur n'utilise pas pleinement l'étendue de sa compétence et renvoie à l'autorité règlementaire l'édiction de certaines dispositions. Le Conseil constitutionnel dans cette hypothèse « évite les risques d'arbitraire qui peuvent naître de l'imprécision de la loi » (F. Priet). Le Conseil constitutionnel veille à ce que la loi comprenne des garanties suffisantes concernant l'exercice d'un droit fondamental. L'incompétence négative ne peut être invoquée dans le cadre d'une QPC que lorsqu'elle a pour conséquence la violation d'un droit fondamental. – Exemple : en ne prévoyant qu'un mécanisme insuffisant de protection contre les concentrations et l'abus de position dominante dans le domaine de la communication, les dispositions de la loi ne satisfont pas à l'exigence constitutionnelle de préservation du pluralisme. Le législateur a ainsi méconnu l'étendue de sa compétence pour fixer les règles concernant les garanties fondamentales accordées aux citoyens pour l'exercice des libertés publiques.
3. Le cliquet anti-retour
– Il s'agit d'une jurisprudence suivant laquelle certaines libertés fondamentales ne peuvent être réglementées par la loi qu'en vue d'en renforcer les garanties. Le législateur ne peut ainsi revenir en arrière et diminuer les garanties accordées à un droit fondamental par la législation antérieure. Cela ne signifie pas que le législateur ne puisse plus réglementer une liberté, mais il ne peut réglementer l'exercice d'une liberté fondamentale qu'en vue d'en rendre l'exercice plus effectif. Cette garantie est rarement utilisée et semble désormais abandonnée. – Exemple : l'abrogation en 1984 par la loi Savary de la loi du 12 novembre 1968 (sur l'enseignement supérieur) est contraire à la Constitution car la nouvelle loi ne prévoit plus les garanties qui étaient accordées par l'ancienne législation aux enseignants.
4. Les réserves d'interprétation
– C'est la technique par laquelle le Conseil constitutionnel indique comment doit être interprétée une disposition législative pour ne pas être contraire à la Constitution. La loi est susceptible de plusieurs interprétations dont certaines peuvent porter atteinte aux droits fondamentaux. Le Conseil constitutionnel ne censure pas la disposition en cause mais

indique que la loi est conforme à la Constitution sous réserve de ne pas être interprétée d'une certaine manière. L'interprétation interdite s'adresse directement aux pouvoirs publics et aux autorités administratives et juridictionnelles chargées d'appliquer les décisions du Conseil constitutionnel. Cette technique est particulièrement utilisée en matière pénale par le juge constitutionnel dans le cadre des décisions QPC.
– Exemple : en matière de contrôles d'identité, le législateur peut prévoir que le contrôle d'identité d'une personne peut ne pas être lié à son comportement mais l'autorité chargée d'effectuer ces contrôles doit justifier dans tous les cas des circonstances particulières établissant le risque d'atteinte à l'ordre public. La loi est conforme à la Constitution à condition que les contrôles d'identité demeurent toujours motivés par le risque d'atteinte à l'ordre public.

5. La réserve de non-dénaturation

– Cela signifie que dans tous les cas, les lois qui réglementent l'exercice des droits fondamentaux doivent en respecter le contenu essentiel. Il s'agit du noyau dur du droit fondamental qui ne peut être altéré par le législateur sans que ce droit perde sa spécificité ainsi que son effectivité. La réserve de non-dénaturation permet de définir ce noyau dur auquel la loi ne peut porter atteinte. Elle implique pour le juge un contrôle de proportionnalité déterminant les limites à ne pas franchir.
– Exemple : en instituant une aliénation forcée, la loi a dénaturé le droit de propriété (Cons. const. déc. n° 98-403 DC du 28 juillet 1998 à propos de la taxe d'inhabitation).

C. L'ouverture de la saisine du Conseil constitutionnel en matière de protection des droits et libertés fondamentaux : la question prioritaire de constitutionnalité (QPC)

En 1990 et 1993 deux projets de loi constitutionnelle ont tenté d'insérer dans la Constitution la possibilité de soulever une question préjudicielle devant le Conseil constitutionnel dès lors qu'une disposition législative déjà promulguée semblait inconstitutionnelle. C'est seulement en 2008 qu'est inséré dans la Constitution un article 61-1 selon lequel :
« Lorsque, à l'occasion d'une instance en cours devant une juridiction, il est soutenu qu'une disposition législative porte atteinte aux droits et libertés que la Constitution garantit, le Conseil constitutionnel peut être saisi de cette question sur renvoi du Conseil d'État ou de la Cour de cassation qui se prononce dans un délai déterminé ». La question préjudicielle de constitutionnalité est désormais entrée dans le droit positif sous la dénomination question prioritaire de constitutionnalité.
La procédure est schématiquement la suivante (loi organique n° 2009-1523 du 10 décembre 2009 modifiant l'ordonnance portant loi organique n° 58-1067 du 7 novembre 1958 sur le Conseil constitutionnel) :

Transmission de la question prioritaire au Conseil d'État ou à la Cour de cassation	
La violation des droits fondamentaux par la loi peut être soulevée par les justiciables et non d'office par la juridiction saisie. La juridiction devant laquelle la question est posée devra vérifier trois points afin d'écarter les manœuvres dilatoires (article 23-2 de l'ordonnance de 1958) : • ***1re condition*** : la disposition législative contestée doit conditionner la validité de la procédure ou constituer le fondement des poursuites ou commander l'issue du litige. • ***2e condition*** : la juridiction doit s'assurer que la disposition dont la constitutionnalité est contestée n'a pas déjà été déclarée conforme à la Constitution par le Conseil constitutionnel dans les motifs et le dispositif de sa décision, sauf changement de circonstances. • ***3e condition*** : la juridiction procède à un examen sommaire visant à s'assurer que la question n'est pas dépourvue de caractère sérieux.	
Si les conditions sont remplies, la juridiction sursoit à statuer (sauf en cas de privation de liberté de la personne) et transmet sans délai la question au Conseil d'État ou à la Cour de cassation. La décision de transmettre n'est pas susceptible de recours (afin d'éviter les manœuvres dilatoires), étant entendu que la partie qui s'oppose à ce que la question soit posée pourra faire valoir son point de vue devant le Conseil d'État ou la Cour de cassation en plaidant, le cas échéant, que les conditions posées par la loi organique n'étaient pas remplies. Quant à la décision refusant de transmettre la question, elle ne pourra être contestée qu'à l'occasion d'un recours portant sur la décision au fond.	
Juridictions de jugement	Juridictions d'instruction

Transmission de la question

↓

La décision du Conseil d'État ou de la Cour de cassation	
Le Conseil d'État et la Cour de cassation exercent un filtrage des questions selon les mêmes critères que la juridiction saisie (voir *supra*) car il faut assurer la cohérence des jurisprudences relatives à la saisine du Conseil constitutionnel et il faut éviter que le Conseil constitutionnel ne statue dans des cas où une disposition législative n'a pas lieu d'être sérieusement remise en cause. Il convient aussi d'éviter l'engorgement du Conseil constitutionnel.	
Dès lors que la question est nouvelle ou présente un caractère sérieux et satisfait aux conditions précédentes, le Conseil d'État ou la Cour de cassation disposent de 3 mois afin de décider s'il y a lieu de saisir ou non le Conseil constitutionnel. Le Conseil constitutionnel ne contrôle pas cette décision (Cons. const. n° 2010-1 QPC du 28 mai 2010).	
Conseil d'État	Cour de cassation

Saisine du Conseil constitutionnel

↓

L'examen des questions prioritaires par le Conseil constitutionnel
Le Conseil constitutionnel avise le président de la République, le Premier ministre et les présidents de l'Assemblée nationale et du Sénat, de telle sorte que ces autorités puissent

►

<table>
<tr><td colspan="2">lui adresser, si elles le souhaitent, leurs observations. Le Conseil constitutionnel statue dans un délai de 3 mois à compter de la saisine. Il rend des décisions motivées de type abrogatif, (la loi jugée contraire à la Constitution est abrogée y compris pour les instances en cours). L'abrogation n'est pas une annulation qui a un effet rétroactif. Un effet rétroactif aurait compromis la sécurité juridique. Dans cet esprit, le juge constitutionnel utilise régulièrement la technique de la modulation des effets de sa décision dans le temps, afin de laisser au législateur le soin et le temps d'intervenir avant que la censure ne fasse disparaître de l'ordre juridique interne la disposition déclarée contraire à la Constitution (Ex : Cons. const. n° 2010-14/22 QPC, 30 juill. 2010, Garde à vue). Les décisions du Conseil constitutionnel sont revêtues de l'autorité absolue de chose jugée. L'article 62 de la Constitution dispose qu'« Une disposition déclarée inconstitutionnelle sur le fondement de l'article 61-1 est abrogée à compter de la publication de la décision du Conseil constitutionnel ou d'une date ultérieure fixée par cette décision. Le Conseil constitutionnel détermine les conditions et limites dans lesquelles les effets que la disposition a produits sont susceptibles d'être remis en cause ».</td></tr>
<tr><td>La loi est conforme à la Constitution.
Reprise de la procédure.</td><td>La loi est contraire à la Constitution.
Abrogation de la loi et application de la décision aux procédures en cours (Ex : Cons. const., n° 2012-240 QPC, 4 mai 2012, Définition du délit de harcèlement sexuel, à l'issue de laquelle, compte tenu de l'absence de définition, toutes les procédures en cours ont été abandonnées pour défaut de légalité du délit consacré à l'art. 8 de la DDHC).</td></tr>
<tr><th colspan="2">La modulation des effets des décisions QPC dans le temps</th></tr>
<tr><td colspan="2">La déclaration d'inconstitutionnalité bénéficie à l'auteur de la question prioritaire de constitutionnalité et la disposition déclarée contraire à la Constitution est écartée des instances en cours à la date de la publication de la décision du Conseil constitutionnel.
Les dispositions de l'article 62 de la Constitution permettent toutefois au Conseil de fixer la date de l'abrogation, de reporter dans le temps ses effets et de prévoir la remise en cause des effets que la disposition a produits avant l'intervention de cette déclaration. (Cons. const., déc. n° 2010-108 QPC et n° 2010-110 QPC du 25 mars 2011).
Il en résulte que le Conseil dispose du pouvoir de moduler les effets de ses décisions dans le temps tant en ce qui concerne le passé que le futur. L'abrogation peut ainsi avoir un effet immédiat ou différé.</td></tr>
<tr><th>La modulation des effets produits par la loi antérieurement à son abrogation : l'effet immédiat</th><th>La modulation des effets futurs de l'abrogation de la loi : l'effet différé</th></tr>
<tr><td>Contrairement à une annulation, l'abrogation n'a pas d'effet rétroactif.
En principe elle s'applique à toutes les instances en cours à la date de la déclaration d'inconstitutionnalité et bénéficie bien entendu aux requérants.
Tel est le cas lorsque l'abrogation n'a pas d'effets excessifs et ne crée pas un vide juridique, lorsqu'elle est sans effet pour</td><td>Le Conseil constitutionnel peut décider de retarder les effets de l'abrogation. Le report des effets de l'abrogation se justifie par les conséquences manifestement excessives ou contraires aux exigences constitutionnelles qu'aurait une abrogation immédiate. Le Conseil choisit en général de maintenir en application la disposition législative inconstitutionnelle (Cons. const.,</td></tr>
</table>

l'avenir ou enfin lorsque l'inconstitutionnalité est très grave.
Le Conseil peut cependant limiter les effets de l'abrogation aux seules personnes qui se sont vues appliquer par le passé la disposition inconstitutionnelle. Il peut par ailleurs limiter les effets immédiats d'une part en imposant aux parties aux instances en cours de soulever l'inconstitutionnalité (le moyen n'est pas soulevé d'office par le juge) et d'autre part en différant les effets de l'abrogation lorsque celle-ci aurait des conséquences manifestement excessives.

déc. n° 2014-387 QPC du 4 avril 2014).
Le juge saisi doit alors surseoir à statuer et attendre la nouvelle disposition législative. Le Conseil peut également assortir sa décision d'une réserve d'interprétation transitoire neutralisant les effets inconstitutionnels de la disposition en cause jusqu'à son remplacement par une loi nouvelle (Cons. const., déc. n° 2014-400 QPC du 6 juin 2014).

II. La protection par le juge judiciaire

L'article 66 de la Constitution de 1958 confie à l'autorité judiciaire, la garde de la liberté individuelle. Ce rôle protecteur de l'autorité judiciaire se manifeste également à travers la théorie de la voie de fait.

A. L'autorité judiciaire, gardienne de la liberté individuelle

Origine : la Constitution réaffirme un principe classique du droit français qui fait du juge judiciaire le protecteur de la liberté individuelle ainsi que le censeur des détentions arbitraires.
Affirmé par l'article 66 de la Constitution, ce principe trouve application dans l'article 136 du Code de procédure pénale suivant lequel les tribunaux de l'ordre judiciaire sont toujours exclusivement compétents pour statuer sur les actions en dommages et intérêts exercées contre les fonctionnaires personnellement ou contre les collectivités publiques dont ils relèvent, en raison d'atteintes à la liberté individuelle (mandat de dépôt, arrestations ou détentions arbitraires, assignations à résidence, violation du domicile…).
La compétence des juridictions de l'ordre judiciaire en matière de protection des libertés s'étend suivant la Constitution dans trois domaines.

a. L'interdiction de toute détention arbitraire

La détention est entendue au sens large comme comprenant : la rétention (ce qui inclut les contrôles d'identité, les expulsions, les assignations à résidence, la rétention judiciaire ou le maintien d'un étranger en zone de transit avant son expulsion du territoire) et la détention arbitraire qui effectuée sans titre légal, sans nécessité, ne respecte pas les droits de la défense et ne permet pas que le détenu soit placé devant un juge dans les plus brefs délais possibles.

b. La protection de la liberté individuelle comporte de multiples facettes

Sûreté
C'est le droit pour toute personne physique de n'être ni arrêtée, ni détenue en dehors des cas et des conditions fixés de manière précise par la loi.
Liberté d'aller et de venir
Elle concerne non seulement la possibilité d'aller et de venir à l'intérieur du territoire mais aussi la liberté de quitter et de revenir sur le territoire.
Protection de la vie privée
Elle est garantie « contre les immixtions de la puissance publique dans la vie privée ou la divulgation d'éléments de la vie privée de chacun » (A. Roux). Il s'agit d'un droit fondamental ayant des effets horizontaux et à propos duquel le juge judiciaire est particulièrement attentif.
Liberté du mariage
Elle implique la liberté de fonder une famille et protège les individus des restrictions qui seraient apportées à ce droit. Le Conseil constitutionnel a toutefois souligné, à l'occasion d'une question posée dans le cadre de l'article 61-1 de la Constitution, que la liberté du mariage est une composante de la liberté personnelle, laquelle découle des articles 2 et 4 de la DDHC, et non de la liberté individuelle telle que garantie par l'article 66 de la Constitution qui prohibe notamment la détention arbitraire (Cons. const. n° 2010-92 QPC du 28 janvier 2011).

c. La protection de la propriété privée immobilière

Il s'agit d'un **principe fondamental reconnu par les lois de la République** (voir *supra* Deuxième Partie) dégagé par le Conseil constitutionnel dans la décision n° 89-256 DC du 26 juillet 1989. Il se manifeste dans la compétence du juge judiciaire, dans la détermination des indemnités d'expropriation ou de réquisition, ou dans l'indemnisation du préjudice subi du fait d'une dépossession ou d'une occupation illégale par les autorités publiques d'une parcelle de propriété privée. **Ce principe trouve application dans la théorie de l'emprise irrégulière.**
L'emprise irrégulière qui ne touche que les immeubles, ne trouve à s'appliquer que dans des hypothèses précises : il faut une véritable dépossession, c'est-à-dire une occupation ou une dépossession temporaire ou définitive, partielle ou totale d'une propriété

immobilière privée, bâtie ou non, imputable à une personne publique ou à un entrepreneur de travaux publics.
S'il est établi que l'emprise a été irrégulière (illégalité de l'acte autorisant l'occupation de propriété), les tribunaux de l'ordre judiciaire seront compétents pour prononcer la réparation du préjudice causé par l'emprise (T. confl., 17 mars 1949, *Hôtel du Vieux Beffroi et Rivoli-Sébastopol*; 2 espèces). Les conséquences dommageables de l'emprise régulière (qui repose sur une décision légale) relèvent en revanche de la compétence des juridictions de l'ordre administratif (alors pourtant que l'autorité judiciaire est la gardienne de la propriété privée immobilière suivant le principe fondamental précité reconnu par les lois de la République).

Le juge judiciaire peut être appelé à ce que des justiciables soulèvent la question préjudicielle de constitutionnalité (art. 61-1 de la Constitution).

B. La voie de fait

La voie de fait implique une opération matérielle de l'administration, entachée d'une grave illégalité et portant atteinte à une propriété privée ou à une liberté d'un administré (Duez, Debeyre). La voie de fait s'oppose à la voie de droit dans la mesure où la personne qui la commet néglige les voies de droit qui sont à sa disposition, elle se soustrait au respect de la règle de droit.

La voie de fait administrative est extrêmement grave et elle a été strictement définie (ce que de nombreux requérants oublient).

Nota : vers la disparition de la voie de fait ? : le référé liberté posé par l'article L. 512-2 du Code de justice administrative (voir plus loin) octroie au juge administratif des référés compétence dans le domaine des libertés fondamentales. Cet article ne prive pas la notion de voie de fait de toute utilité. Toutefois, il limite la portée de la voie de fait en ce qu'il attribue la garantie des libertés, dans le cadre d'une procédure d'urgence (référé) au juge administratif. En outre, la loi préserve la voie de fait dans la mesure où sont exclus du champ d'application de l'article L. 512-2 les faits insusceptibles d'être rattachés à l'exercice des pouvoirs de l'administration.

La voie de fait entraîne la plénitude de juridiction du juge judiciaire qui emporte essentiellement trois conséquences :

1re conséquence : inexistence de l'acte constitutif de la voie de fait
Les décisions manifestement insusceptibles d'être rattachées aux pouvoirs de l'administration sont constitutives d'une voie de fait et doivent être considérées comme nulles et non avenues. Il appartient au juge administratif comme au juge judiciaire de constater leur inexistence.
2e conséquence : réparation du préjudice subi
Il appartient au juge judiciaire d'évaluer le préjudice subi par la victime d'une voie de fait et de condamner l'administration à réparer l'intégralité du préjudice.
3e conséquence : interruption de la voie de fait
Le juge judiciaire dispose de pouvoirs étendus afin de faire cesser la voie de fait. Il peut adresser des injonctions à l'administration et lui imposer sous astreinte (condamnation pécuniaire généralement fixée à tant par jour de retard tendant à obtenir l'exécution d'une obligation) de cesser la voie de fait.

Nota **: la distinction entre la voie de fait et l'emprise irrégulière.** « La voie de fait se caractérise d'abord par ses éléments constitutifs alors que l'emprise se définit par ses effets » (M. Waline). La voie de fait peut porter ensuite comme l'emprise irrégulière sur la violation du droit de propriété. Dans le cas d'atteinte grave à la propriété privée immobilière, il y aura simplement emprise irrégulière si l'atteinte est entachée d'illégalité ordinaire. En revanche, il y aura voie de fait si l'illégalité commise excède un certain seuil de gravité. En conséquence, l'emprise peut consister en une voie de fait. Elle peut aussi consister en une simple illégalité (P. Delvolvé).

III. La protection par le juge administratif

Le juge administratif, en tant que juge de l'administration, est très souvent appelé à se prononcer sur des atteintes à des droits fondamentaux par les autorités administratives. Contrairement au juge judiciaire, le juge administratif n'est pas véritablement mentionné par la Constitution (excepté pour l'Outre-mer). Le Conseil constitutionnel a d'une part érigé en principe fondamental reconnu par les lois de la République l'indépendance de la juridiction administrative (Cons. const., déc. n° 80-119 DC du 22 juillet 1980), lui conférant ainsi valeur constitutionnelle. Il a d'autre part précisé que seul le juge administratif est compétent en matière d'annulation ou de réformation de décisions prises dans l'exercice des prérogatives de puissance publique par les autorités exerçant le pouvoir exécutif, leurs agents, les collectivités territoriales de la République ou les organismes publics placés sous leur autorité ou leur contrôle (Cons. const., déc. n° 86-224 DC du 23 janvier 1987). Dans ce cadre le juge administratif assure la protection des droits fondamentaux et dispose pour cela de certaines techniques qui lui permettent d'effectuer un contrôle relativement poussé.

A. Les techniques de protection des droits fondamentaux

TECHNIQUES DE CONTRÔLE DE L'ADMINISTRATION
QUI PEUVENT INTÉRESSER LES DROITS FONDAMENTAUX

1. Le recours pour excès de pouvoir
Permet d'obtenir l'annulation d'une décision administrative en raison de l'illégalité dont elle serait entachée (incompétence, vice de forme, violation de la règle de droit ou détournement de pouvoir). Une décision administrative pourra ainsi être annulée pour violation d'un droit ou d'une liberté.

Exemple : (CE 19 mai 1933, *Benjamin*). Sur des fondements tirés de l'ordre public, un maire avait interdit une réunion littéraire sur le territoire de sa commune. Le Conseil d'État a annulé l'interdiction, eu égard à son caractère disproportionné, au motif que le maintien de l'ordre public doit être concilié avec le respect de la liberté de réunion.

2. Le recours de pleine juridiction

Recours permettant d'obtenir outre l'annulation de l'acte attaqué, des condamnations pécuniaires. Outre l'emprise irrégulière, la voie de fait ou l'atteinte à la liberté individuelle (compétence du juge judiciaire), le juge administratif pourra ordonner la réparation de tous les dommages causés à une liberté.
Exemple : CE 3 avr. 1936, *Syndicat d'initiative de Nevers et Benjamin* : suite à la solution de l'arrêt *Benjamin* de 1933 (précité) le Conseil d'État qualifie la décision du maire de faute lourde, engageant ainsi la responsabilité de la ville et la condamnant à réparer le préjudice qui en découle.

3. Le référé-suspension

Si l'exercice d'un recours contre une décision administrative ne suspend pas son exécution, il est toutefois possible d'en demander le sursis à exécution. Nonobstant la requête au fond, la recevabilité du référé-suspension, tel que régi par l'article L. 521-1 du CJA, est subordonnée à deux conditions cumulatives : l'urgence et l'existence d'un doute sérieux quant à la légalité de décision concernée.

4. Le « sursis 48 heures » ou déféré préfectoral

Il vise les décisions des collectivités locales décentralisées. Dans l'hypothèse où l'acte d'une collectivité est de nature à compromettre l'exercice d'une liberté publique ou individuelle, le réfet (et lui seul, CE ord., 8 juin 1995, *Hoarau*), ayant préalablement saisi le tribunal administratif d'une demande en appréciation de légalité de cet acte (déféré préfectoral), peut demander au président du tribunal d'ordonner d'extrême urgence le sursis à exécution. En ce cas, le président peut prononcer le sursis dans les 48 heures qui suivent la demande préfectorale (loi du 22 juillet 1982, loi du 30 juin 2000, art. L. 554-3 CJA, art. L. 2131-6 CGCT).

5. L'injonction sous astreinte

L'article L. 911-1 du CJA, prévoit que le juge (saisi de conclusions en ce sens) peut prescrire à l'administration une mesure d'exécution si un jugement ou un arrêt implique une action de sa part. L'article L. 911-3 du même Code ajoute qu'une telle injonction peut être assortie d'une astreinte (sous réserve d'avoir été expressément demandée). En cas d'inexécution d'une décision prise par une juridiction administrative, le Conseil d'État peut, sur renvoi, prononcer une astreinte (art. L. 9111-4 CJA).

6. Le référé-liberté

L'article L. 521-2 du CJA vise à garantir les droits et libertés fondamentaux des administrés. Cette procédure doit également satisfaire à une série de conditions : l'atteinte portée à une (ou plusieurs) liberté fondamentale par l'administration (la voie de fait jouant lorsque l'administration est en dehors de ses pouvoirs, partage qui ne sera pas toujours aisé, pour une critique voir R. Chapus *Droit du contentieux administratif*, 9e éd. n° 605, p. 1256), doit être grave et manifestement illégale, et présenter un caractère urgent. Dans cette hypothèse l'urgence est entendue plus strictement que dans le cadre du référé-suspension. Les pouvoirs du juge sont importants puisqu'il peut suspendre la mesure et adresser des injonctions à l'administration. Ex : référé contre l'interdiction d'un spectacle (CE ord., 11 janv. 2014, *SARL Les productions de la plume et M. Dieudonné M'Bala M'Bala*.). Le juge administratif a ainsi été amené à définir sa propre notion de liberté fondamentale (O. Le Bot) à laquelle l'article L. 521-2 renvoie (voir CE 18 janv. 2001 *Commune de Venelles*).

►

7. Le référé-suspension
La souplesse des conditions de mise en œuvre du référé-suspension par rapport au référé-liberté, le rend plus facile à utiliser en matière de droits et libertés fondamentaux. En effet, bien que le référé-suspension n'ait pas été institué dans l'ordre juridictionnel pour protéger les libertés fondamentales, il permet de protéger, avec des moyens moins importants que le juge de l'urgence des libertés, les libertés que celui-ci n'aurait pas reconnues comme telles. Le référé-suspension joue ainsi un rôle non négligeable en ce domaine.

B. Les règles relatives à la protection des droits fondamentaux

Le juge administratif est appelé à appliquer un certain nombre de règles qui proclament et (ou) garantissent les droits fondamentaux :

Les principes généraux du droit
La théorie des principes généraux du droit a surtout dans le passé permis au juge administratif de pallier l'absence de règles de valeur constitutionnelle relative aux droits et libertés fondamentaux. Il a d'ailleurs très souvent érigé en principes généraux des droits, des principes, qui figuraient dans la Déclaration des droits de l'Homme et du citoyen de 1789, qui n'a pas toujours été considérée comme une règle de droit positif.
La loi
Gardien de la légalité, le juge administratif utilise dans son contrôle la loi et en particulier les textes qui intéressent les droits et libertés fondamentaux. Le juge administratif est également protecteur de la loi en ce sens qu'il pourra sanctionner un acte réglementaire pour incompétence, si celui-ci empiète sur le domaine de la loi, notamment en ce qui concerne les règles relatives à l'exercice des libertés publiques : incompétence positive (art. 34 de la Constitution).
La Constitution
Le juge administratif utilise le bloc de constitutionnalité et se réfère aux droits et libertés fondamentaux. L'application de la Constitution par le juge administratif passe par deux techniques complémentaires : • ***1re technique :*** *l'écran législatif transparent :* l'écran législatif est un frein à l'application de la Constitution car la loi fait obstacle (écran) entre l'acte administratif contrôlé et la Constitution (l'inconstitutionnalité procède de la loi et le juge se refuse à contrôler la constitutionnalité de la loi). Cependant, il peut passer à travers cet obstacle en considérant que l'écran est transparent car la loi est suffisamment imprécise. Depuis la révision constitutionnelle de 2008, le juge administratif peut être saisi de la violation d'un droit fondamental constitutionnellement garanti. Dès lors la théorie de la loi écran n'est plus susceptible de jouer dans le contentieux mettant en cause les droits fondamentaux. • ***2e technique : la théorie de la caducité.*** Le juge administratif peut considérer que les lois antérieures à la Constitution en contradiction avec la Constitution, ont été implicitement abrogées par le constituant qui ne souhaitait pas que des dispositions législatives fussent contraires à la Constitution.

CHAPITRE 3

Principaux droits et libertés fondamentaux : « les droits de... »

CLASSIFICATION PRÉALABLE : PRESQUE AUTANT DE CLASSIFICATIONS DES DROITS ET DES LIBERTÉS QU'IL Y A D'AUTEURS

• **Première classification : elle distingue la liberté physique, les libertés de l'esprit et les libertés collectives.** Cette classification repose sur la situation de l'individu.
• **Deuxième classification : elle distingue la liberté individuelle et les libertés collectives.** Elle part de l'idée que l'une ne va pas sans l'autre et dans un cadre individualiste, elle privilégie la primauté de l'individu sur la société.
• **Troisième classification : elle distingue les droits et libertés en fonction du rôle de la puissance publique.** (L. Favoreu *et alii*, *op. cit.*, § 1231-1232). Tantôt les autorités publiques devront plutôt s'abstenir d'intervenir, il s'agira de droits-libertés : **« les droits de... ».** Tantôt, les autorités publiques devront au contraire intervenir afin d'assurer la réalisation effective de ces droits, il s'agira alors de droits-créances : **« les droits à... » (L. Gay, « Les droits-créances » constitutionnels).** Cette classification, proposée au début du XXe siècle par L. Duguit et G. Jellinek, n'est pas à l'abri de critiques car dans l'absolu, toute liberté doit appeler une prestation de l'État. Elle entre cependant dans le cadre constitutionnel français, puisqu'elle correspond à l'évolution historique des droits et libertés fondamentaux. On peut schématiquement observer que les « **droits de...** », les droits-libertés correspondent aux droits figurant dans la Déclaration des droits de l'Homme et du citoyen de 1789, tandis que les « **droits à...** », les droits-créances, sont consacrés par le préambule de la Constitution de 1946. On oppose ainsi historiquement les droits de première génération aux droits de deuxième génération. L'égalité est une sorte de charnière entre les droits-libertés et les droits-créances.
• **Quatrième classification :** elle résulte de la jurisprudence du Conseil constitutionnel qui distingue les **libertés « passives »** qui reposent notamment sur l'article 2 de la Déclaration de 1789 (ex : le respect de la vie privée) des **libertés « actives »** qui mettent en cause « autrui », et qui reposent non seulement sur l'article 2 de la Déclaration mais aussi sur son article 4 (ex : liberté d'aller et venir, liberté du mariage, liberté personnelle).

Nota : les droits « créances » sont remis en cause par la mondialisation des échanges économiques ainsi que leur libéralisation. Les entreprises transnationales ont en effet tendance à s'implanter sur le territoire de l'État qui offre la législation la plus attractive et en principe la moins contraignante (Forum-shopping). Dès lors, les législations nationales se trouvent en compétition, et l'une des parades à cette évolution semble résider dans l'émergence de droits et libertés universels [Delmas-Marty (M.) ; Frydman (B.) ; Haarscher (G.)].

I. Les libertés physiques

A. La liberté individuelle et la liberté personnelle

Auparavant, seule la liberté individuelle était reconnue d'une manière extrêmement large mais progressivement le Conseil constitutionnel a distingué la liberté individuelle de la liberté personnelle en limitant le champ de la liberté individuelle au seul cas des mesures privatives de liberté (Cons. const., déc. n° 99-411 DC du 16 juin 1999). Il convient donc de distinguer désormais la liberté individuelle de la liberté personnelle.

La liberté individuelle
Elle repose formellement sur l'article 66 de la Constitution et prohibe la détention arbitraire sous la vigilance de l'autorité judiciaire (Cons. const., déc. n° 2010-92 QPC du 28 janvier 2011). Elle se rapproche de la sûreté personnelle (Habeas corpus) qui existe dans les autres États ou qui est garantie par l'article 5 de la CEDH. Elle est ainsi plus réduite que la liberté personnelle qui vise d'autres cas que la simple privation de liberté, mais sa protection est confiée exclusivement au juge judiciaire.
La liberté personnelle
Elle repose sur la combinaison des articles 2 et 4 de la Déclaration de 1789. Elle rassemble les manifestations de la liberté des personnes qui peuvent être entravées par d'autres mesures que celles privatives de liberté. Sont ainsi rattachés à la liberté personnelle : la liberté d'aller et de venir, l'inviolabilité du domicile, le respect de la vie privée, le secret des correspondances, la liberté du mariage et la liberté de l'employeur et du salarié. Elle est ainsi plus générale que la liberté individuelle et peut être protégée par d'autres juges que le juge judiciaire.

Les libertés individuelle et personnelle se déclinent elle-même en plusieurs droits et libertés.

a. La sûreté : la liberté individuelle

C'est le droit de n'être ni arrêté, ni détenu arbitrairement ou illégalement. Une garantie contre les atteintes à la liberté physique des individus (arrestation et détention).

SOURCES

Article 2 de la Déclaration des droits de l'Homme et du citoyen	« Les droits naturels de l'Homme sont (…) la sûreté », complété par l'article 7 « Nul homme ne peut être accusé, arrêté, ni détenu que dans les cas déterminés par la Loi… ».
Article 66 de la Constitution de 1958	« Nul ne peut être arbitrairement détenu… », article 88-2, al. 3 (mandat d'arrêt européen).

1. Régime

Le droit de ne pas être arbitrairement arrêté

L'article 432-4 du Code pénal sanctionne tout dépositaire de l'autorité publique ayant dans l'exercice de ses fonctions, ordonné ou accompli arbitrairement un acte attentatoire à la liberté individuelle. L'arrestation d'un individu doit être effectuée par un officier de police judiciaire (voir art. 73 du Code de procédure pénale).

Le droit de ne pas être arbitrairement détenu

L'article 224-1 du Code pénal sanctionne le fait sans ordre des autorités constituées et hors les cas prévus par la loi d'arrêter, d'enlever, de détenir ou de séquestrer une personne.

2. Applications

La sûreté joue essentiellement dans le cadre d'une procédure pénale ou administrative et est protégée par des sanctions pénales ainsi que la reconnaissance d'un droit à réparation.

Sanctions pénales

Elles visent les atteintes portées par les autorités dépositaires de la puissance publique (art. 432-4 du Code pénal) ou par les particuliers (art. 224-1 du Code pénal).

Réparation

Elles peuvent essentiellement s'exercer par la mise en cause de la responsabilité des services de l'État du fait du fonctionnement de la justice ou des autres services de l'État, (mesures d'internement ou arrestations ou détentions illégales). Par exemple les articles 149 à 150 du Code de procédure pénale prévoient qu'une indemnité pourra être accordée à la personne ayant fait l'objet d'une détention provisoire (voir ci-après) au cours d'une procédure terminée à son égard par une décision de non-lieu, de relaxe ou d'acquittement devenue définitive, lorsque cette détention lui a causé un préjudice (matériel et moral) manifestement anormal et d'une particulière gravité.

3. Limites

En matière pénale

La garde à vue

Mesure par laquelle un officier de police judiciaire peut, pour les nécessités de l'enquête, garder à sa disposition toute personne à l'encontre de laquelle il existe des indices faisant présumer qu'elle a com-

mis ou tenté de commettre une infraction : article 63 du Code de procédure pénale.
Bien qu'une personne puisse être retenue jusqu'à 48 heures dans le cadre de la garde à vue, voire jusqu'à 96 heures en cas de risque sérieux de l'imminence d'une action terroriste en France ou à l'étranger ou des nécessités en matière de coopération internationale (art. 706-88-1 du Code de procédure pénale), le Conseil constitutionnel a estimé que de telles dispositions ne portent pas d'atteinte excessive à la liberté individuelle, dans la mesure où la garde à vue est placée sous l'autorité d'un magistrat conformément à l'article 66 de la Constitution (respectivement Cons. const., déc. n° 2010-14/22 QPC du 30 juillet 2010 ; n° 2004-492 DC du 2 mars 2004 reprise par n° 2010-31 QPC du 22 septembre 2010). Aux termes de la décision 14/22 QPC, il peut s'agir d'un magistrat du parquet (procureur de la République) pour la garde à vue de droit commun dès lors que celui-ci, comme la loi le prévoit, est informé sans délai, ou d'un magistrat du siège (juge des libertés et de la détention ou juge d'instruction) dès lors que l'interpellation d'un individu a lieu en matière de criminalité organisée. En revanche, le législateur ne peut prévoir la garde à vue que dans le cas des délits les plus graves susceptibles de porter atteinte en eux-mêmes à la sécurité, à la dignité ou à la vie des personnes (Cons. const., déc. n° 2015-508 QPC du 11 décembre 2015). Enfin, ne méconnaît aucun droit ou liberté garanti par la Constitution l'article 64 du Code de procédure pénale, qui selon le Conseil se limite à imposer à l'officier de police judiciaire de retranscrire le déroulement de la garde à vue dans le procès-verbal d'audition. (Cons. const., déc. n° 2010-30/34/35/47/48/49/50 QPC du 6 août 2010). La loi n° 2011-392 du 14 avril 2011 relative à la garde à vue a tenu compte de cette jurisprudence.

La détention provisoire

Mesure permettant au juge des libertés et de la détention (qui se substitue au juge d'instruction depuis la loi du 15 juin 2000) de détenir un prévenu passible d'une peine privative de liberté pour faciliter le déroulement de l'enquête (art. 145 du Code de procédure pénale). En principe, la détention ne peut excéder 4 mois (prorogeables) en matière correctionnelle et un an, également prorogeable, en matière criminelle (voire même deux ans dans des cas exceptionnels tels que, par exemple, le terrorisme ou le trafic de stupéfiants).
Afin de protéger l'individu contre l'arbitraire et que la liberté reste le principe, la détention provisoire est assortie d'un « référé-liberté » institué par la loi du 24 août 1993 modifiée en 1996 et en 2000 (art. 187-1 du Code de procédure pénale) qui permet d'obtenir une suspension de la détention jusqu'à la décision de la chambre d'accusation quant à l'appel formé contre l'ordonnance de mise en détention. De plus, le juge

constitutionnel, dans la décision 2010-81 QPC du 17 décembre 2010, a censuré les dispositions du Code de procédure pénale en vertu desquelles la chambre de l'instruction disposait d'un pouvoir discrétionnaire pour maintenir une personne en détention, alors même que celle-ci aurait pu bénéficier d'autres dispositions permettant au juge d'instruction ou au juge de la liberté et de la détention d'ordonner sa mise en liberté immédiate. Néanmoins, le Conseil constitutionnel a émis une réserve d'interprétation selon laquelle, eu égard au caractère écrit de la demande de mise en liberté, le juge de la liberté et de la détention ne peut opposer un refus à une telle demande, sans que le demandeur n'ait eu communication de l'avis du juge d'instruction et des réquisitions du ministère public (Cons. const., déc. n° 2010-62 QPC du 17 décembre 2010).

Les mesures de placement des mineurs

L'article 122-8 du Code pénal autorise un placement des mineurs en prévoyant que les mineurs capables de discernement sont pénalement responsables des crimes, délits ou contraventions dont ils ont été reconnus coupables, dans des conditions fixées par une loi particulière qui détermine les mesures de protection, d'assistance, de surveillance et d'éducation dont ils peuvent faire l'objet (loi du 9 septembre 2002).

Le mandat d'arrêt européen

Défini comme « une décision judiciaire émise par un État membre en vue de l'arrestation et de la remise par un autre État membre d'une personne recherchée pour l'exercice de poursuites pénales ou pour l'exécution d'une peine ou d'une mesure de sûreté privative de liberté », il a nécessité une révision de la Constitution en 2003. L'article 88-2 dispose désormais que relèvent du domaine de la loi les règles le concernant. Il peut être émis pour des faits punis par la loi de l'État membre d'émission d'une peine ou d'une mesure de sûreté privative de liberté d'une durée au moins égale à douze mois ou lorsqu'une peine ou une mesure de sûreté a été infligée pour une durée au moins égale à quatre mois. Dans le champ d'une liste de trente-deux infractions limitativement définies, le mandat d'arrêt doit donner lieu à remise sans contrôle du principe dit « de la double incrimination », selon lequel les faits fondant la poursuite ou la condamnation doivent être constitutifs d'une infraction tant dans l'État membre d'exécution que dans l'État membre d'émission. Dans le cadre du mandat d'arrêt européen, le magistrat du siège doit disposer de la possibilité de laisser la personne en liberté dès lors qu'elle présente des garanties suffisantes (Cons. const., déc. n° 2016-602 QPC du 9 décembre 2016).

Le Conseil constitutionnel a saisi la CJUE par voie préjudicielle sur l'interprétation de dispositions d'une décision-cadre (Cons. const., déc.

n° 2013-314 P, 4 avr. 2013). Cette dernière estime que les dispositions concernées « ne s'opposent pas à ce que les États membres prévoient un recours suspendant l'exécution de la décision de l'autorité judiciaire qui statue, dans un délai de trente jours à compter de la réception de la demande, afin de donner son consentement soit pour qu'une personne soit poursuivie, condamnée ou détenue en vue de l'exécution d'une peine ou d'une mesure de sûreté privatives de liberté, pour une infraction commise avant sa remise en exécution d'un mandat d'arrêt européen, autre que celle qui a motivé cette remise, soit pour la remise d'une personne à un État membre autre que l'État membre d'exécution, en vertu d'un mandat d'arrêt européen émis pour une infraction commise avant ladite remise, pour autant que la décision définitive est adoptée ». C'est la raison pour laquelle le juge constitutionnel censure l'absence de recours contre l'arrêt de la chambre de l'instruction étendant les effets du mandat d'arrêt européen (Cons. const., n° 2013-314 QPC, 14 juin 2013).

Les autres procédures

La liberté individuelle peut être mise en cause par de nombreuses procédures telles que la **retenue douanière** (art. 323-1 code des douanes, permettant aux agents de l'administration des douanes de priver de leur liberté les prévenus en cas de flagrant délit d'infraction aux lois et règlements douaniers, Cons. const., déc. n° 2010-32 QPC du 22 septembre 2010), **le placement sous écrou extraditionnel** (prévu par l'article 696-11 du code de procédure pénale, il permet à la demande du procureur général, de priver la personne visée par une demande d'extradition de sa liberté, Cons. const., déc. n° 2016-561/562 QPC du 9 septembre 2016).

En matière administrative

Les contrôles d'identité

Ils permettent de conduire l'intéressé au commissariat pour vérification de son identité. Les contrôles peuvent être effectués pour des raisons pénales (loi du 10 juin 1983) ou pour de simples motifs de police administrative (loi du 10 août 1993). Dans ce dernier cas, ils doivent être justifiés par un risque d'atteinte à l'ordre public (Cons. const., déc. n° 93-323 DC du 5 août 1993). Les contrôles d'identité exercés par les autorités de police judiciaire n'entraînent pas de privation de la liberté individuelle et ne sont pas contraires à l'article 66 de la Constitution (Cons. const., déc. n° 2016-606/607 QPC du 24 janvier 2017). Les agents de police municipale ne peuvent procéder qu'à des relevés d'identité (contraventions) et non à des contrôles d'identité (art. 78-6 Code de procédure pénale, loi du 15 avril 1999 polices municipales, loi du 16 novembre 2001).

La procédure d'ivresse publique et manifeste

Prévue par l'article L. 3341-1 du code de la sante publique, cette procédure permet la détention d'une personne trouvée en état d'ivresse dans un lieu public en chambre de sûreté (cellule de dégrisement). Le placement en chambre de sûreté ne peut être décidé que par des agents relevant de la police ou de la gendarmerie nationales. La détention n'est permise que le temps nécessaire pour que la personne recouvre la raison, c'est-à-dire quelques heures au maximum, et pour ce motif elle ne méconnaît pas la liberté individuelle car elle permet de protéger à la fois l'ordre public et la personne en état d'ivresse (Cons. const., déc. n° 2012-253 QPC du 8 juin 2012).

Les mesures d'internement

Elles visent les internements des étrangers en cas de refoulement à l'entrée du territoire. La durée de l'internement (4 jours prorogeables 8 jours) ne peut excéder 12 jours (art. L. 222-1 du Code de l'entrée et du séjour des étrangers et du droit d'asile, CESEDA). Toutefois dans des circonstances particulières ou lorsque l'étranger tente de mettre en échec son départ, ce délai est porté à 20 jours (prorogation de 8 jours du délai « normal » de 12 jours, Cons. const., déc. n° 97-389 DC du 22 avril 1997, n° 2003-484 DC du 20 novembre 2003, CESEDA art. L. 222-2). Des expulsions ainsi que des mesures d'internement sont prévues dans certains services, en particulier l'armée.

Les mesures d'internement psychiatrique

La loi du 27 juin 1990 (art. L. 3212-1 et L. 3213-1 Code de la Santé publique) organise le régime d'hospitalisation des personnes atteintes de troubles mentaux. Celle-ci peut être effectuée soit à la demande d'un tiers (un membre de la famille par exemple), soit d'office par le préfet ou même par le maire en cas d'urgence (art. L. 3213-2 Code de la santé publique). À défaut de consentement de l'intéressé, le Conseil constitutionnel rappelle qu'il appartient au législateur le soin de concilier le droit à la protection de la santé, l'article 66 de la Constitution, et la prévention des troubles à l'ordre public. Ainsi, dès lors qu'une telle hospitalisation est supérieure à quinze jours, elle doit avoir lieu sous le contrôle du juge judiciaire conformément aux prescriptions de l'article 66 C (Cons. const., n° 2011-202 QPC, 2 déc. 2011). Ces dernières n'imposent pas que le juge soit saisi dès l'admission (Cons. const., déc. n° 2010-71 QPC du 26 nov. 2010), particulièrement en cas de danger imminent (Cons. const., déc. n° 2011-174 QPC, 6 oct. 2011).

De telles mesures doivent être adaptées, nécessaires et proportionnées aux objectifs poursuivis (Cons. const., n° 2011-135/140 QPC, 10 juin 2011, rappelé par Cons. const., n° 2012-235 QPC, 20 avr. 2012)

L'hospitalisation sans consentement, ne peut perdurer au-delà de six mois sans que je juge judiciaire n'ait réexaminé le dossier, mais il peut également être saisi à tout moment en vue d'ordonner la mainlevée immédiate d'une telle mesure (Cons. const., déc. n° 2012-235 QPC, 20 avr. 2012), qui ne peut être subordonnée à l'avis favorable de deux médecins sans méconnaître les art. 64 et 66 C. (Cons. const., déc. n° 2011-185 QPC, 21 oct. 2011). L'ensemble de ces mesures a vocation à concilier les exigences de l'art. 66 C. et l'OVC de bonne administration de la justice (Cons. const., déc. n° 2012-235 QPC, 20 avr. 2012).

b. La liberté d'aller et de venir

C'est la liberté d'aller et de venir à l'intérieur du territoire national et celle de quitter le territoire national. Elle concerne le principe même du déplacement mais aussi les moyens utilisés pour se déplacer.

SOURCES

Principe de valeur constitutionnelle (Cons. const., déc. n° 79-107 DC du 12 juillet 1979) rattaché à la liberté individuelle prévue par l'article 66 de la Constitution (Cons. const., déc. n° 92-307 DC du 25 février 1992) mais surtout elle est désormais envisagée comme étant une composante de la liberté personnelle protégée par les articles 2 et 4 de la Déclaration des droits de l'Homme et du citoyen (jurisprudence constante depuis Cons. const., déc. n° 2010-13 QPC du 9 juillet 2010).

1. Régime

La liberté de circuler librement à l'intérieur du territoire national

Elle est reconnue et toute interdiction générale de circulation est interdite sauf en cas de péril grave (CE 28 nov. 1980, *Commune d'Ardres*). D'ailleurs, les restrictions à la liberté d'aller et venir doivent être proportionnées et justifiées par la nécessité de sauvegarder l'ordre public (Cons. const., déc. n° 2010-13 QPC du 9 juill. 2010). La liberté de circuler fait l'objet d'une réglementation particulière en ce qui concerne les nomades et les itinérants. Le Code de la route énonce également un certain nombre de prescriptions relatives à l'usage des véhicules (permis de conduire par exemple, art. L. 221-1 et s. du Code de la route, sur le permis à points, art. L. 223-1 et s. du Code de la route).

La liberté de quitter le pays et d'y revenir

Elle est reconnue comme une liberté fondamentale et si le législateur peut soumettre cette liberté à une déclaration préalable pour des motifs tirés de la sécurité nationale, il ne saurait en aucun cas subordonner son exercice à une autorisation préalable (Cons. const., déc. n° 93-325 DC du 13 août 1993 ; voir également CE 8 avr. 1987, *Ministère de l'Intérieur c/ Peltier* qui fonde cette liberté sur la Déclaration des droits de l'Homme et du citoyen et Cour de cassation, 28 novembre 1984 *Bonnet* qui la fonde sur le pacte international sur les droits civils et politiques). Le droit de rentrer dans son propre pays est un droit absolu qui peut cependant être remis en cause par les contestations liées à la nationalité ou en cas de perte de nationalité.

2. Applications

Circulation à l'intérieur du territoire

La liberté d'aller et de venir s'applique essentiellement dans la réglementation de la circulation et du stationnement des véhicules. Des régimes particuliers déjà évoqués (itinérants et nomades) existent. Les contrôles d'identité peuvent parfois entraver la liberté de circulation. Le cas des gens du voyage a été présenté au Conseil constitutionnel tant par rapport à la limite que constitue le stationnement que sous l'angle de la nationalité. Le Conseil constitutionnel répond au second point en indiquant que le cas des personnes itinérantes ne se pose pas en termes d'origine ou de nationalité mais que la différence de traitement est fondée sur l'habitat qui est constitué de résidences mobiles, par opposition aux personnes sédentaires. Quant au premier point, il rappelle que le stationnement irrégulier constitue un trouble à l'ordre public et souligne que les mesures de police administratives sont susceptibles de recours, suspensif de surcroît, devant le juge administratif (Cons. const., déc. n° 2010-13 QPC du 9 juill. 2010).

Droit de quitter le territoire et d'y revenir

La liberté d'aller et de venir concerne essentiellement la délivrance ou le refus de délivrance ou le retrait des passeports ainsi que pour les étrangers, la délivrance des visas de sortie et de retour. La CNIL s'est prononcée le 11 décembre 2007 sur le décret instituant le passeport biométrique (décr. du 30 avr. 2008) constitué d'une puce électronique, contenant la photographie de son titulaire mais aussi deux empreintes digitales. Le décret prévoit aussi la création d'un fichier central comportant les photographies des demandeurs de passeport et les empreintes digitales de leurs huit autres doigts, ce qui va au-delà de ce qui est prévu par la réglementation européenne.

3. Limites

Le législateur doit concilier la liberté d'aller et de venir avec la prévention des atteintes à l'ordre public (Cons. const., déc. n° 2011-631 DC, 9 juin 2011). Les limites à la liberté d'aller et de venir sont nombreuses.

Limites tenant à la circulation et au stationnement des véhicules

La liberté de circulation est soumise à l'exigence du permis de conduire et d'autres documents tels que cartes grises, attestations d'assurance. Le permis de conduire peut également faire l'objet de mesures administratives de rétention et de suspension limitant la liberté de circulation (en cas d'infraction, il revient au préfet, et/ou au juge judiciaire, art. L. 224-2, 224-7 Code de la route, de suspendre le permis – sur la question du permis à points, voir, Cons. const. déc. n° 99-411 DC du 16 juin 1999). La liberté de stationnement constitue un prolongement de la liberté de circuler. Le stationnement payant n'est pas contraire à cette liberté ce qui est parfois discutable (D. Turpin). La loi du 15 novembre 2001 *relative à la sécurité quotidienne* et celle du 18 mars 2003 *relative à la sécurité intérieure* renforcent les pouvoirs des autorités en matière de contrôle des véhicules en circulation ou en stationnement dans le cadre de la lutte contre le terrorisme les trafics d'armes et de stupéfiants ainsi que le vol et le recel. La loi d'orientation et de programmation pour la sécurité intérieure du 14 mars 2010 (LOPPSI 2) renforce la lutte contre l'insécurité routière et prévoit des sanctions allant jusqu'à la confiscation de véhicule (art. 73), en cas de suspension, rétention, annulation ou interdiction d'obtenir la délivrance d'un permis de conduire, conduite sous l'emprise de stupéfiants. La confiscation de véhicule ne constitue toutefois pas une atteinte au droit de propriété (Cons. const., déc. n° 2010-66 QPC 26 novembre 2010). Les considérations environnementales (lutte contre la pollution) peuvent également limiter la liberté de circulation (art. L. 220-1 Code de l'environnement et art. R. 411-19 Code de la route).

Limites tenant à des sanctions pénales ou des mesures de sûreté

- ***Les assignations à résidence*** : consistent à interdire à une personne de sortir d'un lieu indiqué.
- ***Les mesures de contrôle judiciaire*** (art. 138 et s. du Code de procédure pénale) permettent de contraindre une personne à ne pas sortir d'un périmètre géographique défini par le juge.
- ***La peine d'interdiction de séjour*** (art. 131-31 du Code pénal, art. 762-1 Code de procédure pénale) : consiste à interdire de paraître dans certains lieux déterminés par la juridiction (cette peine ne peut cependant pas excéder une durée de 10 ans en cas de crime et 5 ans en cas de délit).

Limites tenant à la qualité de certaines personnes : la liberté d'aller et de venir est limitée pour deux catégories particulières.

- ***Les itinérants et nomades*** sont soumis à une réglementation issue des lois du 3 janvier 1969 et du 26 mai 1977 relative à l'exercice des activités ambulantes et au régime applicable aux personnes circulant en

France sans domicile ni résidence fixe (v. Cons. const., déc. n° 2012.279 QPC du 5 oct. 2012, abrogation du carnet de circulation).

– ***Les étrangers*** sont soumis à une réglementation sans cesse fluctuante en ce qui concerne l'entrée et le séjour sur le territoire.

Le régime juridique applicable résulte de l'ordonnance du 2 novembre 1945 modifiée à plusieurs reprises dont la dernière date de la loi du 18 janvier 2005. Leurs droits figurent désormais dans le CESEDA.

– L'entrée en France n'est pas un droit et l'administration dispose d'un large pouvoir d'appréciation pour accorder des visas. Si l'étranger n'est pas accepté sur le territoire, il pourra être placé en rétention dans des locaux ne dépendant pas de l'administration pénitentiaire.

La procédure comporte jusqu'à trois phases, sachant que la rétention peut varier de 48 heures à 32 jours dans le cas le plus extrême.

Le séjour sur le territoire national est subordonné à l'obtention d'une carte de séjour temporaire (qui ne peut excéder un an) ou d'une carte de résident (valable 10 ans et renouvelable de plein droit) (art. L. 311-2 CESEDA).

– Les étrangers peuvent enfin être forcés à quitter le territoire national en cas d'interdiction du territoire (art. 131-30 du Code pénal), de reconduite à la frontière (art. L. 511-1 et s. CESEDA), d'expulsion (art. L. 521-1 CESEDA) ou d'extradition (loi du 10 mars 1927 ou conventions d'extradition bilatérales).
– La circulation des étrangers sur le territoire national peut également être entourée de limites pour un étranger non titulaire d'une carte de résident qui doit être soumis à une surveillance spéciale (art. R. 321-2 CESEDA).
– ***Les mineurs :*** le maire de la commune peut limiter la libre circulation des mineurs non accompagnés, à la double condition que cette restriction soit justifiée par l'existence de risques particuliers dans les secteurs concernés et qu'elle soit adaptée à l'objectif de protection des mineurs (CE ord., 9 juill. 2001, *Préfet du Loiret*, arrêté municipal réglementant la circulation des mineurs de moins de 13 ans).
– ***La lutte contre le terrorisme :*** la loi du 23 janvier 2006, modifiée par la loi du 14 mars 2011, renforce les contrôles frontaliers dans le cadre de la lutte contre le terrorisme. La loi a notamment pour objet de donner aux services de police et de gendarmerie les moyens de contrôler les déplacements des personnes susceptibles d'appartenir à un groupe terroriste.
– ***La sécurité des manifestations sportives :*** (art. L. 332-1 à L. 332-21 du Code du sport). Le juge constitutionnel a estimé dans la décision n° 2011-625 DC, 10 mars 2011, *Loi d'orientation et de programmation pour la performance de la sécurité intérieure*, que n'est pas méconnue la liberté d'aller et venir, dès lors que le renforcement des mesures de

police administrative est justifié par la nécessité de sauvegarder l'ordre public et proportionné à cet objectif, bien qu'elles permettent au représentant de l'État d'interdire ou de restreindre cette liberté aux personnes se considérant ou se comportant comme « supporter » dans le cadre de manifestations sportives.

c. L'inviolabilité du domicile et de la correspondance

C'est le respect du domicile de chacun et l'interdiction pour un officier de justice ou de police ou tout agent de la force publique de s'introduire dans le domicile d'une personne contre son gré en dehors des cas prévus par la loi. L'inviolabilité de la correspondance impose l'interdiction de toute ouverture de correspondance ou, plus généralement de toute immixtion dans la correspondance.

SOURCES

L'inviolabilité du domicile et de la correspondance a d'abord été une composante de la liberté individuelle (Cons. const., n° 83-164 DC du 29 déc. 1983 ; n° 96-377 DC, 16 juill. 1996), article 66 de la Constitution. Depuis 2013, le Conseil constitutionnel considère que l'inviolabilité du domicile découle des exigences du droit au respect à la vie privée sur le fondement de l'article 2 de la DDHC la rattache à la liberté personnelle (Cons. const., déc. n° 2013-679 DC du 4 déc. 2013, ; déc. n° 2013-357 QPC du 29 nov. 2013).

1. Régime

Inviolabilité du domicile : délit de violation du domicile

Régie par les articles 226-4 du Code pénal (protection contre les atteintes émanant de particuliers) et 432-8 du Code pénal (protection contre les atteintes réalisées par des agents de l'autorité publique).

Inviolabilité de la correspondance

Régie par les articles 226-15 du Code pénal (réprimant l'immixtion dans les correspondances écrites, téléphoniques ou électroniques des particuliers) et 432-9 du Code pénal (atteintes par des agents publics).

2. Applications

L'inviolabilité du domicile amène à définir la notion de domicile

Notion large englobant à la fois le domicile proprement dit et les locaux professionnels qui présentent le caractère de locaux privés (Cons. const., décembre n° 90-281 DC du 27 décembre 1990).

L'inviolabilité de la correspondance appelle la question de la définition de la correspondance

La correspondance écrite ne pose guère de difficultés et son inviolabilité est reconnue depuis longtemps. Tel n'est pas le cas de la correspondance téléphonique que le législateur a logiquement placée dans le domaine de l'inviolabilité de la correspondance mais qui fait l'objet de régulières violations tant de la part des autorités publiques que des autorités privées (Cf. loi du 10 juillet 1991 relative au secret des correspondances émises par la voie des télécommunications). La loi pour la confiance dans l'économie numérique (2004) réglemente le courrier électronique défini comme tout message, sous forme de texte, de voix, de son ou d'image, envoyé par un réseau public de communication, stocké sur un serveur du réseau ou dans l'équipement terminal du destinataire, jusqu'à ce que ce dernier le récupère.

3. Limites

Limites à l'inviolabilité du domicile

Elles figurent dans les perquisitions, saisies et visites domiciliaires. L'article 59 du Code de procédure pénale prévoit que celles-ci ne peuvent être commencées avant 6 heures et après 21 heures. Elles doivent être faites sous le contrôle de l'autorité judiciaire (Cons. const., déc. n° 83-164 DC du 29 décembre 1984 à propos des perquisitions fiscales réglementées par l'article L. 16-B et L. 38 du Livre des procédures fiscales) sauf si les visites autorisées par le juge sont fondées sur des documents pièces ou informations de quelque origine que ce soit, en particulier illégale, le législateur a privé de base légale la protection du domicile (Cons. const., déc. n° 2013-679 DC du 4 déc. 2013). Dans le cadre de la lutte contre le terrorisme et le trafic d'armes de guerre et de la lutte contre la criminalité et la délinquance organisées, le régime juridique des perquisitions de nuit est allégé (art. 706-89 et s. du Code de procédure pénale, voir Cons. const. déc. n° 2004-492 DC du 2 mars 2004). La loi LOPPSI 2 du 14 mars 2011 intègre au Code de procédure pénale un article 706-102-5 prévoyant que le juge d'instruction peut autoriser l'introduction dans un véhicule ou dans un lieu privé, y compris hors des heures prévues à l'article 59, à l'insu ou sans le consentement du propriétaire ou du possesseur du véhicule ou de l'occupant des lieux ou de toute personne titulaire d'un droit sur celui-ci. S'il s'agit d'un lieu d'habitation et que l'opération doit intervenir hors des heures prévues à l'article 59, cette autorisation est délivrée par le juge des libertés et de la détention saisi à cette fin par le juge d'instruction.

La lutte contre la fraude en matière douanière justifie que les agents des douanes soient habilités à visiter les navires sans avoir préalablement été autorisés par un juge au regard de la mobilité de ces bâtiments. Ce dernier n'intervient en revanche qu'en cas de refus du capitaine ou du commandant de navire. Néanmoins si sa décision n'est pas basée sur des éléments permettant d'apprécier le sens et la portée de l'intervention douanière, elle porte alors atteinte à l'inviolabilité du domicile (Cons. const., déc. n° 2013-357 QPC du 29 nov. 2013).

Limites à l'inviolabilité de la correspondance

Elles sont assez variées. Le juge d'instruction a d'abord le pouvoir de saisir les correspondances lorsqu'une instruction est ouverte. Dans le même but, la loi du 10 juillet 1991 permet des interceptions téléphoniques ordonnées par le juge des libertés et de la détention (uniquement si la peine encourue est supérieure ou égale à 2 ans d'emprisonnement, art. 100 du Code de procédure pénale). La même loi prévoit également des interceptions de sécurité des conversations téléphoniques ayant pour objet la recherche de renseignements intéressant la sécurité nationale. La loi Perben II étend ces écoutes à la lutte contre la criminalité et la délinquance organisées. En vertu des articles D. 415 et suivant du Code de procédure pénale, les directeurs de prison ont la faculté de contrôler les lettres des détenus (sauf la correspondance avec leurs avocats ou l'aumônier ou les travailleurs sociaux relevant du ministère de la Justice).

La Cour de cassation de son côté a décidé que le salarié a droit, même au temps et au lieu de travail, au respect de l'intimité de sa vie privée ; que celle-ci implique en particulier le secret des correspondances ; que l'employeur ne peut dès lors sans violation de cette liberté fondamentale prendre connaissance des messages personnels émis par le salarié et reçus par lui grâce à un outil informatique mis à sa disposition pour son travail et ceci même au cas où l'employeur aurait interdit une utilisation non professionnelle de l'ordinateur (e-mail, Soc. 2 octobre 2001, *Nikon France*). Pour le courrier électronique la loi pour la confiance dans l'économie numérique (2004) précise que le secret de la correspondance peut être limité d'une part par le respect de la dignité de la personne humaine, la protection de l'enfance et de l'adolescence, la liberté et la propriété d'autrui, le caractère pluraliste de l'expression des courants de pensée et d'opinion et, d'autre part, par la sauvegarde de l'ordre public, les besoins de la Défense nationale, les exigences de service public, les contraintes techniques inhérentes aux moyens de communication.

d. Le droit au respect de la vie privée

La vie privée est cette sphère de chaque existence dans laquelle nul ne peut s'immiscer sans y être convié (J. Rivero). Elle impose une certaine intimité et la protection de cette intimité. Au sens large, elle englobe l'inviolabilité du domicile et de la correspondance, plus strictement, elle comprend les autres aspects de la vie privée.

SOURCES

Le droit au respect de la vie privée a été introduit postérieurement à l'entrée en vigueur de la Constitution de 1958 par la loi du 17 juillet 1970 (art. 9 du Code civil : chacun a droit au respect de sa vie privée). Il a été rattaché à la liberté individuelle, art. 66 de la Constitution (dans un 1er temps, Cons. const. 94-352 DC du 18 janvier 1994) puis à la liberté personnelle de l'article 2 de la Déclaration des droits de l'Homme (dans un 2nd temps ce fondement constitutionnel est utilisé de manière constante par le juge constitutionnel depuis Cons. const. 99-416 DC du 23 juillet 1999 ; V. aussi décisions 419 DC, 499 DC, 580 DC, 652 DC).

1. Régimes

Le régime de protection de la vie privée résulte essentiellement de la loi du 17 juillet 1970 (art. 9 du Code civil : les juges peuvent sans préjudice de la réparation des dommages subis, prescrire toutes mesures telles que séquestre saisi et autres, propres à empêcher ou faire cesser une atteinte à l'intimité de la vie privée…). Peuvent être sévèrement réprimés, l'écoute, l'enregistrement de paroles; la prise d'images d'une personne se trouvant dans un lieu privé ainsi que l'utilisation ou la publication d'enregistrements et documents obtenus dans les mêmes conditions (art. 226-1 du Code pénal). La loi du 6 janvier 1978 relative à l'informatique, aux fichiers et aux libertés instaure un régime particulièrement sévère en ce qui concerne toutes les informations nominatives placées sous le contrôle de la Commission nationale de l'informatique et des libertés.

2. Applications

La diffamation

L'article 35 de la loi du 29 juillet 1881, complété par l'ordonnance du 6 mai 1944, prévoit que l'auteur d'une diffamation peut prouver que le fait allégué est exact sauf lorsque celui-ci concerne la vie privée de la personne ou se rapporte à des faits de plus de 10 ans ou à des infractions amnistiées ou prescrites. La diffamation, définie comme toute expression qui contient l'imputation d'un fait précis et déterminé de nature à porter atteinte à l'honneur ou à la considération de la personne visée, même si elle est présentée sous forme déguisée ou dubitative ou par voie d'insinuation (art. 29 loi de 1881) entraîne une responsabilité pénale et civile. Cette dernière pouvant être prononcée sur le fondement général de l'article 1382 du Code civil. L'article 226-4-1 du Code pénal réprime le fait d'utiliser sur un réseau de communication électronique, l'identité d'un tiers ou des données qui lui sont personnelles, en vue de porter atteinte à son honneur ou à sa considération.

La divulgation d'éléments de la vie privée

L'article 9 du Code civil protège la vie privée contre toute immixtion extérieure et sur la base de l'article 1382 du Code civil, la victime d'une atteinte à la vie privée (droit à l'image, vie sentimentale et sexuelle, relations familiales, état de santé) peut obtenir réparation du préjudice subi (indemnisation). L'article 226-4-1 du Code pénal sanctionne le fait d'utiliser, de manière réitérée, sur un réseau de communication électronique l'identité d'un tiers ou des données qui lui sont personnelles, en vue de troubler la tranquillité de cette personne ou d'autrui.

L'informatisation des informations nominatives privées

La loi du 6 juillet 1978 institue un mécanisme de protection contre la constitution de fichiers informatisés. Il est interdit de mettre ou de conserver en mémoire informatisée, sauf accord de l'intéressé, des données nominatives, qui directement ou indirectement, font apparaître les origines raciales ou les opinions politiques, philosophiques ou religieuses (voir art. 226-19 du Code pénal). Le traitement de données à caractère personnel implique que la collecte, l'enregistrement, la conservation, la consultation et la communication de données à caractère personnel doivent être justifiées par un motif d'intérêt général et mis en œuvre de manière adéquate et proportionnée à cet objectif (Cons. const. n° 2012-652 DC du 22 mars 2012). Dans cette optique, le Conseil estime que la mise en œuvre est proportionnée à l'objectif d'intérêt général poursuivi en ce qui concerne les obligations déclaratives des organismes d'assurance dès lors que des contestations et des rectifications des données entrées dans ce fichier pourront aussi être réalisées par les autorités compétentes (Cons. const. n° 2013-684 DC du 29 déc. 2013).

3. Limites

La vidéosurveillance et la géolocalisation

La loi du 21 janvier 1995 réglemente l'utilisation de la vidéosurveillance sur la voie publique à des fins de protection de l'ordre public. Il est interdit de visualiser les images de l'intérieur des immeubles d'habitation ou celles de leur entrée. La loi Perben II du 9 mars 2004 autorise la mise en place de dispositifs techniques permettant, à l'insu et sans le consentement des intéressés, la captation, la fixation ou la transmission de paroles prononcées par une ou plusieurs personnes à titre privé, dans des lieux ou véhicules privés ou publics, ou de fixer leur image. La mise en œuvre de ces procédés est autorisée par l'autorité judiciaire (art. 706-96 à 102 du Code de procédure pénale). Le Conseil constitutionnel a jugé que cette atteinte à la vie privée était suffisamment encadrée par la loi (Cons. const. n° 2004-492 DC du 2 mars 2004).

La loi du 23 janvier 2006 concernant la lutte contre le terrorisme consolide les dispositifs de surveillance automatique des véhicules en permettant la prise de photographie des plaques d'immatriculation et des passagers en certains lieux sensibles et en prévoyant un croisement avec le fichier des véhicules volés et placés sous surveillance. Mais, les photographies ainsi prises ne seront accessibles aux services de police qu'à la stricte condition que le véhicule ait fait l'objet d'un signalement dans les huit jours précédents (art. 7). Depuis 2007 a été instituée une Commission nationale de vidéoprotection dont la mission est de garantir le droit à l'image et le respect de la vie privée. La loi LOPPSI modifiée par celle du 14 mars 2011 étend à un plus grand nombre de personnes morales, par exemple des « zones particulièrement exposées », la possibilité d'installer des systèmes de vidéosurveillance. En revanche, cette mission de protection générale de la voie publique ne peut être déléguée à une personne privée dans la mesure où il s'agit de compétences de police administrative générale inhérentes à l'exercice de la « force publique » (Cons. const., n° 2011-625 DC, 10 mars 2011).

La géolocalisation est une technique permettant, à tout moment, de localiser un individu ou un bien et de suivre ses déplacements. Elle a été prévue par la loi du 28 mars 2014 (art. 230-32 code de procédure pénale). Dans la mesure où elle est strictement encadrée par la loi et placée sous la vigilance de l'autorité judiciaire, cette procédure respecte la vie privée (Cons. const., déc. n° 2014-693 DC du 25 mars 2014).

Vie privée et information

La vie privée peut se heurter à la liberté d'information. Tel est le cas lorsqu'il s'agit de personnalités publiques du monde du spectacle, des affaires ou de la politique. Le juge apprécie dans ce cas, la part qui doit rester dans le domaine de la vie privée de celle qui peut être divulguée.

Le développement des fichiers informatisés

Malgré sa modernité, la loi de 1978 n'a pas totalement réussi à endiguer le phénomène de multiplication des fichiers informatisés (exemples : direction centrale du renseignement intérieur, police ou gendarmerie, sécurité sociale, fichiers médicaux). La loi du 15 novembre 2001 relative à la sécurité quotidienne institue un « fichier national automatisé des empreintes génétiques » concernant les infractions de nature sexuelle, les crimes d'atteintes volontaires à la vie de la personne, de torture et actes de barbarie et de violences volontaires, les crimes de vols, d'extorsions et de destructions, dégradations et détériorations dangereuses pour les personnes, les crimes constituant des actes de terrorisme. La même loi institue un fichier informatisé des personnes pour lesquelles la détention d'armes est interdite. Le développement des fichiers se poursuit avec la loi du 18 mars 2003 (de sécurité intérieure) qui institue un fichier des empreintes génétiques (Cons. const. n° 2003-467 DC du 13 mars 2003) ainsi que la loi Perben II qui autorise la création d'un fichier des auteurs d'infractions sexuelles. Ne concernant que les infractions jugées les plus graves, la conservation des informations est de 30 ans s'il s'agit d'un crime ou d'un délit puni de dix ans d'emprisonnement ou plus; de 20 ans dans les autres cas. Saisi sur la constitutionnalité de la loi, le Conseil constitutionnel a jugé que le législateur est chargé d'assurer la conciliation entre, d'une part, la sauvegarde de l'ordre public, la recherche des auteurs d'infractions et la prévention du renouvellement des infractions, toutes trois nécessaires à la protection de droits de valeur constitutionnelle parmi les plus fondamentaux et, d'autre part, le respect de la vie privée et des autres droits et libertés constitutionnellement protégés. Il n'a pas sanctionné la loi (Cons. const. n° 2004-492 DC du 2 mars 2004). Le 16 septembre 2010, le juge constitutionnel est venu préciser sa position jurisprudentielle en la matière, dans le cadre du contrôle *a posteriori*. Selon lui, les dispositions de l'article 706-54 du Code de procédure pénale prévoyant l'existence d'un fichier national automatisé des empreintes génétiques destiné à centraliser les empreintes génétiques issues des traces biologiques ainsi que les empreintes génétiques des personnes déclarées coupables de crimes ou délits limitativement énumérés, ne sont pas contraires au respect de la vie privée. En effet, la conciliation entre ce principe et la sauvegarde de l'ordre public est vraisemblablement équilibrée car l'enregistrement, la conservation de ces empreintes dans le fichier s'effectuent toujours sous le contrôle d'un magistrat de l'ordre judiciaire (Cons. const. n° 2010-25 QPC du 16 septembre 2010).

La loi du 6 août 2004 *relative à la protection des personnes physiques à l'égard des traitements de données à caractère personnel* modifie la loi de 1978. Le Conseil constitutionnel a jugé qu'une disposition permettant à des personnes morales privées de rassembler des informations dans le cas d'infractions notamment (art. 9-3° de la loi), était contraire à la Constitution car la loi n'apportait pas de garanties suffisantes (Cons. const., n° 2004-499 DC du 29 juillet 2004). Dans le cadre de la lutte contre le terrorisme la loi du 23 janvier 2006 permet le croisement de nombreux fichiers informatisés. L'article 6 permet aux services de police et de gendarmerie d'avoir accès à des fichiers constitués par des données recueillies à l'occasion des voyages internationaux (hors Union européenne), y compris par des données détenues par les compagnies de transport. L'article 8 autorise les services chargés de la lutte contre le terrorisme à avoir accès aux informations contenues dans un certain nombre de fichiers établis par le ministère de l'Intérieur (permis de conduire, passeports, cartes d'identité, fichiers relatifs aux étrangers...). Les articles 230-6 et s. du Code de procédure pénale permettent la création de fichiers d'antécédents, fichiers d'analyse sérielle, fichier judiciaire national automatisé des auteurs d'infractions sexuelles ou violentes.

La protection des données nominatives concernant les internautes

Elle est loin d'être garantie tant contre les personnes privées (logiciels espions, ciblage publicitaire) que sans doute contre les autorités publiques. La protection passe en France par la CNIL mais la loi du 15 novembre 2001 *relative à la sécurité quotidienne* ainsi que celle sur la confiance dans l'économie numérique renforcent les pouvoirs de l'autorité judiciaire en matière d'investigations (télécommunications, cryptologie) notamment dans la lutte contre le terrorisme. Cette dernière contient également des dispositions tendant à réprimer la « cybercriminalité ». La loi du 23 janvier 2006 relative à la lutte contre le terrorisme contraint les personnes qui offrent un accès au réseau Internet à conserver les données techniques de leurs clients, pour les transmettre éventuellement aux services de police : sont notamment visés par ces dispositions les « cybercafés » et les fournisseurs de service Wi-Fi qui permettent actuellement un accès à Internet dans l'anonymat le plus complet, et sont d'ailleurs fréquemment utilisés par les membres de groupe terroriste (art. 4). L'article 5 de la loi crée par ailleurs un nouveau régime de réquisition administrative en matière de données de trafic (téléphonie et Internet), à côté de l'actuel régime de réquisition judiciaire. Les opérateurs sont tenus de transmettre les données concernant leurs clients aux services de lutte contre le terrorisme lorsque ceux-ci en font la demande, en respectant des conditions très strictes. La lutte contre le téléchargement illégal impose la surveillance des transferts de données afin de protéger la propriété intellectuelle. Le Conseil constitutionnel a considéré que la lutte contre les pratiques de contrefaçon sur Internet répond à l'objectif de sauvegarde de la propriété intellectuelle et de la création culturelle; que, toutefois, l'autorisation donnée à des personnes privées de collecter les données permettant indirectement d'identifier les titulaires de l'accès à des services de communication au public en ligne conduit à la mise en œuvre, par ces personnes privées, d'un traitement de données à caractère personnel relatives à des infractions; qu'une telle autorisation ne saurait, sans porter une atteinte disproportionnée au droit au respect de la vie privée, avoir d'autres finalités que de permettre aux titulaires du droit d'auteur et de droits voisins d'exercer les recours juridictionnels dont dispose toute personne physique ou morale s'agissant des infractions dont elle a été victime (Cons. const. n° 2009-580 DC 10 juin 2009. Loi *favorisant la diffusion et la protection de la création sur Internet*).

e. Le droit de se marier librement

Le droit de se marier sans contrainte ni entrave.

SOURCES

Le principe de la liberté du mariage a d'abord été une composante de la liberté individuelle (1er temps Cons. const., n° 93-325 DC du 13 août 1993), article 66 de la Constitution. Il est désormais rattaché au principe de liberté personnelle des articles 2 et 4 de la Déclaration des droits de l'Homme de 1789 (2e temps, Cons. const. n° 2003-484 DC du 20 novembre 2003 et n° 2006-542 DC du 9 novembre 2006).

1. Régime

Le droit au mariage implique la liberté de pouvoir se marier sans restriction, y compris entre personnes du même sexe (art. 143 du Code civil). Cependant, la liberté du mariage est conditionnée par l'absence de mariage antérieur non encore dissout (art. 147 du Code civil). La liberté de se marier est accordée aux majeurs (art. 144 du Code civil).

2. Applications

La liberté du mariage a vocation à s'appliquer d'une manière générale.

Le mariage pour tous

La France, à l'instar d'autres pays (Suède, Pays-Bas, Belgique, Espagne...), a désormais accordé aux personnes homosexuelles la liberté de se marier avec l'adoption de la loi du 17 mai 2013. Avant l'adoption de cette loi dans la décision 2010-92 QPC, le Conseil constitutionnel considérait qu'un couple composé de deux personnes de même sexe était de nature à justifier une différence de traitement dans l'application des règles du droit de la famille parmi lesquelles figure le droit de se marier librement. Il confirmait cependant le revirement de jurisprudence amorcé en 1999 suivant lequel le droit de se marier librement ne découle plus de l'article 66 de la Constitution, comme il l'avait jugé dans sa décision du 13 août 1993, mais de la liberté personnelle, elle-même tirée de la lecture combinée des articles 2 et 4 de la Déclaration des droits de l'Homme et du citoyen (Cons. const. n° 2003-484 DC du 20 nov. 2003). L'article 66 de la Constitution semble désormais ne concerner que les cas de privation de liberté (Cons. const. n° 99-411 DC du 16 juin 1999).

Le Pacte civil de solidarité (PACS)

Il encadre juridiquement, depuis 1999, les unions civiles, car il s'agit d'un. contrat conclu par deux personnes physiques majeures pour organiser leur vie commune.
Si à l'occasion de l'examen de la loi instaurant le PACS le Conseil avait estimé que ce dernier ne remettait pas en cause le droit au mariage ou aux prétendues règles du mariage civil et républicain (Cons. const. n° 99-419 DC du 9 nov. 1999), il s'est éloigné de l'orientation jurisprudentielle sur laquelle il s'était engagé en refusant de dégager un PFRLR selon lequel le mariage concernerait de manière « naturelle » uniquement des personnes de sexe opposé au motif que « cette règle qui n'intéresse ni les droits et libertés fondamentaux, ni la souveraineté nationale, ni l'organisation des pouvoirs publics » ne peut constituer un PFRLR au sens du premier alinéa du Préambule de 1946, bien que « la législation républicaine antérieure à 1946 et les lois postérieures aient regardé le

mariage comme l'union d'un homme et d'une femme » (Cons. const. n° 2013-669 DC du 17 mai 2013).

Les mariages entre étrangers et nationaux

La liberté du mariage trouve principalement un domaine d'application dans le mariage entre étrangers et nationaux. Il convient dans ce cas de concilier la liberté du mariage et la maîtrise de l'immigration en contrôlant la pratique dite des **mariages blancs** (voir **Limites**).

Les unions libres

Elles sont de plus en plus en nombreuses et tendent à se fondre dans le régime de la liberté du mariage avec cependant de nombreuses réserves (voir le rejet du contrat d'union civile et les débats relatifs au Pacte civil de solidarité : PACS).

3. Limites

La liberté du mariage connaît plusieurs limites.

Interdiction des mariages blancs

Une demande de carte de séjour peut être refusée par le préfet, s'il est établi de façon certaine que le mariage a été contracté dans le but exclusif d'obtenir un titre de séjour. L'article 175-2 du Code civil permet au procureur de la République, de s'opposer aux mariages fictifs. Les maires peuvent « alerter », le procureur de la République. Toutefois, les futurs époux peuvent demander la « main levée » de l'opposition au TGI. Le procureur de la République dispose également de la faculté de suspendre la célébration du mariage (afin de vérifier qu'il ne s'agit pas d'un mariage fictif), mais le Conseil constitutionnel a décidé que la décision de suspension devait être assortie d'une possibilité de recours offerte aux intéressés (Cons. const., déc. n° 93-325 DC du 13 août 1993). La loi du 27 novembre 2003 (*Maîtrise de l'immigration*) pénalise les mariages blancs (art. 21 *quater* ordonnance de 1945). La répression concerne le mariage contracté aux seules fins d'obtenir, ou de faire obtenir, un titre de séjour, ou aux seules fins d'acquérir, ou de faire acquérir, la nationalité française. Le Conseil constitutionnel n'a pas considéré que cette pénalisation était disproportionnée (Cons. const. n° 2003-484 DC du 20 novembre 2003). L'article L. 623-1 du CESEDA dispose que le fait de contracter un mariage ou de reconnaître un enfant aux seules fins d'obtenir, ou de faire obtenir, un titre de séjour ou le bénéfice d'une protection contre l'éloignement, ou aux seules fins d'acquérir, ou de faire acquérir la nationalité française, constitue un délit, y compris lorsqu'une telle intention a été dissimulée au conjoint de bonne foi (Cons. const. n° 2011-631 DC du 9 juin 2011).

Interdiction de la polygamie

La loi du 24 août 1993 interdit la délivrance d'une carte de résident au ressortissant étranger qui vit en état de polygamie. Il n'est pas facile cependant de savoir si un étranger vit ou ne vit pas en état de polygamie dans son pays d'origine. Le mariage polygame contracté à l'étranger ne produit aucun effet en France (Cass., 6 juillet 1988).

B. Le droit d'asile

C'est le droit pour un étranger persécuté dans son pays d'origine en raison de son action en faveur de la liberté d'entrer sur le territoire français.

SOURCES

Alinéa 4 du Préambule de la Constitution de 1946	« Tout homme persécuté en raison de son action en faveur de la liberté a droit d'asile sur les territoires de la République ».
Article 53-1 de la Constitution de 1958	« Les autorités de la République ont toujours le droit de donner asile à tout étranger persécuté en raison de son action en faveur de la liberté ou qui sollicite la protection de la France pour un autre motif ».
Ordonnance du 2 novembre 1945.	
Loi du 25 juillet 1952, loi du 30 décembre 1993, loi du 24 avril 1997 (loi Debré), loi du 11 mai 1998 et loi du 10 décembre 2003.	
Articles L. 711-1 et s. du CESEDA.	

1. Régime

Le régime du droit d'asile résulte en France de la loi du 10 décembre 2003 modifiant l'ordonnance du 2 novembre 1945 ainsi que la loi du 25 juillet 1952. La loi sur l'immigration (2006) a modifié ce droit en apportant des améliorations aux conditions d'accueil du demandeur d'asile (en 2015, 80 075 demandes d'asile ont été enregistrées et 14 119 ont été accordées). L'étranger doit présenter au représentant de l'État dans le département, ou à Paris au Préfet de police, une demande de séjourner en France au titre de l'asile. Cette demande **ne peut être refusée que dans les 4 cas suivants** (prévus par la Convention de Genève de 1951) : la demande d'asile relève de la compétence d'un autre État, le demandeur d'asile est admis sur le territoire d'un autre État que celui où il redoute d'être persécuté, la présence de l'étranger en France constitue une menace grave pour l'ordre public et la demande d'asile repose sur une fraude délibérée ou un recours abusif aux procédures d'asile (art. L. 741-4 CESEDA). Le demandeur est mis en possession d'un document provisoire de séjour lui permettant de solliciter la reconnaissance de la qualité de réfugié et cela implique que l'étranger soit tenu de faire une telle demande.

L'étranger doit demander le statut de réfugié à l'Office français de protection des réfugiés et apatrides (OFPRA) qui avec la loi de 2003 devient le seul organisme compétent (suppression de « l'asile territorial » accordé auparavant par le ministre de l'Intérieur). Afin d'accélérer les délais d'examen des demandes, la loi de 2003 prévoit deux procédures : une procédure simplifiée pour les demandes manifestement fondées ou infondées et une procédure « longue » pour les autres cas nécessitant un examen approfondi. Les décisions de l'OFPRA sont contestées devant la Cour nationale du droit d'asile. Cette cour créée en 2007 est une juridiction administrative qui statue sur les recours formés contre les décisions de l'OFPRA. Ses décisions sont susceptibles d'un pourvoi en cassation devant le Conseil d'État. Jusqu'à l'examen de la demande et éventuellement du recours, l'étranger peut demeurer sur le territoire français (art. L. 731-1 et s. CESEDA).

Parallèlement à l'asile conventionnel, la loi de 2003 crée la protection subsidiaire laquelle se substitue à l'asile territorial (art. L. 712-1 et s. et art. L. 721-3 CESEDA). Les principaux traits de cette procédure sont les suivants : la protection est accordée par l'OFPRA et non plus par le ministre de l'Intérieur ; il s'agit d'une compétence liée à compter du moment où les conditions requises sont réunies et non d'un pouvoir discrétionnaire ; la menace à laquelle est exposé le demandeur doit présenter un caractère de gravité ; les menaces justifiant le bénéfice de la protection subsidiaire font l'objet d'un énoncé limitatif et précis. La protection subsidiaire est accordée pour le délai d'un an renouvelable.

2. Applications

Les **persécutions**, visées par le Préambule de la Constitution de 1946 sont sujettes à interprétation et le Conseil constitutionnel a décidé dans un premier temps que ce principe devait être apprécié en fonction de sa mise en œuvre par la loi et les conventions internationales (Cons. const., n° 86-216 DC du 3 sept. 1986). Depuis la décision du 13 août 1993, le Conseil constitutionnel considère que le respect du droit d'asile (principe constitutionnel) implique que l'étranger qui se réclame de ce droit soit autorisé à demeurer provisoirement sur le territoire jusqu'à ce qu'il ait été statué sur sa demande (voir également CE 13 déc. 1991, *Dakouri et N'Kodia*). En conséquence, le référé-liberté de l'article L. 521-2 du Code de justice administrative englobe le droit d'asile qui a pour corollaire le droit de solliciter le statut de réfugié. Depuis quelques années, les persécutions dont l'étranger se dit victime peuvent être le fait des autorités de l'État mais aussi des persécutions exercées par des particuliers, dès lors qu'elles sont en fait encouragées ou tolérées volontairement par l'autorité publique (CE 27 mai 1983, *Dankha*).

La qualité de résident a complexifié les rapports entre l'État souverain et le demandeur d'asile. En effet la catégorie des résidents est constituée notamment de personnes nées dans des pays étrangers et désignés par différents termes tels que « non-citoyen », étranger, migrant ou immigrant économique, avec ou sans papier, régulier ou clandestin, qualifié, temporaire, illégal, demandeur d'asile ou d'asile multiple ainsi que toutes les variantes relatives au réfugié (ex : réfugié climatique). Ils représentent un quart de la population en Australie, un cinquième au Canada, plus d'un sixième en Autriche, en Suède et en Belgique, plus d'un dixième aux États-Unis, en Allemagne au Royaume Uni et en France.

3. Limites

Le droit d'asile qui institue en définitive un principe de non-refoulement du demandeur d'asile est sujet depuis ces dernières années à certaines limitations jugées nécessaires pour lutter contre le nombre sans cesse grandissant des réfugiés économiques. Tel est le sens de la loi du 10 décembre 2003 qui pose deux importantes limites. Elle introduit dans le droit français la notion « d'asile interne » qui permet de rejeter la demande d'asile d'une personne qui aurait accès à une protection sur tout ou partie du territoire de son pays d'origine si cette personne n'a aucune raison de craindre d'y être persécutée ou d'y être exposée à une atteinte grave et s'il est raisonnable d'estimer qu'elle peut rester dans cette partie du pays. La loi permet à l'OFPRA de dresser la liste des « pays sûrs » qui concerne le cas d'admission au séjour sur le territoire pendant l'examen de la demande d'asile. Cette admission peut être refusée si le demandeur d'asile est originaire d'un pays sûr dont la liste est dressée provisoirement par l'OFPRA (elle sera ensuite déterminée par les instances européennes). Un pays d'origine sûr est défini par la loi (reprenant des projets de directive européenne) comme : un pays qui veille au respect des principes de la liberté, de la démocratie et de l'État de droit, ainsi que des droits de l'Homme et des libertés fondamentales. Cela n'empêchera pas l'OFPRA de statuer sur la demande d'asile en provenance de ces pays (Cons. const. déc. n° 2003-485 DC du 4 déc. 2003).

II. Les libertés intellectuelles

A. La liberté de conscience et d'opinion

Liberté d'opinion : liberté de penser et de choisir ses opinions et sur le plan religieux, droit de choisir sa foi. **Liberté de conscience** : liberté d'adhésion aux croyances et aux opinions philosophiques, politiques et sociales (A. Roux).

SOURCES

Article 10 de la Déclaration des droits de l'Homme et du citoyen	« Nul ne peut être inquiété pour ses opinions ».
Alinéa 5 du Préambule de la Constitution de 1946	« Nul ne peut être lésé, dans son travail ou son emploi, en raison, […] de ses opinions ou de ses croyances ».
Article 1er de la Constitution de 1958	« Égalité devant la loi de tous les citoyens sans distinction de […] religion. La République respecte toutes les croyances ».
Article 4	« La loi garantit les expressions pluralistes des opinions ».
La liberté de conscience est un PFRLR déduit de l'article 10 de la Déclaration des droits de l'Homme et du citoyen et de l'alinéa 5 du préambule de la Constitution de 1946 (Cons. const., n° 77-87 DC du 23 novembre 1977). Le Conseil rattache désormais cette liberté à l'article 10 de la DDHC (Cons. const., n° 2013-353 QPC, 18 octobre 2013).	

1. Régime

Liberté d'opinion

Le délit d'opinion n'existe plus (il s'agissait de sanctions pénales frappant le seul fait de manifester certaines opinions) et la liberté d'opinion et de conscience est ainsi protégée de manière négative. La liberté d'opinion et de conscience est ensuite protégée contre les particuliers (nullité de clauses contractuelles portant atteinte à la liberté d'opinion) et contre l'administration (neutralité du service public et absence de discrimination fondée sur les opinions voir : CE 13 mars 1953 *Teissier*, CE 28 mai 1954, *Barel*).

Liberté de conscience

Entendue comme la liberté religieuse, elle est essentiellement réglementée par la loi du 9 décembre 1905 selon laquelle aucune religion ni aucun culte ne doit être privilégié. Les autorités de l'État ne doivent donc pas s'immiscer dans les affaires religieuses.

2. Applications

La liberté de conscience

Elle trouve à s'appliquer dans le domaine médical. Les médecins peuvent faire jouer une clause de conscience pour refuser de procéder à une interruption volontaire de grossesse (Cons. const., n° 74-54 DC du 15 janvier 1975 et n° 446 DC du 27 juin 2001). En revanche un officier de l'état civil (fonction attribuée à des élus de la République) ne peut se prévaloir de cette clause pour refuser de célébrer un mariage entre deux personnes de même sexe (Cons. const., n° 2013-669 DC, 17 mai 2013) pour garantir l'application de la loi, le bon fonctionnement et la neutralité du service public (Cons. const., n° 2013-353 QPC, 18 oct. 2013).

La liberté d'opinion

Elle touche particulièrement les fonctionnaires et interdit que figure dans leur dossier la mention de leurs opinions politiques, philosophiques ou religieuses (ordonnance du 4 février 1959 art. 13, loi du 13 juillet 1983 art. 6 et loi du 13 juillet 1972 (militaires) art. 7).

La liberté d'opinion et de conscience

Elle concerne également les membres du corps professoral. Le Conseil constitutionnel a ainsi reconnu le principe d'une liberté de conscience des maîtres de l'enseignement privé (Cons. const., n° 77-87 DC du 23 novembre 1977).

L'objection de conscience

Elle exprime le refus de certaines institutions et en particulier de l'usage personnel des armes. L'objection de conscience est régie par le Code du service national (art. L. 116-1 à L. 116-8) et comporte une dispense de service militaire armé et une obligation d'effectuer un service non militaire (décret de Brégançon du 17 août 1972) consistant en des travaux ou des missions d'utilité publique. Les différences concernant les objecteurs de conscience ne constituent pas des discriminations interdites (CE ord., 11 oct. 2001 *Hauchemaille*).

L'objection de conscience cynégétique (relative à la chasse)

La liberté de conscience implique que des propriétaires hostiles à la chasse ne soient pas obligés par la loi d'accepter des chasseurs sur leur propriété (Cons. const., n° 2000-434 DC du 20 juill. 2000).

3. Limites

La liberté d'opinion et de conscience est une liberté absolue (on ne peut pas empêcher l'individu de penser et l'on ne peut, pas fort heureusement, connaître les pensées intimes et secrètes d'un être). Cependant, la liberté d'opinion et de conscience connaît des limites au moment de la divulgation de la pensée. La Déclaration des droits de l'Homme et du citoyen prévoit que **la manifestation des opinions ne doit pas troubler l'ordre public établi par la loi** (art. 10).

Le principe de l'**autonomie de la volonté** peut également entrer **en conflit avec** en particulier **la liberté de conscience**.

La Cour de cassation a refusé d'annuler le licenciement d'une enseignante d'une institution catholique qui avait divorcé ce qui paraissait contraire aux exigences du caractère propre de l'établissement (Cass. 19 mai 1978, *Dame Roy*).

La liberté d'opinion et de conscience trouve également des limites en ce qui concerne les **fonctionnaires** dans le cadre du principe de neutralité du service public. Ceux-ci sont astreints à une **obligation de réserve** impliquant une certaine retenue dans l'expression de leurs opinions sous peine de sanctions disciplinaires (CE 3 mai 2000, *Mlle Marteau*, avis sur le port de signe distinctif religieux).

La liberté de conscience dans sa dimension religieuse se heurte au problème des **sectes**. On peut considérer que le principe est encore celui de la liberté sous réserve que la secte n'adopte **pas de comportements délictueux**. Le décret du 9 mai 1996 a créé un Observatoire international des sectes qui doit en particulier surveiller le mouvement sectaire. La loi du 12 juin 2001 *relative à la prévention et à la répression des mouvements sectaires* renforce encore le contrôle des sectes.

La liberté de conscience suscite enfin des questions particulières en ce qui concerne le **port des insignes emblèmes ou vêtements religieux**. S'agissant de la sphère publique, le Conseil d'État a rendu le 27 novembre 1989 un avis relatif à la conciliation de la liberté de conscience avec le principe de laïcité. D'une manière générale, le port des insignes religieux n'est pas incompatible avec le principe de laïcité à condition qu'il ne constitue pas un acte de pression, de provocation, de prosélytisme ou de propagande (CE 2 nov. 1992, *Kherouaa et autres*). La laïcité est considérée par la CEDH comme un moyen de garantir le pluralisme des courants religieux.

La loi sur la laïcité du 15 mars 2004 prohibe le port des signes religieux ostensibles dans les établissements scolaires publics. En revanche, le port des signes discrets reste autorisé. Ceci laisse à penser que la liberté de conscience n'est pas affectée dans la mesure où c'est surtout la liberté d'expression (ostensible : ce qui est fait sans se cacher, ou avec l'intention d'être remarqué) qui est visée par la loi. Ce n'est pas l'avis des opposants à la loi pour lesquels la liberté de conscience est directement touchée. Les articles L. 141-1 et s. du Code de l'Éducation réglementent la laïcité. Reste que la loi du 11 octobre 2010 *interdisant la dissimulation du visage dans l'espace public* trouve un terrain d'application dans le port de certains signes religieux, tels que la burqa ou le niqab. Si le Conseil constitutionnel a estimé que cette disposition opère une conciliation non disproportionnée entre la sauvegarde de l'ordre public et la liberté religieuse, il a cependant émis une réserve d'interprétation selon laquelle cette règle ne saurait restreindre la liberté religieuse dans les lieux de culte ouverts au public (Cons. const., n° 2010-613 DC du 7 oct. 2010).

Dans le cadre de la sphère privée, la Cour de cassation a estimé au terme de la jurisprudence *Baby Loup* du 25 juin 2014 que le port de signes religieux ostensibles peut être limité par des stipulations réglementaires internes à condition que celles-ci soient suffisamment précises (et non générales), justifiées par la nature des tâches à accomplir par le salarié et proportionnées au but recherché.

B. La liberté d'expression et de communication

La liberté d'expression et de communication peut être définie comme la liberté de révéler sa pensée à autrui. Cette liberté comporte également le droit à l'information (R. Pinto). Énoncée de manière générale, la liberté d'expression et de communication se manifeste surtout à travers la liberté de la presse et de la communication audiovisuelle.

a. Cadre général

La liberté d'expression peut se définir comme la faculté d'exprimer librement sa pensée de manière écrite ou orale. (J. Rivero).

SOURCES

Article 11 de la Déclaration de 1789	« La libre communication des pensées et des opinions est un des droits les plus précieux de l'Homme ; tout citoyen peut donc parler, écrire, imprimer librement sauf à répondre de l'abus de cette liberté dans les cas déterminés par la loi ». La liberté d'expression est, selon le Conseil constitutionnel, « une liberté fondamentale, d'autant plus précieuse que son exercice est l'une des garanties essentielles du respect des autres droits et libertés et de la souveraineté nationale » (Cons. const., décis. n° 84-181 DC du 11 oct. 1984). La liberté d'expression est une condition de la démocratie et l'une des garanties du respect des autres droits et libertés.(Cons. const., déc. n° 2013-319 QPC du 7 juin 2013).
Loi du 29 juillet 1881 sur la liberté de la presse.	
Loi du 21 juin 2004 pour la confiance dans l'économie numérique	
Art 227-24 du Code pénal	réprime les messages à caractère violent ou pornographique ou de nature à porter gravement atteinte à la dignité humaine ainsi que leur commerce.
Art. L 2212-2 du Code général des collectivités territoriales	permet au maire de prendre des mesures de police administrative destinées à protéger l'ordre public ou la moralité publique (interdiction de spectacles, de films, de réunions…).

1. Régime

La liberté d'expression est largement entendue et le Conseil constitutionnel en fait une liberté très importante et centrale. Il en résulte un régime simple qui peut être résumé de la manière suivante (J. Rivero) :

– L'État s'abstient de toute prise de position religieuse ou politique et même scientifique ou philosophique. Ce premier aspect concerne en particulier les fonctionnaires et la neutralité du service public. Il est

assez difficile à appliquer notamment dans le domaine de l'enseignement car la liberté d'expression et la neutralité de l'État se heurtent à la liberté d'enseignement. Ainsi dans l'enseignement supérieur, les enseignants-chercheurs disposent d'une liberté presque totale au regard de la capacité de discernement de leur public ce qui n'est pas le cas des autres enseignants du secondaire.
– L'État doit aussi faire en sorte que la liberté de pensée et de communication soit respectée. Il ne se borne pas à ne pas intervenir par des prises de position officielles dans le débat d'idée, mais il garantit, respecte et, en principe, encourage le libre jeu de la pensée et les échanges.
– Les mesures préventives dirigées contre l'exercice de la liberté d'expression sont exclues. Il n'y a pas en principe d'autorisation préalable sauf le cas d'un public fragile (les mineurs par exemple) ou la protection de la souveraineté nationale (cas des publications étrangères).
– Les dispositions répressives ne sanctionnent que les « abus » strictement entendus tels que l'atteinte à l'honneur privé, à la réputation et les atteintes à l'ordre public. Cette question pose le problème des délits d'opinion qui consiste à ériger en infraction l'expression d'une opinion indésirable ou la simple adhésion à une telle opinion. Par exemple la loi des suspects du 17 septembre 1793 ordonnait l'incarcération de tous ceux qui « *soit par leur conduite soit par leurs relations, soit par leurs propos, soit par leurs écrits, se sont montrés des partisans de la tyrannie (royalistes) ou du fédéralisme (Les girondins), et ennemis de la liberté* ». Des textes plus récents définissent des délits d'opinion tels que l'incitation à la haine raciale (loi du 1er juillet 1972), le port d'un uniforme, insigne ou emblème rappelant le nazisme (Décret du 18 mars 1988) ou la contestation d'un crime contre l'humanité avéré (Loi du 13 juill. 1990 loi Gayssot).

2. Applications

Liberté d'expression et liberté de pensée

La liberté d'expression est une composante de la liberté de pensée. La liberté d'expression a pendant longtemps été confondue avec la liberté de la presse car la presse était le principal support de communication des idées et dans l'État légal (caractérisé par une protection des libertés publiques par la loi) la liberté de la presse était garantie par la loi du 29 juillet 1881 sur la liberté de la presse (voir ci-dessous). Les progrès de l'État de droit et les apports du droit comparé ont en fait montré que la liberté d'expression était bien entendu plus vaste que la simple liberté de la presse. La liberté d'expression est indissociable de la liberté d'opinion et elle fait sans doute partie avec cette dernière de la liberté plus générale de pensée. La liberté d'opinion est le versant intérieur de la liberté de pensée car elle s'entend comme la liberté donnée à chaque individu d'avoir ses propres idées. La liberté d'expression, qui constitue le volet extérieur de la liberté de pensée, peut s'entendre comme la faculté d'exprimer librement sa pensée de manière écrite ou orale.

Liberté d'expression et liberté de communication

Le droit constitutionnel distingue la liberté d'expression de la liberté de communication. La liberté de communication s'entend comme la liberté de communiquer librement sa pensée (voir ci-dessous). La liberté de communication suppose un rapport entre un émetteur qui émettra sa pensée et un récepteur qui recevra le message. Le rapport suppose ainsi une interaction entre l'émetteur et le récepteur ce qui n'est pas forcément le cas dans la liberté d'expression. En réalité, dans le droit moderne, la liberté de communication touche essentiellement la liberté des médias (communication audiovisuelle par exemple), alors que la liberté d'expression est plutôt une liberté individuelle de l'auteur de la pensée qui est communiquée voire de celui que la reçoit. Il est loisible de considérer la liberté d'expression et la liberté de communication comme deux facettes de la liberté extravertie de pensée. La première facette qui est la liberté d'expression concerne la liberté de diffuser la pensée et elle touche l'auteur d'une pensée et son destinataire. La liberté de communication concerne davantage le média, le support qui permet à l'auteur de diffuser sa pensée. Elle est donc plus tournée vers les entreprises médiatiques (groupes de télévision, sites internet, entreprises de presse, société de production et autres...).

Liberté d'expression active et passive

La liberté d'expression a une double dimension active en ce qui concerne l'émetteur, celui qui s'exprime et passive en ce qui concerne le récepteur qui reçoit le message.

Liberté individuelle ou collective de parler écrire et imprimer (dimension active)

La liberté d'expression est une liberté individuelle qui implique que chacun puisse de manière active choisir les termes qui lui semblent le mieux appropriés pour exprimer sa pensée (Cons. const., déc. n° 94-345 DC du 29 juillet 1994). La liberté d'expression implique normalement de choisir la langue dans laquelle l'on souhaite s'exprimer. La liberté d'expression se heurte en ce cas à l'article 2 alinéa 2 de la Constitution (langue française) qui doit être interprété de manière à ne pas entraver la liberté d'expression. Par conséquent les particuliers ne peuvent se prévaloir, dans leurs relations avec les administrations et les services publics, d'un droit à l'usage d'une langue autre que le français, ni être contraints à un tel usage (Cons. const., déc. n° 99-412 DC du 15 juin 1999). La liberté d'expression concerne aussi l'Internet et le législateur ne peut pas confier à une autorité administrative le droit de restreindre l'exercice, par toute personne, de son droit de s'exprimer et de communiquer librement, notamment depuis son domicile (Cons. const., déc. n° 2009-580 DC du 10 juin 2009). La liberté d'expression présente également une dimension collective notamment à l'occasion de l'exercice du droit de manifestation (Cons. const., déc. n° 94-352 DC du 18 janvier 1995).

Liberté de recevoir l'expression des idées (dimension passive)

Le Conseil constitutionnel a rattaché à la liberté d'expression le droit d'accès à internet et a jugé que les atteintes à la liberté d'accéder à internet s'analysaient, au regard de la Constitution, comme des atteintes à la liberté d'expression (Cons. const., déc. n° 2009-580 DC du 10 juin 2009). La loi ne peut pas, en outre, limiter le droit des personnes à s'informer sur les conséquences d'une interruption volontaire de grossesse. Elle ne peut pas permettre la répression d'actes ayant pour but d'empêcher ou de tenter d'empêcher une ou plusieurs personnes déterminées de s'informer sur une interruption volontaire de grossesse ou d'y recourir (Cons. const., déc. n° 2017-747 DC du 16 mars 2017). La liberté (passive) d'expression s'oppose également à ce que la loi interdise de manière générale et absolue la consultation de sites terroristes dès lors que les autorités disposent de moyens de contrôle suffisamment adaptés et que la consultation de tels sites ne présume pas de l'intention de commettre un acte terroriste (Cons. const., déc. n° 2016-611 QPC du 10 février 2017).

3. Limites

Les atteintes portées à l'exercice de la liberté d'expression, protégée par l'article 11 de la Déclaration de 1789, doivent être nécessaires, adaptées et proportionnées à l'objectif poursuivi (triple condition : nécessité, adaptation et proportionnalité). La liberté d'expression peut être limitée par des considérations d'ordre public ou par l'exercice d'autres droits et libertés garantis par la Constitution ou enfin par les droits des tiers. La liberté d'expression connaît ainsi généralement plusieurs limites.

Le respect de l'ordre public

La liberté d'expression ne saurait aller jusqu'à autoriser les troubles à l'ordre public. Ainsi le législateur doit concilier les exigences de l'ordre public et la garantie du droit d'expression collective des idées et des opinions et peut donc apporter des limites au droit de manifester (Cons. const., déc. n° 2010-604 DC du 25 février 2010). La liberté d'expression ne permet pas d'outrager le drapeau ou l'hymne national, mais à la condition que le délit d'outrage soit circonscrit et n'affecte pas les œuvres de l'esprit, les propos tenus dans un cercle privé ainsi que les actes accomplis lors de manifestations non organisées par les autorités publiques ou non réglementées par elles (Cons. const., déc. n° 2003-467 DC du 13 mars 2003).

Les propos négationnistes

Ils posent la question de la pénalisation de la négation, de la minoration ou de la banalisation de façon outrancière d'un crime de génocide, d'un crime contre l'humanité, d'un crime de réduction en esclavage ou d'un crime de guerre. Le Conseil constitutionnel a considéré qu'en réprimant ainsi la contestation de l'existence et de la qualification juridique de crimes qu'il aurait lui-même reconnus et qualifiés comme tels, le législateur a porté une atteinte inconstitutionnelle à l'exercice de la liberté d'expression (Cons. const., déc. n° 2012-647 DC du 28 février 2012). Toutefois le Conseil considère dans certains cas et en particulier pour les crimes commis durant la seconde guerre mondiale que leur négation constitue une incitation à la haine raciale et à l'antisémitisme et que dans la mesure où la loi reste strictement dans le cadre défini par la Constitution la répression de tels comportements ne méconnaît pas la liberté d'expression (Cons. const., déc. n° 2015-512 QPC du 8 janvier 2016). En revanche, le Conseil a censuré pour violation de la liberté d'expression, une disposition trop restrictive qui pouvait interdire tout débat historique sur l'existence d'un crime (Cons. const., déc. n° 2016-747 DC du 26 janvier 2017).

Les droits des tiers

Dans la mesure où la liberté s'arrête là où commence celle des autres, la liberté d'expression ne peut pas permettre de mettre en cause des tiers qui sont protégés par des procédures pénales visant la diffamation, les injures, l'atteinte à la vie privée, l'atteinte à l'honneur et à la réputation.

b. La liberté de la presse

Au sens strict : la liberté reconnue à tous d'imprimer librement. La définition de la liberté de la presse renvoie en fait à la définition de la presse. On entend sous ce terme, toutes les formes d'imprimés (livres, périodiques, affiches, mais aussi, disques et certains supports informatiques tels que les CD-ROM par exemple).

SOURCES

Article 11 de la Déclaration des droits de l'Homme et du citoyen	« La libre communication des pensées et des opinions est un des droits les plus précieux de l'Homme. Tout citoyen peut donc parler, écrire, imprimer librement… ».

Article 34 de la Constitution de 1958	« La loi fixe les règles concernant... le pluralisme et l'indépendance des médias ».
Loi du 19 juillet 1881 article 1er	« L'imprimerie et la librairie sont libres ». La liberté dela presse est une liberté fondamentale.

1. Régime

La liberté de la presse est indissociable de deux objectifs à valeur constitutionnelle qui sont l'objectif de pluralisme et l'objectif de transparence financière. Les lecteurs, qui sont les destinataires essentiels de la liberté de la presse doivent exercer leur libre choix sans que ni les intérêts privés, ni les pouvoirs publics puissent y substituer leurs propres décisions, ni même qu'on puisse en faire un marché (Cons. const., déc. n° 84-181 DC des 10-11 octobre 1984).

Le régime d'autorisation préalable est prohibé sauf dans des cas particuliers (voir **Limites**). Le législateur dans la réglementation de la liberté de la presse ne peut retenir des solutions plus rigoureuses que celles qui existaient auparavant. Cependant, la liberté de la presse est soumise à un régime de déclaration de tout nouveau journal ainsi qu'au dépôt de plusieurs exemplaires.

2. Applications

Le régime de liberté de la presse s'applique, d'une part à l'entreprise de presse et d'autre part, aux journalistes.

Liberté de l'entreprise de presse

La loi du 27 novembre 1986 (art. 1) limite les concentrations susceptibles de nuire à l'objectif de pluralisme (voir l'affaire du *groupe Hersant*). Est interdite, la possession de publications quotidiennes par une même personne ou un même groupe dont le total de la diffusion excède 30 % de toutes les publications quotidiennes sur le territoire national. L'État apporte son soutien aux entreprises de presse par l'octroi d'aides indirectes (prix du papier, tarifs postaux préférentiels) ou même directe lorsqu'il faut sauver un quotidien (voir, par exemple, s'agissant de *l'Humanité*, Cons. const. déc. n° 2000-441 DC du 28 décembre 2000). La liberté de la presse repose enfin sur un organisme de droit privé l'Agence France-Presse (AFP) dont l'État est le plus gros client.

Liberté du journaliste

Celui-ci dispose d'un statut protecteur tant à l'intérieur de l'entreprise, (clause de conscience permettant au journaliste de rompre son contrat de travail avec les mêmes indemnités que s'il était licencié en cas de changement d'orientation du journal), qu'à l'extérieur (délivrance d'une carte professionnelle par une commission spéciale qui permet de circuler ou d'accéder à des lieux particuliers). La loi du 14 novembre 2016 a prévu un droit d'opposition en faveur des journalistes leur permettant de refuser toute pression, de refuser de divulguer leurs sources et de refuser de signer un texte ou une émission, modifiés à leur insu ou contre leur volonté.

3. Limites

Les publications soumises à surveillance spéciale

Il s'agit des publications d'origine étrangère et des publications destinées à la jeunesse. Le ministre de l'Intérieur dispose de la faculté d'interdire la diffusion de publications d'origine étrangère (décret-loi du 6 mai 1939 modifiant l'article 14 de la loi du 29 juillet 1881 ; ordonnance du 19 septembre 2000). Auparavant le juge administratif exerçait un contrôle minimum sur les décisions du ministre de l'Intérieur qui devaient cependant être motivées par un danger pour l'ordre public (voir : CE 2 nov. 1973, *Société anonyme Librairie François Maspéro*). Désormais, le juge exerce un contrôle « normal » (CE 9 juill. 1997, *Association Elkin*). Le ministre de l'Intérieur peut également prendre un arrêté interdisant les publications présentant un danger pour la jeunesse (loi du 16 juillet 1949). Il existe un contrôle particulier des publications destinées à la jeunesse (loi du 16 juillet 1949) qui permet aux tribunaux d'ordonner la saisie et la destruction de ces publications lorsqu'elles favorisent le banditisme, le mensonge, le vol, la paresse, la lâcheté, la haine, la débauche…

Les saisies en matière de presse

Elles peuvent être prononcées par l'autorité judiciaire (saisie partielle d'un ou de plusieurs exemplaires seulement, art. 51 loi de 1881) afin de constater la présence de certaines infractions et d'en conserver les preuves ou par le préfet en cas de crimes ou délits contre la sûreté intérieure ou extérieure de l'État (art. 97 du Code de procédure pénale, saisie totale ou partielle). Elles peuvent être prononcées par l'autorité administrative dans le cadre de mesures de police administrative destinées à prévenir d'éventuels troubles à l'ordre public (elles peuvent être totales ou partielles). Très souvent, les saisies administratives se cachent derrière des saisies judiciaires (plus faciles à réaliser).

Les délits de presse

Ils concernent (rappel) les injures, la diffamation ainsi que les atteintes à l'éthique sociale (prohibition de l'apologie du crime par exemple) ou l'offense au chef de l'État. Les articles 24 et suivants de la loi du 29 juillet 1881 répriment certaines opinions telles que par exemple, la diffamation raciale et la provocation à la discrimination et à la haine raciale.

Le droit de réponse

Il est prévu par l'article 13 de la loi de 1881 et consiste dans l'obligation d'insérer dans des délais et conditions précis, la réponse que toute personne nommée ou désignée dans un article, juge nécessaire.

Limites liées au bon fonctionnement de la justice

L'article 435-25 du Code pénal réprime le discrédit sur un acte ou une décision juridictionnelle (voir ci-après « La liberté de communication audio-visuelle »).

c. La liberté de communication audiovisuelle, numérique et électronique

« Elle comprend la liberté de créer des entreprises audiovisuelles, la liberté pour celles-ci de diffuser leurs émissions et la liberté pour les auditeurs et les téléspectateurs de recevoir les programmes de leur choix » (A. Roux). La liberté de communication audiovisuelle concerne de nombreux supports : radio, télévision hertzienne, numérique, par câble ou par satellite, Internet.

SOURCES

Article 11 de la Déclaration des droits de l'Homme et du citoyen, article 34 Constitution de 1958 (voir plus haut « La liberté de la presse »).
Loi du 30 septembre 1986 *relative à la liberté de communication* (plusieurs fois modifiée, dont la dernière date du 15 nov. 2013).

1. Régime

Cette liberté est davantage organisée pour les récepteurs que pour les émetteurs. Elle doit respecter des objectifs de valeur constitutionnelle qui sont la sauvegarde de **l'ordre public**, le respect de **la liberté d'autrui** et la préservation du **pluralisme** (Cons. const., déc. n° 86-217 DC du 18 septembre 1986, n° 2000-443 DC du 27 juillet 2000).
À la différence de la liberté de la presse, elle est soumise à une **autorisation préalable**. L'autorisation se justifiait en raison du caractère limité du nombre des fréquences disponibles (Cons. const., déc. n° 81-129 DC des 30-31 octobre 1981).
Elle est placée sous la protection d'une autorité administrative indépendante : le **Conseil supérieur de l'audiovisuel** (CSA). Cependant en pratique, le mode de nomination des membres du CSA tel que prévu par les dispositions législatives (loi du 1er août 2000 et loi du 9 juillet 2004) et constitutionnelles (révision du 23 juillet 2008) soumet le choix arrêté par le pouvoir exécutif à l'avis public des commissions parlementaires permanentes compétentes (article 13 de la Constitution).
Depuis peu, le législateur accepte la **coexistence** d'un **secteur public** et d'un **secteur privé** (en France, les radios comme les chaînes de télévi-

sion étaient, de 1945 jusqu'en 1982 pour la Radio et de la fin des années 1930 à 1986 pour la Télévision, un monopole de l'État). (Notons cependant que dans les années 1920 et surtout 1930, la IIIe République avait déjà permis la création de nombreuses radios privées).

2. Applications

La communication radiophonique

Les radios publiques sont confiées à une société nationale de programme. Les radios privées utilisant la voie hertzienne sont soumises à un régime d'autorisation. Le Conseil supérieur de l'audiovisuel est chargé d'accorder ces autorisations pour des zones géographiques et des catégories de services préalablement définies. Le CSA dispose en outre d'un pouvoir de sanction (par exemple : CE 18 mai 1998, *Société Info Première « réussir FM » et autres*).

La communication télévisée

S'agissant de la télévision par voie hertzienne le secteur public est présent à travers une entreprise unique, le groupe France Télévisions. Le secteur privé au plan national comprend trois groupes. Le CSA accorde des autorisations d'émettre valables pour 10 ans reconductibles une fois pour une durée de 5 ans (depuis la loi du 1er août 2000, la durée est la même pour les radios privées). Il dispose d'un pouvoir de sanction (par exemple l'ancienne cinquième chaîne a été condamnée à une sanction de 4 millions de francs, CE 26 juill. 1991, *SA La Cinq*). La télévision par câble est soumise à une autorisation accordée par le CSA d'exploiter le réseau câblé qui est accordée pour une durée de 20 ans. Enfin, le statut de la télévision par satellite a été modifié par la loi du 1er août 2000, l'autorisation d'usage des fréquences ne peut être supérieure à 10 ans. Le réseau hertzien est abandonné depuis 2007. Il est destiné à accueillir désormais les chaînes locales. Il a été remplacé pour les chaînes nationales par la Télévision numérique terrestre, la TNT.

La communication numérique

La loi de 2004 *pour la confiance dans l'économie numérique* a tendance à intégrer la communication numérique dans la liberté de communication audiovisuelle. Cette loi doit constituer le texte de base pour la réglementation de la communication sur Internet. La loi précise ainsi que la communication « en ligne » constitue un sous-ensemble de la communication audiovisuelle. La loi distingue la communication publique des échanges entre personnes qui relèvent de la correspondance privée. La loi réglemente la responsabilité des hébergeurs qui ne peut être mise en cause que si ces derniers ont eu connaissance du caractère illicite des informations hébergées ou si en ayant connaissance ils n'ont pas fait

diligence pour faire cesser la diffusion de ces informations. En ce sens, dans la décision n° 2011-164 QPC du 16 septembre 2011 le juge constitutionnel émet une réserve d'interprétation dans la mesure où les caractéristiques d'Internet permettent à l'auteur d'un message de garder l'anonymat. C'est pourquoi les dispositions législatives ne sauraient instaurer une présomption irréfragable de responsabilité pénale en méconnaissance des exigences constitutionnelles précitées, ni être interprétées comme permettant que le créateur ou l'animateur d'un site de communication au public en ligne mettant à la disposition du public des messages adressés par des internautes, voie sa responsabilité pénale engagée en qualité de producteur à raison du seul contenu d'un message dont il n'avait pas connaissance avant la mise en ligne.
La loi confie donc à l'hébergeur un pouvoir de contrôle discuté. La loi du 9 juillet 2004 *relative aux communications électroniques et aux services de communication audiovisuelle* excepte en partie la télévision numérique qui ne supporte pas les mêmes contraintes techniques que la télévision par voie hertzienne.

3. Limites

Limites d'ordre économique

Afin de préserver l'objectif constitutionnel de pluralisme, les concentrations des entreprises dans le secteur audiovisuel (comme dans celui de la presse) sont limitées.

Limites relatives au contenu des programmes

Il s'agit de réglementer l'usage de la publicité (le CSA accorde aux diffuseurs de messages publicitaires des visas les autorisant à les diffuser). La loi du 5 mars 2009 supprime progressivement la publicité pour les chaînes publiques de télévision. Le parrainage d'émissions restera toutefois possible. En France, la loi du 18 janvier 1992, impose un quota de 60 % d'œuvres cinématographiques et audiovisuelles européennes et de 40 % d'œuvres françaises.

Limites liées au respect des particuliers

Il existe (cela n'a pas toujours été le cas), un droit de réponse qui appartient à toute personne physique ou morale dont l'honneur ou la réputation est mis en cause par une émission du secteur public ou du secteur privé (loi du 29 janvier 1982). Les magistrats de l'ordre judiciaire peuvent également, au titre du respect de l'intimité de la vie privée, ordonner le retrait de certaines séquences télévisées (par exemple à propos de séquences concernant des prostituées, CA Paris, 25 novembre 1992, *F L c/ MD productions et TF1*).

Limites liées au bon fonctionnement de la justice

Afin de conserver la sérénité de l'instruction, est prohibée la divulgation d'informations touchant au secret de l'instruction.

d. La liberté d'enseignement

Elle comporte la liberté de donner un enseignement (liberté d'enseigner) et celle de recevoir un enseignement (P. Delvolvé).
Cela implique plusieurs conséquences : liberté d'ouvrir un établissement d'enseignement et de choisir un type d'enseignement particulier, pour l'enseignant liberté d'assurer un enseignement.

SOURCES

La liberté de l'enseignement constitue un principe fondamental reconnu par les lois de la République (Cons. const., déc. n° 77-87 DC du 23 novembre 1977; n° 2016-745 DC du 26 janvier 2017).	
Alinéa 13 du Préambule de la Constitution de 1946	« La Nation garantit l'égal accès de l'enfant et de l'adulte à l'instruction, à la formation professionnelle et à la culture. L'organisation de l'enseignement public, gratuit et laïque à tous les degrés est un devoir de l'État : voir ci-après ».
Article 1er de la loi du 31 décembre 1959 dite loi Debré	« L'État proclame et respecte la liberté de l'enseignement et en garantit l'exercice aux établissements privés régulièrement ouverts ». L'article L. 111-1 du Code de l'Éducation dispose que l'Éducation est la première priorité nationale. Le service public de l'Éducation est conçu et organisé en fonction des élèves et des étudiants. Il contribue à l'égalité des chances. Outre la transmission des connaissances, la Nation fixe comme mission première à l'école de faire partager aux élèves les valeurs de la République. L'école garantit à tous les élèves l'apprentissage et la maîtrise de la langue française. Le droit à l'éducation est garanti à chacun afin de lui permettre de développer sa personnalité, d'élever son niveau de formation initiale et continue, de s'insérer dans la vie sociale et professionnelle, d'exercer sa citoyenneté.

1. Régime

La liberté de l'enseignement se rapporte essentiellement au caractère pluraliste de l'enseignement qui se manifeste par :

- l'**absence de monopole de l'enseignement public** (chacun peut créer un établissement privé d'enseignement);
- la possibilité de **choix** pour l'élève et sa famille **entre** un établissement **public** et un établissement **privé**;
- la **liberté de l'enseignant** (variable suivant les degrés dans lesquels il enseigne : enseignement primaire, secondaire ou supérieur).

2. Applications

Enseignement public

La liberté de l'enseignement est une liberté d'accès à l'enseignement (quelles que soient les origines sociales des élèves) : droit à l'instruction. La liberté de l'enseignement revêt plusieurs caractères.

– **L'enseignement obligatoire** pour les enfants de 6 à 16 ans (loi du 28 mars 1882 art. 7 modifiée par la loi du 22 mai 1946, art. L. 131-1. Code de l'éducation.). L'article L. 113-1 du Code de l'Éducation concerne l'âge préscolaire (école maternelle dans laquelle tout enfant doit pouvoir être accueilli).

– **L'enseignement public gratuit** (la gratuité est mentionnée par le Préambule de la Constitution de 1946 et imposée par la loi du 16 juin 1881 et l'article L. 132-1 du Code de l'Éducation). La gratuité n'est véritablement effective que pour la maternelle (CE 10 janv. 1986, *Commune de Quingey*) et le primaire. Les droits d'inscription (modiques par rapport au coût réel du service) dans le supérieur constituent une simple participation financière de l'usager dont la faiblesse du montant s'explique par le principe de gratuité (M. de Villiers). « Pour garantir ce droit (à l'éducation) dans le respect de l'égalité des chances, des aides sont attribuées aux élèves et aux étudiants selon leurs ressources et leurs mérites » (art. L. 111-1 du Code de l'éducation).

– **L'enseignement laïque** : ***il n'y a aucune définition juridique de la laïcité, cependant*** à partir des dispositions d'application, il est possible d'affirmer deux propositions.

Dans un État laïc :

– l'État n'exerce aucun pouvoir religieux (principe de tolérance) ;

– la ou les Église(s) n'exerce(nt) aucun pouvoir politique.

Selon la formule d'E. Renan (1882), la laïcité repose sur « l'État neutre entre les religions, tolérant pour tous les cultes ». La Commission Stasi a considéré que la laïcité repose sur trois valeurs indissociables : liberté de conscience, égalité en droit des opinions spirituelles et religieuses, neutralité du pouvoir politique.

La laïcité est mentionnée par le préambule de la Constitution de 1946 et trouve son origine dans la loi J. Ferry du 28 mars 1882 (qui supprime des programmes de l'enseignement primaire public l'instruction religieuse). L'article 1er de la Constitution rappelle que la France est une République laïque. La laïcité se concrétise d'abord dans le respect du principe de neutralité des enseignants qui doivent faire preuve d'une stricte impartialité à l'égard de la religion. La laïcité pose beaucoup plus de difficultés en ce qui concerne la neutralité des élèves qui disposent d'une liberté d'expression (loi *d'orientation sur l'éducation* du 10 juillet 1989, art. L. 552-1 Code de l'Éducation pour les collèges et lycées). Dans deux arrêts du 14 avril 1995, le Conseil d'État a admis la possibilité pour un élève de bénéficier individuellement d'autorisations d'absence nécessaires à l'exercice d'un culte ou d'une fête religieuse (en l'espèce le shabbat), mais le juge a rejeté le principe d'une dispense automatique d'assiduité scolaire le samedi. Le problème du port des insignes religieux dans l'école publique est également en rapport avec la laïcité. La loi sur la laïcité vise à donner un cadre législatif (encore plus large depuis 2010, à la suite de l'adoption de la loi *interdisant la dissimulation du visage dans les espaces publics*) à un droit qui n'était régi que par circulaire « alors que la loi réglemente l'exercice des libertés publiques » (L. Favoreu). La laïcité est régie par le Titre IV du livre 1er du Code de l'éducation. La loi insère dans ce titre un article L. 141-5-1 interdisant le port de signes ou tenues par lesquels les élèves manifestent ostensiblement une appartenance religieuse. Toutefois la loi assortit cette interdiction d'une procédure de dialogue au sein de l'établissement concerné. La loi est complétée par la circulaire du 19 mai 2004.

– **La continuité de l'enseignement public est assurée :** l'enseignement public étant un service public, la continuité de ce service s'impose. En conséquence, l'État (le Rectorat) doit garantir une continuité des enseignements notamment en cas d'absence prolongée des enseignants (CE 27 janv. 1988, *Giraud*).

Enseignement privé

La liberté de l'enseignement suppose un enseignement pluraliste et en particulier la coexistence d'un enseignement public et d'un enseignement privé (art. L. 131-2 et art. L. 151-1 du Code de l'éducation). Le caractère propre de l'établissement privé qu'il soit ou non sous contrat avec l'État signifie notamment que le port manifestement ostensible des signes religieux n'est pas prohibé dans les établissements privés (Cons. const., déc. no 77-87 DC du 23 nov. 1977). « Par caractère propre de l'établissement on peut entendre la valeur différente de l'enseignement privé, le style de l'éducation, l'encadrement, les activités post scolaires, les formes de la vie pédagogique (...), les valeurs au nom desquelles cet établissement a été créé... » (R. Errera). Il existe quatre formes de relations entre l'État et les établissements d'enseignement privés (loi du 31 décembre 1959 dite loi Debré) : le contrat simple, le contrat d'association, la demande d'intégration dans l'enseignement public, l'indépendance totale.

Enseignement supérieur

La liberté est renforcée par un autre principe fondamental reconnu par les lois de la République : celui de l'indépendance des professeurs d'université (Cons. const., déc. no 83-165 DC du 20 janv. 1984). Cette indépendance a été par la suite étendue aux enseignants-chercheurs (Cons.

const., déc. n° 94-355 DC du 10 janv. 1995 ; Cons. const., déc. n° 2010-20/21 QPC du 6 août 2010). Au vu de l'âge du public concerné et de sa faculté de discernement, le port des signes religieux n'est pour l'instant pas interdit dans l'enseignement supérieur.

3. Limites

Contrôles de l'État

La liberté de l'enseignement ne peut être absolue et un contrôle de l'État est nécessaire en ce qui concerne la qualité des enseignements et l'ordre public (la salubrité et les bonnes mœurs). La création d'un établissement privé est subordonnée à une exigence de diplôme.

Monopole de la collation des grades

Il est interdit aux établissements d'enseignement privés de délivrer des diplômes auxquels l'État accorde sa garantie (le Baccalauréat par exemple ou la Licence). Ce monopole oblige en définitive, les établissements privés à s'aligner sur les programmes de l'enseignement public et surtout sur les méthodes pédagogiques de l'enseignement public.

Conditions financières

La gratuité de l'enseignement privé n'existe que dans le cadre du contrat d'association encore que cela n'exclut pas pour certains d'entre eux une contribution (volontaire (décret du 28 juillet 1960 art. 15) ou des frais annexes). L'aide de l'État, qui doit permettre en principe de réduire les frais de scolarité, impose en contrepartie des contraintes assez lourdes qui pèsent sur l'établissement privé et limitent d'autant sa liberté. Les collectivités locales peuvent également aider financièrement les établissements privés (voir à propos des établissements privés d'enseignement technologique et professionnel, CE 18 nov. 1998, *Région Île de France*). Ce financement est précisé par la loi du 23 avril 2005 de programmation pour l'école et l'article L. 111-1 du Code de l'Éducation précise que pour garantir le droit à l'éducation dans le respect de l'égalité des chances, des aides sont attribuées aux élèves et aux étudiants selon leurs ressources et leurs mérites.

III. Les libertés collectives

A. La liberté d'association

C'est la liberté accordée aux individus de se grouper au sein d'une association, au moyen d'une convention par laquelle ils mettent en commun d'une façon permanente leurs connaissances ou leurs activités dans un but autre que de partager des bénéfices. L'association se distingue de la réunion par son caractère permanent, et des sociétés commerciales par son but non lucratif.

SOURCES

La liberté d'association est un principe fondamental reconnu par les lois de la République (Cons. const., déc. n° 71-44 DC du 11 juillet 1971 ; n° 2000-434 DC du 20 juillet 2000).
Loi du 1er juillet 1901 *relative au contrat d'association.*
Décret du 16 août 1901, *portant règlement général d'administration publique pour l'exécution de la loi du 1er juillet 1901 relative au contrat d'association.*

1. Régime

La loi de 1901 distingue plusieurs catégories d'association :
- Les associations dépourvues de la personnalité juridique peuvent se former librement sans autorisation ni déclaration préalable : **associations non déclarées**.
- Les associations pourvues de la personnalité morale doivent être déclarées à la préfecture du département ou à la sous-préfecture de l'arrondissement où l'association aura son siège, elles doivent déposer leurs statuts : **associations déclarées**.
- Les associations qui, pourvues de la personnalité juridique, disposent d'une capacité juridique plus étendue (elles peuvent par exemple recevoir des dons et legs) sont reconnues par décret : **associations reconnues d'utilité publique**.

Le régime de l'association est très libéral et en aucun cas, une demande d'autorisation n'est nécessaire car cela viderait la liberté de toute sa substance. La liberté demeure alors même qu'une association serait constituée dans le seul but de contester des décisions individuelles (permis de construire…), mais en ce cas la loi peut leur interdire d'exercer un tel recours (Cons. const., déc. n° 2011-138 QPC du 17 juin 2011). La loi du 3 avril 1955 (art. 8) qui permet l'interdiction de certaines réunions en période d'état d'urgence n'a ni pour objet ni pour effet d'encadrer les conditions dans lesquelles les associations se constituent et exercent leur activité et ne porte pas atteinte au principe fondamental reconnu par les lois de la République de la liberté d'association (Cons. const., déc. n° 2016-535 QPC du 19 février 2016).

2. Applications

Associations de droit commun

La liberté est la règle, mais le contrat d'association a un caractère institutionnel qui crée un lien social permanent unissant les membres dans la recherche d'un but commun et qui suppose l'organisation de l'association dans le cadre de statuts. Les membres de l'association doivent se plier à ses règlements et obéir aux directives émanant de l'organe directeur, ils peuvent aussi suivant les statuts contribuer financièrement à la vie de l'association (versements de cotisations). La personnalité de l'association est juridiquement protégée par sa dénomination et la possibilité d'ester en justice.

Associations particulières (y compris les fondations d'utilité publique, d'entreprise, la fondation de France)

La liberté est plus limitée. Ces associations particulières sont essentiellement les congrégations (associations de caractère religieux dont les membres sont liés par des vœux. Ils vivent en communauté et obéissent à une règle qui est approuvée par l'Église). Soumises jadis (1904) à un régime très strict (délit de constitution de congrégation), les congrégations ont été à nouveau autorisées par la loi du 9 avril 1942. Seules sont soumises à autorisation les congrégations qui veulent bénéficier de la personnalité juridique (reconnaissance par décret en Conseil des ministres). Sont également soumises à un régime particulier certaines associations comme les associations ayant pour but exclusif l'assistance et la bienfaisance, ou certaines associations chargées de la gestion de services publics (agrément ministériel ou délégations de service public). Enfin, héritage du Concordat (1804), les associations qui ont leur siège dans le Haut-Rhin, le Bas-Rhin et la Moselle bénéficient d'un régime plus souple combinant les avantages de l'association déclarée et de l'association reconnue d'utilité publique.

Les partis politiques

L'article 4 de la Constitution de 1958 dispose que les partis et groupements politiques concourent à l'expression du suffrage universel. Ils doivent respecter les principes de la souveraineté nationale et de la démocratie. La loi garantit les expressions pluralistes des opinions et la participation équitable des partis et groupements politiques à la vie démocratique de la Nation. Ils se forment et exercent leur activité librement dans le respect des obligations constitutionnelles posées par l'article 4. Les partis politiques sont ainsi des associations particulières qui jouissent d'un statut privilégié : ils disposent de la personnalité morale sans être astreints à une déclaration préalable, peuvent ester en justice et recevoir des dons. Ils bénéficient également d'un financement public (voir Première Partie).

Les groupes parlementaires

Les groupes parlementaires de l'Assemblée nationale (2014) et du Sénat (2015) ont le statut d'association présidée par le président du groupe et composée des membres du groupe et apparentés (art. 20 règlement de l'Assemblée nationale ; art. 5 règlement du Sénat).

3. Limites

La dissolution des associations

Outre les dissolutions volontaires ou statutaires, la dissolution peut être une sanction prononcée par le juge judiciaire à la demande de tout intéressé ou du ministère public ou par l'autorité administrative (sous le contrôle du juge administratif). La loi du 10 janvier 1936 (art. L. 212-1 CSI) permet la dissolution par décret du président de la République en Conseil des ministres de certaines associations ou groupements de fait (par exemple celles qui provoqueraient à des manifestations armées dans la rue ou qui provoqueraient à la discrimination, à la haine ou à la violence envers une personne ou un groupe de personnes à raison de leur origine ou de leur appartenance à une ethnie, une nation, une race ou une religion déterminée).

Un nouveau cas de dissolution a été introduit par la loi du 5 juillet 2006 *relative à la prévention des violences lors des manifestations sportives* qui insère dans le Code du sport un article L. 332-18 prévoyant la dissolution de toute association ou groupement de fait ayant pour objet le soutien à une association sportive, dont des membres ont commis en réunion, en relation ou à l'occasion d'une manifestation sportive, des actes répétés constitutifs de dégradations de biens, de violence sur des personnes ou d'incitation à la haine ou à la discrimination contre des personnes à raison de leur origine, de leur orientation sexuelle, de leur sexe ou de leur appartenance, vraie ou supposée, à une ethnie, une nation, une race ou une religion déterminée.

Nullité de l'association

Article 3 de la loi de 1901 : toute association fondée sur une cause ou en vue d'un objet illicite, contraire aux lois, aux bonnes mœurs, ou qui aurait pour but de porter atteinte à l'intégrité du territoire national et à la forme républicaine du Gouvernement est nulle et de nul effet.

Agrément de l'association

Pour pouvoir réaliser leurs activités, de nombreuses associations sont soumises à un agrément délivré par l'autorité administrative qui permet de contrôler l'association et éventuellement de la sanctionner (retrait d'agrément).

Délégation de service public à une association

Dans cette hypothèse, le pouvoir de tutelle de l'administration sur une association est évidemment accru. L'association dispose pour ce faire de prérogatives de puissance publique, en contrepartie elle est tenue de répondre aux exigences liées à l'exécution du service public (égalité, neutralité…).

B. La liberté de réunion et de manifestation

Liberté de réunion : liberté de se réunir dans un groupement momentané et concerté, destiné à l'échange en commun d'idées dans un lieu déterminé, en vue de s'accorder pour la défense d'intérêts. La réunion rassemble trois éléments :
– une pluralité de participants,
– une rencontre épisodique limitée dans le temps (différence avec l'association),
– une rencontre concertée dans un but particulier commun à tous les participants.
Liberté de manifestation : liberté de se rassembler sur la voie publique afin d'exprimer une volonté collective.

SOURCES

La liberté de réunion n'est pas expressément consacrée par les textes constitutionnels.
Le Conseil constitutionnel la rattache à l'article 11 de la DDHC en se référant au droit d'expression collective des idées et des opinions (Cons. const., déc. n° 94-352 DC du 18 janvier 1995, mais il ne s'agit que de la liberté de manifestation).
L'article 1er de la loi du 30 juin 1881 « Les réunions publiques sont libres ».
Loi du 28 mars 1907 « Les réunions publiques pourront être tenues, quel qu'en soit leur objet, sans déclaration préalable ».
Décret-loi du 23 octobre 1935 « Manifestations soumises à autorisation »
Loi du 21 janvier 1995 « Infractions commises lors des manifestations ».

1. Régime

Le régime de la liberté de réunion distingue les réunions privées des réunions publiques.

Réunions privées

Elles ne concernent que les personnes qui y sont expressément invitées et se tiennent dans un local fermé (idée de domicile). Les réunions privées bénéficient d'un régime de totale liberté.

Réunions publiques

Ce sont celles qui sont ouvertes à des personnes non nominativement désignées et sont régies par les lois de 1881 et 1907. Ces réunions publiques sont libres et elles ne sont pas soumises à une déclaration préalable.
La liberté de manifestation n'a jamais fait l'objet d'une réglementation générale autre que celle tenant à la limiter.

2. Applications

Les manifestations et attroupements

Les manifestations sont définies comme des rassemblements de personnes qui utilisent la voie publique afin d'exprimer une volonté collective. Les attroupements non insurrectionnels sont en principe autorisés, sauf en cas d'état d'urgence ou de siège. Ce sont des rassemblements organisés sur la voie publique, ils n'ont pas par eux-mêmes vocation à exprimer une opinion. Sont astreints à l'obligation d'une déclaration préalable, tous cortèges, défilés, et rassemblements de personnes, et d'une façon générale, toutes manifestations sur la voie publique (décret-loi du 23 octobre 1935, art. 1er, art. L 211-1 et s. CSI). La déclaration signée par trois des organisateurs, doit être faite en mairie, 3 jours francs au moins avant la date prévue et indiquer le but de la manifestation, son lieu, sa date et son heure, ainsi que l'itinéraire projeté. Les attroupements peuvent être dissipés par la force publique après deux sommations de se disperser, lorsqu'ils sont armés ou susceptibles de troubler l'ordre public (art. 431-3 du Code pénal).

Les sorties sur la voie publique conformes aux usages locaux

Convoi funéraire, processions religieuses demeurent libres conformément à l'article L. 211-1 du Code de la sécurité intérieure (voir s'agissant des manifestations extérieures des cultes CE 19 févr. 1909, *Abbé Olivier*). Elles peuvent toutefois être soumises à des restrictions particulières en cas de risque de troubles à l'ordre public (CE 21 janv. 1966 *Legastelois*) ou dans des circonstances particulières (Plan Vigie-pirate par ex.).

Un type de réunion particulier, les « rave party »

Les « *rave* » ont fait l'objet après quelques hésitations d'une réglementation par la loi du 15 novembre 2001 (art. L. 211-5 et s. CSI) complétée par le décret du 3 mai 2002 (art. R. 211-2 et s. CSI). Définies comme des rassemblements festifs à caractère musical, organisés par des personnes privées, dans des lieux qui ne sont pas au préalable aménagés à cette fin (musique amplifiée, rassemblements de plus de 250 personnes), elles sont soumises à une déclaration au préfet du département précisant les mesures propres à garantir la sécurité, la tranquillité, l'hygiène et la salubrité publiques. En cas de défaut de déclaration, la saisie du matériel peut être opérée et des sanctions pénales prononcées.

3. Limites

Le régime de la **liberté de réunion** connaît cependant quelques restrictions (art. 6 loi de 1881) :
– les réunions ne peuvent être tenues sur la voie publique ;
– elles ne peuvent se prolonger au-delà de 23 heures ;
– il y a obligation de former un bureau de trois membres responsables de l'ordre ;
– la présence d'un commissaire de police ou d'un magistrat chargé du maintien de l'ordre est obligatoire.

Les manifestations déclarées

Elles peuvent être interdites si l'autorité investie du pouvoir de police estime qu'elles sont de nature à troubler l'ordre public. Mais l'autorité doit concilier l'exercice de ses pouvoirs avec le respect de la liberté de réunion (CE 19 mai 1933 *Benjamin*; CE 23 janv. 1953 *Naud*; CE 19 juin 1953, *Houphouët-Boigny*; CE 12 nov. 1997, *Ministre de l'Intérieur c/ Ass. Communauté tibétaine en France et ses amis :* le juge administratif exigeant d'une part une menace pour l'ordre public et d'autre part une mesure d'interdiction appropriée). Les « opérations escargot » entrent dans ce cas.

Les attroupements illégaux

Ils sont régis par les articles L. 211-9 et 10 du CSI. Les articles 431-3 et s. du Code pénal sanctionnent la participation délictueuse à un attroupement c'est-à-dire tout rassemblement de personnes sur la voie publique ou dans un lieu public susceptible de troubler l'ordre public. Ces attroupements doivent être dispersés par la force publique. L'article 433-5-1 du Code pénal, réprime le fait, au cours d'une manifestation organisée ou réglementée par les autorités publiques, d'outrager publiquement l'hymne national ou le drapeau tricolore. Selon le Conseil constitutionnel, l'expression « manifestations réglementées par les autorités publiques », éclairée par les travaux parlementaires, doit s'entendre des manifestations publiques à caractère sportif, récréatif ou culturel se déroulant dans des enceintes soumises par les lois et règlements à des règles d'hygiène et de sécurité en raison du nombre de personnes qu'elles accueillent. Sont en revanche exclus les œuvres de l'esprit, les propos tenus dans un cercle privé, ainsi que les actes accomplis lors de manifestations non organisées par les autorités publiques ou non réglementés par elles. (Cons. const., déc. n° 2003-467 DC, 13 mars 2003).

La réglementation des débordements violents (dispositions « anti-casseurs »)

Si « les circonstances font craindre des troubles graves à l'ordre public », la loi du 21 janvier 1995 (art. L. 211-3 CSI) permet au préfet d'interdire, jusqu'à la dispersion, une manifestation, pendant les 24 heures qui la précèdent, ainsi que le port et le transport d'objets pouvant constituer une arme au sens de l'article 132-75 du Code pénal. Les déprédations qui ont été consécutives à une manifestation sont soumises à un régime spécial de réparation prévoyant une responsabilité sans faute de l'État. (art. L. 2216-3 CGCT; voir à propos des barrages routiers : CE, avis du 20 février 1998, *société ECSA et autres*). Toutefois, la jurisprudence distingue les dommages liés au rassemblement des dommages « périphériques » survenus après dispersion dudit rassemblement (CE 3 mars 2003, *Cie Generali France assurances*). L'état d'urgence constitue l'ultime parade aux débordements violents. C'est ainsi qu'en novembre 2005 l'état d'urgence a été déclaré afin de faire face aux émeutes dans les banlieues. L'état d'urgence se fonde sur la loi n° 55-385 du 3 avril 1955 (à laquelle renvoie l'article L. 213-1 CSI). Il confère des pouvoirs importants aux autorités et permet notamment de procéder à des perquisitions (art. 11 de la loi de 1955) faiblement réglementées.

L'état d'urgence

L'article 14 de la loi du 13 avril 1955 permet des mesures d'interdiction des réunions qui cessent lorsque prend fin l'état d'urgence. Ces dispositions ont opéré une conciliation proportionnée entre le droit d'expression collective des idées et des opinions et l'objectif de valeur constitutionnelle de sauvegarde de l'ordre public (Cons. const., déc. n° 2016-635 QPC du 19 février 2016).

IV. Les droits économiques et sociaux

A. Le droit de propriété

Le droit de jouir, de retirer les fruits et de disposer de son bien.

SOURCES

<table>
<tr><td>Article 2 de la Déclaration des droits de l'Homme et du citoyen</td><td>place la propriété au nombre des droits naturels et imprescriptibles de l'Homme</td></tr>
<tr><td>Article 17</td><td>la propriété étant un droit inviolable et sacré, nul ne peut en être privé, si ce n'est lorsque la nécessité publique, légalement constatée l'exige, et sous la condition d'une juste et préalable indemnité</td></tr>
<tr><td colspan="2">Le préambule de la Constitution de 1946 ne mentionne pas le droit de propriété sauf son alinéa 9 (tout bien, toute entreprise, dont l'exploitation a ou acquiert les caractères d'un service public national ou d'un monopole de fait doit devenir la propriété de la collectivité), (Cons. const., déc. n° 81-132 DC du 16 janv. 1982).</td></tr>
<tr><td>L'article 34 de la Constitution de 1958</td><td>« la loi détermine les principes fondamentaux […] du régime de la propriété ».</td></tr>
<tr><td colspan="2">Le principe fondamental reconnu par les lois de la République de l'autorité judiciaire gardienne de la propriété privée immobilière (Cons. const., déc. n° 89-256 DC du 25 juill. 1989).</td></tr>
<tr><td>Article 544 du Code civil</td><td>« La propriété est le droit de jouir et disposer des choses de la manière la plus absolue, pourvu qu'on n'en fasse pas un usage prohibé par les lois ou par les règlements » et article 545 « Nul ne peut être contraint de céder sa propriété, si ce n'est pour cause d'utilité publique, et moyennant une juste et préalable indemnité ».</td></tr>
</table>

1. Régime

Le droit de propriété présente un caractère fondamental, mais des atteintes peuvent lui être portées. L'article 34 de la Constitution prévoit que la loi détermine les principes fondamentaux du régime de la propriété. Il y a lieu de distinguer suivant que ces atteintes peuvent s'analyser ou non en dépossession, privation de propriété ou atteintes telles qu'elles dénaturent le droit de propriété (Cons. const., déc. n° 2000-434 DC du 20 juill. 2000). Il y a une distinction entre les simples limitations du droit de propriété, qui relèvent de l'article 2 de la Déclaration de 1789 et qui sont admises dans certaines limites et les privations du droit de propriété qui relèvent de l'article 17 de la Déclaration de 1789 et qui sont en principe interdites. En l'absence de privation du droit de propriété au sens de l'article 17, il résulte néanmoins de l'article 2 de la Déclaration de 1789 que les atteintes portées à ce droit doivent être justifiées par un motif d'intérêt général et proportionnées à l'objectif poursuivi.

Plusieurs principes ont été dégagés par le Conseil constitutionnel qui permettent de comprendre le degré de protection dont jouit le droit de propriété.

– **1er principe** : le droit de propriété doit s'apprécier en considération des évolutions qu'il a connues dans ses finalités et ses conditions d'exercice, c'est-à-dire qu'il doit s'entendre en fonction de son évolution et des éventuelles limitations qu'il a subies (ce n'est pas un droit absolu, voir par exemple Cons. const., déc. n° 2009-580 DC, 11 juin 2009).
– **2e principe** : la protection du droit de propriété visée par l'article 17 de la Déclaration des droits de l'Homme et du citoyen ne joue qu'en cas de privation de propriété, les limitations de propriété relèvent de l'article 2 de la déclaration de 1789.
– **3e principe** : il concerne la propriété privée immobilière qui est placée sous la protection du juge judiciaire.

2. Applications

Propriété des personnes physiques et morales privées

Deux sortes de propriétés sont considérées,
– la propriété immobilière : la forme de propriété la plus ancienne et aussi la plus protégée,
– la propriété mobilière : elle laisse place à plus d'incertitudes mais le Conseil constitutionnel a décidé qu'entraient dans le champ de la propriété les marques de fabrique, de commerce et d'industrie (Cons. const., déc. n° 90-283 DC du 8 janv. 1991). Ainsi figure au sein du droit de propriété le droit, pour les titulaires du droit d'auteur et de droits voisins, de jouir de leurs droits de propriété intellectuelle et de les protéger (Cons. const., déc. n° 2009-580 DC du 11 juin 2009).

Propriété des personnes publiques

Le Conseil constitutionnel a décidé que le droit de propriété concerne également la propriété de l'État et des autres personnes publiques (Cons. const., déc. n° 86-207 DC des 25-26 juin 1986). Le législateur ne doit pas permettre la constitution de droits réels pour une durée indéterminée sur le domaine public (Cons. const., déc. n° 94-346 DC du 21 juill. 1994). La loi *sur la sécurité intérieure* du 18 mars 2003 réprime le fait de s'installer sans autorisation sur un terrain appartenant à une commune (gens du voyage, art. 322-4-1 du Code pénal). Le droit de propriété reconnu en faveur des personnes publiques fait obstacle à ce que des biens faisant partie du patrimoine de personnes publiques puissent être aliénés ou durablement grevés de droits au profit de personnes poursuivant des fins d'intérêt privé sans contrepartie appropriée eu égard à la valeur réelle de ce patrimoine. (Cons. const., déc. n° 2008-567 DC, 24 juill. 2008). La propriété des biens publics peut être invoquée dans le cadre de la QPC (Cons. const., déc. n° 2010-67/86 QPC 17 déc. 2010, transfert de biens immobiliers appartenant à l'État, à titre gratuit et sans aucune condition ou obligation particulière; n° 2011-118 QPC du 8 avr. 2011, transfert des biens de section de communes).

Droit de propriété et de chasse

Le droit de chasse sur un bien foncier se rattache au droit d'usage de ce bien, attribut du droit de propriété, il ne peut être apporté de limitations à l'exercice de ce droit qu'à la double condition que ces limitations obéissent à des fins d'intérêt général et n'aient pas un caractère de gravité tel que le sens et la portée du droit de propriété s'en trouveraient dénaturés (Cons. const., n° 2000-434 DC du 20 juill. 2000).

Droit de propriété et lutte contre la contrefaçon

La loi du 29 octobre 2007 relative à la lutte contre la contrefaçon parachève l'effort de protection de la propriété intellectuelle engagé depuis la loi Longuet du 5 février 1994 et poursuivi par les lois du 18 mars 2003 et du 9 mars 2004. Elle renforce les outils juridiques mis à disposition des acteurs économiques pour défendre leurs créations et leurs inventions. Elle concerne les droits de propriété industrielle (brevet, marque, dessin et modèle...), les droits de la propriété littéraire et artistique, ainsi que les appellations d'origine et les indications géographiques. Elle crée un droit d'information au profit des titulaires de droits de propriété intellectuelle qui permet aux autorités judiciaires d'ordonner la communication d'informations sur l'origine et les réseaux de distribution des marchandises ou des services qui portent atteinte à un droit de propriété intellectuelle. Enfin, la loi prévoit le renforcement de la protection des preuves de la contrefaçon et la mise en place de mesures provisoires à l'encontre des contrefacteurs et des intermédiaires (saisie conservatoire des biens mobiliers et immobiliers, blocage de comptes bancaires…) ainsi que la possibilité de retrait des circuits commerciaux et de destruction des produits contrefaits et des matériels ayant servi à leur création ou leur conception.

Droit de propriété et Internet

Le Conseil constitutionnel a jugé que la lutte contre les pratiques de contrefaçon qui se développent sur Internet répond à l'objectif de sauvegarde de la propriété intellectuelle (Cons. const., déc. n° 2009-580 DC du 11 juin 2009). Il est dès lors loisible au législateur d'édicter des règles de nature à concilier la poursuite de l'objectif de lutte contre les pratiques de contrefaçon sur Internet avec l'exercice du droit de libre communication et de la liberté de parler, écrire et imprimer. Toutefois, la liberté d'expression et de communication est d'autant plus précieuse que son exercice est une condition de la démocratie et l'une des garanties du respect des autres droits et libertés ; que les atteintes portées à l'exercice de cette liberté en vue de protéger le droit de propriété doivent être nécessaires, adaptées et proportionnées à l'objectif poursuivi (Cons. const., déc. n° 2009-580 DC du 11 juin 2009).

Droit de propriété incorporelle

Si le champ d'application du droit de propriété a évolué et s'est étendu avec le temps (Ex : propriété intellectuelle), sa protection et sa jouissance sont définies par la loi et les engagements internationaux conclus par la France (Cons. const., déc. n° 2013-370 QPC, 28 févr. 2014).

3. Limites

Les limitations du droit de propriété

Sont admises les restrictions du droit de propriété qui sont justifiées par l'intérêt général (Cons. const., déc. n° 2011-118 QPC, 8 avr. 2011) et proportionnées à cet objectif (Cons. const., déc. n° 2011-141 QPC, 24 juin 2011). Elles ne doivent dénaturer ni le sens, ni la portée de ce droit (Cons. const., déc. n° 2011-169 QPC, 30 sept. 2011) (par exemple lorsqu'il s'agit de concilier ce droit avec un principe ou un objectif à valeur constitutionnelle, des servitudes liées à l'intérêt général telles que l'alignement, les servitudes de travaux publics, des réglementations différentes suivant les zones géographiques). Sont également touchés les logements vacants dans certaines agglomérations. (Réquisitions, art. L. 2212-2 CGCT ; taxe d'habitation frappant certains logements inoccupés, art. 232 du Code général des impôts, Cons. const., déc. n° 98-403 DC du 29 juillet 1998). Les transferts de propriété des voies privées ne violent pas le droit de propriété (Cons. const., déc. n° 2010-43 QPC 6 oct.

2010), ce qui n'est pas le cas des cessions gratuites de terrain prévues par l'article L. 332-6-1 du Code de l'urbanisme (Cons. const., déc. n° 2010-33 QPC, 22 sept. 2010). La protection du droit de propriété s'applique, lors d'une perquisition administrative dans le cadre de l'état d'urgence, à la saisie de systèmes informatiques ou d'équipements terminaux (Cons. const., déc. n° 2016-600 QPC du 6 décembre 2016).

Les privations du droit de propriété

Ce sont essentiellement, les nationalisations, les privatisations et l'expropriation.

- La **nationalisation** est prévue par le préambule de la Constitution de 1946 (al. 9) et l'article 34 C. Elle entraîne une dépossession et doit être assortie d'une juste et préalable indemnité (conciliation du préambule de la Constitution de 1946 et de la DDHC voir Deuxième Partie : Le bloc de constitutionnalité). Le Conseil constitutionnel exerce un contrôle minimum sur la décision prise par le législateur de procéder à une nationalisation.
- Les **privatisations** constituent un transfert de propriété du secteur public au secteur privé. Or, la propriété publique entrant dans le cadre de l'article 17 de la Déclaration des droits de l'Homme et du citoyen, le droit de propriété, impose que les biens publics ne soient pas cédés à un prix inférieur à leur valeur (Cons. const., n° 86-207 DC des 25-26 juin 1986).
- L'**expropriation pour cause d'utilité publique** découle de la Déclaration des droits de l'Homme et du citoyen (art. 17). Elle ne vise que des biens immobiliers (sauf exceptions particulières) et s'opère sous le contrôle des juges administratif (contrôle de l'utilité publique) et judiciaire (contrôle de l'indemnisation)

Le cas de l'impôt « confiscatoire »

L'impôt peut porter atteinte au droit de propriété. La question est de savoir quelle part de richesse personnelle peut être prélevée au nom de l'utilité sociale. Le juge constitutionnel demeure très prudent sur cette question et préfère censurer un impôt excessif pour rupture d'égalité devant les charges publiques tout en réservant le cas où un impôt présenterait un caractère confiscatoire. Il préserve cependant de manière indirecte le droit de propriété (Cons. const. déc. n° 2012- 662 DC, 29 déc. 2012).

B. La liberté d'entreprendre

La liberté pour toute personne physique ou morale d'exercer sans contrainte l'activité économique qu'elle désire. **Ne pas confondre la liberté d'entreprendre avec la liberté du commerce et de l'industrie**. Les deux libertés sont utilisées par des juges différents (respectivement Conseil constitutionnel et Conseil d'État) avec une valeur différente (valeur constitutionnelle pour le premier et valeur de principe général du droit pour le second). Se pose toutefois la question discutée, de savoir si les deux libertés ont un contenu identique.

SOURCES

Article 4 de la Déclaration des droits de l'Homme et du citoyen	le Conseil constitutionnel déduit la liberté d'entreprendre du principe général de liberté posé par l'art. 4, Cons. const., n° 81-132 DC du 16 janv. 1982 et Cons. const., n° 98-401 DC du 10 juin 1998.
Loi des 2-17 mars 1791	décret d'Allarde : il sera libre à toute personne de faire tel négoce ou d'exercer telle profession, art ou métier qu'elle trouvera bon
Loi des 14-17 juin 1791	loi Le Chapelier : interdiction des corporations des citoyens de même état et profession
Article 1er de la loi du 27 décembre 1973 « dite loi Royer »	La liberté et la volonté d'entreprendre sont le fondement des activités artisanales et commerciales
Loi du 6 août 2015 pour la croissance, l'activité et l'égalité des chances économiques	

1. Régime

La liberté d'entreprendre n'est ni générale ; ni absolue, elle s'exerce dans le cadre d'une réglementation instituée par la loi (Cons. const., déc. n° 85-200 DC du 16 janv. 1986). Seules les restrictions abusives ou arbitraires apportées à la liberté d'entreprendre sont contraires à la Déclaration des droits de l'Homme et du citoyen. Il est désormais de jurisprudence constante que l'atteinte à la liberté d'entreprendre doit être proportionnée à l'objectif poursuivi. De plus, le Conseil constitutionnel n'exerce qu'un contrôle restreint dès lors qu'il s'agit de concilier la liberté d'entreprendre avec d'autres exigences à valeur constitutionnelle (Cons. const., déc. n° 2011-139 QPC, 24 juin 2011). Certaines activités peuvent ainsi être soumises à un régime d'autorisation préalable, voire interdites. L'institution des 35 heures ne porte pas atteinte à la liberté d'entreprendre (Cons. const., déc. n° 98-401 DC du 20 juin 1998 ; n° 99-423 DC du 13 janv. 2000). Toutefois, l'obligation faite aux entreprises d'instituer un dispositif de participation des salariés à leurs résultats porte atteinte à la liberté d'entreprendre (Cons. const., déc. n° 2013-336 QPC, 1er août 2013). Il en va de même de l'obligation faite aux conseillers fiscaux, de communiquer, à des fins de lutte contre la fraude fiscale, leurs schémas d'optimisation fiscale à l'administration (Cons. const., déc. n° 2013-685 DC, 29 déc. 2013). Quant à la question de la concurrence entre initiative privée et initiative publique, les activités à caractère commercial restent en principe réservées à l'initiative privée (CE 30 mai 1930, *Chambre syndicale du commerce en détail de Nevers*). Les personnes publiques ne doivent pas utiliser les moyens qui leur sont confiés pour réaliser leur mission de service public pour des activités industrielles et commerciales concurrentielles (CE avis, 8 nov. 2000, *Soc. Jean-Louis Bernard consultants*). La liberté d'entreprendre a d'abord connu une consécration timide car elle faisait surtout l'objet de limitations. Depuis quelques années cette liberté est redécouverte et protégée par le Conseil constitutionnel parfois en la combinant à d'autres libertés économiques telles que la liberté contractuelle et le droit de propriété qui forment alors un triptyque protecteur de la liberté de l'activité économique.

2. Applications

La liberté d'entreprendre comporte trois champs d'application :

– **La liberté de créer** : c'est-à-dire de créer une entreprise ou d'exercer une activité économique. Cette liberté est largement protégée ce qui n'exclut pas une certaine réglementation.
– **La liberté d'exploiter** : c'est-à-dire de choisir le mode de gestion de l'entreprise, de déterminer les choix ainsi que les objectifs à atteindre afin de pouvoir librement se livrer à la concurrence avec les autres partenaires économiques. Il s'agit d'un aspect très largement réglementé et bien moins respecté que la liberté de création.
– **La liberté de cesser l'activité économique** : c'est-à-dire de décider du moment où on souhaite s'arrêter. Le principe est celui d'une liberté sous réserve du respect d'un certain nombre de règles relatives en particulier à la cession d'entreprises.

3. Limites

Les trois aspects susmentionnés comportent de nombreuses limites.

Limites à la liberté de créer

La puissance publique peut se réserver des monopoles (par exemple distribution de l'énergie électrique, transport ferroviaire), interdire ou réglementer certaines activités si elles sont contraires à l'ordre public au sens large (commerce des armes, débits de boissons par exemple). L'exploitation des jeux de hasard est également fortement encadrée (Cons. const., déc. n° 2010-55 QPC, 18 oct. 2010, prohibition des machines à sous ; Cons. const., déc. n° 2010-73 QPC, 3 déc. 2010, paris sur les courses hippiques). L'accès à certaines professions peut également être limité (Cons. const., déc. n° 2013-364 QPC du 31 janvier 2014, Pharmaciens ; n° 2014-422 QPC du 17 octobre 2014, maraude des taxis). Malgré ces limites, le libre accès à une profession ou à une activité constitue l'aspect le plus protégé de la liberté d'entreprendre.

Limites à la liberté d'exploiter

Les modes de gestion de l'entreprise sont encadrés par le droit du travail. La liberté d'entreprendre trouve des prolongements dans la liberté contractuelle que le Conseil constitutionnel ne reconnaît qu'en cas d'atteintes à la liberté contractuelle mettant en cause la liberté d'entreprendre (Cons. const., déc. n° 98-401 DC du 10 juin 1998). Si la liberté contractuelle semble se détacher progressivement de la liberté d'entreprendre pour se voir rattachée directement au principe de liberté posé par l'article 4 de la Déclaration des droits de l'Homme de 1789 (Cons. const., déc. n° 2000-437 DC du 19 déc. 2000), ces deux libertés doivent cependant être conciliées avec les impératifs d'intérêt général (Cons. const., déc. n° 2004-497 DC du 1er juill. 2004). La liberté de la concurrence est également largement réglementée (ord. du 1er déc. 1986). En outre la liberté d'entreprendre doit être conciliée avec d'autres droits fondamentaux (Cons. const., déc. n° 99-423 DC du 13 janv. 2000).

Limites à la liberté de cesser l'activité

Elles sont nombreuses (par exemple, obligation de s'acquitter des cotisations sociales).

Limites liées au droit de propriété

Enfin, la liberté d'entreprendre est étroitement liée au **droit de propriété** de sorte que les limites au droit de propriété peuvent également entraver la liberté d'entreprendre, (nationalisations d'entreprises). Les entreprises liées au secteur de la communication (entreprises de presse, de radio ou de télévision sont soumises à une réglementation particulièrement sévère : voir ci-dessus « La liberté d'expression et de communication »).

C. La liberté contractuelle

La liberté de tout prévoir par contrat sauf ce qui est contraire à l'ordre public, aux bonnes mœurs ou aux droits et libertés constitutionnellement garantis.

SOURCES

Art. 4 Déclaration de 1789	Principe général de liberté (Cons. const., déc. n° 2000-437 DC du 19 décembre 2000).
Art. 6 du Code civil	On ne peut déroger, par des conventions particulières, aux lois qui intéressent l'ordre public et les bonnes mœurs.
Art. 1100 et s. du Code civil (profondément remaniés par l'ordonnance du 10 février 2016).	

1. Régime

Reconnaissance

La *liberté contractuelle*, ou de contracter n'a pas été, dans un premier temps considérée comme ayant valeur constitutionnelle (Cons. const., déc. n° 94-348 DC, 3 août 1994). Cependant sa méconnaissance pouvait être invoquée dans le cas où elle conduirait à porter atteinte à des droits et libertés constitutionnellement garantis, par exemple si des restrictions à la liberté contractuelle mettaient en cause la liberté d'association (Cons. const., déc. n° 97-388 DC, 20 mars 1997). À l'occasion de l'examen de la loi sur les 35 heures le Conseil a jugé que si aucune norme de valeur constitutionnelle ne garantit, en tant que telle, un principe dit de « liberté contractuelle », le législateur ne saurait porter à l'économie des conventions en cours légalement conclues, des atteintes d'une gravité propre à méconnaître manifestement l'article 4 de la Déclaration de 1789 (Cons. const., déc. n° 98-401 DC, 10 juin 1998). La liberté contractuelle s'est progressivement détachée de la liberté d'entreprendre mais repose sur le même fondement de l'article 4 de la Déclaration de 1789. Elle constitue une liberté « autonome » depuis la décision du 19 décembre 2000 (Cons. const., déc. n° 2000-437 DC du 19 décembre 2000), mais elle peut évidemment se combiner avec la liberté d'entreprendre ou le droit de propriété.

Protection

La liberté contractuelle est soumise au même régime que la liberté d'entreprendre car le législateur peut y apporter des limitations liées à des exigences constitutionnelles ou justifiées par l'intérêt général, à la condition qu'il n'en résulte pas d'atteintes disproportionnées au regard de l'objectif poursuivi.

2. Applications

Les contrats de droit privé

La liberté contractuelle concerne surtout les contrats de droit privé qui sont régis essentiellement par le Code civil. Le droit des obligations a connu une importante réforme en 2016 (Ordonnance du 10 février 2016). Constitutionnellement, la liberté contractuelle implique que le législateur ne puisse pas remettre en question l'économie des conventions légalement conclues. Il existe ainsi un droit au maintien de l'économie des conventions et contrats légalement conclus (Cons. const., déc. n° 98-401 DC du 10 juin 1998).

Les contrats de droit public

Ils semblent pouvoir bénéficier de la liberté contractuelle qui est en ce domaine souvent liée à la protection des propriétés publiques (Cons. const., déc. n° 2012-660 DC du 17 janvier 2013). Les Sociétés d'aménagement foncier et d'établissement rural (SAFER) bénéficient de la liberté contractuelle (Cons. const., déc. n° 2014-701 DC du 9 octobre 2014). Toutefois ces contrats font l'objet d'une stricte réglementation par le Code des marchés publics qui impose une mise en concurrence des soumissionnaires en vertu du principe constitutionnel d'égal accès à la commande publique.

3. Limites

Nullité et conventions illicites

La licéité des contrats repose sur les articles 6 et 1162 du Code civil. On ne peut déroger, par des conventions particulières, aux lois qui intéressent l'ordre public et les bonnes mœurs (art. 6) et le contrat ne peut déroger à l'ordre public ni par ses stipulations, ni par son but, que ce dernier ait été connu ou non par toutes les parties (art. 1162). Il est loisible au législateur de reconnaître à une autorité publique le pouvoir d'introduire, pour la défense d'un intérêt général, une action en justice visant à faire cesser une pratique contractuelle contraire à l'ordre public. et d'exercer des actions en nullité de ces conventions (Cons. const., déc. n° 2011-126 QPC du 13 mai 2011).

Clauses abusives

Les contrats ne peuvent contenir des clauses abusives. L'article L. 212-1 code de la consommation précise que dans les contrats conclus entre professionnels et consommateurs, sont abusives les clauses qui ont pour objet ou pour effet de créer, au détriment du consommateur, un déséquilibre significatif entre les droits et obligations des parties au contrat.

Conciliation avec d'autres droits ou exigences constitutionnels

Le législateur peut apporter à la liberté contractuelle des limitations liées à des exigences constitutionnelles ou justifiées par l'intérêt général, à la condition qu'il n'en résulte pas d'atteintes disproportionnées au regard de l'objectif poursuivi. La liberté contractuelle peut connaître des limitations tenant à la mise en œuvre de droits et libertés constitutionnellement garantis comme par exemple la possibilité pour toute personne d'accéder à un logement décent (Cons. const., déc. n° 2014-691 DC du 20 mars 2014).

D. La liberté syndicale

Le droit d'adhérer ou de ne pas adhérer à un syndicat et de choisir son syndicat afin d'assurer la défense des droits et des intérêts de ses membres. Elle comporte également le droit de ne pas adhérer à un syndicat.

SOURCES

Alinéa 6 du Préambule de la Constitution de 1946	« Tout homme peut défendre ses droits et intérêts par l'action syndicale et adhérer au syndicat de son choix »

Article 34 de la Constitution de 1958	« La loi détermine les principes fondamentaux du droit syndical »
Loi du 21 mars 1884 dite loi Waldeck-Rousseau	Instaure la liberté syndicale en abrogeant la loi Le Chapelier qui s'opposait aux syndicats puisqu'elle interdisait les corporations
Articles L. 2131-1 et s. et L. 2141-1 et s. du Code du travail.	

1. Régime

Le régime de la liberté syndicale est fort proche de celui de la liberté d'association. La création des syndicats n'est pas soumise à un régime d'autorisation préalable mais à un simple régime de déclaration préalable. Les statuts des syndicats doivent être déposés en mairie. Les syndicats ont le droit d'ester en justice, de contracter et d'acquérir des biens meubles ou immeubles.
Le préambule de la Constitution de 1946 suppose la liberté positive de se syndiquer comme la liberté négative de ne pas se syndiquer (Cons. const., n° 83-162 DC des 19-20 juill. 1983). Il impose également une pluralité de syndicats puisqu'il suppose la liberté d'adhérer au syndicat de son choix.

2. Applications

La liberté de l'action syndicale

Elle suppose que l'action des syndicats ne soit pas entravée notamment par le chef d'entreprise (art. L. 412-2 du Code du travail). Tout adhérent peut participer à l'administration ou à la direction de son syndicat (art. L. 2131-4 du Code du travail).

Le droit d'adhérer à un syndicat, de ne pas adhérer à un syndicat ou de se retirer

Cela suppose selon le Conseil constitutionnel qu'aucune disposition n'impose en droit ou en fait, directement ou indirectement l'adhésion ou le maintien de l'adhésion des salariés d'une entreprise à une organisation syndicale. Il revient donc au juge de prononcer la nullité de ce type de clauses. La liberté syndicale bénéficie également aux étrangers, mais pas aux personnes incarcérées puisque le travail réalisé en détention ne découle pas d'un contrat de travail (Cons. const., n° 2013-320/321 QPC, 14 juin 2013).

3. Limites

Dissolution des syndicats

Elle ne peut être prononcée que par l'autorité judiciaire à la diligence du procureur de la République (art. L. 2136-1 du Code du Travail).

Discriminations entre syndicats

Elles sont fonction de leur représentativité. Il n'existe pas véritablement de stricte égalité entre les syndicats et les syndicats les plus représentatifs ont le monopole de la conclusion des conventions collectives étendues par le Gouvernement même aux non adhérents des groupements signataires (Cons. const., déc. n° 77-92 DC du 18 janv. 1978, voir également CE 26 juin 1998, *Confédération des syndicats médicaux français et autres*, CE 30 juin 2003, *Mouvement des entreprises de France et autre*). Le Code du travail (art. L. 2121-1 et s.) énonce les critères de représentativité des syndicats. Ces dispositions ont été jugées conformes à la Constitution (Cons. const., déc. n° 2010-42 QPC 7 oct. 2010 ; n° 2010-63/64/65 QPC, 12 nov. 2010; n° 2015-519 QPC du 3 février 2016).

Droits individuels des salariés

Le droit individuel des salariés impose des limites à l'action des syndicats qui ne doivent pas empiéter sur les droits reconnus aux salariés. Par exemple, le Conseil constitutionnel a jugé que les modalités de mise en œuvre des prérogatives reconnues aux organisations syndicales doivent respecter la liberté personnelle du salarié qui, comme la liberté syndicale, a valeur constitutionnelle. Ainsi, lorsque le législateur permet à des organisations syndicales représentatives d'introduire une action en justice en vue d'intervenir dans la défense d'un salarié mais aussi de promouvoir à travers ce cas, une action collective, il doit garantir à l'intéressé la liberté de conduire personnellement la défense de ses intérêts et de mettre un terme à cette action (Cons. const., déc. n° 89-257 DC du 25 juill. 1989). Dans le cadre de l'exercice du droit de grève, le Conseil constitutionnel a jugé que malgré un accord entre l'État et les syndicats sur les modalités de publicité des déclarations préalables, leur transmission ne doit pas être nécessairement assurée par les organisations syndicales, de même qu'il ne peut avoir pour effet d'entraver la liberté de chaque enseignant de décider personnellement de participer ou non à la grève (Cons. const., déc. n° 2008-569 DC du 7 août 2008). La mise en œuvre notamment de la liberté syndicale n'empêche pas le législateur d'adopter des dispositions particulières applicables aux agents des administrations publiques, salariés dans les conditions du droit privé (Cons. const., déc. n° 2011-205 QPC, 9 déc. 2011).

Interdiction de se syndiquer

Certaines catégories de personnes se voient refuser le droit de se syndiquer (notamment les préfets et les militaires). La liberté syndicale a été tardivement reconnue pour les fonctionnaires (loi du 19 octobre 1946 art. 6, actuellement l'art. 8 de la loi du 13 juillet 1983). Si la liberté syndicale a le caractère d'une liberté fondamentale et a pour corollaire la libre constitution des syndicats, elle n'implique pas qu'un syndicat puisse fixer son siège dans des locaux administratifs (en l'occurrence les locaux d'une mairie) sans l'accord des autorités dont ceux-ci dépendent (CE ord., 28 mars 2006 n° 291399).

E. Le droit de grève

C'est le droit de cessation concertée et collective du travail pour la défense des intérêts professionnels.

SOURCES

Alinéa 7 du Préambule de la Constitution de 1946	« Le droit de grève s'exerce dans le cadre des lois qui le réglementent ». Il n'existe que des dispositions législatives partielles relatives au droit de grève, par exemple les articles L. 2511-1 du Code du travail.

1. Régime

La grève n'est pas un droit général et absolu. Elle se heurte à des règles ou principes de valeur constitutionnelle. Il appartient donc au législateur de concilier le droit de grève avec ces autres principes (Cons. const., déc. n° 79-105 DC du 25 juill. 1979). C'est à la loi qu'il revient de déterminer les actes ou comportements licites et ceux qui sont frauduleux, de préciser les conditions pécuniaires de l'absence de travail (absence de rémunération), de fixer les délais de préavis de grève, de réglementer l'exercice de la grève dans les services publics (service minimum, interdictions de certaines modalités). Il appartient donc au législateur de concilier également la défense des intérêts professionnels dont la grève est un moyen et la sauvegarde de l'intérêt général auquel la grève peut porter atteinte, dans la mesure où les aménagements ne doivent pas être disproportionnés à l'objectif poursuivi (Cons. const., déc. n° 2012-650 DC, 15 mars 2012). Les solutions relèvent généralement davantage de la discussion et de la prévention des conflits.

2. Applications

Dans le secteur privé

Le droit de grève a été reconnu par la loi du 25 mai 1864 (auparavant il s'agissait d'un délit : le délit de coalition). La grève licite ne rompt pas le contrat de travail (loi du 11 février 1950 art. 4). La Cour de cassation a décidé qu'il résulte du préambule de la Constitution du 27 octobre 1946, confirmé par celui de la Constitution du 4 octobre 1958, que le droit de grève est un principe de valeur constitutionnelle ; l'article L. 2511-1 du Code du travail qui détermine les conditions d'exercice de ce droit (faute lourde imputable au salarié, interdiction à l'employeur de prendre des mesures discriminatoires en matière de rémunération et d'avantages sociaux). Tout licenciement prononcé en violation de ce texte est nul de plein droit (Soc. 2 févr. 2006, n° 03-47481). Il n'appartient pas au juge d'apprécier la légitimité et le bien-fondé des revendications professionnelles (Soc., 2 juin 1992, *Tokar*), mais les grèves non professionnelles sont illicites. Les grèves surprises, sans préavis, et les grèves sauvages, ne résultant pas d'une initiative syndicale, sont illicites. Les éventuelles sanctions frapperont non pas les représentants des syndicats mais les salariés grévistes.

Dans la fonction publique

Le droit de grève a longtemps été refusé aux agents publics (crainte d'un État « à éclipse », abandon de poste, voir CE 18 avr. 1909 *Winkell*). La grève est réglementée de manière générale par la loi du 31 juillet 1963 (art. L. 2512-1 et s. du Code du travail) qui institue un préavis de 5 jours, devant émaner de l'organisation syndicale la plus représentative sur le plan national (droit de grève réservé aux syndicats). Les principes du droit de grève dans le secteur public tels que posés par le Conseil d'État sont plus que discutables s'agissant d'un droit constitutionnellement protégé. Selon lui, il appartient au chef de service de prendre les mesures nécessaires pour éviter un usage de la grève abusif ou contraire à l'ordre public (CE 7 juill. 1950, *Dehaene*; CE 13 nov. 1992, *Union syndicale de l'aviation civile*, CE 26 juin 1996 *Commune de Grand-Bourg-de-Marie-Galante*).
Les détenus ne bénéficient pas du droit de grève dans la mesure où le travail effectué en milieu carcéral n'est pas l'objet d'un contrat de travail (Cons. const., déc. n° 2013-320/321 QPC, 14 juin 2013).

3. Limites

Le droit de grève n'étant pas absolu doit être concilié avec d'autres règles ou principes de valeur constitutionnelle.

Droit de grève et continuité du service public

Le législateur peut valablement instaurer une obligation de service minimum (services d'urgence ou de secours), le droit de grève peut être refusé aux agents dont la présence est indispensable pour assurer le fonctionnement de services essentiels aux besoins du pays (police, défense, secours). Le Conseil constitutionnel a habilité le législateur à tracer les limites du droit de grève en opérant la conciliation nécessaire entre défense des intérêts professionnels, dont la grève est un moyen, et sauvegarde de l'intérêt général auquel la grève peut être de nature à porter atteinte; en ce qui concerne les services publics, la reconnaissance du droit de grève ne saurait avoir pour effet de faire obstacle au pouvoir du législateur d'apporter à ce droit les limitations nécessaires en vue d'assurer la continuité du service public qui, tout comme le droit de grève, a le caractère d'un principe de valeur constitutionnelle. De surcroît, l'accueil des enfants permet de garantir la continuité du service public de l'Éducation puisqu'il permet aux personnels enseignants présents pendant la grève de continuer à assurer leur enseignement sans avoir à s'en détourner pour assurer l'accueil des enfants dont les enseignants sont absents (Cons. const., déc. n° 2008-569 DC du 7 août 2008, loi du 23 juillet 2008). L'ordonnance n° 2010-1307 du 28 octobre 2010 modifiant pour partie la loi du 21 août 2007 *relative au dialogue social et à la continuité du service public dans les transports terrestres réguliers de voyageurs* a fixé des règles permettant la continuité du service public des transports notamment en cas de grève (art. L. 1222-1 et s. du Code des transports).

Droit de grève et droit de propriété

Le droit de grève n'emporte pas celui de disposer des locaux de l'entreprise (Soc. 21 juin 1984), cependant le *lock-out* (fermeture de l'entreprise par l'employeur un jour de grève) est interdit.

Droit de grève et liberté de travail des non grévistes et de l'employeur

La Cour de cassation sanctionne les atteintes portées à la liberté du travail au titre de la voie de fait (Cass. 17 mai 1977, *Ferodo*). L'article 431-1 du Code pénal punit l'atteinte à la liberté du travail. La Cour de cassation a par ailleurs reconnu le droit pour l'employeur de recruter du personnel pour atténuer les effets d'une grève (Soc. 11 janv. 2000, *Trouboul*).

V. Les droits politiques

Il s'agit de l'électorat et de l'éligibilité déjà traités dans la Première Partie (chapitre 5) ainsi que du droit de s'affilier à un parti politique (voir « la liberté d'association »). En ce qui concerne ce dernier, la révision constitutionnelle de 2008 a ajouté à l'article 4 de la Constitution un alinéa prévoyant que « La loi garantit les expressions pluralistes des opinions et la participation équitable des partis et groupements politiques à la vie démocratique de la Nation ». Pour mettre en œuvre ce principe du pluralisme, la révision constitutionnelle de 2008 a accordé des droits nouveaux aux membres de l'opposition (référendum d'initiative minoritaire, droit d'initiative législative).

CHAPITRE 4

Le principe d'égalité

L'égalité est d'abord un droit d'essence libérale qui suppose le plus généralement une abstention de la puissance publique, laquelle se doit de traiter de manière strictement égalitaire les individus. Mais l'égalité suppose aussi une intervention de la puissance publique afin de corriger les inégalités les plus flagrantes. Cette deuxième face de l'égalité est la plus discutée car elle peut susciter une immixtion très importante de la puissance publique dans les secteurs en principe réservés aux individus.

L'égalité a ainsi deux faces.

L'égalité formelle
Il s'agit d'une égalité juridique qui suppose que les individus soient traités de manière strictement égale par les textes de droit. L'égalité formelle est abstraite car elle figure simplement dans les textes et pose l'interdiction de toute discrimination. Elle trouve ses limites dans le principe de liberté (« *chacun doit être le plus libre possible, donc tous doivent l'être également* » H. Kelsen). Mais, à l'inverse l'égalité limite la liberté car la liberté de l'un ne doit pas s'exercer au détriment de la liberté d'autrui (art. 4 DDHC). L'égalité formelle trouve sa consécration dans le principe d'égalité devant la loi proclamé par l'article 6 de la Déclaration des droits de l'Homme et du citoyen.
L'égalité réelle
Elle se rattache à un idéal d'égalité effective que le droit et les autorités publiques ont à charge de réaliser en atténuant les inégalités de fait (et non de droit : égalité formelle). L'égalité réelle part du principe qu'une loi formellement égale pour tous peut être matériellement inégale lorsqu'elle traite uniformément des situations différentes (D. Turpin). L'égalité réelle ou matérielle suppose ainsi une intervention de la puissance publique afin de corriger les éventuelles inégalités qui procéderaient de l'ordre juridique et de réduire les inégalités de fait, elle repose ainsi sur un principe de solidarité sociale ou de fraternité. L'égalité réelle trouve sa consécration dans le principe d'égalité par la loi qui suppose que les inégalités de fait soient corrigées par des textes (par exemple : des emplois réservés en faveur des personnes handicapées).

SOURCES

Articles 1er, 6 (égalité devant la loi) et 13 (égalité devant les charges publiques) de la Déclaration des droits de l'Homme et du citoyen.
Alinéas 1er, 12 et 13 du préambule de la Constitution de 1946.
Articles 1er, 3, 4, 72 et 72-2 de la Constitution du 4 octobre 1958.
Principe « général » d'égalité : le Conseil constitutionnel se réfère depuis les années 1980 au principe général d'égalité lorsqu'il ne peut pas se fonder sur un texte précis (par exemple : Cons. const., déc. n° 82-132 DC du 16 janv. 1982).

I. Régime

Le principe d'égalité est en France un principe de valeur constitutionnelle fortement protégé par les juges constitutionnel et administratif (pour ce dernier le principe d'égalité est un principe général du droit). C'est au législateur que revient le soin de mettre en œuvre le principe d'égalité. Il peut le faire de deux manières :

A. Mise en œuvre négative

La loi ne tient compte d'aucune différence et consacre une pure et simple égalité par la négation de toute différence. Le principe d'égalité est alors un principe absolu qui se rattache en fait à l'égalité formelle.

B. Mise en œuvre positive

La loi prend en considération différents critères afin de rétablir l'égalité entre différentes catégories dont certaines sont défavorisées. Il s'agit de la discrimination positive qui conduit à tenir compte des différences de situation justifiant une différence de traitement. Dans cette hypothèse, le Conseil constitutionnel estime de manière constante que « *le principe d'égalité ne s'oppose pas à ce que le législateur règle de façon différente des situations différentes ni à ce qu'il déroge à l'égalité pour des raisons d'intérêt général pourvu que, dans l'un et l'autre cas, la différence de traitement qui en résulte soit en rapport direct avec l'objet de la loi qui l'établit* » (Cons. const., déc. n° 96-375 DC, 9 avr. 1996). La mise en œuvre positive se rapproche de l'égalité réelle. Toutefois, en France (la situation est différente aux États-Unis : *affirmative action*), rien n'impose au législateur de tenir compte de telles situations. Cependant la question se pose afin de favoriser l'intégration de certaines minorités mais elle se heurte à la tradition républicaine de la stricte égalité (cf. par ex. Cons. const. *Quotas par sexe I, II et III* ayant abouti à une révision constitutionnelle pour que le législateur puisse imposer un certain nombre de femmes dans les élections politiques).

II. Applications

Le principe d'égalité connaît en réalité de nombreuses applications dont certaines doivent être particulièrement retenues.

A. L'égalité devant la loi

Il s'agit d'une égalité « mathématique » c'est-à-dire d'une identité de traitement quelle que soit la situation des destinataires de la loi. Cette égalité trouve son fondement dans l'article 6 de la Déclaration des droits de l'Homme et du citoyen et dans l'article 1er de la Constitution (exemple du droit électoral : un électeur = une voix). Elle suppose également que ne soient pas retenues des discriminations proscrites par la Constitution, telles que l'origine, la race ou la religion. En vertu de l'article 37-1 de la Constitution inséré par la révision constitutionnelle de 2008, le législateur peut autoriser, dans la perspective de leur éventuelle généralisation, des expérimentations dérogeant, pour un objet et une durée limités, au principe d'égalité devant la loi, il doit en définir de façon suffisamment précise l'objet et les conditions et ne pas méconnaître les autres exigences de valeur constitutionnelle (Cons. const., déc. n° 2011-635 DC du 4 août 2011). Certains cas particuliers peuvent illustrer ce propos comme celui qui aboutit à traiter différemment les membres d'une même fratrie sans pour autant méconnaître le principe d'égalité devant la loi puisqu'ils ne sont pas soumis à des règles différentes que les personnes placées dans une situation identique (Cons. const., n° 2012-249 QPC du 17 mai 2012 : cas du prélèvement de cellules organiques).

B. L'égalité devant les charges publiques

Elle comprend l'égalité devant l'impôt (catégories de contribuables, régime d'imposition, recouvrement des impôts) et l'égalité devant les charges publiques autres que fiscales (par exemple, les cotisations sociales, les prix des biens et des services fournis par des services publics ou liés à l'usage d'ouvrages d'arts). Le principe d'égalité devant les charges publiques fonde également le régime de responsabilité sans faute de la puissance publique (v. *Droit administratif* par A. Maurin, Aide-mémoire Sirey). L'égalité devant les charges publiques repose sur l'article 13 de la Déclaration des droits de l'Homme et du citoyen. Elle suppose le bon usage des deniers publics qui constitue une exigence à valeur constitutionnelle. À défaut, la rupture caractérisée devant les charges publiques sera censurée par le Conseil constitutionnel (Cons. const., déc. n° 2010-624 DC du 20 janv. 2011). Pour fonder son appréciation le législateur doit prendre en considération des critères rationnels et objectifs (Cons. const., déc. n° 2011-175 QPC du 7 oct. 2011). Il méconnaît par exemple cette égalité en faisant supporter à l'hébergeant d'un étranger, les frais de rapatriement de ce dernier (Cons. const., déc. n° 2003-484 DC du 20 nov. 2003). Ce principe est souvent invoqué en matière fiscale dans le cadre des questions prioritaires de constitutionnalité avec un réel succès (par ex : Cons. const. déc. n° 2010-88 QPC du 21 janv. 2011).

C. L'égalité devant la justice

Elle fait obstacle à ce que des citoyens se trouvant dans des situations semblables et poursuivis pour les mêmes infractions, soient jugés par des juridictions composées selon des règles différentes (Cons. const., déc. n° 75-56 DC du 23 juill. 1975). Ne sont d'ailleurs pas placés dans une situation identique les auteurs de crimes, et ceux de délits ou de contraventions (Cons. const., déc. n° 2010-113, 115 QPC du 1er avr. 2011). Elle s'oppose également à ce que des faits qualifiés de manière identique par la loi pénale, fassent encourir à leur auteur une différence de peine au regard du texte applicable (Cons. const., déc. n° 2013-328 QPC du 28 juin 2013). Les dispositions législatives ne doivent pas porter atteinte à l'égalité devant la justice, et plus précisément à l'équilibre entre les parties au procès pénal dans l'accès aux voies de recours (Cons. const., déc. n° 2003-489 DC du 29 déc. 2003). L'égalité devant la justice implique également que certaines personnes (rapatriés) ne bénéficient plus de la suspension des actions en justice liées au recouvrement de leurs créances (Cons. const. déc. n° 2011-213 QPC du 27 janv. 2012).

D. L'égalité d'accès aux emplois publics

Elle fait obstacle à ce que le recrutement dans la fonction publique puisse s'effectuer en vertu d'autres critères que l'aptitude et les qualités des candidats (CE 28 mars 1954 *Barel*; art. 6 Déclaration des droits de l'Homme et du citoyen). L'année 2012 a fait l'objet d'une jurisprudence abondante du Conseil constitutionnel (QPC), en ce qui concerne le recrutement des magistrats de l'ordre judiciaire sur lequel repose l'indépendance de l'autorité judiciaire. L'égalité suppose également une égalité de traitement dans le déroulement de la carrière des agents publics (le principe est doublé en ce qui concerne la non-discrimination des agents fondée sur le sexe, article 6 Déclaration des droits de l'Homme et du citoyen ; alinéa 3 du Préambule de la Constitution de 1946 ; CE 11 mai 1998, *Mlle Aldige*).

E. L'égalité entre l'homme et la femme

Affirmée par l'alinéa 3 du préambule de la Constitution de 1946, l'égalité des sexes a surtout été appliquée dans le cadre de la fonction publique (CE 3 juill. 1936, *Demoiselle Bobard*, et surtout CE 26 juin 1989, *Fédération des syndicats généraux de l'éducation nationale et de la recherche*). La Constitution a été révisée à deux reprises afin que « La loi favorise l'égal accès des hommes et des femmes aux mandats électoraux et fonctions électives, ainsi qu'aux responsabilités professionnelles et sociales » (art. 1er Const.). on parle dans ce cas de **parité**. Il appartient dans cette hypothèse au législateur de prendre en la matière soit des mesures incitatives, soit des mesures contraignantes. De telles dispositions trouvent écho tant en ce qui concerne le domaine professionnel ou social (Cons. const., déc. nº 2012-658 DC du 18 déc. 2012). qu'en ce qui concerne l'exercice du suffrage (Cons. const., déc. nº 2013-667 DC du 16 mai 2013).

F. L'égalité dans le travail

Elle pose de nombreux problèmes (promotions, rémunérations...). Le législateur est intervenu à diverses reprises (loi « Roudy » 1983, loi du 9 mai 2001 *relative à l'égalité professionnelle entre les femmes et les hommes...*). Saisi de la loi du 23 mars 2006 *relative à l'égalité salariale entre l'homme et la femme*, le Conseil constitutionnel a considéré que, si la recherche d'un accès équilibré des femmes et des hommes aux responsabilités autres que les fonctions politiques électives n'est pas contraire aux exigences constitutionnelles, elle ne saurait, sans les méconnaître, faire prévaloir la considération du sexe sur celle des capacités et de l'utilité commune ; que, dès lors, la Constitution ne permet pas que la composition des organes dirigeants ou consultatifs des personnes morales de droit public ou privé soit régie par des règles contraignantes fondées sur le sexe des personnes (Cons. const., déc. nº 2006-533 DC du 16 mars 2006). Le domaine social a par la suite connu une évolution similaire à celle du secteur politique. Depuis lors, la modification de l'article 1er de la Constitution permet au législateur de favoriser la parité.

G. L'égalité du suffrage

Elle excluait que soit prévu pour les élections municipales un quota par sexe qui conduit à poser une discrimination entre les candidats (Cons. const., déc. n° 82-146 DC du 18 nov. 1982). Cette situation a été modifiée par la révision de la Constitution du 8 juillet 1999 instaurant la parité (Cons. const., déc. n° 98-407 DC du 14 janv. 1999, 2000-429 DC du 30 mai 2000). L'égalité du suffrage impose en outre que le découpage des circonscriptions soit assuré sur des bases essentiellement démographiques (Cons. const., déc. n° 86-218 DC du 18 nov. 1986; Cons. const., déc. n° 2011-634 DC du 21 juill. 2011). La révision constitutionnelle de 2008 a en outre inséré la consultation d'une commission indépendante afin de se prononcer sur les projets de découpage électoral (art. 25 de la Constitution). Dans le cadre des électeurs établis hors de France, dès lors que chaque candidat (ou liste de candidats) peut transmettre au ministre des affaires étrangères une circulaire électorale afin qu'elle soit mise à disposition et transmise aux électeurs sous une forme dématérialisée, le législateur n'a institué aucune différence entre ces électeurs. Cette procédure est ainsi conforme aux principes d'égalité et de sincérité du suffrage (Cons. const., déc. n° 2013-673 DC du 23 juill. 2013).

Le droit de suffrage est l'un des corollaires du principe d'égalité devant la loi. L'inscription des candidats à l'élection présidentielle sur la liste établie par le Conseil constitutionnel est subordonnée à la publication de 500 parrainages tirés au sort parmi ceux présentés. Cette volonté du législateur tend à assurer la plus grande égalité entre les candidats, raison pour laquelle le principe d'égalité n'est pas méconnu (Cons. const., déc. n° 2012-233 QPC du 21 févr. 2012, *Marine Le Pen*).

H. L'égalité entre les nationaux et les étrangers

Elle ne joue que pour certains droits (sont exclus les droits politiques réservés aux nationaux, le droit à l'entrée et au séjour sur le territoire national, ou le droit d'accès à la fonction publique). Pour d'autres droits et libertés, l'égalité entre les nationaux et les étrangers ne semble pas être écartée (Cons. const., déc. n° 89-269 DC du 22 janv. 1990 : l'exclusion des étrangers résidant régulièrement en France du bénéfice d'une allocation du fonds de solidarité méconnaît le principe d'égalité; Cons. const., n° 93-325 DC du 13 août 1993; Cons. const., déc. n° 2010-93 QPC du 4 févr. 2011 : de même que le refus de verser une allocation à une personne ayant combattu pour la France fondée sur le critère de nationalité; Cons. const., déc. n° 2010-18 QPC du 23 juill. 2010 : le critère de la nationalité est inopposable aux personnes ayant combattu pour la France pour l'obtention de la carte de combattant ; Cons. const., n° 2011-137 QPC du 17 juin 2011 : bénéficient du revenu de solidarité active les étrangers titulaires d'un titre de séjour depuis au moins cinq ans les autorisant à travailler et ayant une résidence stable en France), le Conseil constitutionnel admet qu'un traitement différent soit accordé aux étrangers en matière sociale (assouplissement de la jurisprudence de 1990).

I. L'égalité devant le service public

Elle présente deux aspects, l'égalité d'accès au service public : tout individu doit pouvoir accéder à un service public (CE 10 mai 1974, *Denoyez et Chorques*) ; l'égalité dans le fonctionnement du service public : tout individu doit bénéficier des mêmes prestations offertes par le service public (CE 25 juin 1969, *Vincent*). Cette égalité n'exclut pas que certaines différences de tarifications puissent, suivant la qualité du service public, être réalisées. Il existe également une égalité d'accès à la commande publique qui impose que les entreprises candidates à l'obtention d'un marché public soient placées à égalité (voir Cons. const., déc. n° 2002-461 DC du 29 août 2002).

J. L'égalité entre collectivités territoriales

Elle résulte des articles 72 (aucune tutelle d'une collectivité sur une autre) et 72-2 (dispositifs de péréquation financière destinés à assurer l'égalité entre les collectivités) de la Constitution. Le Conseil constitutionnel statuant sur la question du repos dominical a eu l'occasion de se prononcer sur le respect de ce principe à propos d'un régime différent posé par la loi pour la ville de Paris. La loi donnait au préfet de Paris la possibilité de faire de cette ville une commune touristique ou de délimiter en son sein des zones touristiques, sans proposition ou consultation du maire ou du Conseil de Paris. Le fait qu'à Paris le préfet décide seul, contrairement à toutes les autres communes de France, y compris Lyon et Marseille, crée une dérogation au principe d'égalité qui n'est justifiée par aucun critère objectif en rapport avec l'objet de la loi (Cons. const., déc. n° 2009-88 DC du 6 août 2009). Une question connexe a été soulevée avec la métropole du Grand Paris. La différence de traitement qui résulte des modalités particulières d'exercice en commun des compétences ayant pour but de permettre aux communes de continuer à exercer à l'échelle d'un espace cohérent et de manière concertée les compétences qui étaient exercées par les établissements publics de coopération intercommunale à fiscalité propre est justifiée par une différence de situation en rapport avec l'objectif poursuivi (Cons. const., déc. n° 2013-687 DC du 23 janv. 2014).

III. Limites

En dehors des cas expressément énumérés par la Constitution (distinctions fondées sur le sexe, l'origine, la race ou la religion) qui ne sauraient tolérer aucune dérogation, le principe d'égalité connaît d'une manière générale deux limites autorisant une différence de traitement que l'on regroupe autour de la notion générique de **discrimination justifiée**.

A. La discrimination peut être autorisée lorsque sont en cause des situations différentes

À situation égale, traitement égal, à situation différente, traitement différent. Il existe entre les hommes des différences naturelles et sociales qui justifient une discrimination de manière à corriger les inégalités. Mais la différence de traitement doit reposer sur une différence de situation objective (voir CE 10 mai 1974 *Denoyez et Chorques* admettant un tarif différent pour l'usage d'un bac reliant l'île de Ré au continent selon la qualité d'insulaire ou non).

ATTENTION

Si, en règle générale, le principe d'égalité impose de traiter de la même façon des personnes qui se trouvent dans la même situation, il n'en résulte pas pour autant qu'il oblige à traiter différemment des personnes se trouvant dans des situations différentes (Cons. const., déc. n° 2003-489 DC du 29 déc. 2003).

B. La discrimination peut être autorisée lorsque sont en cause des considérations d'intérêt général

Lorsque la différence de situation ne justifie pas à elle seule la discrimination, il faut qu'existe un motif d'intérêt général (caractère subsidiaire de l'intérêt général). Ce motif doit être en rapport avec la mesure prise, la finalité de la loi ou les conditions de fonctionnement d'un service public. Il en résulte que des conditions d'intérêt général aboutissent à traiter différemment des personnes placées dans une même situation.

Par exemple, la loi peut, en vue de lutter contre la consommation excessive d'alcool (but d'intérêt général) opérer une discrimination entre les divers supports publicitaires en prenant en considération la forme qu'ils revêtent et les différents publics qu'ils touchent (Cons. const., déc. nº 90-283 DC du 8 janv. 1991) ou taxer plus fortement certains alcools plus forts (bière à degré élevé, Cons. const., déc. nº 2002-463 DC du 12 déc. 2002). Le législateur peut également octroyer des avantages fiscaux afin d'inciter le développement d'activités économiques pourvu qu'il applique des critères objectifs et rationnels en fonction des buts recherchés (Cons. const., déc. nº 2003-477 DC du 31 juill. 2003, *Initiative économique*; Cons. const., déc. nº 2011-121 QPC du 29 avr. 2011, *aide à la production laitière*) ou déroger à l'égalité devant les charges publiques pour lutter contre la fraude ou l'évasion fiscale. Dans ce cas, les dérogations doivent être adaptées et proportionnés à cet objectif. (Cons. const., déc. nº 2013-684 DC du 29 déc. 2013).

ATTENTION

Le Conseil constitutionnel exige que dans l'un et l'autre cas (différence de situation, motifs d'intérêt général) la discrimination soit en rapport direct avec l'objet de la loi qui l'établit (Cons. const., déc. nº 96-375 DC du 9 avr. 1996). De surcroît, il ne sanctionnera que les ruptures caractérisées de l'égalité c'est-à-dire les ruptures les plus graves : proportionnalité (Cons. const., déc. nº 2010-52 QPC du 14 oct. 2010 : est contraire au principe d'égalité devant les charges publiques le prélèvement fiscal ne reposant pas sur de tels critères). Dans le même esprit, méconnaît tant le principe d'égalité devant la loi que celui devant les charges publiques le maintien du régime fiscal dérogatoire, sans motif légitime, applicable aux successions sur des immeubles situés dans les départements de Corse (Cons. const., déc. nº 2012-662 DC du 29 déc. 2012; nº 2013-685 DC du 29 déc. 2013). En ce qui concerne le principe d'égalité devant les charges publiques, le Conseil n'a pas hésité à censurer une disposition qui visait à taxer les boissons énergisantes non alcoolisées à des fins de lutte contre la consommation alcoolique des jeunes. Or, une telle mesure n'est pas fondée sur des critères objectifs et rationnels en rapport avec l'objectif poursuivi (Cons. const., déc. nº 2012-659 DC du 13 déc. 2012). Le juge constitutionnel laisse « passer » les inégalités légères à condition qu'il ne soit pas en présence d'une discrimination interdite par la Constitution opinion, race, religion, sexe, car en ce cas aucune atteinte n'est acceptable.

CHAPITRE 5

Principaux droits et libertés fondamentaux : « les droits à... »

I. Les droits individuels

A. Le droit à la vie

« Le droit de ne pas être mis à mort par ordre ou sur autorisation de l'autorité publique et d'être protégé par l'autorité publique contre les menaces ou les risques d'atteinte à la vie » (L. Favoreu). Le droit à la vie suppose à la fois une abstention de la puissance publique (ne pas attenter à la vie) mais aussi une action (protéger la vie).

SOURCES

Le Conseil constitutionnel a consacré l'existence du droit à la vie dans la décision n° 74-54 DC du 15 janvier 1975 rendue à propos de l'interruption volontaire de grossesse (loi Veil) : principe du respect de tout être humain dès le commencement de la vie (voir Cons. const., déc. n° 2001-446 DC du 27 juin 2001).	
Article 66-1 de la Constitution de 1958	« Nul ne peut être condamné à la peine de mort ».
Alinéa 11 du Préambule de la Constitution de 1946	« La nation garantit à tous [...] la protection de la santé, la sécurité matérielle [...] ».

1. Régime

Le droit à la vie est placé sous la sauvegarde de la loi. D'une manière générale l'article 16 du Code civil précise que « la loi assure la primauté de la personne, interdit toute atteinte à la dignité de celle-ci et garantit le respect de l'être humain dès le commencement de sa vie ». L'article 16-1 du même code précise que « Chacun à droit au respect de son corps. Le corps humain est inviolable. Le corps humain, ses éléments et ses produits ne peuvent faire l'objet d'un droit patrimonial ». Des textes particuliers régissent certains aspects de la protection de la vie.

Avortement
Loi du 31 décembre 1979 (art. L. 2212-1 et s. du Code de la santé publique).
Respect du corps humain, don et utilisation des éléments et produits du corps humain et de la procréation médicalement assistée (PMA)
Lois du 29 juillet 1994 dites lois bioéthiques modifiées à plusieurs reprises, suite notamment à une étude présentée par le Conseil d'État en 1998. La dernière modification en date du 6 août 2013, permet de procéder à des recherches sur les embryons. Ces recherches sont strictement encadrées par la loi et nécessitent notamment le consentement écrit et préalable du couple concerné (Cons. const., déc. n° 2013-674 DC du 1er août 2013).
Abolition de la peine de mort
Loi du 9 octobre 1981 et article 66-1 de la Constitution de 1958. Cette révision constitutionnelle interdit de rétablir la peine de mort qui ne peut en aucun cas être regardée comme un acte de justice.
Prohibition de l'euthanasie
Aide qu'un tiers – médecin ou proche – apporte à une demande de mettre fin à ses jours émanant d'une personne qui estime n'avoir plus rien à attendre de la vie, mais qui ne peut exécuter elle-même ce projet, (art. 221-1 du Code pénal) ; un tel acte est qualifié de meurtre.
Répression pénale des infractions en matière d'éthique biomédicale
Le Code pénal (art. 511-1 et s.) comporte un arsenal répressif destiné à protéger l'espèce humaine (limites et dangers de l'eugénisme), le corps humain (prélèvement d'organes…) ou l'embryon humain (commerce des embryons).

2. Applications

La procréation médicalement assistée (art. L. 2141-2 et s. du Code de la santé publique)

Elle peut prendre diverses formes qui sont prévues par la loi du 29 juillet 1994, relative notamment à l'assistance médicale à la procréation et au diagnostic prénatal (loi bioéthique). Sans bouleverser l'économie générale de la loi de 1994, la loi du 6 août 2004 apporte des précisions et élargit l'accès à la procréation médicalement assistée.
On distingue ainsi, diverses formes d'insémination artificielle (avec sperme du conjoint, avec sperme d'un donneur) et de fécondation *in vitro* (sans donneuse d'ovule, ni mère porteuse extérieure au couple, avec donneuse d'ovule extérieure au couple mais sans mère porteuse, sans donneuse d'ovule extérieure au couple mais avec mère porteuse, avec donneuse d'ovule et mère porteuse extérieure au couple). Les établissements sanitaires privés doivent être préalablement autorisés à exercer des activités de procréation médicalement assistée.

Le don d'organes

Il est également régi par la loi du 29 juillet 1994 relative au don et à l'utilisation d'éléments du corps humain modifiée par la loi du 6 août

2004 (voir art. L. 1211-1 et s. Code de la santé publique). La loi distingue les dons d'organes pendant la vie du donneur et ceux qui s'effectuent après la mort du donneur. Cependant, il existe une présomption de consentement suivant laquelle le refus de don d'organes doit être expressément exprimé : qui ne dit mot consent, cette présomption est affirmée par la loi du 6 août 2004, (voir art. L. 1211-2 Code de la santé publique) de même qu'est maintenu un droit d'opposition.

Les expérimentations thérapeutiques et scientifiques

Elles sont réglementées par la loi du 20 décembre 1988 modifiée dernièrement le 29 décembre 2011 *relative à la protection des personnes qui se prêtent à des recherches biomédicales* (voir art. L. 1121-1 et s. du Code de la santé publique). Le texte fait désormais référence à la « recherche biomédicale » sur l'être humain. Sont distinguées les recherches qualifiées d'habituelles, en ce que les actes pratiqués et produits utilisés ne supposent aucune procédure supplémentaire ou habituelle de surveillance, de celles qui appellent des modalités particulières de surveillance. La surveillance et la réalisation de ces recherches sont confiées à des investigateurs. L'initiative des recherches est très encadrée non seulement par l'Agence nationale de sécurité du médicament, mais aussi par un comité de protection des personnes. L'article 223-8 du Code pénal réprime le fait de se livrer à une recherche biomédicale sans le consentement libre, éclairé et exprès de l'intéressé. Les articles L. 1121-2 et s. du Code de la santé publique prévoient un cadre pour la recherche biomédicale. L'article L. 1121-5 du Code de la santé publique prévoit la possibilité de procéder à des recherches sur l'embryon.

AUTRES APPLICATIONS (POUR MÉMOIRE)

Sont interdits les manipulations génétiques et l'eugénisme (la loi du 29 juillet 1994 relative au respect du corps humain, art. 16-4 Code civil), et l'utilisation des déchets naturels ou hospitaliers (qui peuvent être facilement donnés ou même vendus).

3. Limites

L'avortement

Il pose la question de savoir quand commence la vie, car suivant la réponse l'avortement porte atteinte au droit à la vie ou non. Le point de départ du droit à la vie peut être fixé à plusieurs moments (fécondation, nidation, début de développement de l'embryon, date de viabilité du fœtus, ou naissance). En France la réponse n'est pas très claire. L'avortement n'est possible que dans deux situations : l'avortement thérapeutique lorsque la santé de la mère ou celle de l'enfant sont en péril grave (art. L. 2213-1 du Code de la santé publique) ou la situation de détresse de la femme (art. L. 2212-1 du Code de la santé publique), mais l'interruption illégale de grossesse est punie par le Code pénal (art. 223-10 et s.) de même que l'entrave à l'interruption volontaire de grossesse (art. L. 2223-1 du Code de la santé publique), renforcée par la loi du 20 mars 2017.

Diagnostic prénatal et responsabilité médicale

Si la Cour de cassation a reconnu un médecin responsable d'une erreur de diagnostic médical prénatal ayant entraîné des séquelles graves et irréversibles pour l'enfant (ass. plén., 17 novembre 2000 *Perruche*, voir également, Civ. 1re, 26 mars 1996), la loi n° 2002-303 du 4 mars 2002 *relative aux droits des malades et à la qualité du système de santé* dans son article 1er met un terme à cette jurisprudence en énonçant que : « *Nul ne peut se prévaloir d'un préjudice du seul fait de sa naissance.* ».

L'euthanasie

Prohibée par le Code pénal (art. 221-1, v. également l'art. 38 du Code de déontologie des médecins) et qualifiée de meurtre, elle se heurte à l'acharnement thérapeutique (qui conduit à maintenir coûte que coûte une personne en vie) et aux « soins palliatifs ». L'euthanasie peut ainsi être passive (refuser de prodiguer les soins indispensables à la survie) ou active (accomplir un acte entraînant le décès). L'euthanasie pose essentiellement la question de la dignité humaine, la dégradation de la vie par la maladie entraînant la possibilité de la faire cesser (voir P. Wachsman et *a contrario* G. Lebreton). La loi du 22 avril 2005 *relative aux droits des malades et à la fin de vie* autorise désormais la suspension des soins médicaux dès lors qu'ils apparaissent « inutiles, disproportionnés ou n'ayant d'autre effet que le seul maintien artificiel de la vie » (v. affaire V. Lambert, CE ass., 14 févr. 2014, *Mme P… U… et autres*, le Conseil d'État a décidé de renvoyer la question à un collège de trois experts). Dans la même affaire la Cour européenne des droits de l'homme a jugé conforme à la Convention la procédure française (CEDH, Grande Chambre, 6 juin 2015, *Lambert et autres c/ France*). Le Conseil d'État a également décidé que le juge du référé liberté est tenu de concilier les deux libertés fondamentales que sont le droit à la vie et celui de ne pas subir un traitement traduisant une obstination déraisonnable. Cette conciliation implique, qu'éclairé sur la situation médicale du patient, le juge s'assure de ce que la décision médicale d'interrompre le traitement entre bien dans le cadre législatif prévu. Des traitements antidouleurs efficaces peuvent être administrés au malade « en phase avancée ou terminale d'une affection grave et incurable » même si ces antidouleurs ont pour effet secondaire de provoquer le décès plus rapide du malade. L'euthanasie « fœtale » : interruption médicale ou thérapeutique de grossesse (IMG ou ITG) est admise soit lorsque la grossesse met en danger la santé de la mère; soit lorsque le fœtus est atteint d'une maladie incurable. Elle peut intervenir jusqu'à la veille de la naissance mais elle est subordonnée à l'accord formalisé de deux médecins experts.

B. Le droit à la protection de la santé

Le droit de bénéficier d'un système de protection de la santé. L'obligation pour la puissance publique de mettre en place un régime d'assurance-maladie, d'assurance maternité ainsi qu'un régime de lutte contre les maladies infantiles ou les fléaux sociaux (M. De Villiers, Th. S. Renoux.). Le droit à la protection de la santé (obligation de moyen) ne se confond pas avec le droit à la santé (obligation de résultat).

SOURCES

Alinéa 11 du préambule de la Constitution de 1946.	
L'article L. 1110-1 Code de la santé publique (crée par la loi du 4 mars 2002)	« Le droit fondamental à la protection de la santé doit être mis en œuvre par tous moyens disponibles au bénéfice de toute personne. Les professionnels, les établissements et réseaux de santé, les organismes d'assurance-maladie ou tous autres organismes participant à la prévention et aux soins, et les autorités sanitaires contribuent, avec les usagers, à développer la prévention, garantir l'égal accès de chaque personne aux soins nécessités par son état de santé et assurer la continuité des soins et la meilleure sécurité sanitaire possible ».

1. Régime

Il incombe au législateur et à l'autorité réglementaire de déterminer les règles concrètes d'application du droit à la protection de la santé. Il leur appartient en particulier de fixer des règles appropriées tendant à la réalisation de l'objectif défini par le préambule de la Constitution de 1946 (Cons. const., déc. n° 89-269 DC du 22 janv. 1990). Le principe ne fait pas obstacle au recours à des conventions en matière sociale et médicale, (conventions entre les caisses primaires d'assurance-maladie et les médecins).

2. Applications

Libre choix de son médecin par le malade

Le Conseil constitutionnel considère que le libre choix du médecin ainsi que de l'établissement dans lequel les soins seront prodigués se rattachent à la protection de la santé (Cons. const., déc. n° 89-269 DC du 22 janv. 1990; n° 90-287 DC du 16 janv. 1990, n° 98-404 DC du 18 décembre 1998).

Libre choix du traitement

L'article L. 1111-4 du Code de la santé publique pose les bases d'un principe d'information et de choix du malade à l'égard de son traitement thérapeutique. Cette personne peut refuser ou interrompre son traitement (voir CE 16 août 2002 *Mme Feuillatey*). Lorsque le patient se trouve dans l'impossibilité d'exprimer ses vœux, une personne de confiance désignée par lui selon la procédure de l'article L. 1111-6 du Code de la santé publique peut le faire à sa place.

Égalité de protection

Le droit à la protection de la santé joue également en faveur des étrangers (Cons. const., déc. n° 93-325 DC du 13 août 1993). Ce droit a cependant été réduit pour les étrangers en situation irrégulière qui n'ont droit qu'à des soins d'urgence. Égalité sur l'ensemble du territoire : un mécanisme de solidarité mis en place par les départements ne doit pas aboutir à mettre en cause les principes posés par le 11e alinéa du préambule de la Constitution de 1946 (Cons. const., déc. n° 96-387 DC du 21 janv. 1997). L'article L. 1110-3 du Code de la santé publique précise qu'« Aucune personne ne peut faire l'objet de discriminations dans l'accès à la prévention ou aux soins ».

Réglementation de certaines activités ou certains commerces dangereux pour la santé

(voir la loi *relative à la lutte contre le tabagisme et l'alcoolisme* : Cons. const., déc. n° 90-283 DC du 8 janv. 1991).
La protection de la santé permet d'interdire la publicité de l'alcool et de tabac, ainsi que la consommation de tabac dans les lieux publics (loi Évin). Compte tenu des risques liés à certaines professions, le législateur a pu les réserver à des personnes qualifiées en vue de respecter le droit à la santé et la sécurité des personnes (Cons. const, déc. n° 2011-139 QPC du 24 juin 2011).

Protection de l'environnement

L'article 1er de la Charte de l'environnement de 2005 précise que « Chacun a le droit de vivre dans un environnement équilibré et favorable à la santé ».

Campagnes de vaccination

Il peut s'agir d'une obligation (art. L. 3111-6 du Code de la santé publique) comme pour les enfants intégrés en milieu scolaire, ou d'une incitation telle que la vaccination contre les épidémies de grippe. Il existe une responsabilité de l'État à raison des préjudices subis lors d'une campagne de vaccination au titre de la solidarité nationale (art. L. 3111-9 Code de la santé publique). Le Conseil constitutionnel laisse au législateur un pouvoir discrétionnaire s'agissant de la définition des vaccinations obligatoires (Cons. const., déc. n° 2015-458 QPC du 20 mars 2015).

Cas du SIDA

Depuis 1986, le SIDA est une maladie qui doit être obligatoirement déclarée. Mais cette déclaration faite par le médecin traitant est anonyme et à seules fins d'étude de l'évolution de la maladie. Dans les autres cas, le malade est protégé par le secret médical. Le dépistage des maladies transmissibles n'est pas obligatoire sauf pour les donneurs de produits du corps humains (art. L. 1211-6 et L. 1221-4 du Code de la santé publique). L'article 706-47-2 du Code de procédure pénale introduit par la loi *sur la sécurité intérieure* du 18 mars 2003 autorise des tests de dépistage des maladies sexuellement transmissibles en cas de viol ou d'agression sexuelle. Cette opération peut être effectuée sans le consentement de l'intéressé sur instructions écrites du procureur de la République ou du juge d'instruction, versées au dossier de la procédure.

3. Limites

La protection de la santé est un droit constitutionnel de premier rang devant lequel doivent en principe s'incliner les autres droits lorsqu'ils ne peuvent être conciliés avec elle, (M. De Villiers, Th. S. Renoux). Il en va ainsi, du droit de grève, de la liberté d'entreprendre ou du droit de propriété et même parfois de la liberté individuelle.
La protection de la santé trouve cependant des limites dans la mesure où elle peut être un moyen d'attenter à la liberté des individus notamment au regard de la recherche génétique (J. Robert, J. Duffard) ou en cas d'épidémie (art. L. 1411-1 du Code de la santé publique).
La protection de la santé est un droit fondamental qui doit être concilié avec d'autres droits fondamentaux tels que la liberté d'aller et venir, le droit au respect de la vie privée et la prévention des troubles à l'ordre public. Cela concerne particulièrement l'hypothèse de l'hospitalisation sans consentement. Les atteintes portées à l'exercice de ces droits sur ce fondement doivent être adaptées, nécessaires et proportionnées aux objectifs poursuivis (Cons. const., déc. n° 2011-135/140 QPC du 9 juin 2011) Le Conseil a de plus validé l'orientation prise par le législateur lorsqu'il s'est attaché à concilier la liberté personnelle, l'ordre public et la protection de la santé (Cons. const., déc. n° 2012-235 QPC du 20 avr. 2012).

C. Le droit aux prestations sociales

La possibilité pour toute personne de bénéficier des prestations sociales.

SOURCES

Alinéa 11 du préambule de la Constitution de 1946.	
Article L. 111-1 du Code la sécurité sociale	« l'organisation de la sécurité sociale est fondée sur le principe de la solidarité nationale ».

1. Régime

Le droit aux prestations sociales, constitue un fondement constitutionnel aux mécanismes de protection sociale tels que l'assurance-chômage, l'assurance vieillesse ou même l'institution du revenu de solidarité active (RSA) (M. De Villiers, Th. S. Renoux).
Il incombe tant au législateur qu'au gouvernement, conformément à leurs compétences respectives de déterminer, dans le respect des principes proclamés par le 11e alinéa du préambule de la Constitution de 1946 tant les modalités de leur mise en œuvre (Cons. const., déc. n° 86-225 DC du 23 janv. 1987) que les catégories de bénéficiaires (Cons. const., déc. n° 2012-254 QPC du 18 juin 2012). Toutefois, le législateur ne saurait abroger certaines modalités de mise en œuvre sans les remplacer par des garanties assurant pour les intéressés un niveau de protection au moins équivalent. (Cliquet anti-retour, Cons. const., déc. n° 93-325 DC du 13 août 1993.). Le cliquet anti-retour a été abandonné et le Conseil constitutionnel considère désormais qu'il est à tout moment loisible au législateur, statuant dans le domaine qui lui est réservé par l'article 34 de la Constitution (protection sociale), d'adopter, pour la réalisation ou la conciliation d'objectifs de valeur constitutionnelle, des modalités nouvelles dont il lui appartient d'apprécier l'opportunité ; que, cependant, l'exercice de ce pouvoir ne saurait aboutir à priver de garanties légales des exigences constitutionnelles (Cons. const. déc. n° 2007-546 DC du 25 janv. 2007). L'institution de la couverture maladie universelle (CMU) permet de garantir ce droit (Cons. const., déc. n° 99-416 DC du 23 juill. 1999).

2. Applications

Service public

Les organismes de sécurité sociale présentent le caractère d'un service public (ce qui impose la continuité, l'égalité, l'adaptation) cela est confirmé tant par le Conseil d'État, 13 mai 1938 *Caisse primaire aide et protection*, que par le Conseil constitutionnel, (Cons. const., déc. n° 82-148 DC du 14 déc. 1982).

Égalité entre les nationaux et les étrangers

Le principe de sécurité matérielle confère à tout être humain le droit d'obtenir de la collectivité des moyens convenables d'existence. Les étrangers jouissent des droits à la protection sociale dès lors qu'ils résident de manière stable et régulière sur le territoire français (Cons. const., déc. n° 93-325 DC du 13 août 1993 ; n° 89-269 DC du 22 janv. 1990 ; n° 2011-137 QPC du 17 juin 2011).

Application du droit à la protection sociale à des catégories spécifiques (Ph. Terneyre)

Il en va ainsi notamment en ce qui concerne la famille, les vieux travailleurs, les personnes physiquement handicapées, les malades mentaux et enfin les chômeurs qui sont atteints par la crise économique (voir par exemple Cons. const., déc. n° 85-200 DC du 16 janv. 1986 et n° 94-357 DC du 25 janv. 1995).

La couverture maladie universelle

La loi du 27 juillet 1999 permet aux personnes les plus démunies de bénéficier de l'assurance-maladie. De plus, cette loi doit permettre la souscription à une assurance complémentaire gratuite (plus de 6 millions de personnes n'avaient pas en France de couverture complémentaire). (Voir Cons. const., déc. n° 99-416 DC du 23 juill. 1999).

Le droit au repos et aux loisirs

Rarement utilisé par le Conseil constitutionnel, ce droit permet (en combinaison avec d'autres) au législateur de limiter à 35 heures la durée hebdomadaire du travail (Cons. const., déc. n° 99-423 DC du 13 janv. 2000). Le droit au repos et aux loisirs peut bien entendu être rattaché au droit à la santé, mais il va également pouvoir être considéré comme un corollaire du droit à une vie familiale normale qui doit être conciliée avec la vie professionnelle. Ce droit a été par exemple invoqué à propos du repos dominical et de la possibilité de travailler le dimanche dans les communes ou zones touristiques (Cons. const., n° 2009-588 DC du 6 août 2009).

3. Limites

Le principe de sécurité matérielle

Il est reconnu par le Conseil d'État comme un principe général du droit (CE 6 juin 1986, *Fédération des fonctionnaires, agents et ouvriers de la fonction publique*), en tout cas en ce qui concerne la mère et l'enfant, mais le Conseil d'État ne semble pas accorder à ce principe la valeur d'un principe constitutionnel avec ce que cela implique. Cependant, le Conseil d'État a fait découler certaines prestations sociales du droit de propriété en appliquant l'article 14 de la Convention européenne des droits de l'Homme et le protocole n° 1, s'inspirant ainsi de la jurisprudence de la Cour européenne des droits de l'Homme (CEDH 16 sept. 1996, *Gaygusuz c/ Autriche*), Il a recherché si la mise sous conditions financières des allocations familiales était conforme à la Convention et au droit de propriété qu'elle pose (CE ass., 5 mars 1999, *Rouquette*).

Le droit à la protection sociale des étrangers

Il est subordonné à ce que ces derniers résident de manière stable et régulière sur le territoire français. Cela laisse la question du droit des étrangers en situation irrégulière en suspens alors que très souvent ces derniers ont besoin d'une certaine sécurité matérielle leur permettant de préparer leur retour éventuel vers leur pays d'origine. Le Conseil constitutionnel a jugé qu'écarter ces derniers du droit à la protection sociale ne contrevenait pas au respect du principe d'égalité puisque ceux qui ne satisfont pas aux conditions de régularité ne sont pas dans la même situation que les étrangers qui résident et travaillent en France régulièrement. (Cons. const., déc. n° 93-325 DC du 13 août 1993). Les étrangers en situation irrégulière bénéficiant de l'Aide médicale de l'État (AME) ont vu dans un premier temps sa portée sensiblement réduite par la loi de finances rectificative pour 2003 (Cons. const., déc. n° 2003-488 DC du 29 déc. 2003) : l'AME est devenue payante (30 €/an) depuis mars 2011, et dans un second temps sa gratuité a été rétablie bien que la différence de traitement des bénéficiaires instituée par le législateur relève de sa compétence (Cons. const., déc. n° 2012-654 DC du 9 août 2012).

Le principe de sécurité matérielle

Il se heurte à la capacité financière des départements, collectivités « chef de file » en matière d'action sociale. Certaines prestations sociales imposées par la loi peuvent ainsi compromettre la libre administration des départements ou leur autonomie financière. Pour l'instant le Conseil constitutionnel n'a pas admis un tel moyen (Cons. const., déc. n° 56 QPC du 18 oct. 2010 ; n° 109 QPC du 25 mars 2011).

D. Le droit à la dignité

C'est le droit pour tout être humain d'être protégé contre toute forme d'asservissement et de dégradation.

SOURCES

Alinéa 1er du Préambule de la Constitution de 1946, duquel le Conseil constitutionnel a tiré le principe à valeur constitutionnelle de sauvegarde de la dignité de la personne humaine contre toute forme d'asservissement et de dégradation (Cons. const., déc. n° 94-343-344 DC du 27 juill. 1994).	
La loi du 29 juillet 1994 introduit un article 16 dans le Code civil	« La loi assure la primauté de la personne, interdit toute atteinte à la dignité de celle-ci et garantit le respect de l'être humain dès le commencement de sa vie ».
Les articles 225-1 et s. du Code pénal punissent les atteintes à la dignité de la personne (discrimination, proxénétisme, bizutage, respect dû aux morts).	

1. Régime

Il s'agit d'un principe à valeur constitutionnelle dont le juge constitutionnel assure le respect. Il a ainsi considéré que les principes énoncés par les lois bioéthiques (primauté de l'être humain, respect de l'être humain dès le commencement de sa vie, inviolabilité, intégrité et absence de caractère patrimonial du corps humain, intégrité de l'espèce humaine) tendent à assurer le respect du principe constitutionnel de sauvegarde de la dignité humaine. Par ailleurs, ce principe peut être assorti d'objectifs à valeur constitutionnelle et notamment celui de la possibilité pour toute personne de disposer d'un logement décent. (Cons. const., déc. n° 94-359 DC du 19 janv. 1995 ; n° 98-403 DC du 29 juill. 1998.) Le Conseil constitutionnel rattache cet objectif aux alinéas 10 et 11 du préambule de la Constitution de 1946 (Cons. const., déc. n° 2004-503 DC du 12 août 2004).

2. Applications

Prohibition de l'esclavage

En France, l'esclavage (condition de l'individu sur lequel s'exercent les attributs de la propriété : Convention du 25 septembre 1926) est aboli depuis le décret du 27 avril 1848 (s'il n'existait plus en métropole, l'esclavage était maintenu dans les colonies). Se pose la question du travail forcé, défini comme le travail exigé d'un individu sous la menace d'une peine quelconque au regard notamment des travaux d'intérêt général (sanction pénale prévue par l'article 131-3 du Code pénal). Ce type de peine n'est pas considéré comme un travail forcé dans la mesure où le condamné peut en refuser l'accomplissement. L'esclavage moderne fait l'objet de toutes les attentions. Ainsi, la loi du 20 novembre 2007 (instituant les articles 225-4-1 et s. du Code pénal) définit la traite comme le fait « en échange d'une rémunération ou de tout autre avantage ou d'une promesse de rémunération ou d'avantage, de recruter une personne, de la transporter, de la transférer, de l'héberger ou de l'accueillir, pour la mettre à sa disposition ou à la disposition d'un tiers, même non identifié, afin soit de permettre la commission contre cette personne des infractions de proxénétisme, d'agression ou d'atteintes sexuelles, d'exploitation de la mendicité, de conditions de travail ou d'hébergement contraires à sa dignité, soit de contraindre cette personne à commettre tout crime ou délit ».

Prohibition des crimes contre l'humanité

Le Code pénal qualifie de crimes contre l'humanité les actes tels que : le génocide, la déportation, la réduction en esclavage ou la pratique massive et systématique d'exécutions sommaires, d'enlèvements de personnes suivis de leur disparition, de la torture ou d'actes inhumains, inspirés par des motifs politiques, philosophiques, raciaux ou religieux et organisés en exécution d'un plan concerté à l'encontre d'un groupe de population civile (art. 211-1 et 212-1 du Code pénal). Ces actes sont d'une telle gravité qu'ils sont imprescriptibles, (c'est-à-dire qu'ils ne sont pas susceptibles de s'éteindre par l'écoulement du temps) : ex : loi du 2 janvier 1995. L'article 53-2 de la Constitution prévoit également que la République peut reconnaître la juridiction de la Cour pénale internationale au regard du traité du 18 juillet 1998.

Interdiction de la torture et des peines ou traitements inhumains ou dégradants

La torture est définie comme l'acte qui inflige volontairement des souffrances aiguës, physiques ou mentales, à une personne humaine, et qui est exécuté à l'instigation ou avec le consentement d'une personne agissant à titre officiel. Les peines ou traitements inhumains ou dégradants sont, selon la Cour européenne des droits de l'Homme, des agissements qui provoquent volontairement des souffrances physiques ou mentales particulièrement graves sans qu'elles atteignent toutefois le degré d'intensité qui caractérise la torture. La Cour distingue les traitements inhumains des traitements dégradants.

Dignité en milieu médical

La dignité des malades est une question plus moderne. Elle est affirmée clairement par la loi du 4 mars 2002 *relative aux droits des malades* et à la qualité du système de santé (art. L. 1110-2 Code de la santé publique. « La personne malade a droit au respect de sa dignité ».) La loi précise également que toute personne a le droit de recevoir des soins visant à soulager sa douleur. Celle-ci doit être en toute circonstance prévenue, évaluée, prise en compte et traitée. La loi du 4 mars 2002 permet en outre à un malade de demander l'interruption des traitements ou de refuser ceux qui lui sont proposés même s'ils présentent un caractère vital. La loi du 22 avril 2005 *relative aux droits des malades et à la fin de vie* se rattache à la dignité de la personne dans la mesure où elle permet d'éviter l'acharnement thérapeutique dans la légalité. Les recherches autorisées par le législateur sur l'embryon humain sont suffisamment encadrées pour ne par porter atteinte au principe de sauvegarde de la dignité humaine (Cons. const., déc. n° 2013-674 DC du 1er août 2013).

Dignité en milieu carcéral ou semi-carcéral

La dignité doit être respectée à l'égard des personnes emprisonnées ou gardées à vue, (Cons. const. déc. n° 2009-593 DC du 19 nov. 2009 à propos du régime disciplinaire des détenus; Cons. const., déc. n° 14/22 QPC du 30 juill. 2010 et n° 80 QPC du 17 déc. 2010, garde à vue et comparution).

3. Limites

L'esclavage, la torture ou les crimes contre l'humanité sont devenus très rares dans les États parties à la Convention européenne de sauvegarde des droits de l'Homme et des libertés fondamentales. Il n'en va pas de même des traitements inhumains et dégradants et de nombreuses affaires vont sans doute être encore portées devant celle-ci.

Le travail forcé

Il est toléré dans quatre cas (art. 4 de la Convention européenne de sauvegarde des droits de l'Homme et des libertés fondamentales, art. 8 du Pacte international relatif aux droits civils et politiques) : travail requis d'un détenu ou d'une personne en liberté conditionnelle, travail qui était requis dans le cadre du service militaire, ou travail requis en cas de crise ou d'une calamité menaçant le bien-être de la population, enfin travail faisant partie des obligations civiques normales.

La possibilité pour toute personne d'obtenir un logement décent

Il ne faut pas la confondre avec le droit au logement qui n'est pas érigé en tant que règle à valeur constitutionnelle, il s'agit de la possibilité d'obtenir un logement décent que le Conseil constitutionnel a rattaché au principe de la sauvegarde de la dignité humaine. Ce n'est cependant qu'un simple objectif à valeur constitutionnelle. La loi du 6 juillet 1989 dans son article 1er énonce toutefois que le droit au logement est un droit fondamental ; il s'exerce dans le cadre des lois qui le régissent. Mais ce droit au logement n'a pour l'instant qu'un rang législatif. Le Conseil constitutionnel a jugé que le dispositif faisant perdre le droit au maintien dans les lieux d'une personne pour cause de sous occupation du logement ou de dépassement des plafonds de ressources était suffisamment limité et qu'il ne portait pas atteinte à l'objectif de valeur constitutionnelle (Cons. const., déc. n° 2009-578 DC du 18 mars 2009). La dignité interdit de surcroît aux fournisseurs d'eau de couper la distribution d'eau potable lorsque la facture n'a pu être payée par l'usager (Cons. const., déc. n° 5015-470 QPC du 29 mai 2015). D'une manière plus générale, le législateur peut limiter le droit de propriété en vue de lutter contre le logement indigne (Cons. const., déc. n° 2000-436 DC du 7 décembre 2000 ; n° 2014-691 DC du 20 mars 2014).

Et dans le monde ?

Les principes de la dignité humaine sont loin d'être respectés partout : l'esclavage et les travaux forcés existent dans certains pays (y compris pour des catégories en principe protégées comme par exemple les enfants), des crimes contre l'humanité sont toujours commis, quant aux conditions d'existence elles atteignent du fait de la misère qui touche certains pays un degré de précarité extrême.

E. Le droit à une vie de famille « normale »

La possibilité de fonder une famille et de vivre avec elle en toute quiétude (G. Lebreton).

SOURCES

Le Conseil constitutionnel déduit expressément le droit constitutionnel à mener une vie familiale normale de l'alinéa 10 du préambule de 1946 (Cons. const., déc. n° 93-325 DC du 13 août 1993). Principe général du droit, droit de toute personne à une vie familiale normale (CE 8 déc. 1978 *Gisti*).

1. Régime

Il appartient au législateur d'apprécier les conditions dans lesquelles les droits de la famille peuvent être conciliés avec les impératifs d'intérêt public (Cons. const., déc. n° 86-216 DC du 3 sept. 1986). De même, il appartient au gouvernement, sous le contrôle du juge de l'excès de pouvoir, et sous réserve des engagements internationaux conclus par la France, de définir les conditions d'exercice du droit à une vie familiale normale pour en concilier le principe avec les nécessités tenant à l'ordre public et à la protection sociale des étrangers et de la famille (CE 8 déc. 1978 *Gisti*). En l'absence d'intervention du législateur dans certains domaines, c'est à l'autorité réglementaire qu'il incombe de déterminer le régime de cette liberté.

2. Applications

Droit à une vie familiale normale y compris en dehors du mariage

Il ne s'agit pas seulement des relations familiales fondées sur le mariage, le droit à une vie familiale normale concerne également des liens familiaux tissés en dehors du mariage tels que l'union libre (CEDH 13 juin 1979, *Marckx c/ Belgique*). Le droit de mener une vie familiale normale n'implique pas que la relation entre un enfant et la personne qui vit en couple avec son père ou sa mère ouvre droit à l'établissement d'un lien de filiation adoptive (Cons. const., déc. n° 2010-39 QPC du 6 oct. 2010). Le droit de mener une vie familiale normale est ainsi distinct du droit de se marier (Cons. const., déc. n° 2016-557 QPC du 29 juillet 2016).

Regroupement familial

Il s'agit de la faculté pour les étrangers de faire venir auprès d'eux leurs conjoints et leurs enfants mineurs. Les étrangers séjournant en France régulièrement depuis un an ont le droit d'accueillir leur conjoint et leurs enfants mineurs s'ils possèdent un logement adapté et des ressources suffisantes pour subvenir à leurs besoins (art. L. 411-1 et s. CESEDA ; pour plus de précisions v. Cons. const., déc. n° 2003-484 DC du 20 nov. 2003 ; n° 2006-542 DC du 6 nov. 2006 ; n° 2007-557 DC du 15 nov. 2007).

Il est d'autres circonstances relatives à l'accouchement sous X par exemple, selon lesquelles le juge constitutionnel estime ne pas avoir à se substituer au législateur lorsque les enfants concernés entreprennent des recherches sur ce fondement pour connaître voire, retrouver, leurs géniteurs. Il appartient donc au législateur de définir l'équilibre entre les intérêts de la mère et ceux de l'enfant (Cons. const., déc. n° 2012-248 QPC du 16 mai 2012).

Mesures de placement des enfants mineurs

La puissance publique ne peut pas porter atteinte au droit des parents d'entretenir des relations avec leurs enfants et de leur rendre visite.

Les décisions de déchéance de l'autorité parentale

L'article 378 du Code civil permet au juge judiciaire de disposer d'une mesure de protection de l'enfant (Civ. 1re, 14 avr. 1982) : la déchéance de l'autorité parentale.

La procédure conventionnelle de divorce

Elle permet de divorcer sans passer devant un juge en cas de consentement mutuel (devant notaire). Toutefois, conformément à l'article 373-2-13 du code civil, le juge aux affaires familiales peut être saisi, après le divorce, des dispositions de cette convention relatives à l'exercice de l'autorité parentale ce qui permet d'apporter des garanties suffisantes au droit de mener une vie familiale normale (Cons. const., déc. n° 2016-739 DC du 17 novembre 2016).

Les aides aux familles

En fixant des plafonds de ressources pour bénéficier des allocations familiales, l'autorité réglementaire ne doit pas remettre en cause les exigences du préambule de la Constitution de 1946 (Cons. const., déc. n° 97-393 DC du 18 déc. 1997). Les allocations familiales peuvent cependant être subordonnées à une condition de ressources et elles ne présentent donc pas de caractère universel (par exemple Cons. const., déc. n° 2014-706 DC du 18 décembre 2014).

3. Limites

Le droit constitutionnel de mener une vie familiale normale doit être concilié avec des objectifs de valeur constitutionnelle qui sont la sauvegarde de l'ordre public et la protection de la santé (Cons. const., déc. n° 93-325 DC du 13 août 1993).
D'une manière générale le regroupement familial est subordonné au respect de la monogamie, de l'égalité entre l'homme et la femme, de la liberté du mariage, de l'intégrité physique des enfants, de leur scolarisation.

En matière de regroupement familial

Peuvent être exclus sans porter atteinte au droit de mener une vie familiale normale (c'est-à-dire selon les règles en vigueur du pays d'accueil) les étrangers en situation irrégulière, les polygames (en effet, voir en sens contraire CE 11 juill. 1980, *Montcho*). Le Conseil constitutionnel a jugé (Cons. const., déc. n° 97-389 DC du 22 avr. 1997), que soumettre la délivrance de plein droit d'une carte de séjour temporaire au conjoint d'un ressortissant français à la condition que le mariage ait été contracté depuis au moins un an et que la communauté de vie n'ait pas cessé répond à un objectif d'intérêt public et ne porte pas une atteinte excessive au droit à une vie familiale normale (voir également Cons. const., déc. n° 2003-484 DC du 20 nov. 2003).

Refus de renouvellement de la carte de résident, expulsions

Le Conseil constitutionnel a affirmé que les étrangers dont la résidence en France est stable et régulière ont, comme les nationaux le droit de mener une vie familiale normale et que l'étranger qui séjourne en France depuis plus de dix ans a tissé avec la France des liens multiples que ne saurait remettre en cause le refus de renouvellement de séjour fondé sur une simple menace pour l'ordre public (Cons. const., déc. n° 97-389 DC du 22 avr. 1997). L'article L. 521-2 du CJA (référé-liberté) concerne également le droit de mener une vie familiale normale notamment en cas d'expulsion d'un étranger (CE 30 oct. 2001, *Ministre de l'Intérieur c/ Mme Tliba*, en l'espèce rejet de la demande ; CE 15 avr. 2011, *Mme Yousfia A*).

Refus d'octroi de la nationalité française de manière automatique au conjoint d'un ressortissant français

Des conditions doivent être réunies : le mariage doit avoir été célébré depuis au moins deux ans, sans cessation de la communauté de vie nécessaire ; à défaut un délai de trois ans lorsque l'étranger ne justifie pas résider de manière ininterrompue pendant au moins un an en France à compter du mariage. Si ces conditions n'ont pas à être satisfaites en cas de naissance d'un enfant, n'est pas contraire au regroupement familial le fait d'exiger que le conjoint étranger justifie d'une connaissance suffisante de la langue française. La non-acquisition de la nationalité française n'empêche pas le ressortissant étranger de vivre avec un ressortissant français dans les liens du mariage et de mener une vie familiale normale (Cons. const., déc. n° 2012-264 QPC du 13 juill. 2012).

II. Les droits économiques et sociaux

A. Le droit à l'emploi

Le droit d'obtenir un emploi ou à défaut une assistance compensant la privation d'emploi. Chacun a le droit d'obtenir un emploi parce que chacun a le devoir de travailler. Devoir de travailler et droit à l'emploi sont en réalité les deux faces d'un même principe dont l'une est tournée vers la fonction sociale du travail (devoir de travailler) et l'autre vers la fonction individuelle (droit à l'emploi) (G. Vedel, J. Rivero).

SOURCES

Alinéa 5 du Préambule de la Constitution de 1946	« Chacun a le devoir de travailler et le droit d'obtenir un emploi ».

1. Régime

Il appartient au législateur, compétent en application de l'article 34 de la Constitution pour fixer les règles concernant les garanties fondamentales accordées aux citoyens pour l'exercice des libertés publiques et les principes fondamentaux du travail de poser des règles propres à assurer au mieux le droit pour chacun d'obtenir un emploi, en vue de permettre l'exercice de ce droit au plus grand nombre possible d'intéressés (Cons. const., déc. nº 83-156 DC du 28 mai 1983 ; nº 99-423 DC du 13 janv. 2000 ; nº 2007-555 DC du 16 août 2007). Il incombe au législateur de faire contribuer les personnes exerçant une activité professionnelle à l'indemnisation de celles qui en sont privées (Cons. const., déc. nº 85-200 DC du 16 janv. 1986).
Pour le juge judiciaire, le principe énoncé par l'alinéa 5 du préambule de la Constitution de 1946 est d'ordre public. Il peut lui permettre par exemple de fonder l'annulation d'une convention collective limitant les possibilités d'embauche (CA *Versailles*, 11 mai 1985).

2. Applications

Droit à une prestation de la part de l'État

En ce domaine, l'État intervient en instituant un service de recherche d'emploi (Pôle Emploi), et au moyen d'un système d'allocations financières (voir art. L. 5421-1 et L. 5423-8 du Code du travail).

Le contrat d'insertion

Ce contrat (art. L. 5131-4- et s. du Code du travail) tend à faciliter l'insertion sociale des personnes âgées de 16 à 25 ans incitant l'employeur (aide financière) à recruter l'allocataire. Les jeunes sont également orientés vers la formule de l'emploi d'avenir (art. L. 5134-110-1 et s. Code du travail). Le Conseil constitutionnel a jugé que ce type de contrat ne constituait pas un travail forcé dans la mesure où il est librement conclu (Cons. const., déc. n° 2003-487 DC du 18 déc. 2003). Le Code du travail prévoit le contrat unique d'insertion (CUI) dont l'objet est de faciliter l'insertion professionnelle des personnes sans emploi rencontrant des difficultés sociales et professionnelles particulières d'accès à l'emploi (art. L. 5134-19-1 et s. Code du travail). Les bénéficiaires du RSA sont prioritaires à l'accès à ce type de contrat.

Le revenu de solidarité active (RSA)

Il a pour objectif de rendre les revenus prévisibles dans la durée, et de lutter, notamment, contre la pauvreté au travail (les « Travailleurs pauvres », *Workers poor*). C'est une mesure d'équité : à revenu du travail égal, chaque travailleur a droit à la même aide de la part de la collectivité, sans considération de statut administratif.

Les heures supplémentaires

Le Conseil constitutionnel a jugé que, l'exonération d'impôt sur le revenu et de charges sociales des heures supplémentaires et complémentaires ayant pour but d'augmenter le nombre d'heures travaillées afin de stimuler la croissance et l'emploi tend à mettre en œuvre le droit à l'emploi. De telles mesures relèvent de la compétence du législateur (Contrôle minimum, Cons. const., déc. n° 2007-555 DC du 16 août 2005). Elles ont été supprimées en 2012.

Droit d'accéder à une profession et d'exercer celle-ci

Le droit à l'emploi se rapproche alors de la liberté d'entreprendre, il s'agit en fait d'une liberté du travail (voir le décret d'Allarde cité au sujet de la liberté d'entreprendre).

Protection contre la perte de l'emploi

La loi du 2 août 1989 institue un régime de protection des travailleurs contre les licenciements. Tout licenciement économique collectif d'au moins 10 salariés exige la consultation de représentants du personnel. L'employeur doit faire connaître en outre les motifs et les modalités du licenciement. Le législateur doit toutefois respecter la liberté d'entreprendre. La loi visant notamment à imposer à l'entreprise qui envisage de fermer un établissement d'accepter une « offre de reprise sérieuse » (loi Florange), fait peser sur les choix économiques de l'entreprise, notamment relatifs à l'aliénation de certains biens, et sur sa gestion, des contraintes qui portent tant au droit de propriété qu'à la liberté d'entreprendre une atteinte manifestement disproportionnée au regard de l'objectif poursuivi (Cons. const., déc. n° 2014-692 DC du 27 mars 2014).

Repos dominical

Le Conseil ne considère pas que la règle du repos dominical, qui remonte à 1906, constitue un Principe fondamental reconnu par les lois de la République. Il a jugé que cette règle reposait sur les alinéas 10 et 11 du Préambule de 1946. Il incombe notamment au législateur de concilier la liberté d'entreprendre avec le 10e alinéa du Préambule de 1946 qui dispose que « *La Nation* assure *à l'individu et à la famille les conditions nécessaires à leur développement* » (Cons. const., déc. nº 2009-588 DC 6 août 2009).

Inspection du travail

Les inspecteurs du travail sont chargés d'une mission générale de contrôle et ils doivent veiller à l'application des dispositions du Code du travail, des lois et règlements relatifs au régime du travail non codifiés ainsi que des conventions ou accords collectifs de travail et constater les infractions à ces dispositions (art. L. 8112-1 du Code du travail).

3. Limites

Réduction du temps de travail

La réduction du temps de travail (à 35 heures) tend à limiter la possibilité pour certains de travailler, mais dans le même temps, elle est au nombre des mesures qui permettent de résorber le chômage. Se trouvent ainsi en balance le droit individuel de travailler et le droit collectif du travail. C'est ce dernier qui l'a emporté (Cons. const., déc. nº 98-401 DC du 10 juin 1998 ; nº 99-423 DC du 13 janv. 2000 ; nº 2010-98 QPC, 4 févr. 2011).

Réduction de la durée d'indemnisation du chômage

Une convention collective en vigueur au 1er janvier 2004 a réduit pour des questions financières la durée de l'indemnisation du chômage (convention UNEDIC du 20 décembre 2002, Plan d'aide au retour à l'emploi PARE). Le Conseil d'État saisi de l'arrêté agréant cette convention l'a annulée (CE 7 mai 2004 *Association AC ! et autres*).

Le droit à l'emploi trouve aussi ses limites lorsqu'il rencontre d'autres droits ou libertés fondamentaux

- ***du principe d'égalité :*** le droit à l'emploi ne doit pas engendrer des conséquences excessives qui rompraient l'égalité devant les charges publiques. C'est ainsi qu'on ne peut faire obligation à l'employeur, au nom du droit à l'emploi, de réintégrer des salariés protégés, licenciés pour faute lourde (Cons. const., déc. nº 88-244 DC du 20 juill. 1988),
- ***de la liberté d'entreprendre :*** le droit d'obtenir un emploi ne saurait porter atteinte au principe du libre choix de ses collaborateurs par

l'employeur (Cons. const., déc. n° 88-244 DC du 20 juill. 1988). Il en va par exemple ainsi lorsque la loi impose des conditions sévères de licenciement (Cons. const., déc. n° 2001-455 DC du 12 janv. 2002).

Droit à l'emploi des détenus

Les personnes incarcérées ne peuvent se prévaloir du droit à l'emploi dans la mesure où celles-ci ne bénéficient pas d'un contrat de travail (Cons. const., déc. n° 2013-320/321 QPC du 14 juin 2013).

B. Le principe de participation

Le droit pour tout travailleur de participer, par l'intermédiaire de ses délégués, à la détermination collective des conditions de travail ainsi qu'à la gestion des entreprises.

SOURCES

Alinéa 8 du préambule de la Constitution de 1946.
Cons. const., déc. n° 77-79 DC du 5 juillet 1977 reconnaissant au principe de participation pleine valeur constitutionnelle.

1. Régime

C'est au législateur qu'il revient soit de déterminer lui-même, dans le respect des principes qui sont énoncés par l'alinéa 8 du Préambule de la Constitution de 1946, les conditions de leur mise en œuvre, soit, après avoir défini les droits et obligations touchant aux conditions de travail ou aux relations de travail, de laisser aux employeurs et aux salariés, ou à leurs organisations représentatives le soin de préciser par une concertation appropriée les modalités de mise en œuvre de ces dispositions (Cons. const., déc. n° 89-257 DC du 25 juill. 1989). Dans cette tâche, le législateur doit respecter le principe de clarté et les objectifs d'intelligibilité et d'accessibilité de la loi (Cons. const., déc. n° 2004-494 DC du 29 avr. 2004). Le Conseil constitutionnel considère qu'il revient au législateur de déterminer, dans le respect du principe énoncé au huitième alinéa du préambule de la Constitution de 1946, les conditions et garanties de la mise en œuvre du principe de participation. La Constitution ne confère pas au Conseil constitutionnel un pouvoir général d'appréciation et de décision de même nature que celui du Parlement (Cons. const., déc. n° 2008-568 DC du 7 août 2008).

2. Applications

Titulaires du principe de participation

Le principe s'applique à l'ensemble des travailleurs et en premier lieu à ceux qui sont titulaires d'un contrat de travail (Cons. const., déc.

n° 83-162 DC des 19-20 juill. 1983) ainsi qu'aux employeurs (Cons. const., déc. n° 89-257 DC du 27 juill. 1989). Il s'applique également aux agents publics qui sont visés par l'expression « tout travailleur » (Cons. const., déc. n° 77-83 DC du 20 juill. 1977 et n° 80-120 DC du 17 juill. 1980, Cons. const., déc. n° 2008-568 DC du 7 août 2008). Ce droit a en outre pour bénéficiaires, sinon la totalité des travailleurs employés à un moment donné dans une entreprise, du moins tous ceux qui sont intégrés de façon étroite et permanente à la communauté de travail qu'elle constitue, même s'ils n'en sont pas les salariés (Cons. const., déc. n° 2011-122 QPC du 29 avr. 2011).

Reconnaissance d'un principe de représentation

Le préambule de la Constitution de 1946 prévoit que la participation des travailleurs s'exerce « par l'intermédiaire de leurs délégués ». Il y a ici une idée empruntée à la démocratie politique en ce sens que le droit de participation suppose un système de représentation (et non pas d'autogestion). C'est au législateur de déterminer dans quelles conditions sont désignés les représentants des travailleurs (Cons. const., déc. n° 82-148 DC du 14 déc. 1982). Généralement la participation se réalise sous la forme de conventions collectives même s'il existe diverses manières de mettre ce principe en application (Cons. const., déc. n° 89-257 DC du 25 juill. 1989). En conséquence, le législateur ne peut remettre en cause le contenu de ces conventions que pour un motif d'intérêt général suffisant (Cons. const., déc. n° 99-423 DC du 13 janv. 2000).

Participation à la détermination des conditions de travail

Il s'agit des relations entre les salariés et l'employeur. La mise en œuvre du principe de participation incombe autant à l'État qu'aux entreprises et s'oppose au régime libéral du salariat ainsi qu'à la subordination que laissait naître le cadre théoriquement égalitaire du contrat de travail. Le principe s'efforce de sortir du cadre simplement contractuel en plaçant la détermination collective des conditions de travail sur le plan collectif où le travailleur retrouve la possibilité de discuter les conditions de son engagement. Le principe ne saurait toutefois attribuer aux syndicats un monopole de représentation (Cons. const., déc. n° 96-383 DC du 6 nov. 1996 ; n° 99-423 DC du 13 janv. 2000).

Participation à la gestion de l'entreprise

Ce principe était à l'époque (1946) très novateur en ce sens qu'il introduisait la démocratie économique (G. Vedel, J. Rivero, P. Ramadier). Le principe est très général puisqu'il concerne le secteur public (loi du 28 octobre 1982 et loi du 26 juillet 1983 dite de « démocratisation du secteur public »), comme le secteur privé, le monde rural comme le monde commerçant ou industriel. Le principe de participation à la gestion de l'entreprise ne signifie en aucun cas une gestion directe de l'entreprise. Il s'agit d'une simple participation à cette gestion qui est confiée en principe à l'entrepreneur (voir ci-dessus la liberté d'entreprendre, toutefois la liberté d'entreprendre peut être restreinte par le principe de participation, Cons. const., déc. n° 99-423 DC du 13 janv. 2000). La participation à la gestion de l'entreprise peut déboucher sur la participation aux résultats de l'entreprise pouvant entraîner des avantages inégaux ou variables (Cons. const., déc. n° 86-207 DC des 25-26 juin 1986 ; n° 2001-455 DC du 12 janv. 2002). Il est loisible au législateur de confier à une convention collective le soin de préciser les modalités concrètes d'application des principes fondamentaux du droit du travail et de prévoir qu'en l'absence de convention collective, ces modalités d'application seront déterminées par décret. Il lui appartient cependant d'exercer pleinement la compétence que lui confie l'article 34 de la Constitution c'est-à-dire de poser les principes fondamentaux du droit du travail. Le Conseil constitutionnel peut ainsi sanctionner la loi pour incompétence négative dans la mise en œuvre du principe de participation (Cons. const., déc. n° 2007-556 DC du 16 août 2007 ; n° 2008-568 DC du 7 août 2008).

3. Limites

Le Conseil constitutionnel a jugé que le législateur ne peut porter atteinte au principe de participation des travailleurs que pour un motif d'intérêt général suffisant (Cons. const., déc. n° 2012-649 DC du 15 mars 2012).

Le Conseil d'État, a décidé que les dispositions du huitième alinéa du préambule de 1946 n'avaient pas valeur de principe général de droit positif (CE 28 juin 1974, *Fédération nationale des syndicats des services de santé et services sociaux de la CFDT*, voir toutefois de manière plus nuancée, théorie de l'écran législatif, CE 8 déc. 2000, *Groupement hippique national*).

Les autres formes de participation non protégées par la Constitution : il existe plusieurs formes de participations et le préambule de la Constitution de 1946 ne prévoit que la participation à la détermination des conditions de travail et de la gestion de l'entreprise. Se pose la question de savoir si la participation aux résultats de l'entreprise ou à son capital est véritablement protégée par la Constitution (pour une solution semble-t-il favorable : Cons. const., déc. n° 86-207 DC des 25-26 juin 1986 Th. S. Renoux, M. De Villiers).

Bibliographie générale

Les cadres généraux du droit constitutionnel

- Ardant (Ph.), *Institutions politiques et droit constitutionnel*, LGDJ, 28e éd., 2016.
- Avril (P.), Gicquel (J.), *Lexique de droit constitutionnel*, PUF, coll. « Que sais-je ? », 5e éd., 2016.
- Blachèr (Ph.), *Droit constitutionnel*, Hachette, coll. « Les fondamentaux », 2e éd., 2012.
- Cadart (J.), *Institutions politiques et droit constitutionnel*, Economica, 1990-1991 (2 vol.).
- Cadoux (Ch.), *Droit constitutionnel et institutions politiques*, Cujas, 4e éd., 1995.
- Chagnollaud (D.), *Droit constitutionnel contemporain*, 2 vol., Dalloz, coll. « Cours », 8e éd., 2015.
- Chantebout (B.), *Droit constitutionnel*, Sirey, coll. « Université », 31e éd., 2014.
- Cohendet (M.-A.), *Droit constitutionnel*, LGDJ, coll. « cours LMD », 2e éd., 2015.
- Debbasch (Ch.), Ricci (J.-Cl.), Pontier (J.-M.), Bourdon (J.), *Droit constitutionnel et institutions politiques*, Economica, 4e éd., 2001.
- Debbasch (R.), *Droit constitutionnel*, Lexis Nexis, 10e éd., 2016.
- Duhamel (O.), *Droit constitutionnel*, 2 vol. (Le système politique en France, les démocraties), Le Seuil, 1999 et 2000.
- Duhamel (O.), Meny (Y.) (dir.), *Dictionnaire constitutionnel*, PUF, 1992.
- Duverger (M.), *Institutions politiques et droit constitutionnel* (2 vol.), PUF, 1990-1996.
- Esplugas (P.), Euzet (Ch.), Mouton (S.), Ségur (Ph.), Viguier (J.), *Droit constitutionnel*, Ellipses, 6e éd., 2012.
- Fabre (M.-H.), *Principes républicains de droit constitutionnel*, LGDJ, 4e éd., 1984.
- Favoreu (L.) et alii, *Droit constitutionnel*, Dalloz, coll. « Précis », 18e éd., 2016.
- Gelard (P.), Meunier (J.), *Institutions politiques et droit constitutionnel*, Montchrestien, coll. « AES », 4e éd., 2001.
- Gicquel (J.), Gicquel (J.-E.), *Droit constitutionnel et institutions politiques*, Montchrestien, 30e éd., 2016.
- Grewe (C.), Oberdorff (H.), *Les Constitutions des États de l'Union européenne*, La Documentation française, coll. « Retour aux textes », 2001.
- Hamon (F.), Troper (M.), *Droit constitutionnel*, LGDJ, 37e éd., 2016.
- Jacqué (J. P.), Droit *constitutionnel et institutions politiques*, Dalloz, coll. « Mémentos », 10e éd., 2014.
- Mathieu (B.), Verpeaux (M.), *Droit constitutionnel*, PUF, coll. « Les fondamentaux », 2004.
- Mekhantar (J.), *Droit politique et constitutionnel*, Éditions ESKA, 2e éd., 2000.
- Pactet (P.), Melin-Soucramanien (F.), *Institutions politiques – Droit constitutionnel*, Sirey, coll. « Université », 35e éd., 2016.
- Portelli (H.), *Droit constitutionnel*, Dalloz, coll. « Hypercours », 11e éd., 2015.
- Prelot (M.), Boulouis (S.), *Institutions politiques et droit constitutionnel*, Dalloz, 11e éd., 1990.
- Rousseau (D.), Viala (A.), *Droit constitutionnel*, Montchrestien, 2004.
- Rouvillois (F.), *Droit constitutionnel, Fondements et pratiques*, T; 1, Flammarion, 4e éd., 2015.

- Stirn (B.) ; Aguila (Y), *Droit public français et européen*, Dalloz, 2014.
- Turpin (D.), *Droit constitutionnel*, PUF, coll. « Quadrige », 2e éd., 2007.
- Vedel (G.), *Manuel élémentaire de droit constitutionnel*, 1949, réimp. Dalloz, 2002.
- De Villiers (M.), Le Divellec (A.), *Dictionnaire du droit constitutionnel*, Sirey, 11e éd., 2017.
- Zoller (E.), *Droit constitutionnel*, PUF, coll. « Droit fondamental », 2e éd., 1999.
- Zoller (E.), *Introduction au droit public*, Dalloz, coll. « Précis », 2e éd., 2013.

Nota : Existent en outre de nombreux recueils de textes (constitutions étrangères, histoire constitutionnelle française, lois organiques).

La Ve République

- Ardant (Ph.), *Les institutions de la Ve République*, Hachette, coll. « Les fondamentaux », 14e éd., 2013.
- Avril (P.), *La Ve République, Histoire politique et constitutionnelle*, PUF, 1994.
- Carcassonne (G.) ; Guillaume (M.), *La Constitution* (introduite et commentée par), Le Seuil, coll. « Points », 13e éd., 2016.
- Chagnollaud (D.), *Droit constitutionnel contemporain, T. 2, Le régime politique de la France*, Dalloz., coll. « Cours », 7e éd., 2015.
- Chagnollaud (D.), Quermonne (J.-L.), *La Ve République* (4 vol.), Flammarion, 2001.
- Chagnollaud (P.) (sous la direction de), *La vie politique en France*, Le Seuil, coll. « Points », 1993.
- Chantebout (B.), *La Constitution française. Propos pour un débat*, Dalloz, coll. « Connaissance du droit », 1992.
- Chantebout (B.), *Brève histoire politique et institutionnelle de la Ve République*, A. Colin, Paris, 2004.
- Chapsal (J.), *La vie politique sous la Ve République*, T. 1. 1958-1974 – T. 2. 1974-1987, PUF, coll. « Thémis », 1993.
- Debbasch (Ch.), Bourdon (J.), Pontier (J.-M.), Ricci (J.-L.), *La Ve République*, Economica, 2e éd., 1988.
- Debbasch (Ch.) et *alii*, *La Constitution de la Ve République. Textes, Pratique et jurisprudence*, Economica, 5e éd., 2012.
- Favoreu (L.), Philip (L.) *et alii*, *Les Grandes décisions du Conseil constitutionnel*, Dalloz, coll. « Grands arrêts », 18e éd., 2016.
- Formery (S.-L.), *La Constitution commentée article par article*, Hachette, coll. « Les fondamentaux », 16e éd., 2014.
- Lavroff (D.-G.), *Le droit constitutionnel de la Ve République*, Dalloz, 3e éd., 1999.
- Luchaire (F.), Conac (G.) (sous la direction de), *La Constitution de la République française*, 3e éd., Economica, 3e éd., 2008.
- Maus (D.), *Les grands textes de la pratique institutionnelle de la Ve République*, La Documentation française, 1998.
- Renoux (Th. S.), Villiers (M. de), *Code constitutionnel*, LexisNexis, 8e éd., 2017.
- Rouvillois (F.), *Droit constitutionnel, La Ve République*, Flammarion, 5e éd., 2016.

Ségur (Ph.), *La Ve République*, Ellipses, 1999.

Nota : Les ouvrages consacrés au droit constitutionnel mentionnés au début de cette bibliographie comportent d'importants développements consacrés à la Ve République.

Droits et libertés fondamentaux

Nota : une bibliographie pour chaque droit ou liberté serait trop imposante, il sera renvoyé simplement aux ouvrages généraux sur la matière qui comportent eux-mêmes une bibliographie détaillée.

Recueils de textes et de jurisprudence

- Ardant (Ph.), *Les textes sur les droits de l'homme*, PUF, coll. « Que sais-je ? », n° 2538.
- Biet (Ch.), *Les droits de l'homme (Anthologie)*, Imprimerie nationale, 1989.
- Code administratif, Dalloz.
- Code pénal, Dalloz.
- Code de procédure pénale, Dalloz.
- Code général des collectivités territoriales, Dalloz.
- Favoreu (L.), Philip (L.), *Les grandes décisions du Conseil constitutionnel*, Dalloz, coll. « Grands arrêts », 18e éd., 2016.
- Gaudemet (Y.), Stirn (B.), Dal Farra (Th.), Rolin (F.), *Les grands avis du Conseil d'État*, coll. « Grands arrêts », 3e éd., 2008.

La protection internationale des droits de l'homme (Europe), La Documentation française, coll. « Documents d'études » n° 3. 05.

La protection internationale des droits de l'homme (organisations universelles), La Documentation française, coll. « Documents d'études » n° 3. 05.

Long (M.), Weil (P.), Braibant (G.), Delvolvé (P.), Genevois (B.), *Les grands arrêts de la jurisprudence administrative*, Dalloz, coll. « Grands arrêts », 20e éd., 2015.

- Machelon (J.-P.), Mathieu (B.), Melin-Soucramanien (F.), Philippe (X.), Rousseau (D.), *Les grandes délibérations du Conseil constitutionnel : 1958-1986*, Dalloz, coll. « Grands arrêts », 2e éd., 2014.
- Robert (J.), Oberdorff (H.), *Libertés fondamentales et droits de l'homme*, LGDJ, 14e éd., 2016.
- Rolland (P.) Tavernier (P.), *Texte sur la protection internationale des droits de l'homme*, PUF, coll. « Que sais-je ? », 2e éd., 1994.
- Sudre (F.) Marguénaud (J.-P.), Andriantsimbazovina (J.), Gouttenoire (A.), Levinet (M.), *Les grands arrêts de la Cour européenne des droits de l'homme*, PUF, 7e éd., 2015.
- Villiers (M.), de Renoux (Th. S.), *Code constitutionnel*, LexisNexis, 8e éd., 2017.

Ouvrages généraux

- Andriantsimbazovina (J.), Gaudin (H.), Marguenaud (J.-P.), Rials (S.), Sudre (F.), *Dictionnaire des droits de l'homme* (grand format), PUF, 2008.
- Amson (D.), Blachèr (Ph.), Breillat (D.), *Le Grand oral protection des libertés et des droits fondamentaux, Préparation au CRFPA*, Montchrestien, 4e éd., 2008.
- Bioy (X.), *Droits fondamentaux et* libertés *publiques*, LGDJ, coll. Cours, 4e éd., 2016.
- Cabrillac (R.) (dir.), *Libertés et droits fondamentaux*, Dalloz, 23e éd., 2017.
- Calvès (G.), Heyman-Doat (A.), *Libertés publiques et droits de l'homme*, LGDJ, coll. « Systèmes », 9e éd., 2008.
- Letteron (R.), *Libertés publiques*, Dalloz, coll. « Précis », 9e éd., 2012.
- Delmas-Marty (M.), Lucas de Leyssac (C.) (dir.), *Libertés et droits fondamentaux*, Le Seuil, 2e éd., 2002.
- Duhamel (O.), Mény (Y.) (dir.), *Dictionnaire constitutionnel*, PUF, 1992 (comporte de nombreux articles consacrés aux droits et libertés).
- Favoreu (L.) *et alii*, *Droit des libertés fondamentales*, Dalloz, coll. « Précis », 7e éd., 2015.
- Frydman (B.), Haarscher (G.), *Philosophie du droit*, Dalloz, coll. « Connaissance du droit », 3e éd., 2010.
- Hennebel (L.), Tigroudja (H.), *Traité de droit international des droits de l'homme*, Pedone, 2016.
- Hennette-Vauchez (S.), Roman (D.), *Droits de l'Homme et libertés fondamentales*, Dalloz, coll. « Hypercours », 4e éd., 2015

- Israël (J.-J.), *Droit des libertés fondamentales*, LGDJ, 1998.
- Lebreton (G.), *Libertés publiques et droits de l'homme*, Sirey, coll. « Université », 8e éd., 2008.
- Leclercq (Cl.), *Libertés publiques*, Litec, 5e éd., 2003.
- Madiot (Y.), *Droits de l'homme*, Masson, 2e éd., 1994.
- Mathieu (B.), Verpeaux (M.), *Contentieux constitutionnel des droits fondamentaux*, LGDJ, 2002.
- Mbongo (P.), Libertés et droits fondamentaux, Berger-Levrault, Paris, 2015.
- Mélin-Soucramanien (F.), Zinamsgvarov (N.), *Libertés fondamentales*, 2e éd., Dalloz, coll. « Mémentos », 2016.
- Morange (J.), Manuel des *droits de l'homme et libertés publiques*, PUF, 2007.
- Morange (J.), *Libertés publiques*, PUF, coll. « Que sais-je ? », n° 1804.
- Oberdorff (H.), *Droits de l'homme et liberté fondamentales*, LGDJ, 5e éd., 2015.
- Philippe (X.), *Droit administratif des libertés*, Economica, coll. « Poche », 1998.
- Pontier (J.-M.), *Libertés publiques*, Hachette, coll. « Les fondamentaux », n° 87, 2007.
- Rivero (J.), Moutouh (H.), *Libertés publiques* (2 vol.), PUF, coll. « Thémis », 9e éd., 2003.
- Robert (J.), Duffar (J.), *Droits de l'homme et libertés fondamentales*, Montchrestien, 8e éd., 2009.
- Sériaux (A.), Sermet (L.), Viriot-Barial (D.), *Droits et libertés fondamentaux*, Ellipses, 1998.

Sudre (F.), *Droit européen et international des droits de l'homme*, PUF, 13e éd., 2016.

- Turpin (D.), *Les libertés publiques et droits fondamentaux*, Le Seuil, 2004.
- Wachsmann (P.), *Libertés publiques*, Dalloz, coll. « Cours », 7e éd., 2013.
- Wachsmann (P.), *Les droits de l'homme*, Dalloz, coll. « Connaissance du droit », 5e éd., 2008.

Ouvrages spécialisés

- Berger (V.), *Jurisprudence de la Cour européenne des droits de l'homme*, Sirey, 13e éd., 2014.
- Breillat (D.), *Les libertés de l'esprit*, Montchrestien, 1996.
- Caporal (S.), *L'affirmation du principe d'égalité dans le droit public de la Révolution française*, PUAM-Economica, 1995.
- Charrier (J.-L.), Code de la convention européenne des droits de l'homme, Litec, 3e éd., 2005.
- Charvin (R.) Sueur (J.-J.), *Droits de l'homme et liberté de la personne*, Litec, 5e éd., 2007.
- Cohen-Jonathan (G.), *La Convention européenne des droits de l'homme*, Economica-PUAM, 1988.
- Duffar (J.), *Les libertés collectives*, Montchrestien, 1996.
- Gay (L.), *Les « droits-créances » constitutionnels*, Bruylant, 2008.
- Georgel (J.), *Les libertés de communication*, Dalloz, coll. « Connaissance du droit », 1996.
- Harichaux (M.), *La protection des droits et libertés corporels*, Montchrestien, 1997.
- Heymann-Doat (A.), *Le régime juridique des droits et libertés*, Montchrestien, 2e éd., 1998.
- Kayser (P.), *La protection de la vie privée par le droit*, Economica-PUAM, 3e éd., 1999.
- La Déclaration des droits de l'homme et du citoyen et la jurisprudence, PUF, 1989.
- Latournerie (R.), *Le droit français de la grève*, Sirey, 1972.

• Laroche-Gisserot (F.), *Les droits de l'enfant*, Dalloz, coll. « Connaissance du droit », 2e éd., 2003.
• Le Bot (O.), *La protection des libertés fondamentales par la procédure du référé-liberté*, Fondation Varennes, LGDJ, Paris, 2006
• Le Bot (O.), *Le guide des référés administratifs 2013-2014*, Dalloz, coll. « Guides », 2013.
• Marguénaud (J.-P.), *La Cour européenne des droits de l'homme*, Dalloz, coll. « Connaissance du droit », 6e éd., 2012.
• Mélin-Soucramanien (F.), *Le principe d'égalité dans la jurisprudence du Conseil constitutionnel*, PUAM-Economica, 1997.
• Ogier-Bernaud (V.), *Les droits constitutionnels des travailleurs*, Economica-PUAM, coll. « Droit public positif », 2003.
• Pettiti (L.-E.), Decaux (E.), Imbert (Ph.), *La Convention européenne des droits de l'homme. Commentaire article par article*, Economica, 2e éd., 1999.
• Renoux (Th. S.), *Le Conseil constitutionnel et l'autorité judiciaire*, Economica-PUAM, 1984.
• Rials (S.), *La Déclaration des droits de l'homme et du citoyen*, Hachette, coll. « Pluriel », 1989.
• Rivero (J.), *Le Conseil constitutionnel et les libertés*, Economica-PUAM, 2e éd., 1999.
• Rolland (P.), *La protection des libertés en France*, Dalloz, coll. « Connaissance du droit », 1997.
Roux (A.), *La protection de la vie privée dans les rapports entre l'État et les particuliers*, Economica-PUAM, 1993.
• Stirn (B.), *Les libertés en question*, LGDJ, 9e éd., 2015.
• Teyssié (B.), *La grève*, Dalloz, coll. « Connaissance du droit », 1997.
• Robert (J.), *Le juge constitutionnel, juge des libertés*, CRFPA-Montchrestien, 1999.
• Rousseau (D.), *Les libertés individuelles et la dignité de la personne humaine*, Montchrestien, 1998.
• Sudre (F.), *La Convention européenne des droits de l'homme*, PUF, coll. « Que sais-je ? », n° 2513, 9e éd., 2012.
• Sudre (F.), *Les grands arrêts de la Cour européenne des droits de l'homme*, PUF, coll. « Que sais-je ? », n° 3269, 10e éd., 2015.

Revues

Deux revues sont exclusivement consacrées aux droits et libertés :

• *La Revue trimestrielle des droits de l'homme*, éditions Nemesis, Bruxelles.
• La *Revue universelle des droits de l'homme*, éditions Engel, Kehl, Strasbourg, Arlington.

On trouvera également de nombreuses études consacrées aux droits et libertés dans l'Annuaire international de justice constitutionnelle, la Revue française de droit constitutionnel, la Revue de droit public, la Revue française de droit administratif, l'Actualité juridique de droit administratif…

Index alphabétique

A

Abstention 113
Accords de Shengen 235, 242
Acte additionnel aux Constitutions de l'Empire 94, 100
Acte de gouvernement 201
Allemagne 13, 20, 22, 32, 39, 50, 79, 82, 108, 326
Amendement 173, 191, 201, 203, 207
Aristocratie 37
Assemblée nationale 11, 12, 32, 48, 57, 61, 92, 98, 145, 146, 148, 149, 159, 178, 189, 196, 257
Auto-proclamation 46
Autorité administrative indépendante 62, 142, 166
Autorité de la chose jugée 32
Autorité judiciaire 125
Autriche 32, 44, 326, 382

B

Belgique 20, 71, 322, 326, 387
Bicaméralisme 21, 178
Bioéthique 287
Bloc de constitutionnalité 116, 285
Bulgarie 32
Bureaux des assemblées 53

C

Caducité 302
Campagne électorale 57
Canada 20, 22, 64, 108, 134, 326
Caucus 103
Cens électoral 94, 96
Cent-jours 93, 94, 100
Césarisme 37
Chambre des représentants 22, 79, 94, 102, 104
Charte constitutionnelle 11, 93, 95
- de 1814 11
- de 1830 11
Charte de l'environnement 116, 117, 118, 121, 126, 236, 256, 281, 379
Circonscription électorale. Voir Découpage électoral
Citoyen 38, 133
Cohabitation 146
Collectivités territoriales 24, 134, 266
Comité consultatif constitutionnel 113
Commission d'accès aux documents administratifs 288
Commission de contrôle de la campagne électorale 143
Commission mixte paritaire 179, 234, 253
Commission nationale de l'informatique et des libertés 288, 317
Commission nationale des comptes de campagne et des financements politiques 62, 72, 142, 226
Commissions parlementaires 172, 190, 337
- chargées des Affaires européennes 193
- chargées des immunités et des mises en accusation devant la Cour de justice 194
- d'enquête 193
- permanentes 190
- spéciales 192
Commune. Voir Collectivités locales
Communication numérique 338
Compétence d'attribution et compétence de droit commun 20

Comptes de campagne. Voir Financement des campagnes électorales
Confédération 23, 44
Conférence des présidents 174, 187, 190, 195, 201, 206, 214, 226
Confiance légitime. Voir Sécurité juridique
Confusion des pouvoirs 86, 87
Congrès
- États-Unis 101, 104
- France 188, 234
Conseil constitutionnel 9, 24, 29, 43, 63, 64, 65, 73, 85, 115, 117, 118, 125, 126, 141, 142, 143, 144, 147, 148, 152, 154, 163, 183, 203, 230, 318, 322, 351, 368, 369
- attributions 225
- cliquet anti-retour 293, 381
- compétence 223
- composition 223
- décision 229, 232
- droits et libertés fondamentaux 28, 122, 281, 294
- légitimité 233
- moyens invoqués devant le 228
- nomination 223
- organisation 223
- président 224
- réserves d'interprétation 186, 293
- saisine 227, 233, 273, 294
- statut des membres 225
Conseil d'analyse économique 171
Conseil de sécurité intérieure 157, 158
Conseil des ministres 98, 113, 148, 155, 157, 158, 160, 162, 169, 171, 173, 201, 210, 261, 266, 346
Conseil d'État 9, 32, 62, 85, 87, 89, 92, 94, 113, 125, 143, 161, 166, 170, 188, 201, 210, 226, 227, 228, 230, 242, 243, 250, 259, 266, 294
Conseil économique, social et environnemental 166, 170, 225, 254, 259
Conseil supérieur de la magistrature 148, 157, 187, 220, 254
Conseil supérieur de l'audiovisuel 59, 73, 144, 187, 337, 338
Constitution 6, 7, 85, 101, 104, 112, 140, 142, 144, 155, 157, 162, 227, 302
- art. 1er 256, 341
- art. 2 133
- art. 3 71, 249
- art. 4 327, 345, 364
- art. 5 151, 153
- art. 6 140, 146
- art. 7 140, 147, 148, 225
- art. 8 154, 155, 160, 161
- art. 9 157
- art. 10 155, 209
- art. 11 44, 154, 172, 199, 225, 237, 249
- art. 12 154, 160, 200
- art. 13 155, 172, 219, 220
- art. 14 156
- art. 15 156, 157
- art. 16 149, 154, 160, 200, 225
- art. 17 156
- art. 18 154, 200
- art. 19 153
- art. 20 77, 172
- art. 21 76, 160, 161, 270, 276
- art. 23 165, 183
- art. 24 178, 193, 200, 256
- art. 25 166, 183
- art. 26 180, 200
- art. 27 183
- art. 28 162, 198, 200
- art. 29 156, 160, 162, 179, 199
- art. 30 156, 199
- art. 31 172
- art. 33 198
- art. 34 120, 135, 251, 256, 270, 284, 287, 335, 350, 390
- art. 34-1 216
- art. 35 156, 180
- art. 36 173
- art. 37 162, 163, 226, 269, 270, 273, 275
- art. 37-1 367
- art. 37 al. 2 273
- art. 38 173, 258, 261, 265, 274

- art. 39 162, 163, 173, 179, 201, 226
- art. 40 204
- art. 41 163, 173, 204, 226, 275
- art. 42 173
- art. 43 173
- art. 44 173, 204
- art. 45 163, 174, 179, 253
- art. 46 252
- art. 47 261
- art. 47-1 261
- art. 47-2 219
- art. 48 174, 194
- art. 49 160, 162, 163
- art. 49 al. 1 213
- art. 49 al. 2 214
- art. 49 al. 3 215
- art. 50 180
- art. 50-1 216
- art. 51-1 194, 195, 216
- art. 51-2 193, 219
- art. 52 156
- art. 53 132, 240, 258
- art. 53-1 324
- art. 53-2 150, 385
- art. 54 155, 163, 179, 226, 241
- art. 55 243
- art. 56 155, 220
- art. 60 226
- art. 61 155, 163, 179, 226, 227, 275
- art. 61-1 226, 227, 374, 375
- art. 62 232, 282, 296
- art. 65 157, 220
- art. 66 289, 297, 304
- art. 67 150, 151
- art. 68 149, 194
- art. 68-1 217
- art. 71-1 155, 220
- art. 72 19, 135
- art. 72-1 133, 137
- art. 72-3 133
- art. 72-4 156, 174
- art. 73 267
- art. 74 227
- art. 74-1 175
- art. 75-1 134
- art. 77 227
- art. 88-2 242, 307
- art. 88-4 175, 193, 216, 245
- art. 88-5 157
- art. 88-6 246
- art. 89 157, 160, 235
- art. 92 255, 261
- benjamine 94
- coutumière 8
- de 1791 11, 90
- de 1793 86, 91
- de 1795 (an III) 91, 164, 170
- de 1799 (an VIII) 10, 30, 87
- de 1802 (an X) 93
- de 1804 (an XII) 88
- de 1848 11, 92
- de 1852 89, 164
- de 1875 11
- de 1946 98, 112, 117, 118, 120, 122, 170, 239, 256
- de 1958 11, 41, 43, 57, 77, 78, 85, 113, 114, 117, 118, 119, 126, 158, 170, 179, 194, 234, 239, 260, 261, 269, 284, 316
- écrite 8, 13, 90, 101, 105
- élaboration 9, 113
- formelle 6
- Grévy 96
- matérielle 7
- préambule 117
- révision 234
- rigide 7, 9, 30, 234, 261
- Rivet 96
- souple 7, 9, 93, 95
- suprématie 223
- violation 228, 260

Constitutionnalisme 14
Continuité du service public 363
Contreseing 153
Contrôle de constitutionnalité 30, 227, 231
Contrôle d'identité 308
Contrôle judiciaire 312
Convention de la Constitution 8
Convention européenne des droits de l'Homme 106, 120, 382
Cooptation 46
Corse 53, 54, 131, 132, 133, 134, 141, 169, 373

Cour constitutionnelle 13, 14, 252
Cour de cassation 32, 62, 85, 102, 143, 152, 218, 226, 227, 228, 230, 243, 294, 316, 329, 364
Cour de discipline budgétaire et financière 166
Cour de justice de la République 81, 166, 217, 254
Cour de justice de l'Union européenne 24, 246, 285
Cour des comptes 62, 143, 166, 219
Cour européenne des droits de l'Homme 285, 382, 385
Cour pénale internationale 149, 150, 152, 180, 236, 242, 244, 385
Cour suprême 21, 30, 86, 101, 102, 104, 105
Coutume 8
Cumul des mandats 54
Cycles constitutionnels 99

D

Danemark 78, 81, 240
Décentralisation 19
Déclaration de droits 105
Déclaration de guerre 156
Déclaration des droits de l'Homme et du citoyen 8, 29, 112, 116, 117, 119, 120, 122, 123, 132, 281, 289, 302, 303, 311, 328, 368
- art. 2 304, 310, 322
- art. 3 39
- art. 4 287, 322, 355
- art. 6 365, 367
- art. 7 256
- art. 10 327
- art. 11 334
- art. 14 179
- art. 16 29
- art. 17 351
Déclaration universelle des droits de l'Homme 285
Découpage électoral 63
Décret 97, 155, 199, 250
Décret-loi 261, 347
Défense nationale 96, 157, 161, 191, 197, 316
Délégations parlementaires 196
Démocratie 37
- directe 40
- locale 136
- semi-directe 42
Déontologie parlementaire 184
Département. Voir Collectivités locales
Députés 50, 54, 70, 210
Détention 200
- arbitraire 298
- provisoire 306
Détournement de pouvoir 228
Développement durable 191
Dictature 37, 46
Diffamation 317
Dignité de la personne 383
Dissolution 89, 108, 145, 154
Doctrine Capitant 132
Don d'organes 375
Droit
- administratif 2
- à la dignité 383
- à la protection de la santé 378
- à la vie 374
- à l'éducation 340
- à l'emploi 390
- au juge 289
- au logement 386
- au respect de la vie privée 316
- aux prestations sociales 380
- civil 2
- d'amendement 173, 201, 202
- d'asile 324
- de grâce 156
- de la famille 322
- de message 104, 154, 200
- de pétition 137
- de propriété 350
- de réponse 337
- de se marier librement 321
- des peuples à disposer d'eux-mêmes 241
- de vote 50
- du travail 2
- européen 240
- international public 2

- local 129, 134
- parlementaire 186
- pénal 2
Droits
- acquis 290
- civils et politiques 224
- de la défense 289
- de l'Homme 283
- économiques 350
- fondamentaux 284
- politiques 364
- sociaux 350

E

Écran législatif 302
Égalité 38, 365
- d'accès aux emplois publics 368
- dans le travail 369
- des sexes 369
- devant la justice 368
- devant la loi 367
- devant le service public 371
- du suffrage 370
- entre collectivités territoriales 371
- entre les nationaux et les étrangers 370
- formelle 365
- réelle 365
Électeur 48, 71, 137, 250
Élection 38, 46
- cantonale 60
- européenne 49, 51
- législative 50
- municipale 49, 60
- présidentielle 50, 60
- sénatoriale 51
Électorat 48
- droit 40
- fonction 40
Éligibilité 48, 50
Empêchement 144, 147
Empire 30, 88
Engagement international 2, 241, 258, 379
Enseignement 340
Environnement. Voir aussi Charte de l'environnement
Esclavage 384, 386
Espagne 19, 32, 44, 108, 168, 322
État 1, 17
- de droit 28
- fédéral 20
- gendarme 26
- providence 26
- régional 19
- unitaire 18
État de siège 173
État d'urgence 349
États-Unis 3, 11, 20, 30, 44
Étranger 289, 313, 370, 381
Euthanasie 375, 377
Évaluation des politiques publiques 218
Exception d'inconstitutionnalité. Voir Question prioritaire d'inconstitutionnalité
Expérimentation 255
Expérimentation thérapeuthique 376
Expropriation 354
Expulsion 389
Extradition 313

F

Famille 71, 298, 322, 387
Fédéralisme 21
Fenêtre parlementaire 174
Fichiers informatiques 319
Financement des campagnes électorales 142
Finances publiques 2, 204
Forme républicaine du gouvernement 13, 238, 346
Formes de gouvernement 37

G

Garde à vue 296, 305
Garde des Sceaux 148
Géolocalisation 318
Gouvernement 9, 13, 14, 37, 100, 101, 102, 107, 108, 112, 123, 148, 164, 169, 207
- auxiliaires et conseillers 170
- composition 168

- démission 164
- représentatif 39
- responsabilité 166, 215
- statut 164
- structure 169
Gouvernement provisoire de la République française 98
Grande-Bretagne 7, 8, 11, 44, 46, 76, 78, 79, 101, 105, 107, 108
Grand Father Clause 47
Grèce 78, 79
Groupes parlementaires 345

H

Haute autorité pour la transparence de la vie publique 72, 166
Haute cour 31, 147, 149, 152, 188, 194, 217, 236, 254
Haute trahison 149
Hérédité 46
Hiérarchie des normes 13, 30, 284

I

IIe République 139
IIIe République 100, 123, 139
Immunité parlementaire 181
Impeachment 104, 105
Impôt confiscatoire 354
Incapacité 147
Incompatibilité 52, 54, 56, 165, 254
Incompétence 228, 252, 275
- négative 274, 293
Indépendance de la juridiction administrative 125
Indépendance des professeurs d'université 125
Indivisibilité de la République 132
Inéligibilité 51, 63
Initiative
- du référendum 249
- législative 201, 210, 253
- parlementaire 237, 272
- présidentielle 234
Initiative populaire 43
Injonction sous contrainte 301
Instabilité ministérielle 98
Intérim 148
Internement 309
Interruption volontaire de grossesse 119
Investiture 98
Inviolabilité du domicile et de la correspondance 314
Inviolabilité parlementaire 181
Irlande du Nord 107
Irrecevabilités 204
Irresponsabilité parlementaire 181
Italie 13, 19, 32, 44, 79, 108, 168, 252
Itinérant 312
IVe République 100, 139

J

Juge administratif 136, 275, 300
Justice 148, 156, 181, 316

L

Laïcité 329, 341
Légalité 38
Législature 197
Liberté 38
- contractuelle 292, 357
- d'aller et de venir 310
- d'association 233, 292, 343
- de circulation 311
- de communication 292
- de conscience 125, 292, 326
- de la presse 292, 334
- de l'enseignement 125, 292
- d'enseignement 340
- d'entreprendre 292, 354
- de réunion et de manifestation 347
- d'expression 292
- d'opinion 326
- du mariage 298
- individuelle 292, 304
- politique 84
- syndicale 292, 359
Liberté d'association 118, 125
Liberté individuelle 125
Libertés 286
Libertés publiques 284

Libre administration des collectivités 134, 276
Liste bloquée 65
Liste électorale 48
Loi 8, 13, 233, 302
- constitutionnelle 144, 234
- constitutionnelle du 3 juin 1958 112
- de financement de la sécurité sociale 265
- de finances 254
- de majorité 38
- de programmation 24, 254
- d'habilitation 258, 262
- du pays 259
- ordinaire 7
- organique 24, 43, 53, 130, 257
- réserve de 293
Loi constitutionnelle 214, 235
Loi organique 220, 226

M

Maire 54
Majorité 38
Mandat
- impératif 41
- parlementaire 54, 165
- représentatif 40
Mandat d'arrêt européen 236, 307
Mariage
- blanc 323
- pour tous 322
Médiateur 220
Mineurs 307, 313, 387
Ministres 23, 94
Minorité 38
Monarchie 46, 95, 96, 100, 123, 170
Monocamérisme 78, 90
Monocratie 37
Motion de censure 214

N

Nation 123, 154, 340, 345, 364
Nationalisation 120
Nationalité 49
Navette législative 209
Nomade 312
Non-dénaturation 294
Normes 1
Nouvelle-Calédonie 29, 55, 130, 133, 135, 141, 155, 227, 236, 255, 259, 265, 268

O

Objection de conscience 328
Obstruction 208, 272
Oligarchie 37
Ordonnance 155, 260
Orléanisme 76
Outre-mer 130, 131, 134, 141, 155, 156, 170, 174, 197, 227, 255, 265, 266, 267

P

Pacte civil de solidarité 322
Pacte international relatif aux droits civils et politiques 386
Panachage 65, 70, 99
Parité 195, 236
Parlement 9, 11, 14, 21, 54, 79, 106, 107, 108, 112, 126, 140, 149, 162, 239, 250, 265
- attributions 200
- contrôle des nominations 219
- déontologie 184
- européen 49, 53, 56, 57, 60, 61, 70, 141
- évaluation des politiques publiques 218
- fonctionnement 185
- réunions 197
- structure 178
Parlementaire 202
- indemnité 182
- obligations 183
- protection 180
- statut 180
Parlementarisme rationalisé 114
Parlement européen 23, 54, 188
Parlements d'Ancien Régime 1, 85
Parrainages 57
Participation des travailleurs 292
Partis politiques 60, 65, 84, 345

Pays-Bas 322
Pays de Galles 106, 107
Peine de mort 375
Permis de conduire 312
Perquisition 315
Pétition 44, 105
Peuple 10, 21, 23, 24, 85, 87, 115, 117, 121, 131, 133, 240
Placement des mineurs 307
Plébiscite 12
Ploutocratie 37
Pluralisme 38
Pocket veto 104
Police administrative 314
Politique de la nation 77, 172
Portefeuille ministériel 168
Portugal 32, 44, 78
Pouvoir
- constituant 9
- constitué 9
Pouvoir juridictionnel 85
Préambule
- de 1946 122
Préambule de 1946 120, 123
- al. 3 369
- al. 5 327, 390
- al. 6 359
- al. 7 362
- al. 8 395
- al. 10 387
- al. 14 239
Préambule de 1958 117
Préfet 324
Premier ministre 158
- attribution 160
- révocation 159
- statut 159
Président de la République 139
- attributions 153
- décès 147
- destitution 149, 217
- élection 140
- irresponsabilité politique 151
- présidence des conseils 157
- responsabilité 148
- statut 144
Président de l'Assemblée nationale 186
Président des États-Unis 31, 76, 81, 101, 103
Président du Sénat 148, 186
Présomption d'innocence 292
Principe de constitutionnalité 14, 33
Principe de précaution 292
Principes généraux du droit 302
Privatisation 354
Procédure législative 201, 210
- accélérée 208
Procréation médicalement assistée 375
Procureur de la République 323, 380
Projet de loi 210
Promulgation de la loi 211
Proposition de loi 210
Protocole 9

Q

QPC 32, 125, 228, 230, 289, 310, 315, 322, 343, 352, 368, 370
Question préalable 206
Quinquennat 145, 236
Quotient électoral 66

R

Recours de pleine juridiction 301
Recours pour excès de pouvoir 275, 300
Réduction du temps de travail 392
Référé-liberté 301
Référendum 10, 12, 38, 42, 43, 113, 236, 249
Référendum local 255
Référé-suspension 301, 302
Régime
- parlementaire 82
Région. Voir Collectivités locales
Règlement 14, 185, 269
Règlement des assemblées 186, 195, 202, 206, 228
Règles déontologiques 184
Règles du droit public international 239
Représentants 11, 54, 70
République
- IIe 92, 95, 100, 170, 182
- IIIe 7, 96, 145, 158, 193, 261

- IVe 41, 67, 76, 98, 112, 124, 125, 158, 168, 261
- V[e] 44, 67, 76, 98, 112, 114, 160, 164, 173
Réquisition 321
Résolutions 216
Responsabilité pénale 94, 166, 235
Responsabilité politique 94, 112
Rétention 313

S

Scrutin
- majoritaire 66, 67
- mixte 67
- plurinominal 65
- proportionnel 66
- uninominal 65
Secret 72
Secrétaire d'État 169
Secrétariat général du gouvernement 171
Secte 329
Sécurité juridique 290
Sénat 32, 178, 196
Sénateur 54
Séparation des pouvoirs 29, 99, 112
Septennat 145
Service public 381
Session parlementaire 198
Shadow cabinet 108
Souveraineté 10, 17, 21, 23, 37, 38, 132
Subsidiarité (Principe de) 21
Suffrage
- restreint 47, 90, 91, 94, 96
- universel 48, 87, 88, 93, 97, 99
Suisse 20, 44, 78
Suppléance 148, 160
Supra-constitutionnalité 12
Sûreté 298, 304
Sursis 48 heures 301
Sursis à exécution 301
Syndicat 360

T

Temps législatif programmé 208
Territoire 17
Torture 385, 386
Traité
- d'Amsterdam 236, 242, 244, 267
- de Lisbonne 23, 24, 242, 245, 246
- de Maastricht 23, 49, 240
- de stabilité, de coordination et de gouvernance au sein de l'Union économique et monétaire 24
- établissant une Constitution pour l'Europe 24, 121, 242
Transparence de la vie politique 72, 166, 184
Trois glorieuses 93
Turquie 240

U

Union européenne 21, 23, 49, 126, 157, 175, 180, 193, 217, 240, 242, 244, 255, 285, 320
Unité de la République 132
URSS 20, 41, 82

V

Vacance 147
Ve République 100, 139, 140, 152
Veto 104
- populaire 42
Vice de procédure 228
Vidéosurveillance 318
Vie privée 319
Voie de fait 299
Vote
- article par article 207
- bloqué 208
- d'ensemble 207
- en termes identiques 234
- familial 71
- multiple 71
- par correspondance 71
- par mandat 71
- personnel 71
- plural 71
- préférentiel 65
- public 72
- simple 65